高等职业教育“十二五”规划教材

全国高职高专市场营销类规划教材

市场信息采集与分析

（修订版）

刘勤侠　编著

科学出版社

北　京

内 容 简 介

本书是高职高专学院“任务驱动，项目引领”的工学结合示范性教材，是理实一体化教材，用来培养学生的市场信息采集与分析的综合技能。

本书采取双线并行的方式：第一，以实际调研项目为主线（以徐州市易初莲花超市自有品牌满意度调查研究为例），把完成调研项目的总任务进行分解，并且分析完成任务所应具备的能力，进行能力分解。最终分解出六个分项能力，即认识能力、设计能力、采集能力、整理能力、分析能力和撰写能力，根据这六个分项能力设计出六个模块的内容，而每个模块包含的具体内容就是分项任务，六个模块一共十五项工作任务。通过十五项工作任务的训练，掌握完成调研项目所应具备的综合能力。第二，以学生课外实际调研项目实训指导为辅线。根据学生实际调研项目分为消费者行为调查、满意度调查、品牌形象调查以及创业调查方向，增加最后一个模块综合实训，用于指导学生实践以及用于单项技能的强化。通过综合实训，培养学生综合市场调查技能。

本书适合作为高职高专市场营销、经济学、工商管理及相关专业的教材，也可以作为在职调研人员的实践指导用书。

图书在版编目（CIP）数据

市场信息采集与分析（修订版）/ 刘勤侠编著. —北京：科学出版社，2010
（高等职业教育“十二五”规划教材 • 全国高职高专市场营销类规划教材）
ISBN 978-7-03-026490-9

Ⅰ. ①市… Ⅱ. ①刘… Ⅲ. ①商业信息学-采集-高等学校：技术学校-教材 ②商业信息学-分析-高等学校：技术学校-教材 Ⅳ. ①F713.51

中国版本图书馆 CIP 数据核字（2010）第 014715 号

责任编辑：任锋娟 丁 波 / 责任校对：刘玉靖
责任印制：吕春珉 / 封面设计：东方人华平面设计室

科 学 出 版 社 出版

北京东黄城根北街 16 号
邮政编码：100717
http://www.sciencep.com

北京教图印刷有限公司 印刷
科学出版社发行 各地新华书店经销

*

2009 年 12 月第 一 版 开本：787×1092 1/16
2015 年 2 月修 订 版 印张：20
2017 年 7 月第三次印刷 字数：465 000

定价：39.00 元

（如有印装质量问题，我社负责调换〈北京教图〉）
销售部电话：010-62134988 编辑部电话：010-62135763-2015（VF02）

修订版前言

根据教育部第16号《关于全面提高高等职业教育教学质量的若干意见》等文件精神，高职高专院校要积极构建与生产劳动和社会实践相结合的学习模式，把工学结合作为人才培养模式改革的重要切入点，带动专业调整，引导课程设置、教学内容和教学方法改革，因此，本书以真实的调研项目（徐州市易初莲花超市自有品牌满意度调查研究）为范例，按照项目调研程序，分步教学示范，通过项目教学，最终培养市场信息采集与分析的综合技能。

本书采取双线并行的方式：第一，以实际调研项目范例为主线（以徐州市易初莲花自有品牌满意度调查研究为例）。第二，以学生课外实际调研项目实训指导为辅线。本书以真实调研项目（徐州市易初莲花自有品牌满意度调查研究）为范例，按照项目调研程序，分步教学示范，通过项目教学，培养市场信息采集与分析的综合技能。最后通过综合实训进行课外指导和单项技能强化训练，最终培养市场信息采集与分析的各项综合技能。

本书主要有以下特点：

1．设计思想：打破传统学科体系的束缚，根据工学结合的特点组织课程内容，以调研项目为载体，以完成工作任务为导向，以培养学生市场信息采集与分析综合技能为目标。同时增加了综合实训部分，使实训的指导性更强。全书围绕调研项目组织，有理论、有实践，边学边做、边做边指导，充分体现了工学结合、理实一体化。

2．内容范围：全书内容包括七个模块、十五项工作任务、四个单项技能项目实训，具体见下表。

模　　块	能　　力	工作任务
模块一 如何确定市场调查的问题	认识能力	任务一：了解营销决策问题 任务二：明确市场调查问题
模块二 如何进行市场信息采集设计	设计能力	任务一：设计市场信息采集方案 任务二：设计市场信息采集问卷
模块三 如何采集市场信息数据	采集能力	任务一：用抽样调查法采集数据 任务二：用文案调查法采集数据 任务三：用实地调查法采集数据 任务四：用网络调查法采集数据
模块四 如何整理市场信息数据	整理能力	任务一：预处理数据 任务二：整理市场信息数据
模块五 如何分析市场信息数据	分析能力	任务一：静态分析 任务二：动态分析 任务三：相关回归分析

续表

模　　块	能　　力	工作任务
模块六 如何撰写市场信息采集报告	撰写能力	任务一：做好撰写前的准备工作 任务二：撰写市场信息采集报告
模块七 综合实训	综合能力	实训一：消费者行为调查 实训二：满意度调查 实训三：品牌形象调查 实训四：创业市场调查

3．结构体系：每个任务都设计了任务要求、任务分析、任务学习、任务实施、任务评价等五个工学交替步骤，体现了教学的基本规律，有利于课程的有力实施和实时评价。

4．写作特点：本书设计了学习目标、培养技能、学习任务，每个任务包括导入案例、任务要求、任务分析、任务学习、任务实施（包括案例讨论、实施范例指导、实施要求）、任务评价（包括自我测试、评价方法）等栏目，内容丰富多彩，具有可读性强、示范性强、参考性强、指导性强的特点。

5．配套课件：本书配备了内容翔实、制作精美的教学课件，方便教师教学使用。

本书由刘勤侠总撰，她还编写了模块一、模块二、模块四、模块五、模块六，尹小萍编写了模块三的任务一，沈滔编写了模块三的任务二，袁韶华编写了模块三的任务三，周梅编写了模块三的任务四。

2015年刘勤侠根据教学实践需要重新对教材进行了修订，对部分内容进行了更新修改，为了突出理实一体化的教学理念，特别增加了综合实训模块（模块七），用以强化培养学生市场调查的各项单项技能和综合技能。

作者参阅了国内外一些学者的研究成果及相关文献，有关行业技术专家馈赠了一些国内外专业调查公司和企业的宝贵资料，江苏建筑职业技术学院的领导、同事以及所授课学生给予了相关支持和帮助，在此向相关人员表示衷心的感谢。

由于作者水平有限，加之编写时间仓促，书中难免存在疏漏之处，敬请广大读者批评指正。

第一版前言

根据教育部第16号《关于全面提高高等职业教育教学质量的若干意见》等文件精神，高职高专院校要积极构建与生产劳动和社会实践相结合的学习模式，把工学结合作为人才培养模式改革的重要切入点，带动专业调整，引导课程设置、教学内容和教学方法改革，因此，本书以真实的调研项目（徐州市易初莲花超市自有品牌满意度调查研究）为范例，按照项目调研程序，分步教学示范，通过项目教学，最终培养市场信息采集与分析的综合技能。

本书主要有以下特点：

1. 设计思想：打破传统学科体系的束缚，根据工学结合的特点组织课程内容，以调研项目为载体，以完成工作任务为导向，以培养学生市场信息采集与分析综合技能为目标。全书围绕调研项目组织，有理论、有实践、有成果，具有可读性强、示范性强、参考性强的特点。

2. 内容范围：全书内容根据项目调研工作程序分解，包括六个模块、十五项工作任务，具体见下表。

六 个 模 块	六个分项能力	十五项工作任务
模块一 如何认识市场信息采集	认识能力	任务一：认识市场信息 任务二：认识市场信息采集
模块二 如何进行市场信息采集设计	设计能力	任务三：设计市场信息采集方案 任务四：设计市场信息采集问卷
模块三 如何采集市场信息数据	采集能力	任务五：用抽样调查法采集数据 任务六：用文案调查法采集数据 任务七：用实地调查法采集数据 任务八：用网络调查法采集数据
模块四 如何整理市场信息数据	整理能力	任务九：预处理数据 任务十：整理市场信息数据
模块五 如何分析市场信息数据	分析能力	任务十一：静态分析 任务十二：动态分析 任务十三：相关回归分析
模块六 如何撰写市场信息采集报告	撰写能力	任务十四：做好撰写前的准备工作 任务十五：撰写市场信息采集报告

3. 结构体系：每个任务都设计了任务要求、任务分析、任务学习、任务实施、任务评价等五个工学交替步骤，体现了教学的基本规律，有利于课程的有力实施和实时评价。

4. 写作特点：本书对模块设计了学习目标、培养技能、学习任务，每个任务包括导入案例、任务要求、任务分析、任务学习、任务实施（包括案例讨论、实施范例指导、实施要求）、任务评价（包括自我测试、评价方法）等栏目，内容丰富多彩。

5．配套课件：本书配备了内容翔实、制作精美的教学课件，方便教师教学使用。

本书由刘勤侠总撰，她还编写了模块一、模块二、模块四、模块五和模块六等，尹小萍编写了模块三的任务一，沈滔编写了模块三的任务二，袁韶华编写了模块三的任务三，周梅编写了模块三的任务四。

作者参阅了国内外一些学者的研究成果及相关文献，有关行业技术专家馈赠了一些国内外专业调查公司和企业的宝贵资料，徐州建筑职业技术学院的领导和同事也给予了相关支持和帮助，在此向相关人员表示衷心的感谢。

由于编著者水平有限，加之编写时间仓促，书中难免存在疏漏之处，敬请广大读者批评指正。

目　　录

模块一

如何确定市场调查的问题

MOKUAIYI

学习目标

1. 了解市场的含义和分类；
2. 了解市场信息的含义、分类和内容；
3. 了解市场信息采集的含义、意义和内容。

培养技能

培养学生认识市场信息采集的能力，也就是要求学生对相关市场信息分类、内容、市场信息采集的意义和内容要有感性的认识。

学习任务

任务一：了解营销决策问题；
任务二：明确市场调查问题。

在这两项任务的学习中，如果你认真学习理论知识，积极参与实践训练，并且能够顺利地完成具体任务，那么你会惊喜地发现自己已经成功加入市场调查人员的行列，成为某调研项日小组的一名成员，研究着自己感兴趣的问题，并且已经对该项目有了初步的感性认识。大家一定要团结合作，一起努力吧！

1 任务一 了解营销决策问题

导入案例

洗衣机公司的市场调查工作

某洗衣机公司专门成立了市场调查部，聘有一批固定的、高素质的人员，活跃于全国各地，不时走访不同地区的客户，了解、分析消费趋势；收集竞争对手的新产品开发和产品销售状况，研究市场发展走势，并把这些市场信息每天反馈到总部。总部每天派高层领导轮流值班，及时分析、处理反馈回来的市场信息，利用公司固定的早晚例会的时间将市场信息传达给全体管理人员，让人人心中有市场、人人知道公司所面临的竞争环境。除此之外，公司每月挑选一些管理人员到市场上进行短期调研，调查了解市场和消费需求情况。根据市场反馈的信息，公司加快了新产品的开发速度，提高了产品质量和售后服务质量。如公司根据信息反馈了解到，部分地区家庭因电压不稳定而影响了洗衣机的寿命，于是在产品中增加了高低压保护装置，彻底解决了这一问题；有的用户反映因卫生间潮湿洗衣机外壳生锈，于是公司开发出永不生锈的铝合金箱体洗衣机，受到消费者的欢迎。

该公司还有目的、有针对性地在国外设立信息窗口，及时了解国外最新市场信息，了解世界最新技术水平；定期从国外购买最新上市的洗衣机，收集样本，调查国际同行的技术发展动态。例如，1996 年该公司从国外购买了一批最新推出的洗衣机样机并及时组织力量进行测试，从而不仅了解了国外洗衣机技术水平的现状，也为公司设计开发新产品开阔了思路。又如，公司最新开发的具有国际先进水平的立体水流技术就是在了解了国际市场信息的基础上，独立研究开发出来的。通过国外信息的反馈，公司在设计新产品时可以避开别人的专利技术，从而加快了公司技术开发的步伐。

思考题：

1）说明市场信息来源的类型。

2）说明市场信息对企业的重要性。

任务要求

市场调查是市场营销活动的起点，能够为企业营销决策提供科学的依据。一个企业需要市场调查，一方面可能是管理者发现了营销问题，希望通过决策来解决问题，另一方面，可能是管理者发现了营销机会，希望通过决策来利用机会。因此，要帮企业进行市场调查，首先必须了解企业面临的营销问题。

具体任务：利用市场、市场信息等相关理论知识了解企业背景，分析企业存在的营销问题。例如，在了解易初莲花企业背景情况、自有品牌商品、企业消费者、企业竞争对手、企业客户、营销策略等信息的基础上，根据企业面临的自有品牌商品决策问题。最终明确了徐州易初莲花超市自有品牌满意度的调查研究这个项目的调查问题。

任务分析

在企业每天的经营活动中，各个部门可能都会面临这样或那样的问题，例如一直销售不错的产品突然销量降低；企业想开发一种新产品，却不知顾客是否会接受；企业品牌知名度不高等问题，如果企业委托你们项目调查小组来帮企业做市场调查。你们怎么办？首先要做的是了解问题出现的背景，分析企业面临的营销问题，确定调查的意图。要很好地完成本次任务，就必须进入理论学习环节。

任务学习

一、市场

1. 市场的含义

从微观来看，在现代市场营销中，市场主要表现为对某种或某类商品的消费需求，由下式可看出，市场由三个要素组成：

市场＝消费者＋可支付购买力＋购买欲望

市场的三个因素是相互制约、缺一不可的，只有三者结合起来才能构成现实的市场，才能决定市场的规模和容量。例如，某地人口众多，但收入水平低下，购买力十分有限，因而不能构成容量很大的市场；又如，一个国家或者地区购买力虽然不小，但是人口不多，也难以形成很大的市场。只有在人口多，而且购买力高的情况下，才能成为一个有潜力的大市场。但是如果产品不适合需求，不能引起人们的购买欲望，对于营销者而言，仍然不能形成现实的市场。因此，只有消费者、可支付的购买力、购买欲望三者相互联系、相互制约，才能共同构成企业的微观市场。

从宏观来看，市场是指商品交换的地域载体，即买卖双方发生交易行为的地点或场所。市场对于不同的目标群体来说其含义存在一定的区别：对于消费者而言，市场是购买商品的场所；对于企业而言，市场就是顾客。但从实质上来看，市场行为是一种相互交换的行为。这种交换必须符合几个条件：市场必须存在市场主体和市场客体（市场主体是指从事商品交换的当事者，市场客体是指进行交换的商品），双方进行的是等价交换，有特定的交易场所等。

2. 市场的分类

市场类型的划分是多种多样的。按产品的自然属性，可分为商品市场、金融市场、劳动力市场、技术市场、信息市场、房地产市场等；按市场范围和地理环境，可分为国际市场、国内市场、城市市场、农村市场等；按消费者类别，可分为中老年市场、青年市场、儿童市场、男性市场、女性市场等。根据购买者购买目的的不同，市场又可以分为消费者市场和产业市场，下面就消费者市场和产业市场进行重点分析。

（1）消费者市场

消费者市场也称为生活资料市场，它是由为满足个人生活需要而购买商品的所有个人和家庭组成的，是社会再生产消费环节的具体表现，是经济活动的最终市场。企业为消费者服务的过程，也就是企业最终实现商品价值和使用价值的过程。对消费者市场的调查是市场分析最基础也是最主要的内容。市场调查在研究消费者市场时，主要以消费者的购买行为所决定的需求量、需求结构的发展变化为核心内容。由于消费者的需求量与需求结构的发展变化受多种因素的影响，所以市场调查还必须对各种因素进行分析。消费者市场具有一些与产业市场不同的特点，主要表现在以下几个方面：

1）消费者购买的频繁性。消费者是为了满足个人和家庭需要而购买消费品的。由于某些商品不易保存，消费者每次在购买时不宜过多，一般属于小型购买。但是为了维持生活需要的连续性，就需要重复、频繁地购买，这一特点在日用品消费上表现得尤为明显。

2）消费者的购买行为具有较为明显的可引导性。消费者的购买决策一般是自发的、分散的，由个人或家庭成员做出。市场上的商品花色、品种繁多，质量、性能也存在差异，消费者购买商品时往往需要卖方的宣传、介绍和帮助。市场上许多商品具有可替代性，如果某个企业的产品或服务不能满足消费者的需求，消费者的购买行为就会转向该企业的竞争者。

3）消费者市场范围广、规模大。消费者市场不像产业市场那样相对集中，它分布得十分广泛。例如，我国的消费者遍布全国960万平方千米的土地上，人数超过13亿，家庭数量超过3亿个。这对于生产消费品的企业来说，是一个巨大的、潜在的市场，只有在我国人民的消费水平整体提高之后，才会形成一个巨大的现实市场。

4）消费者市场需求的差异性大。消费者市场的需求受到诸多因素的制约，如年龄、性别、职业、收入水平、文化程度、生活地域、民族等因素都会影响到消费者市场的需求。由于制约因素的多样化，因而会产生需求的多样化。这种差异性不仅表现为不同消费者各自需求不同种类的商品或服务，而且表现为同一消费者对同一商品或服务在不同时间需求的差异性。

（2）产业市场

产业市场也叫生产资料市场，它是在产业用品（非最终消费品）的买卖双方作用条件下形成的，是产业用品买方需求的总和。产业市场的买方是产业用户，是组织团体而不是个人消费者。与消费者市场相比，产业市场具有以下特点：

1）需求的派生性。生产者对生产资料的需求，归根到底是由消费者对消费品的需求引申出来的，也就是说生产者购买生产资料的目的是为了给消费者市场提供产品。对于汽车制造企业来说，如果消费者不需要该类型的汽车了，那么该企业也就不必要生产此类型的产品了，也就不需要相应的生产资料了。消费者的需求带动了消费品生产的发展，也带来了产业市场的扩大。

2）产业市场用户的规模和集中程度差异很大。产业市场的购买者之间的规模大小各异，其相应的购买量也有很大的差异，这种差异远远超过不同消费者之间的差异。产业市场的集中度差异也很大，从地域上看，沿海与内地之间、城乡之间，产业市场的集中度均有不小的差别。

3）产业市场的购买次数较少但是批量大。产业市场中的购买者是为了生产消费品而购买产品的，在一次性的购买数量上要远远超出生活资料消费者的购买数量。

二、市场信息

1. 市场信息的概念

市场信息（market information）是指在一定的时间和条件下，同商品交换以及与之相联系的生产与服务有关的各种消息、情报、数据、资料的总称，是商品流通运行中物流、商流运动变化状态及其相互联系的表征。狭义的市场信息是指有关市场商品销售的信息，如商品销售情况、消费者情况、销售渠道与销售技术、产品的评价等。广义的市场信息包括多方面反映市场活动的相关信息，如社会环境情况、社会需求情况、流通渠道情况、产品情况、竞争者情况、原材料和能源供应情况、科技研究应用情况及动向等。总之，市场是市场信息的发源地，而市场信息是反映市场活动的消息和数据，是对市场上各种经济关系和经营活动的客观描述和真实反映。

理解市场信息这一概念，有必要从以下几个方面加以认识。

（1）市场信息是社会经济信息的主体

信息按其内容可分为自然信息和社会信息。社会信息按其性质又可分为政治信息、经济信息、军事信息、文化信息、科技信息、社会生活信息等。市场信息一般包含在经济信息范畴中。人类社会作为一种经济社会，其头等重要之事就是有效地取得和利用各种经济活动。人类社会的其他活动不但要以经济活动为基础，而且最终取决于经济活动的规模、质量和水平，服务于经济活动的需要。在市场经济中，市场信息是市场参与者决策的主要依据。在信息系统不发达、市场信息传播渠道不畅通时，市场整体对于个别主体来讲必然是一个黑箱，主体对市场的了解只能停留在感性的、表面的、零碎的、不系统的认识上，从而导致市场调节上的自发性和市场主体行为上的盲目性和短视性。市场信息的缺乏和不准确使生产者难以掌握市场上的供求情况，个别生产者对于自己的市场份额无法把握，更谈不上对未来市场情况进行准确的预期，因而无法及时、妥善地安排生产。生产调整与市场需求状况之间的时滞现象极为明显，生产者往往在产品过剩时依然在继续扩大生产和销售，而在需求已经大于供给的时候，却还在继续收缩，由此加剧了经济波动。因此，企业捕捉市场信息，实际上是捕捉发展的机遇，它们的整体活动效益状况如何，决定整个社会的经济发展水平。引导企业活动的经济信息主要是市场信息，而国家的宏观调控也要借助市场参数信号来间接实现。所以，市场信息是社会经济信息的主要构成部分。

（2）市场信息的构成复杂多样

市场信息不仅包括因市场交易活动所产生的信息，许许多多其他类别的社会信息、非交易活动产生的信息也是重要的市场信息。市场信息与其他社会信息存在着错综复杂的交叉关系。对价值观念、伦理道德、民俗风情的了解，就可作为公众消费成因探测的依据。政治信息并非与市场信息风马牛不相及，一个国家政策的稳定或变动，历来都对跨国投资有影响。即使是体育活动也常是企业关注的对象，是企业广告信息和公关活动的载体。如有关生产情况、商品供求情况、市场产销情况、新产品开发情况以及价格变动情况等，更是具体的市场信息内容。市场信息构成的复杂多样也从另外一个侧面反映了影响企业发展因素的多变性。现代信息技术的提高，使市场信息能够及时、准确、多样地显示，企业也能及时、准确、详细地获得。企业只有不断健全信息网络，开拓信息的来源和渠道，扩大信息输入量，在此基础上对繁杂的市场信息综合研究，以充分消化市场信息资源，使市场信息服务于企业的发展。市场信息可以泛指有关市场经济活动的所有社会信息语言。

（3）市场信息资源的生成者是企业

参与市场活动的主体，有企业、消费者、政府和各种类型的中介型组织，然而企业是最重要的市场主体。它们是市场上资本、劳动、技术等生产要素的提供者和需求者，又是各种消费品和劳务的生产者和销售者。离开企业以及企业之间、企业与其他市场活动当事者之间的产、销、购买活动，市场也就不存在了。在我国经济体制改革逐步深化和现代企业制度建设中，市场信息资源的主体名副其实为企业所构成。市场信息主要生成自企业的经济活动，汇集于市场，又服务于企业。

（4）市场信息接收与主体的信息意识有关

对于同一信息源，该信息是否为不同企业所用，这是有明显差别的，这与主体对信息的敏感度即市场信息意识有关。下面我们来看一个为许多人所熟悉的例子：有两个皮鞋生产商 A 和 E，它们不约而同地都想在太平洋的一个岛上开辟市场。于是，各自向该岛派出了一个信息调研员。这两个信息调研员到岛上工作几天后，各自向公司本部发回一封电报。E 皮鞋生产商的信息调研员的电文如下："此岛无人穿鞋，我于明日返回。" A 皮鞋生产商的信息调研员的电文则是："好极了，我将长驻此岛。该岛无人穿鞋，是个很大的市场，可以立即开拓。" 人们不禁要问：观察同样的事情为什么会有完全不同的结论呢？这是因为从事市场经济活动的人们对信息及信息内涵的敏感性和意志状态不同，因而也就表现出搜集信息、判断信息和利用信息的自觉程度和能力的差异。讲明确一点，就是人们的市场信息意识不同。

要提高市场信息意识，一是要提高从事市场经营活动的人们对信息的敏感程度，培养敏锐的观察力，发掘不为常人所注意的信息；二是要重视对市场信息的收集，连续采集、追踪采集、持之以恒地收集，提高开发信息源，确保信息有效供给的思想认识；三是在市场信息的研究、筛选、决策等环节上不误时机，对有价值或潜在价值的信息要注意探根究底，加强分析、论证，周密、果断地做出决策。塑造强烈的市场信息意识，这是捕捉市场信息、利用市场信息的基本要求。

2. 市场信息的特征

市场信息是信息在商品交换活动领域内的衍生物，它既有信息的一般特征，也有自身的特征，认识和掌握这些特征有助于更好地搜集和研究市场信息。

（1）市场信息具有广泛的社会性

市场信息是一种普遍的社会现象，其内容涉及整个社会。人类社会是以产品的生产、交换、分配、消费为基础而运转的，人们的经济活动是最基本的活动，在整个社会中具有头等重要的地位，其他一切社会活动，如文化、教育、科技、宗教、艺术等活动不但以经济活动为基础，而且最终取决于和服务于经济活动。因此，市场信息不仅充塞于商品流通领域，而且渗透于一切社会领域，作为指导社会分工和社会生产的沟通方式为整个社会所接受。国家的各类机构、各层次，为实现其管理职能，需要市场信息；社会上的各类团体、组织，为参与社会活动，需要市场信息；社会个人作为消费者，也离不开市场信息。

（2）市场信息具有明确的目的性

市场信息与自然信息相比，具有很强的目的性。自然信息的释放和传播，遵循自然界的运动规律，不受人的意志干扰和左右。而市场信息产生于经济活动的全过程中，任何一种经济活动都是人们有意识、有目的的自觉行为。市场信息作为经济活动的表征，也是人们自觉的经济行为的表征，因而它具有比其他信息更加鲜明的目的性特征。具体来说，市场信息的目的性表现在3个方面：第一，市场信息真实地反映了经济活动的特征和变化情况，具有管理功能和决策功能，是直接为经济发展服务的；第二，市场信息的搜集、发送、传递等都是人的一种有目的的行为，总是为发展经济的一定目标或满足某种需求服务的；第三，市场信息功能能否充分发挥，能否为经济发展这个总目标服务，关键在于人的主观努力，这使得市场信息的目的性更加鲜明，以便得以更充分、有效的利用。

（3）市场信息具有高度的复杂性

市场信息的复杂性是由市场体系的复杂性决定的。我国社会主义市场已经形成多买方、多卖方、多功能的开放式市场，这就决定了市场信息的多信源、多信宿、多信道的特点。在市场中买方和卖方的角色在不断交替变换着，一方面，他们既是市场信息的发出者，也是市场信息的接受者。同样的信息，宏观控制部门、各种咨询机构、不同性质和规模的单位甚至个人都可以是其信源，可以通过各种文献、各种宣传媒体、网络、正式或非正式的渠道进行发布；另一方面，他们又是信息的需求者和接受者，通过报刊、电视、广播等媒体不断接受最新信息，以指导自己的工作、研究或购物活动。市场信息的复杂性还受到市场因素的影响，如信息传输过程中各种“噪声”的干扰，会造成市场信息表达形式对信息内容表达的不清晰。

（4）市场信息具有很强的时效性

市场信息的时效性是指市场信息从信源到被利用并发挥效果的时间间隔期及其效率。从信息源发送的市场信息，经过接收、加工、传递等一系列处理过程，最后进入使用的时间间隔越短，市场信息的时效性也就越强。这就是说，市场信息存在的时间和它的效用或价值成反比，过了时效的信息往往失去价值，尤其像供求信息、价格信息、交易信息、股市行情这类变化快的信息更是如此。对此，要求我们在信息的收集、传递、加工、使用速度上多加努力。日本的商业情报专家认为，一个准确度达到100%的情报，其价值还不如一个准确度只有50%，但赢得了时间的情报。

在市场经济日益活跃的今天，市场情况变化莫测，市场信息瞬息万变。当市场情况发生了变化，相关的市场信息就失去了原有的价值而进入了老化期。如市场上可供应或者需求某一种商品的信息，当这一商品已经供应完毕，商品已经售出或者所需要的商品已经得到满足，这一市场信息就进入老化期，退出信息市场。市场信息老化可分两种情况，一种是完全老化，失去了使用价值，即失效；另一种是局部或部分老化，没有失效的部分还可以继续使用。我们在注意市场信息时效性的同时，要注意区分过去信息和过时信息，两者之间不能画等号，要注意从大量过去的信息（如文献资料）中发掘出有用的适时信息。我们不能忽视市场信息的再生能力，一些看上去过时的信息用一定的方法加以分析会产生新的信息，如企业数年的经营数据或年鉴上的统计资料有很强的时间序列性，采用移动平均法，对历史数据进行加工，可用于市场预测。

（5）市场信息具有明显的系统性

市场信息的系统性是指一系列相互依存、相互作用的市场信息，为了一定的目的而有规律地组合成一个市场信息体系。它包括以下3个方面的含义：一是指市场信息的体系性。市场信息不是零星的、个别的、紊乱的，而是由若干个具有特定内容和同类性质的市场信息，在一定时间内形成一个市场信息体系。这是因为经济活动的变化和特征，总是受到多种因素的影响和作用，并且在多方面被反映出来。因此，作为真实反映经济活动变化和特征的市场信息必然是大量的、系统的。二是指市场信息的全面性，即市场信息要全面、完整、多方面地反映经济活动的变化和特征，并把纵向系统的市场信息与横向系统的市场信息结合起来，以便使人们能对经济活动有一个全面的认识。三是指市场信息的连续性。人类的经济活动总是持续不断地进行并向前发展，所以市场信息也总会不断地生成，因而人们也要不断地搜集、加工、传递和利用市场信息，这就使得市场信息必然具有连续性。由于经济运动本身就是一个有机的经济系统，而全面反映经济运动特征和变化状况的市场信息也必然是系统的。我们只有认识市场信息的系统性，来把握经济发展的内在规律和趋势，从而促进整个经济的健康发展。

（6）市场信息具有一定的价值性

市场信息对人们是有实用意义的或者说具有非实物使用价值。虽然它本身不能作为一种实物来满足人们的需要，但以其特殊的方式满足人的认知过程中的需要。市场信息的价值性表现在它可为人们带来经济效益。现在有这么一种说法：三流企业卖苦力，二流企业卖产品，一流企业卖专利，超一流企业卖标准。专利、标准等知识产权已成为重要的市场信息资源。如美国 1999 年知识产权方面的出口达 370 亿美元，甚至超过飞机的出口。相反，中国三环公司由于未及时在国外申请钕铁硼永磁材料专利，1993 年被迫花 500 万美元购买美国和日本公司同类产品的海外销售许可权。这一正一反的事例充分体现了市场信息的价值性。

实现市场信息的价值性，必须以“真”和“准”为前提。所谓“真”，是指加工过的信息要符合市场客观实际，不能用主观臆测代替市场实际，不要误解和歪曲市场现象的因果联系、制约条件、影响程度，要经常对各类信息进行查证、鉴别、核实；所谓“准”，是指符合客观情况的程度，不能以偏概全，模棱两可。

认识市场信息的上述特点，有助于在市场信息搜集、处理、分析过程中掌握一定规律，达到充分利用市场信息的目的。

3. 市场信息的类型

市场信息一般有以下几种分类方法：

1）按负载形式不同可分为文献信息、实物信息和口头语言信息。文献信息是指以文字、图像、符号、声频、视频等形式所负载的各种信息。实物信息是指各种物质形式所负载的信息，如商品展览、模型、样品等，它具有可靠、容易理解等特点。口头语言信息是借助人们的口头语言载体进行流通的信息，其基本方式有交谈、演讲、讨论、报告、口头广告、信息发布以及人与人通过其他直接接触方式所形成的信息流通过程。

2）按市场信息的产生过程不同可分为一手信息（primary information data）和二手信息（secondary information data）。一手信息又称初级信息，它是调研人员在实地通过观察、调查和测试，从被调查者处获取的资料。一手信息是市场信息的基础。二手信息又称次级信息，它是调研人员根据市场活动的需要，对初级信息进行加工、整理和分析后所形成的信息。

3）按市场信息的范围不同可分为宏观信息（macro-information）和微观信息（micro-information）。宏观信息是关于企业外部环境的各种信息，如国民经济发展情况、社会消费总额、居民购买力、股市行情、商品供应状况等。微观信息是反映企业生产、经营状况的各种信息，如商品销售额、劳动生产率、购销合同履约情况等。

4）按照市场信息的时间不同，可分为动态信息和静态信息。动态信息是反映市场现象在不同时期发展变化的信息，如 GDP 的增长率、物价指数等；静态信息反映的是现象在某一时刻的状态，如市场份额、需求量等。对各种动态和静态资料进行收集、整理和分析是科学预测和决策的前提。

5）按照提供者的角度不同，可以分为内部提供（internal suppliers）信息和外部提供（external suppliers）信息。内部提供信息是公司通过自己设立正式的调研部门，或者虽没有正式的部门但至少有专人负责市场调研来提供包括内部和外部市场营销信息。外部提供信息则是由其他人或部门专门为某种目的而收集到的但对营销调研人员有用的信息。

4. 市场信息的主要内容

从现代企业对信息的需求角度来看，市场信息的主要内容如下。

（1）市场宏观信息

市场宏观信息是指从全局的范围来反映宏观市场活动变化和特征的市场信息。它的综合性强，对大范围的市场活动起作用，是为总体或全局的市场决策服务的。主要的市场宏观信息有 6 大类。

1）政治法规信息。主要包括国家体制的变化、政治稳定状况、政府法规制度以及产业政策信息、货币政策信息、财政政策信息、收入政策信息、就业政策信息、经济计划信息、行业管理信息等。

2）社会经济信息。主要包括国民生产总值、人均国民收入和国民收入分配状况、经济增长速度、经济结构、经济地理、消费水平、消费结构、通货膨胀率、资源开发状况、当地金融机构组织的状况、服务项目、货币管制、外汇汇率等。

3）科学技术信息。主要包括科技发展水平、规模、优势、劣势，最新科技成果及其商品化、产业化程度，科技开发和利用政策，科技发展趋势等。

4）社会文化信息。主要包括文化教育、宗教信仰、价值观念、风俗习惯、社会流行、社会道德、审美情趣等信息。

5）自然地理信息。主要包括自然资源、气候条件及其变化、自然灾害、地理位置、地形地貌等信息。

6）人口环境信息。主要包括人口数量、人口结构、人口增长、人口流动、人口分布、家庭状况等信息。

（2）市场微观信息

市场微观信息是从局部的角度来反映微观市场活动变化和特征的市场信息。这类信息对企业的经营效果会产生直接的影响。主要包括以下几个方面的内容。

1）消费者及其行为信息。①消费者类型及其特征信息。主要包括消费者的性别、年龄、地址、职业、性格、嗜好、家庭背景、收入、文化水平、民族、宗教信仰、社会阶层、价值观念以及地理分布等信息。②消费者的需要信息。主要包括消费者的生理需要、社会需要、生存需要、安全需要、社交需要、尊严需要、自我实现需要、物质需要、精神需要等信息。③消费者购买行为信息。主要包括消费者购买动机、购买过程、购买时间、购买地点、数量、支付习惯、厂牌和品牌偏好、商店选择等信息。④消费者的家庭信息。主要包括消费者家庭的构成、规模，家庭的权力分配模式，家庭结构等信息。

2）客户信息。①现有客户的总体信息。主要包括现有客户的数量、地理分布，各类客户的构成、比重和相互关系等信息。②现有客户的个体信息。主要包括各个现有客户的名称、地址、创办时间、资产、从业人员、资信、在同行中的地位、主要业务、营业状况、财务状况、往来关系，企业负责人姓名、文化素质、社会阅历、社会关系、社会影响力等信息。③客户的购买信息。主要包括客户的消费需求量，需求类型，需求偏好，购买能力，购买心理，购买行为，购买习惯，购买的数量、品种、规格、型号、价格，购买时间、地点等信息。④客户的评价信息。主要包括客户对本企业及其产品的评价，对本企业定价、销售形式、服务方式、促销方式、销售渠道、公共关系的评价，对其他企业及其产品、营销组合的评价，对企业的要求、意见等信息。

3）市场需求信息。①现实需求信息。主要包括社会各类需求者对产品或服务已经产生并有购买欲望的需求数量和结构等方面的信息。②潜在需求信息。主要包括社会各类需求者对产品或服务尚未产生但有可能产生的需求数量和结构等信息。③需求弹性信息。主要包括需求的价格弹性、收入弹性、弹性系数等信息，还有需求总量和结构信息、需求的特征信息、需求的演变及其趋势信息等。

4）产品信息。①产品特点信息。主要包括：a．产品类型信息。反映产品属于初级产品、中间产品、最终产品；耐用品、易耗品、时尚品；日用品、选购品、特殊品；高档品、一般用品、低档品；生存资料、享受资料、发展资料等信息。b．产品效用信息。各类产品的功能、用途、使用方便性、实用性、安全性、美观性、装饰性等信息。c．产品形式信息。主要包括各类产品的质量、体积、设计、品种、规格、式样、花色、标准、计量等信息。d．产品服务信息。售前、售中、售后服务，技术服务，三包等信息。e．产品品牌信息。品牌和商标的类型、知名度、使用情况、品牌价值、品牌策略等信息。f．产品包装信息。各类产品的包装材料、造型颜色、装潢、包装策略等信息。g．产品线和产品组合信息。包括产品系列和产品项目的数量、类别和产品组合的长度、宽度等信息。h.产品生命周期信息。各类产品的生命周期形状、长度、周期变化以及所处的生命周期阶段等信息。i．新产品开发信息。各类企业的研究开发机构与人员、研究开发经费投入、研究开发项目、新产品类型和数量以及质量、新产品贡献率等信息。j．连带和替代产品信息。产品的各类连带和替代产品的基本状况的信息。②商品生产信息。主要包括：a．产业信息。产品所属行业的性质、地位、主要产品发展趋势等信息。b．商品生产者信息。商品生产企业的数量、类型、规模、分布、技术设备的先进程度、生产能力、经营能力、资信、社会形象、历史等信息。c．资源信息。原材料、设备、能源、资金、技术、劳动力等的供应信息。d．生产方式和过程信息。生产组织形式、工艺、技术协作形式、生产时间、生产流程、生产消耗和成本、质量等信息。e．生产量及其结构信息。主要包括生产能力、实际生产量、产品结构、同种产品中的质量、规格、花色和结构等时间系列资料。f．生产发展信息。投资、技术革新、技术引进、技术改造、技术创新、扩建、改建等信息。③商品供应信息。主要包括：a．可供商品信息。商品供应者，潜在供应者，实际商品可供量，潜在商品可供量，可供商品结构，可供商品的质量、品种、规格、花色、价格、供应弹性等信息。b．商品销售时间和地点信息。商品销售的时间、范围、地区、城乡分布、商流与物流路线等信息。c．商品销售方式信息。计划与非计划、批发与零售、坐商与行商、现货与期货、销售服务、结算方式、交货形式等信息。d．商品销售量信息。社会商品销售总额与结构、同类商品销售总额与结构、本企业产品的销售总额与结构等方面的时间系列信息。e．商品销售效果信息。本企业产品销售指数、销售发展趋势、在同行业中的市场占有率、在不同地区和不同目标市场的占有率、销售成长与效益等信息。

5）竞争信息。①竞争与垄断的程度信息。主要包括市场处于完全竞争、完全垄断、寡头垄断、垄断竞争等状态的信息。②竞争类别信息。主要包括市场处于经营要素竞争、商品货源竞争、商品销售竞争等状态的信息。③竞争形式信息。主要包括市场竞争处于使用价值竞争、技术竞争、服务竞争等状态的信息。④竞争对手的概况信息。主要包括竞争对手的数量、规模、经营实力、经营产品、市场占有率、企业形象、产品形象、经营效果等方面状况的信息。⑤竞争对手的竞争行为信息。主要包括竞争对手的产品开发、质量、品种、花色的改进、价格的变动、服务形式、销售组织形态、销售渠道的改进、促销手段的改进、人才的引进、技术进步、不正当竞争手段的应用等方面的信息。⑥本企业在竞争中的地位信息。主要包括企业所处的市场领导者、市场挑战者、市场竞争者、市场追随者、市场补缺者等方面的信息。⑦本企业的竞争能力信息。主要包括经营实力、产品竞争能力、产品分销能力、价格竞争能力、促销能力、服务能力、开发能力等方面的信息。

6）营销策略信息。①确定产品策略所需信息。主要包括产品的品质、客户对产品的评价、意见和要求、产品的储存运输、产品的包装及其说明文字、产品的寿命周期。②确定渠道策略所需的信息。主要包括企业产品进入市场的具体方式的选择，是直接销售还是通过中间商（批发商、零售商）销售，可选择的中间商有哪些，直接销售与通过中间商销售的利弊及可行性。如果通过中间商销售，要考察中间商在社会经济组织中的知名度和地位，调查中间商的企业性质、经营历史、规模、销售点分布、经营实力、经营活动方式、经营范围、市场占有率、顾客类型、业务往来关系户，了解中间商的资信情况，如注册资金数额、财务数据、依托的银行及其商业信誉等。③确定促销策略所需的信息。主要包括如何对消费者进行促销、如何对中间商进行促销、如何在组织内部开展促销活动、人员推销与非人员推销以哪种方式为好、使用的广告媒体和方法、广告费用构成、怎样进行促销组合、顾客希望得到的服务项目、如何做好售后服务等。④确定价格策略所需信息定价方法。如市场需求导向定价、竞争导向定价或是成本导向定价等原则的确定；产品成本的构成，合理收购价格的确定办法，商品的外销价格与内销价格的关系，关税、运费、装卸费、保险费等；目标市场消费者对价格变动的反应，产品最适价格；批发价格与零售价格的确定，浮动价格、赊销价格、优惠价格的确定；影响价格变化的因素。⑤制定营销组合决策所需的信息。主要包括如何把上述开展市场营销的各种手段进行优化组合，使之相互协调，配合动作，产生较佳的组合效应，实现营销目标。

任务实施

案例讨论

案例 1 有一次，一位从事进出口贸易业务的人员收到了驻海外机构寄来的一包最新资料。其中，有一条信息的内容是这样的：某国际市场上，A 原料产品的价格在近期内将会下跌等。该业务员没有及时去查阅这些信息，更没有注意到上述那条信息的内容。

过了不久，某市场上A原料产品的价格果然下降了20%左右。该业务员经营的A原料产品，由于没有得到及时的处理，因而一部分只能降价出售，一部分只好在仓库积压，累计损失达几十万美元。后来，该业务员才发现，驻外机构寄来的信息中，已明确告知了新的价格动态。问题在于自己没有及时地在信息堆中“沙里淘金”。

思考题：

1）这个事例能给我们什么启示？

2）为什么说时效性是市场信息价值得以实现的关键？

案例2　在一种信息面前，有的人仅仅把眼光和思路集中在这种信息上面，而有的人却善于看到这种信息的“反面”。美国的哈斯布罗玩具公司所经营的名叫“美国大兵”的玩具，原来是一种最畅销的玩具，已经有25年的历史，平均每年的销售额达到1.5亿美元。后来，这种玩具的销售量逐渐减少。该公司想到：“大兵”不好销了，那么“大”的反面“小”的可能会好销吧？于是，经过市场调查以后，它们新生产了一种叫“马西小娃娃”的玩具，果然一年就销售了2500万美元。该公司有一种玩具“战舰”，曾经连续几年在圣诞节畅销，每个玩具的销售价格达100美元。然而，这种玩具的市场也逐步看淡了。该公司想到：“舰”类玩具不好销了，那么“舰”的对应种类“车”可能会好销吧？因而，经过市场调查以后，它们又生产出一种“超速电动玩具车”，很快在市场上走俏。

思考题：

1）以此事件为例，说明如何理解市场信息的时效性。

2）此事例说明一个企业的经营决策应建立在什么基础上？

实施范例指导

调研项目：徐州市易初莲花超市自有品牌满意度调查研究。

具体任务：明确企业当前面临的营销决策问题。

如何明确企业当前面临的营销决策问题？

该调研项目小组必须对易初莲花超市自有品牌满意度调查研究项目所涉及的市场信息有感性认识。在感性认识的基础上，了解企业目前所需解决的营销决策问题。例如，通过对企业背景情况、自有品牌商品、企业消费者、企业竞争对手、企业客户、营销策略等微观信息及宏观信息对项目有感性认识，了解到该超市面临的问题是自有品牌商品的经营管理。

1. 认识易初莲花超市

位列于财富500强的正大集团是卜蜂莲花的总公司。自80多年前，建立了正大种子店，正大集团显示出其集世界所有伟大工商业巨头的敏锐和创业者精神。抓住发现的任何机会，发展必要的经营管理和科技技能，并一直计划更好的未来，正大集团已“同亚洲一起成长”。现在，这个泰国商业集团已经在20多个国家建立了250多个公司，聘用了超过100 000名员工，是中国最大的外商投资的企业之一，且以亚洲领先的跨国企业形象活跃在世界的前沿。位列于财富500强的企业正大集团建立自己大卖场的领先者——中国卜蜂莲花。在过去的十几年中，自1997年其第一家商店在上海浦东开张以来，卜蜂莲花已在中国开了100多家购物中心。依靠最先进的现代购物理念，卜蜂莲花已经被看成是可以信赖的商店，它提供了新的购物体验、舒适的购物环境和天天低价的高质量商品。

徐州市易初莲花超市于2004年建立，地点位于中国矿业大学附近，占地面积达到30 000平方米。超市主要辐射徐州南区，消费者主要为中国矿业大学的师生、徐州师范大学的师生、徐州建筑职业技术学院的师生、附近各中专和中学的师生，附近企事业单位的职工、个体户以及附近的居民。易初莲花超市依靠其先进的现代购物理念，舒适的购物环境和天天低价的高质量商品等优势，很快在徐州大型超市中脱颖而出，无论经营规模还是经营效益均在全市大型超市中排在前列，和徐州家乐福、徐州大富源、徐州新一佳、百惠佳美时成为徐州居民主要光顾的五家大型超市。

2. 认识易初莲花超市的自有品牌

自有品牌或称商店品牌，是超市等零售商以自己的品牌销售产品，这样的产品既可以是按照零售商的具体要求由供货商定制的，也可以是在现成的产品上贴上零售商的牌子。易初莲花超市的自有品牌从粮食、食油和禽类、肉类、蛋类等生鲜食品入手，进而扩展到食品、饮料，再发展到日用品乃至小家电等，除了“易初莲花”为主外还有“泉信”、“好脉”等自有品牌。目前，易初莲花超市的自有品牌不仅数量占总数的10%以上，并且已经成为整个超市利润的重要来源。

1）日用家居。包括洗护用品、纸品、清洁用品、一次性用品、电子秤、毛巾、衣架、浴帘、空气清新剂、防霉防蛀、家居床品、游戏地垫。

2）办公用品。包括复印纸、传真纸、资料册、双面胶带、透明玻璃胶带、封箱带。

3）厨房用品。包括砧板、厨房用刀、餐具、果汁杯、手套、抹布、果蔬筛、桶、调味格。

4）家装。包括储物空间、五金件、家装配线、节能灯、插线板、电池。

5）食品。包括食用油、米、杂粮、调味品、面、粉丝、干货、营养食品、零食、饼干、蛋糕、炒货、饮料、酒、茶。

实施要求

1）组建调研项目小组，要求成员有着共同的调研兴趣，成员以5～8人为佳。

2）讨论案例。

3）各调研项目小组认识所调研项目的相关市场信息，了解企业营销决策问题。

4）做好记录。

任务评价

自我测试

1. 理论知识测试

1）市场信息的主要特征包括（　　）等方面。

A．市场信息具有广泛的社会性

B．市场信息具有明确的目的性

C．市场信息具有高度的复杂性

D．市场信息具有很强的时效性

E．市场信息具有明显的系统性

F．市场信息具有一定的价值性

2）按市场信息的产生过程不同可分为（　　）。

A．一手资料信息　　B．二手资料信息

C．宏观信息　　D．微观信息

3）市场宏观信息包括的主要内容有（　　）。

A．政治法规信息　　B．社会经济信息

C．科学技术信息　　D．社会文化信息

E．自然地理信息　　F．人口环境信息

4）市场微观信息包括的主要内容有（　　）。

A．消费者及其行为信息　　B．客户信息

C．市场需求信息　　D．产品信息

E．竞争信息　　F．营销策略信息

2. 实践技能测试

1）你是否选好自己感兴趣的调研项目？

2）你是否对所选调研项目的相关信息有了一定的认识？

评价方法

1. 评价标准

1）任务是否完成。

2）完成质量。

3）团队表现。

2. 评价表

评价所需表格如表 1-1 和表 1-2 所示。

表 1-1　项目小组评价表

组别 \ 分数	是否及时完成	质　量	团队表现
第一组			
第二组			
第三组			
⋮			

表 1-2　个人任务评价表

评分依据 \ 分数	个人具体分工		个人表现		
	承担任务的质量	个人记录	教师评分	组长评分	组员互评
成员一					
成员二					
⋮					

2 任务二 明确市场调查问题

导入案例

“铱星”的陨落

曾经轰动一时的铱星公司已经渐渐淡出人们的记忆了，但是它留给人们的教训却仍然时常被提起。1987 年，铱星公司开始了一项通信史上前所未有的浩大工程——“铱星系统”计划。该计划的目标是利用 66 颗卫星，组成一个包围地球的“卫星圈”，形成一个覆盖全世界任何角落的无线通信网络。整个工程历经 11 年才完成，累计耗资 50 多亿美元。1998 年，铱星公司的梦想得以实现，“铱星系统”成为世界上第一个大型低轨卫星通信系统，也是当时全球最大的无线通信网络。当年，“铱星系统”被美国的《大众科学》列为年度百项最佳科技成果之一，权威机构甚至将它评为 1998 年世界十大科技成就之一。在后来的科索沃战争和台湾大地震中，“铱星系统”都发挥了重要的作用。但是，高昂的建设与维护成本以及昂贵的终端价格，使得它远离了市场需求。铱星通信终端每部售价高达 3000 美元，通话费亦贵出普通移动电话数倍。过高的费用吓跑了许多崇尚高科技的手机消费者。按市场经验推算，铱星公司要达到盈利水平，至少要发展 65 万用户，但在铱星通信终端推向市场的前两个季度，仅吸引了 1 万个用户，亏损达到 10 亿美元。尽管铱星公司后来调低了收费标准，但为时已晚。“铱星系统”风险太大、成本过高，最终导致它在与其他通信商竞争时处于劣势，而且糟糕的通话服务也让用户怨言四起，潜在客户更是敬而远之。2000 年 3 月，铱星公司向法院申请破产。

“铱星”陨落的原因虽然是多方面的，但是缺乏对市场需求和竞争态势的谨慎而深入的调查与分析无疑是失败的最主要的原因。现代市场营销理论和实践的发展，使得市场信息对于市场营销决策乃至企业经营管理决策越来越重要。企业面临的市场环境和竞争环境的变化呈加速发展的趋势，消费者的需求呈现越来越明显的多样化和个性化。企业为了适应这样的变化，需要比以往更详尽、更精确的市场信息，因此，比以往更加重视市场调查的作用。美国著名营销学专家菲利普·科特勒认为：营销获胜的基础越来越取决于信息，而非销售力量。

思考题：

1）市场信息采集对企业有什么作用？

2）市场信息采集的内容有哪些？

任务要求

面对日趋激烈的市场竞争，企业的经营决策离不开市场信息，那么如何来获得市场信息呢？这就要根据企业需解决的营销问题和面临的营销机会，选择确定市场调查的方向，通过市场调查来获取相关市场信息。

具体任务：确定市场调查方向。也就是要求项目小组根据企业面临的营销问题和营销机会选择确定市场调查方向。例如，徐州易初莲花超市自有品牌顾客满意度调查研究就是根据徐州市易初莲花超市对自有品牌商品管理问题的重视，确定了进行自有品牌满意度调查研究，把营销问题转化为市场调查的问题。

任务分析

了解了企业存在的营销问题，就要把营销问题转化为市场调查的问题，也就是确定调查方向。要确定市场调查的问题，就必须知道什么是市场信息采集？市场信息采集有哪些分类？市场信息采集的应用范围？要很好地完成本次任务，就必须进入理论学习环节。

任务学习

一、市场信息采集的含义

市场是由具有一定支付能力的需求所组成的，而形成需求和选择消费的权力都掌握在消费者手中，企业能不能变被动为主动的唯一方法就是解决如何把消费者的注意力吸引到本企业的产品上来。这就要求企业在进行市场调查时，要弄清是何种因素在影响和支配消费者在众多的产品中作出选择，并以此调查结果为基础，研究开发符合消费者需求的产品，制定消费者最能接受的价格，提供消费者最满意的服务，选择消费者最认同的销售渠道和销售地点，用消费者认为最好的促销方式进行促销。同时，在目标消费者能接触到的和最喜欢的媒体上，以消费者最关心的产品特征为诉求点来进行广告宣传，最终达到引导消费者购买本企业产品的目的。市场信息采集是企业有效获取和利用市场情报、信息的主要手段，是企业开展市场营销活动的前提，对企业的决策有重大影响。

市场信息采集也称市场调查，是指个人或组织为某种特定的市场营销问题的决策所需开发和提供信息，从而引发的判断、收集、整理、分析和研究市场的各种基本状况及其影响因素，并取得结论性、系统性和针对性的活动与过程。简单来说，市场信息采集就是指根据市场研究的目的，运用科学的方法，有计划地采集、整理和分析市场信息资料的活动过程。

二、市场信息采集的特点

1. 市场信息采集具有目的性

市场信息采集总是在一定的背景和前提下来研究特定的市场问题，具有明显的目的性或针对性。利用市场调查的部门可以是企业、公司、团队及任何企事业单位的管理决策层，市场调查的目的是为管理部门制定长远性的战略规划和阶段性的具体政策或策略、作出营销决策或为经营管理决策提供信息支持和参考依据。

2. 市场信息采集具有全程性

市场信息采集不能仅停留在生产或营销活动前的市场研究阶段，而是要对生产经营活动的市场状况进行整体的全程性的市场研究，包括事前、事中和事后都应进行市场调查研究。市场调查也不是单纯的市场信息资料收集过程，而是一个包括调查设计、采集资料、整理资料、分析资料和发布与运用资料在内的一个完整的过程。

3. 市场信息采集的内容具有广泛性

市场信息采集的内容涉及企业生产经营活动的各个方面和各种要素，可以用于测量较为简单的调查项目，如被调查者的性别、年龄、职业和文化程度等基本情况，也可用于测量较为复杂的问题，如被调查者的收入、支出、对某一事件的态度、个人爱好、参与某种活动的动机等。

4. 市场信息采集的方法具有多样性

市场信息采集的组织方式是多样的，搜集资料的具体方法也是多样的。同样的调查课题，有多种调查方法可供选择，因而调查研究的方案设计也是多样的。例如，调查消费者对某电视广告收视效果的情况，可以采用面访、电话访问或调查问卷等方式，调查的地点可以在被访者家中、工作单位、购物场所和娱乐场所等地方。

5. 市场信息采集具有科学性

市场信息采集、整理和分析资料的方法，都是在一定的科学原理指导下形成的，并被实践证明是行之有效的，具有科学性和可行性。市场调查通过对调查对象的大量观察（样本）和精心的设计和安排，可以消除偶然性因素的影响，揭示出研究对象的必然性和本质特征，因而市场调查的结果是有效的。

6. 市场信息采集具有局限性

市场信息采集通常可以得到比投入费用高几倍价值的信息，但由于影响市场变化的因素众多，并具有不确定性，加之市场调查受时空范围和调查经费的约束，致使获取的信息是不完全的，与其他工作一样，市场调查也不可避免地会有误差和疏忽。因此，市场调查是有局限性的，这种局限性只要对调查信息的价值没有严重的损害，应当是容许的。必要时，可以在解释调查结果时作些修正。此外，市场调查的结果是决策的重要参考依据，但不等于准确地给出了决策的答案。

三、市场信息采集的分类

1. 按研究性质分类

按市场调查的研究性质分类，有探索性研究、描述性研究、因果关系研究和预测性研究四种类型。

（1）探索性研究

探索性研究的目的是提供一些资料以帮助调查者认识和理解所面对的问题，发现想法和洞察内部。常常用在大规模的正式调查之前，帮助调查者将问题定义得更准确些，将解决问题的方案定义得更明确些，为问卷的设计提供更好的思路和更多的相关资料等。

探索性研究的特征是灵活、多样，常常作为全部方案设计的前端部分。常用的方法有专家咨询或调查、试点调查、个案研究、二手资料分析等。

探索性研究得到的结果一般会透过所谓的结论性研究来证实。结论性研究的基本目的是检验假设和考察变量间的关系。一般要以大规模的有代表性的样本为基础，所得的资料要作量化分析。结论性研究又可进一步细分为描述性研究和因果关系研究。

（2）描述性研究

描述性研究的目的是描述总体市场的特征或功能。前提是假定调查者事先已对所研究的问题有了许多相关的知识。一般以有代表性的大样本为基础。描述性研究的特征为：有事先制定好的具体的假设，有事先设计好的方案。常用的方法有二手资料分析、抽样调查、固定样本连续调查、观察法、类比法等。

（3）因果关系研究

因果关系研究的目的是获取有关原因和效果之间关系的证据。管理部门常常根据一些假设的因果关系作决策，例如，“降价可以使销售量增加”，“现场广告可以促进购买冲动”等，这些假设应该通过正式的因果关系研究来检验其有效性。因此，一般要了解哪些是原因变量、哪些是结果变量以及它们之间相互关系的性质。因果关系研究的特征为：要处理一个或多个独立变量；要控制其他中间变量或间接变量。常用方法为实验法。

（4）预测性研究

预测性研究主要是针对商品市场所做的调研，是调查研究方法在市场预测中的应用。它将市场调查与市场预测有机结合，通过对市场现状的说明，充分考虑市场中各因素的影响程度，以达到说明市场变化趋势的目的。如某一产品或某一行业的发展前景调研。预测性研究的目的在于掌握市场时机，制定有效的营销计划。预测性研究结果具有较高的实用价值，是进行商品生产及销售的重要依据。

2. 按市场信息采集的主体分类

（1）企业的市场调查

企业是市场调查的主要主体。在经营过程中，企业必然经常对各种营销问题作出判断和决策，从而决定是否需要进行市场调查。

（2）政府部门的市场调查

政府部门在社会经济活动中承担管理者和调节者的职能。在许多情况下还从事某种经营活动。但不管是实质性管理和调节功能，还是直接从事经营活动，都需要了解和掌握充分的市场信息。为此，政府部门经常开展市场调查活动。一般而言，政府部门的市场调查所涉及的范围比较大。

（3）社会组织的市场调查

一些社会组织，如各种协会、学会等学术团体，各种中介组织、事业单位、群众组织、民主党派的组织，为了学术研究、工作研究、提供咨询等需要，也会组织开展一些市场调查活动。这种市场调查通常具有专业性较强的特点。

（4）个人的市场调查

个人由于种种原因，也需要进行市场调查。例如，某个个体业主由于个体经营上的原因，需要了解相关的市场信息，从而进行市场调查活动；有些研究人员为了开展研究，也需要进行市场调查；还有一些消费者，为了购买称心如意的商品，也需要了解相关的市场信息，从而对市场的某些方面进行调查。

四、市场信息采集的基本步骤

1. 确定调查问题

市场调查的第一步也是最重要的一步就是确定调查问题和调查目标。首先，充分了解调查问题的背景，如企业以往的经营情况、销售量、市场占有率、利润等在行业中的优势和劣势以及企业对市场前景的主观预测等。其次，进行充分的交流和讨论，了解企业所面临的决策问题的性质，希望从市场调查中得到什么。最后，确定调查研究问题，调查研究问题是为了解决管理决策问题，需要什么信息和怎样更好地得到这些信息，是企业面对的问题。

2. 设计调查方案和问卷

在明确了调查问题，调查者首先就要设计详细的调查方案。营销调查方案的内容包括组织市场调查的目的、总体范围、搜集资料和信息的方法、确定调查人员、明确调查步骤、进度与工作内容、拟定调查提纲、审核本次调查的必要性、提出调查过程中可能遇到的问题及解决办法，同时还要确定调查资料的处理与分析方法，制定调查预算等。

调查方案设计好后还必须设计合理的调查问卷，因为无论采用什么方法去采集资料，都必须有合理的调查问卷作为采集数据的载体和依据。

3. 采集市场数据信息

设计好调查方案和调查问卷后，就可以选择合适的调查方法来采集市场信息数据。选择的方法有文案调查法、抽样调查法、实地调查法和网络调查法。一般来讲，可以根据实际情况选择多种方法采集各种不同类型的数据资料。

4. 整理市场信息数据

调查的实施完成后，接下来的工作包括回收和清点问卷、检查和校订问卷、编码、输入资料、处理缺失资料、统计预处理、制表、作图和统计分析等。

5. 分析数据资料

第五个步骤是对整理好数据和图表进行静态、动态和相关回归分析，以便揭示调查事物的现状和发展规律。

6. 撰写调查报告

对市场调查结果作出准确的解释和结论是市场调查的最后一个步骤。市场营销调查人员或调查部门应向营销管理部门提交结果。这个结果应是与管理者正在进行的营销决策有关的一些主要结果。调查报告虽然有不同的类型和格式，但一般包含以下几个部分：一是报告的摘要，要求简短明了，一般包括调查的主要发现、主要结论和建议；二是报告的详细目录，包括正文和附录的每一部分的大、小标题；三是报告的正文，一般包括调查的基本情况、主要发现、对结果的讨论、总结和建议等；四是报告的附录，一般包括问卷、图表、技术细节说明、实施细节说明等。

五、市场信息采集的原则

企业信息收集、处理以及在整个信息管理过程中，都应贯彻及时、准确、适用三个方面的原则。第一是及时性，企业信息的管理必须有较强的时间观念，有一种紧迫感，以最迅速、最灵敏、最简捷的方式和方法进行收集、加工、传送和反馈。第二是准确性，商场如战场，商情如战情。企业的经营管理活动所依赖的信息必须是正确、如实地反映客观实际，否则，企业的经营管理活动就会在错误的前提和依据下展开，给企业带来损失。准确，一方面是质的要求，即真实地揭示客观实际，排除错误的、含混的杂质；另一方面是量的要求，即提高信息的精确度，明确数量界限，使信息明确、详细具体。第三是适用性，企业对信息进行收集、加工、处理、传递等管理活动，不是目的而是手段。信息管理是为了向企业输送正确的信息，协助企业的经营管理活动，因此，在信息管理活动中，必须面向企业的经营管理活动，将适合经营管理需要的信息输送出去。

六、市场信息采集的应用范围

1. 市场需求研究

在市场研究中，需要通过调查和分析，估计某类产品或服务市场的现有规模和潜在规模；预测该市场的近期（有时需要预测中期或远期）需求；估计该类产品（或服务）各品牌的市场占有率；对目标市场进行进一步的细分；了解消费者对该类产品（或服务）的消费形态及变化趋势；掌握有关该市场的促销和销售渠道方面的信息等。

2. 消费者行为研究

消费者行为研究主要是指对消费者的购买行为进行调查和分析，一般需先了解 8 个方面的信息，即所谓 6W 与 2H：为什么要购买（why）、购买什么（what）、购买者是谁（who）、何时购买（when）、何处购买（where）、信息渠道来自哪里（where）、购买多少

（how much）、如何决策购买（how），同时还需进一步了解有关消费心理和消费观念方面的信息等。

3. 品牌或企业形象研究

品牌或企业形象研究主要包括：品牌或企业的知名度，品牌或企业的声望，对品牌或企业的认知程度及认知途径，品牌或企业的基本形象和具体形象，评价品牌或企业的指标及指标之相对重要性，对品牌或企业的名称、标志或商标的联想和印象，品牌的管理和品牌的忠诚度等。这类研究除了针对品牌形象和企业形象外，有时还会涉及产品类别形象和品牌使用者形象等。

4. 消费者满意度研究

在消费者满意度研究中，需要调查消费者对有关产品或服务的整体满意度；对产品或服务的各个方面的具体满意度；满意或不满意的原因；对改进产品或服务质量的具体建议；对各竞争对手的满意度评价及比较。此外，还需要了解有关消费者的生活方式和消费观念方面的信息等。

5. 产品研究

产品研究主要指新产品的开发研究，也叫产品测试，包括对现有产品的开拓或改造。先需要调查了解消费者对产品的概念理解，如消费者对产品的各个属性的重要性的评价，对各种属性水平组合所形成的产品的偏好，并在此基础上做进一步的量化分析，以寻找产品属研水平的最佳组合，估计产品的预期市场占有率。产品研究还包括产品的概念测试、定价研究、名称研究、包装研究、家庭产品测试等。

6. 广告研究

广告研究内容包括以下几点：为广告创作而做的广告主题调查和广告文案测试；为选择广告媒体而做的广告媒体调查、电视收视率调查、广播收听率调查、报纸或杂志阅读率调查；为评价广告效果而做的广告前消费者的态度和行为调查，广告中接触效果和接受效果调查，广告后消费者的态度和行为追踪调查；为了解同行竞争对手的广告播放情况而做的电视、广播、报纸、杂志的广告媒体监测等。

7. 营销环境研究

营销环境研究一般要结合外在环境研究和内在环境研究的结果进行深入的分析。外在的环境研究主要是指市场研究、消费者研究、竞争对手研究、销售渠道研究、零售店研究（包括零售店的分布、规模，销售的商品种类、数量、型号、品牌、包装、设计、价格等）；内在的环境研究主要是针对企业自身的销售情况（包括产品或服务的质量、数量、价格、销售渠道、销售店、广告、推销员的能力和素质以及企业雇员满意度等）进行分析研究。

任务实施

案例讨论

案例 1 乐百氏最初进入上海市场时，销售情况并不理想。当时乐百氏的全国销售平均年增长率在 80%以上，而上海市场不到 30%。为此，乐百氏集团请上海杰信公司为其作了前期调查和企业咨询。杰信公司经过调查，发现上海的整体消费市场是很成熟的，其儿童消费市场也很成熟，同时，乐百氏的主要消费群体是 1～9 岁的孩子，而这一群体的整体数量又在急剧下降。于是杰信公司提出向 10 岁以上的孩子发动情感攻势。他们策划了一系列旨在引起这一群体关注的活动，如“东华少儿绘画大赛”、“与明星游泰国”、“赞助艺术家大会”等活动，并针对年轻父母们打出了“只有乐百氏才最适合您的孩子”的广告语；此外，还在具体营销行为上采用实质让利促销，提高超市、大卖场的走货量等手段。这一系列的措施，使得乐百氏在上海的销售由 1997 年的 5300 万元上升到次年的 7200 万元。

思考题：

1）乐百氏在上海成功的销售案例中，涉及了哪些市场调查内容？

2）在所涉及的市场调查中，关键的内容有哪些？

案例 2 美国的玛瑞斯市场调研公司调查了许多消费者，消费者声称到餐馆的方便程度要比快捷的服务更重要。其中 26%的成年人说在选择餐馆时地理位置是最重要的因素。男性比女性更注重方便，他们的比例分别为 31%和 23%。65 岁以上的老年人并不像年轻人那样注重这一点。一般美国人认为在餐馆地理位置之后最重要的是快餐本身。25%的被调查者说，在选择餐馆时，食物的质量是决定性因素。这可能意味着他们认为食物更重要，但也可能意味着他们更注重在不同时间、不同地点得到品质相同的食物。妇女、年轻人、老年人比其他人更注重食物的品质。只有 12%的成年人说他们根据服务的速度来选择快餐，只有 8%的成年人认为价格是决定性因素。由于 25 岁以下的成年人的收入低于平均收入，所以他们比一般消费者更注重价格，价格是他们选择餐馆最重要的因素。中年人不大关注菜单上的内容，这可能是因为他们经常带着孩子，而孩子在任何时候要的食物基本上都是一样的。35～44 岁的成年人中有 3%的人声称他们的选择主要受孩子偏好的影响，这或许可以解释为什么他们不像其他年龄段的人那样关注食物的品质和菜单的内容。不过，他们非常关注价格和时间。这一年龄段的人对价格的关注程度仅次于年轻人，对快捷服务的关注程度仅次于 55～64 岁的老年人。中年人最有可能根据品牌名称作出决策，这可能也是由于他们孩子的缘故。

思考题：

1）你认为一家快餐公司会怎样利用以上的信息？

2）这个调查是描述性、诊断性的，还是预测性的？为什么？

实施范例指导

调研项目：易初莲花超市自有品牌满意度调查研究。

具体任务：根据企业营销决策问题确定市场调查问题。

如何根据企业营销决策问题确定市场调查问题

该项目小组根据超市自有品牌经营管理的问题，确定要进行易初莲花超市自有品牌满意度调查研究。确定调研方向后就必须对超市自有品牌和满意度调查有感性认识，了解自有品牌的含义及内容，了解满意度调查的内容以及应用。

1. 认识超市自有品牌

由于自有品牌商品可以省去许多中间环节，节约交易费用和流通成本，加上分销上的优势，所以零售商可以提供更具有竞争力的价格和更适合消费者的产品。近年来，随着我国零售业的迅速发展和国外零售巨头相继进入我国，本土零售企业开始关注和尝试自有品牌战略。但是我国以超市为代表的零售商在实施自有品牌策略中，出现了诸多问题，和国外的大型超市相比，国内大型超市的自有品牌营销策略还有许多值得改进的地方。消费者对超市自有品牌的满意与否、评价如何，还是一个值得研究的课题。

2. 认识顾客满意度调查

该项目属于顾客满意度调查。顾客满意度是指消费者或用户通过对一种产品或服务的可感知的效果与他的期望值相比较后，所形成的愉悦或失望的感觉状态，满意度则是可感知效果和期望值之间的差异函数。大量研究表明，顾客满意度越高，顾客对企业越忠诚，产品或服务的重购率越高。当用户重购率达到一定水平后，利润的增长会随重购率的增长迅速增长，即“顾客满意、利润之源”。而顾客满意度的提高，是由企业内部员工的素质、工作效率、工作质量所决定的，即由员工的满意度决定的。因此，员工满意和顾客满意是21世纪企业盈利模式的两个重要变量。

顾客满意度研究是指通过构造顾客满意度评价指标体系，通过调查研究获取顾客对本企业产品或服务的有关评价信息，在此基础上，对顾客的满意度进行综合性评定，分析认知度、满意度、忠诚度或重购率水平的高低，剖析顾客缺憾，揭示提升顾客满意度的关键因素，为企业制定提高顾客满意度的策略，减少顾客抱怨和顾客流失，增加重购率，创造良好的口碑，提升企业形象，确保稳定、持续的利润增长提供信息支持。研究的主要内容如下：

（1）顾客满意理念导入

顾客满意理念导入，即通过培训、研讨等形式，将顾客满意理念的起源和发展、顾客满意与顾客忠诚的价值关系、顾客满意与员工满意的关系、以顾客为中心的价值观、顾客满意与企业利润链等思想与理念引入企业内部，从而帮助企业树立顾客满意理念和行为意识。

（2）顾客满意调研

顾客满意调研，即建立系统的、完备而有效的顾客满意度评价指标体系，其内容可包括品牌认知、品牌购买、品牌使用、品牌美誉、产品质量、产品功能、产品外观、产品式样、产品包装、价格定位、产品安全性、产品可靠性、产品设计、企业信誉、服务质量、服务环境、服务态度、服务规范、用户投诉、售后服务等诸多要素。在此基础上，设计顾客满意度调查问卷，通过访问顾客，销售或服务现场调查等获取信息。

（3）员工满意度调研

员工满意度调研，即建立系统的、完备而有效的企业内部员工满意度评价指标体系，其内容包括企业的工作生活环境、用人机制、物质激励、精神激励、人际关系、劳资关系、发展期望、内部管理和员工的成就感、安全感、愉快感、信任感等要素，通过问卷调查、员工座谈等方法获取各种信息。

（4）满意度水平测定

满意度水平测定，即在顾客满意度和员工满意度调研的基础上，分别对顾客满意度和员工满意度的水平进行测定，包括各项目的满意度和综合满意度水平的测定。其中，顾客满意度测评可通过计算认知度、满意度、重购率等指标进行反映，员工满意度测评可通过计算员工满意度、忠诚度（员工安心率、外流率）等指标进行反映。

（5）满意度要素分析

满意度要素分析，即在满意度水平测定的基础上作进一步的归纳分析和相关分析，包括将各要素的满意度归纳为高、中、低三种类型，借以揭示影响顾客和员工满意度、忠诚度、流失率的关键驱动因素，确定与企业资源和战略目标相吻合的顾客群体。针对企业的综合绩效，从内部和外部两方面对企业的产品与服务质量及其症因进行诊断，揭示企业目标与现实绩效的差异，明确企业的优劣环节，寻找和识别引起和影响这些问题的要素，为制订相应的策略提供必要的信息。

（6）满意度策略研究

满意度策略研究，即在满意度分析研究的基础上，针对顾客和员工满意度较低的状况和绩效薄弱环节，提出改善企业内部的工作环节、流程、权限和方式的措施和高效配置有限资源的对策方案，以求逐步提升顾客满意度体系中关键因素的水平，从而提高顾客满意度和忠诚度，达到提升企业市场表现、市场地位、市场竞争力和经济效益的目的。

顾客满意度研究的流程可以归结为："从企业内部到外部，从企业自身到竞争对手，从顾客满意到顾客忠诚，从单一研究到连续监测，从满意水平到要素诊断，从要素诊断到改进对策"。顾客满意度研究涉及定性与定量等各种调研分析方法、满意度指标体系的确立与测量、关键满意要素的优劣判定以及针对满意水平的资源配置与产品服务策略制订，因此，顾客满意度研究是一项综合性很强的市场调研。

3. 认识该调研项目

该调研项目是调查易初莲花超市的顾客对易初莲花超市自有品牌商品的满意度，包括对易初莲花超市自有品牌的认知度、满意度、重购率进行调查。针对性价比、服务、质量、环境、包装、商品的陈列等进行满意度的调查。

实施要求

1）讨论案例。
2）各项目小组根据企业面临的营销决策问题确定市场调查问题，即确定调研方向。
3）做好记录。

任务评价

自我测试

1. 理论知识测试

1）市场信息采集的主要特征包括（　　）。
　A．市场信息采集具有目的性
　B．市场信息采集具有全程性
　C．市场信息采集的内容具有广泛性
　D．市场信息采集的方法具有多样性
　E．市场信息采集具有科学性
　F．市场信息采集具有局限性

2）市场信息采集的基本步骤是（　　）。
　A．确定调查问题　　B．设计调查方案和问卷
　C．采集市场信息数据　　D．整理市场信息数据
　E．分析数据资料　　F．撰写调查报告

3）市场信息采集的应用范围是（　　）。
　A．市场需求研究　　B．消费者行为研究
　C．品牌或企业形象研究　　D．消费者满意度研究
　E．产品研究　　F．广告研究

2．实践技能测试

1）你是否明确所选调研项目属于哪种应用方向的调研？

2）你是否对该应用方向有了一定的认识？

评价方法

1．评价标准

1）任务能否及时完成。

2）任务完成的质量。

3）团队的表现情况。

2．评价表

评价所需表格如表 1-3 和表 1-4 所示。

表 1-3　项目小组评价表

分数 / 组别	是否及时完成	质　　量	团队表现
第一组			
第二组			
第三组			
⋮			

表 1-4　个人任务评价表

分数 / 评分依据	个人具体分工		个人表现		
	承担任务的质量	个人记录	教师评分	组长评分	组员互评
成员一					
成员二					
⋮					

模 块 二

如何进行市场信息采集设计

MOKUAIER

学习目标

1. 掌握设计市场信息采集方案的方法和技巧；
2. 掌握设计市场信息采集问卷的方法和技巧。

培养技能

培养学生设计市场信息采集方案、市场信息采集问卷的设计能力。

学习任务

任务一：设计市场信息采集方案；

任务二：设计市场信息采集问卷。

通过这两项任务的学习，你将会感受到团队合作的神奇力量，因为你将会和团队成员一起商讨，一起钻研，也许会有分歧，也许会有争议，但是为了共同的目标，大家要团结奋进，最终完成任务。如果你认真学习理论知识、积极参与实践训练并且能顺利地完成具体任务，就会惊喜地发现自己已经可以独立设计一份完整的调查方案和一份完整的调查问卷了，有了可以展示的成果。

大家继续加油吧！

任务一 设计市场信息采集方案

导入案例

2010年全国第六次人口普查调查方案

1. 普查的目的

人口普查是一项重大的国情国力调查。2000年第五次全国人口普查以来，我国的人口状况发生了很大变化。组织开展第六次全国人口普查，将查清十年来我国人口在数量、结构、分布和居住环境等方面的变化情况，为科学制定国民经济和社会发展规划，统筹安排人民的物质和文化生活，实现可持续发展战略，构建社会主义和谐社会，提供科学准确的统计信息支持。

2. 普查的对象

人口普查的对象是具有中华人民共和国国籍并在中华人民共和国境内常驻的人（自然人）。普查仍采用按常住人口登记的原则。每个人都必须在常驻地进行登记。一个人只能在一个地方登记。常住人口的空间标准为“本乡、镇、街道”，时间标准为“半年”。

3. 普查的项目

这次人口普查的项目，有人口基本状况、迁移流动状况、文化身体素质、经济活动状况、婚姻生育状况、住房状况、家庭生活质量等。全部普查项目7大类64项，比1990年第四次人口普查的24项增加1倍多。增加的内容有：人口的居住条件和居住环境，人口的经济活动和劳动技能，人口的生活质量，人口的身体和文化素质等。

4. 普查的标准时间

人口普查的标准时间为2010年11月1日零时。从开始到结束，分为三个阶段，即准备阶段、现场调查阶段和数据处理阶段。准备阶段主要任务是：建立各级人口普查机构、召开工作会议、制定工作计划、修改普查方案等。主要完成现场普查登记、复查、事后质量抽查等工作。数据处理阶段主要完成普查表验收、快速汇总、资料编码、数据录入、编辑、汇总、制表、发布公报、资料开发利用、总结评比表彰。

5. 普查的组织方式

人口普查工作在国务院和地方各级人民政府的领导下进行。国务院和省、自治区、直辖市人民政府，设区的市、自治州人民政府和地区行政公署，县、自治县、不设区的市辖区人民政府，设置人口普查领导小组及其办公室；乡、镇和街道办事处设置人口普查办公室，村民委员会和居民委员会设置人口普查小组，分别负责人口普查的领导、组织和具体实施。

6. 普查登记的方法

人口普查登记的方法，采用普查员入户查点询问，当场填报的方式进行。普查员在正式登记前，必须做好摸底、编制户口底册工作。通过划分调查小区，明确每个普查员登记的空间范围；通过画地图，明确人口住宅的分布；通过户口整顿，弄清人口的基本情况；通过编制底册，落实普查登记的对象和长表抽样框。也就是说，普查员应当按照画地图、查房子、数人头的调查程序进行。

7. 组织和实施

人口普查工作是一项庞大的社会系统工程，涉及范围广、参与部门多、技术要求高、工作难度大。各地区、各部门要按照“全国统一领导、部门分工协作、地方分级负责、各方共同参与”的原则，认真做好此项重大国情国力普查的宣传动员和组织实施工作。

为加强对此项工作的组织和领导，国务院决定成立第六次全国人口普查领导小组，负责人口普查的组织和实施。普查领导小组办公室设在统计局，具体负责人口普查的日常组织和协调。国务院有关部门要充分发挥各自职能，各负其责、通力协作、密切配合。对普查工作中遇到的困难和问题，要及时采取措施，切实予以解决。

地方各级人民政府要设立相应的普查领导小组及其办公室，认真做好本地区普查工作。要充分发挥街道办事处和居民委员会、乡镇政府和村民委员会的作用，广泛动员和组织社会力量积极参与并认真配合做好普查工作。

思考题：

1）根据上述案例分析设计调查方案有什么意义？

2）试分析市场调查方案的内容有哪些。

任务要求

具体任务：项目小组确定调研项目后，设计调查方案。也就是要求项目小组必须针对调研项目设计调查方案。例如，要做徐州市易初莲花超市自有品牌满意度调查研究，就必须设计一份徐州市易初莲花超市自有品牌满意度调查方案。

调查方案是整个调研工作的行动计划和纲领，对调查工作的顺利、有效开展具有重要的指导作用，决定整个调查活动的成败。

任务分析

明确任务后，项目小组应该怎样完成该项任务呢？怎样设计方案？方案包括哪些内容呢？要很好地完成任务，就必须进入理论学习环节。

任务学习

市场调查方案设计，就是根据调查研究的目的和调查对象的性质，在进行实际调查之前，对调查工作总任务的各个方面和各个阶段进行通盘考虑和安排，提出相应的调查实施方案，制定出合理的工作程序。

一、如何设计市场信息采集方案

市场信息采集方案设计的主要任务如下所示。

1. 确定调查目的

明确调查目的是调查设计的首要问题，这主要是解决为什么要调查的问题。只有确定了调查目的，才能确定调查的范围、内容和方法，否则就会列入一些无关紧要的调查项目，而漏掉一些重要的调查项目，无法满足调查的要求。例如，1990年我国第四次人口普查的目的就规定得十分明确，即“准确地查清第三次人口普查以来我国人口在数量、地区分布、结构和素质方面的变化，为科学地制定国民经济和社会发展战略与规划，统筹安排人民的物质和文化生活，检查人口政策执行情况提供可靠的依据。”可见，确定调查目的，就是明确在调查中要解决哪些问题，通过调查要取得什么样的资料，取得这些资料有什么用途等问题。衡量一个调查设计是否科学的标准，主要就是看方案的设计是否体现调查目的的要求，是否符合客观实际。

2. 确定调查对象和调查单位

明确了调查目的之后，就要确定调查对象和调查单位，这主要是为了解决向谁调查和由谁来具体提供资料的问题。调查对象就是根据调查目的、任务确定调查的范围以及所要调查的总体，它是由某些性质上相同的许多调查单位所组成的。调查单位就是所要调查的社会经济现象总体中的个体，即调查对象中的一个一个具体单位，它是调查中要调查登记的各个调查项目的承担者。例如，为了研究某市各广告公司的经营情况及存在的问题，需要对全市广告公司进行全面调查，那么，该市所有广告公司就是调查对象，每一个广告公司就是调查单位。又如，在某市职工家庭基本情况一次性调查中，该市全部职工家庭就是这一调查的调查对象，每一户职工家庭就是调查单位。

在确定调查对象和调查单位时，应该注意以下 4 个问题：①严格规定调查对象的含义。由于市场现象具有复杂多变的特点，因此，在许多情况下，调查对象也是比较复杂的，必须用科学的理论为指导，严格规定调查对象的含义，并指出它与其他有关现象的界限，以免造成调查登记时由于界限不清而发生的差错。例如，以城市职工为调查对象，就应明确职工的含义，划清城市职工与非城市职工、职工与居民等概念的界限。②调查单位的确定取决于调查目的和对象，调查目的和对象变化了，调查单位也要随之改变。例如，要调查城市职工本人基本情况时，这时的调查单位就不再是每一户城市职工家庭，面是每一个城市职工了。③调查单位与填报单位是有区别的，调查单位是调查项目的承担者，而填报单位是调查中填报调查资料的单位。例如，对某地区工业企业设备进行普查，调查单位为该地区工业企业的每台设备，而填报单位是该地区的每个工业企业。但在有的情况下，两者又是一致的，例如，在进行职工基本情况调查时，调查单位和填报单位都是每一个职工。在调查方案设计中，当两者不一致时，应当明确从何处取得资料并防止调查单位重复和遗漏。④不同的调查方式会产生不同的调查单位。如采取普查方式，调查总体内所包括的全部单位都是调查单位；如采取重点调查方式，只有选定的少数重点单位是调查单位；如果采取典型调查方式，只有选出的有代表性的单位是调查单位；如果采取抽样调查方式，则用各种抽样方法抽出的样本单位是调查单位。

3. 确定调查项目

调查项目是指对调查单位所要调查的主要内容，确定调查项目就是要明确向被调查者了解些什么问题，调查项目一般就是调查单位的各个标志的名称。例如，在消费者调查中，消费者的性别、民族、文化程度、年龄、收入等，其标志可分为品质标志和数量标志，品质标志是说明事物质的特征，不能用数量表示，只能用文字表示，如性别、民族和文化程度；数量标志表明事物的数量特征，它可以用数量来表示，如年龄和收入。标志的具体表现是指在标志名称之后所表明的属性或数值，如上例中消费者的年龄为 30 岁或 50 岁，性别是男性或女性等。

在确定调查项目时，除要考虑调查目的和调查对象的特点外，还要注意以下几个问题：①确定的调查项目应当既是调查任务所需，又是能够取得答案的。凡是调查目的需要又可以取得的调查项目要充分满足，否则不应列入。②项目的表达必须明确，要使答案具有确定的表示形式，如数字式、是否式或文字式等。否则，会使被调查者产生不同理解而做出不同的答案，造成汇总时的困难。③确定调查项目应尽可能做到项目之间相互关联，使取得的资料相互对照，以便了解现象发生变化的原因、条件和后果，便于检查答案的准确性。

④调查项目的含义要明确、肯定，必要时可附以调查项目解释。

4. 确定调查时间和调查工作期限

调查时间是指调查资料所属的时间。如果所要调查的是时期现象，就要明确规定资料所反映的是调查对象从何时起到何时止的资料。如果所要调查的是时点现象，就要明确规定统一的标准调查时点。调查期限是规定调查工作的开始时间和结束时间。包括从调查方案设计到提交调查报告的整个工作时间，也包括各个阶段的起始时间，其目的是使调查工作能及时开展、按时完成。为了提高信息资料的时效性，在可能的情况下，调查期限应适当缩短。

5. 确定调查地点

在调查方案中，还要明确规定调查地点。调查地点与调查单位通常是一致的，但也有不一致的情况，当不一致时，尤有必要规定调查地点。例如，人口普查，规定调查登记常住人口，即人口的常住地点。若登记时不在常住地点，或不在本地常住的流动人口，均需明确规定处理办法，以免调查资料出现遗漏和重复。

6. 确定调查方式和方法

在调查方案中，还要规定采用什么组织方式和方法取得调查资料。搜集调查资料的方式有普查、重点调查、典型调查、抽样调查等。具体调查方法有文案法、访问法、观察法和实验法等。在调查时，采用何种方式、方法不是固定和统一的，而是取决于调查对象和调查任务。在市场经济条件下，为准确、及时、全面地取得市场信息，尤其应注意多种调查方式的结合运用。

7. 确定调查资料整理和分析方法

采用实地调查方法搜集的原始资料大多是零散的、不系统的，只能反映事物的表象，无法深入研究事物的本质和规律性，这就要求对大量原始资料进行加工汇总，使之系统化、条理化。目前这种资料处理工作一般已由计算机进行，这在设计中也应予以考虑，包括采用何种操作程序以保证必要的运算速度、计算精度及特殊目的。随着经济理论的发展和计算机的运用，越来越多的现代统计分析手段可供我们在分析时选择，如回归分析、相关分析、聚类分析等。每种分析技术都有其自身的特点和适用性，因此，应根据调查的要求，选择最佳的分析方法并在方案中加以规定。

8. 确定提交报告的方式

调查活动结束后一般都需要提交调查报告，反映调查的结果。主要包括 4 个方面：报告书的形式，如纸质文本、电子文本等；调查报告书的份数；报告书的基本内容；报告书的图表、附录。

二、检查市场信息采集方案是否可行

在对复杂社会经济现象所进行的调查中，所设计的调查方案通常不是唯一的，需要从多个调查方案中选取最优方案。同时，调查方案的设计也不是一次完成的，而要经过必要的可行性研究，对方案进行试点和修改。可行性研究是科学决策的必经阶段，也是科学设计调查方案的重要步骤。对调查方案进行可行性研究的方法有很多，现主要介绍逻辑分析法、经验判断法和试点调查法3种方法。

1. 逻辑分析法

逻辑分析法是检查所设计的调查方案的部分内容是否符合逻辑和情理。例如，要调查某城市居民的消费结构，而设计的调查指标却是居民消费结构或职工消费结构，按此设计所调查出的结果就无法满足调查的要求，因为居民包括城市居民和农民，城市职工也只是城市居民中的一部分。显然，居民、城市居民和职工三者在内涵和外延上都存在着一定的差别。又如，对于学龄前儿童，要调查其文化程度，对于没有通电的山区要进行电视广告调查等，都是有悖于情理的，也是缺乏实际意义的。逻辑分析法可对调查方案中的调查项目设计进行可行性研究，而无法对其他方面的设计进行判断。

2. 经验判断法

即组织一些具有丰富调查经验的人士，对设计出的调查方案加以初步研究和判断，以说明方案的可行性。例如，对劳务市场中的保姆问题进行调查，就不宜用普查方式，而适合采用抽样调查；对于棉花、茶叶等集中产区的农作物的生长情况进行调查，就适宜采用重点调查等。经验判断法能够节省人力和时间，在比较短的时间内做出结论。但这种方法也有一定的局限性，这主要是因为人的认识是有限的，有差异的，事物在不断发生变化，各种主客观因素都会对人们判断的准确性产生影响。

3. 试点调查法

试点是整个调查方案可行性研究中的一个十分重要的步骤，对于大规模市场调查来讲尤为重要。试点的目的是使调查方案更加科学和完善，而不仅是搜集资料。试点调查法包括两个方面的内容。一是对调查方案进行实地检验。调查方案的设计是否切合实际，还要通过试点进行实地检验，检查目标制定的是否恰当，调查指标设计是否正确，哪些需要增加，哪些需要减少，哪些说明和规定要修改和补充。试点后，要分门别类地提出具体意见和建议，使调查方案的制订既科学合理，又解决实际问题。二是实战前的演习。作为实战前的演习，可以了解调查工作安排是否合理，哪些是薄弱环节。例如，第二次全国工业普查，包括调查300多个指标，进行500多个行业分类，涉及40多万个企业填报。因此，必须通过试点取得这方面的实践经验，把分散的经验集中起来，形成做好普查工作的各项细则，成为各个阶段、各项工作应当遵循的规则。

试点调查应该注意以下几个问题：

1）应建立一个精干有力的调查队伍，队伍成员应该包括有关领导、调查方案设计者和调查骨干，这是搞好试点工作的组织保证。

2）应选择适当的调查对象。要选择规模较小、代表性较强的试点单位。必要时可采取少数单位先试点，再扩大试点范围，然后全面铺开的做法。

3）应采取灵活的调查方式和方法。调查方式和方法可以多用几种，经过对比后，从中选择适合的方式和方法。

4）应做好试点的总结工作。即要认真分析试点的结果，找出影响调查成败的主客观原因。不仅要善于发现问题，还要善于结合实际探求解决问题的方法，充实和完善原调查方案，使之更加科学和易于操作。

三、评价市场信息采集方案

对于一个调查方案的优劣，可以从不同角度加以评价，现结合第二次全国工业普查的情况，进行简要说明。

1. 方案设计是否体现调查的目的和要求

方案设计是否基本上体现了调查的目的和要求，这一条是最基本的，例如，第二次工业普查从摸清我国工业家底的目的出发，根据方案确定的调查范围、调查单位、调查内容，据此设置的一系列完整的指标体系，反映了我国工业的现状和全貌。方案指标设置的重点基本上能够体现国家调整工业内部结构、发展科学技术，提高职工素质、提高经济效益等方面要求。

2. 方案设计是否科学、完整和适用

例如，此次普查对生产、流通、分配和消费各个环节，设置了许多相互联系、相互制约的指标，形成一套比较完整的指标体系，其特点是全面、系统和配套，适用性较强。

3. 方案设计能否使调查质量有所提高

影响调查数据质量高低的因素是多方面的，但调查方案是否科学、可行，对最后的调查数据质量有直接的影响，这次工业普查由于方案设计合理，使调查的实际差错率大大低于20‰的规定。

4. 调查实效检验

评价一项调查方案的设计是否科学、准确，最终还要通过调查实施的成效来体现。即必须通过调查工作的实践检验，来观察方案中哪些符合实际，哪些不符合实际，产生的原因是什么，肯定正确的做法，找出不足之处并寻求改进方法，这样就可以使今后的调查方案设计更加接近客观实际。

任务实施

案例讨论

居民住宅消费需求调查方案

一、调查目的

通过对××市部分居民的收入水平、住房现状、住宅消费与购房意向、存贷款观念等方面的实地调查，分析金融机构开展住宅储蓄及购房抵押贷款业务的市场需求与潜力，为市银行房地产信贷部在这两项业务上推出新举措提供客观、可靠的依据。

二、调查内容

1）被调查者及其家庭的基本情况。

2）被调查者家庭的住房现状及改善意向。

3）被调查者的储蓄观念。

4）被调查者对住宅存、贷业务的看法。

5）部分单位对其职员住房问题的计划。

三、调查对象及样本分布

1. 对象

经与委托方磋商，拟定××市城区近郊取得以下3类消费者群为对象进行调查。

（1）中、高收入阶层

该阶层收入水平较高，购房倾向及实现性相对较强，是开展住宅存、贷业务的主要对象，也是本次调查的重点。具体包括私营业主、企业承包租赁者、经纪人、文艺工作者和三资企业高级雇员等。

（2）普通工薪阶层

该阶层收入水平不高，目前尚不具有购买商品住房的能力。但这一阶层人数众多，对改善住房条件的要求亦很强烈，是发展住宅存、贷业务的潜在对象群。

（3）企业、事业单位

由于历史原因，过去我国各类职工的住房大部分由其所在单位解决。除自建房外，购房分给职工或租给职工已成为一种现实有效的方式。另外，企业以商品房作为对其骨干业绩奖励的方式也日益盛行。企事业单位购房是直接现实的购买力，也应是住宅存、贷款业务的可靠的客户。因此，选取部分有代表性的企业，向其负责人了解对职工住宅问题的看法和打算，对开展住宅存、贷业务无疑是有帮助的。

2. 样本分布

根据××市银行房地产信贷部的意见及其他客观情况，拟将此次调查的样本量定为420个。

参考近年来××市居民家计调查资料和其他有关调查结果，拟采用分类取样方式，并按如下数量分配调查样本：中、高收入阶层100人（户），普通工薪阶层300人（户），企业、事业单位20家。

3. 调查方法

中、高收入阶层和普通工薪阶层采取分层、分区与随机抽样调查相结合的方式。企业、事业单位组则采取分类与重点调查相结合的方式。

四、调查时间

1. 资料所属时间

时点为2009年7月1日零点，时期指标分项规定。

2. 调查期限

2009年7～9月。

五、调查步骤及方法

1. 方案设计

方案内容主要包括调查对象的选定、样本抽取方法、调查问卷设计、组织实施步骤、采用方法及日程安排等。方案设计应务求系统、科学、可行。

2. 问卷印制及试调查

为保证调查的顺利实施，提高调查质量，应于方案确定后印制问卷，摸索针对具体调查对象的访问技巧等，为全面开展调查做好准备。

3. 调查员培训

组织有经验的调查员进行培训，包括解说问卷内容，分配调查对象，掌握访问技巧，明确工作进程及质量要求等。其中应特别强调质量。

4. 正式调查

为提高效率、保证调查质量，本次调查采取多渠道、多方式的灵活调查方法。除按常规的入户调查及街头访问外，还可选择一些重点调查点，如三资企业、演艺团体、出租车停车点、高级公寓、冷饮店、邮局、银行等地点进行调查，以提高调查针对性，减少被访者的外界干扰。此外，在不导致结果发生偏态的前提下，亦可选取部分熟悉的对象进行访问，以提高调查结果的真实度。

为确保调查质量，要求调查员现场指导填表，杜绝散发回收式问卷，并详细询问调查员的工作，发现问题及时解决。该阶段的工作量较大，是决定调查质量的关键，一定要妥善组织加强监督。经审查合格的问卷，要及时编码，为下一步的录入、计算、分析工作准备。

六、数据处理及简要分析

对合格的问卷进行录入、计算，得出可供分析使用的初步计算结果，进而对所调查结果做出准确描述及初步分析，为进一步的分析提供依据。实施时需应用有关统计分析软件。

七、调查报告

将本次调查的实施情况、调查结果及初步分析结果付诸文字，形成《××市居民住宅消费需求调查报告》。

思考题：

1）一个调查方案包括什么内容？

2）设计调查方案首先要考虑什么问题？

实施范例指导

调研项目：易初莲花超市自有品牌满意度调查研究。

具体任务：设计易初莲花超市自有品牌满意度调查方案。

易初莲花超市自有品牌满意度调查方案设计

超市自有品牌商品的经营与开发是超市的一项重要利润来源。顾客对超市自有品牌的满意度直接影响着顾客忠诚度，关系到超市的成败兴衰，研究超市自有品牌的满意度有着重要的意义，而调研的首项工作就是进行超市自有品牌满意度调查方案设计。调查方案设计，就是根据调查研究的目的和调查对象的性质，在进行实际调查之前，对调查工作总任务的各个方面和各个阶段进行的通盘考虑和安排，提出相应的调查实施方案，制定出合理的工作程序。调查方案是整个调研工作的行动计划和纲领，对调查工作的顺利、有效开展具有重要的指导作用，决定整个调查活动的成败。

1. 确定调查目的

确定调查目的主要是解决为什么要调查的问题。明确调查目的是调查设计的首要问题，只有确定了调查目的，才能确定调查的范围、内容和方法，否则就会列入一些无关紧要的调查项目，而漏掉一些重要的调查项目，无法满足调查的要求。一般确定调查目的必须包含 3 个方面：一是确定这项调查是为谁服务的，是为企业还是为社团组织服务，或者为了学术研究需要；二是确定所获得的市场信息有什么作用，有什么意义；三是确定通过调查了解哪方面的市场信息。要确定徐州市易初莲花自有品牌满意度调查的调查目的：首先，这项调查的目的应该是为易初莲花超市服务的，为超市提供决策依据；其次，说明调查的意义，也就是为什么要进行易初莲花自有品牌满意度的调查；第三，确定通过自有品牌满意度的调查要了解哪些市场信息：要了解消费者是否购买过易初莲花自有品牌商品，购买过哪些商品，通过什么渠道获知相关信息，对易初莲花自有品牌各个方面是否满意，是否会继续购买易初莲花自有品牌的商品。因此，易初莲花自有品牌满意度调查的调查目的可以描述如下：了解消费者对易初莲花自有品牌商品的认知度、满意度、重购率以及对易初莲花超市自有品牌商品经营的期望和意见，以便于公司不断改进工作，提高服务水平，为超市经营和开发自有品牌商品提供科学的决策依据，最终提高顾客的忠诚度。

2. 确定调查对象

明确了调查目的之后，就要确定调查对象和调查单位，这主要是为了解决向谁调查和由谁来具体提供资料的问题。调查对象就是根据调查目的、任务确定调查的范围以及所要调查的总体，它是由某些性质上相同的许多调查单位所组成的。根据调查目的，要了解徐州市易初莲花自有品牌的满意度，必须向徐州市易初莲花超市的消费者进行调查。因此，易初莲花自有品牌满意度调查的调查对象为徐州市易初莲花超市的消费者。徐州市易初莲花超市主要辐射徐州南区，消费者主要为中国矿业大学、徐州师范大学、徐州建筑职业技术学院，附近各中专、中学的教职工和学生，附近企事业单位的职工，个体户以及附近的居民。

3. 确定调查项目和调查问卷

确定调查项目就是确定调查什么的问题，调查内容要根据调查目的确定。在确定调查项目时，除要考虑调查目的和调查对象的特点外，还要注意以下几个问题：第一，确定的调查项目应当既是调查任务所需，又是能够取得答案的。凡是调查目的需要又可以取得的调查项目要充分满足，否则不应列入。第二，项目的表达必须明确，要使答案具有确定的表示形式，如数字式、是否式或文字式等。否则，会使被调查者产生不同理解而做出不同的答案，造成汇总时的困难。第三，确定调查项目应尽可能做到项目之间相互关联，使取得的资料相互对照，以便了解现象发生变化的原因、条件和后果，便于检查答案的准确性。第四，调查项目的含义要明确、肯定，必要时可附以调查项目解释。易初莲花自有品牌满意度调查的调查目的是了解消费者对易初莲花自有品牌商品的认知度，满意度、重购率以及对易初莲花超市自有品牌商品经营的期望和意见。因此，调查项目可以确定如下：第一，被调查者的基本情况，包括年龄、性别、文化程度、职业、家庭收入等；第二，易初莲花自有品牌商品的认知度，包括知道哪些自有品牌商品、对易初莲花自有品牌的印象、购买过哪类、影响购买的因素有哪些、知晓的渠道等；第三，易初莲花自有品牌商品的满意度，包括对性价比、质量、包装、服务、摆放位置、宣传促销等方面的满意情况；第四，易初莲花自有品牌商品的重购率，是否继续购买以及原因，是否会给别人推荐，对易初莲花自有品牌的意见和建议等。

4. 确定调查时间和调查期限

调查时间是指调查资料所属的时间。如果所要调查的是时期现象，就要明确规定资料所反映的是调查对象从何时起到何时止的资料。如果所要调查的是时点现象，就要明确规定统一的标准调查时点。调查期限是规定调查工作的开始时间和结束时间。超市一般周末人流量最大，因此，调查时间确定在周末，同时连续选择几个周末去调查，可以确保样本的代表性更高。例如，徐州市易初莲花超市自有品牌满意度调查期限可以设计为 2009 年 11 月 8 日～11 月 29 日的连续 3 个周末。资料所属时间：标准时点为 2009 年 11 月 8 日，时期指标可以根据实际情况分项规定。

5. 确定调查的组织方式

调查的组织方式包括上述没有提到的事项。如明确调查地点、选择调查的组织形式等问题。在调查方案中，要明确规定调查地点。易初莲花超市自有品牌满意度调查的地点可以选在徐州市易初莲花超市。还要选择合适调查组织方法，为了便于调查，了解易初莲花自有品牌商品的消费者的特征，可以采用简单随机抽样，可以采用问卷调查法、观察法、采访法等多种方法结合进行调查。除了明确调查地点和调查方法外，还应规定数据的整理和分析方法。例如，徐州市易初莲花超市自有品牌满意度调查就可以对合格的问卷进行录入、计算，得出可供分析使用的初步计算结果，进而对所调查结果做出准确描述及初步分析，为进一步的分析提供依据。实施时需应用有关统计分析软件。将本次调查的实施情况、调查结果及初步分析结果付诸文字，形成《徐州市易初莲花自有品牌满意度调查报告》。

总之，易初莲花超市自有品牌满意度调查是通过调查研究获取顾客对本企业产品或服务的有关评价信息，在此基础上，对顾客的满意度进行综合性评定，分析认知度、满意度、忠诚度或重购率水平的高低，剖析顾客缺憾，揭示提升顾客满意度的关键因素，为企业制定提高顾客满意度的策略，减少顾客抱怨和顾客流失，增加重购率，创造良好的口碑，提升企业形象，确保稳定、持续的利润增长提供信息支持。顾客满意度调查是定期进行的，一般每隔半年就要进行一次，因此，在调查前设计一份合理的调查方案就非常重要。

实施要求

1）讨论案例。

2）各项目小组参照范例针对所调研项目进行市场信息采集方案设计。

3）做好记录。

任务评价

自我测试

1. 理论知识测试

1）市场信息采集方案的主要任务包括（　　）。

A. 确定调查目标　　B. 调查对象

C. 调查项目　　D. 调查时间

E. 调查组织方式和方法

2）市场信息采集方案设计的首要问题是（　　）。

A. 确定调查目标　　B. 调查对象

C. 调查项目　　D. 调查时间

E. 调查组织方式和方法

3）评价市场信息采集方案是否可行的方法有（　　）。

A. 逻辑分析法　　B. 经验判断法　　C. 试点调查法

4）评价市场信息采集方案的标准有（　　）。

A．方案设计是否体现调查目的和要求

B．方案设计是否科学、完整和适用

C．方案设计能否使调查质量有所提高

D．调查实效检验

2. 实践技能测试

1）你是否能独立完成一份完整的市场信息采集方案的设计？

2）你是否能够进行市场信息采集方案的修改工作？

评价方法

1. 评价标准

1）任务是否及时完成。

2）完成质量。

3）团队表现。

2. 评价表

评价所需表格如表2-1和表2-2所示。

表 2-1　项目小组评价表

分数/组别	是否及时完成	质　量	团队表现
第一组			
第二组			
第三组			
……			

表 2-2　个人任务评价表

分数/评分依据	个人具体分工		个人表现		
	承担任务的质量	个人记录	教师评分	组长评分	组员互评
成员一					
成员二					
……					

2 任务二 设计市场信息采集问卷

导入案例

徐州市××学院学生生日消费情况调查问卷

亲爱的同学们：

每个人都有生日，但每个人度过生日的形式有所不同。为了了解现代大学生的生日消费情况，从而研究大学生的消费观念及其价值观，特做此调查问卷。希望你如实地填写，答案无所谓对错，而且绝对保密，请你放心。同时对耽误你的宝贵时间深表歉意，谢谢你的合作！

你的基本情况：

家庭收入______（元 / 月）　　　　个人消费______（元 / 月）

（说明：1～15 题为选择题，每项只有 1 个最佳答案，请在你所认为的最佳答案上打“√”；16～19 题为填空题，请直接作答。）

1．请问你过生日通常采用什么形式？

A．开 Party　B．吃饭　C．郊游　D．其他

2．请问你通常和谁一起过生日？

A．家人　B．朋友　C．同学　D．独自一个人过

3．如果你以请客的形式来过生日，你会选择什么地点？

A．食堂　B．校外一般餐馆　C．比较有档次的酒店

4．你对过生日请客的态度？

A．自己主动　B．随波逐流　C．被迫无奈

5．你希望收到什么样的生日礼物？

A．一般礼物　B．实用的东西　C．昂贵的奢侈品　D．现金

6．过生日时你喜欢大张旗鼓地操办还是同好友小聚一场？

A．大办一场　B．小聚　C．其他方式

7．你过生日的开销一般为多少钱？

A．50 元下　B．50～100 元　C．100～200 元　D．200 元以上

8．过生日朋友间互赠礼物俨然成习，你赞成这种“礼尚往来”吗？

A．赞成　B．不赞成　C．没想过

9．你认为生日礼物越贵重，其代表的情义也越深吗？

A．是　　B．应该　　C．不一定　　D．不是

10．请问朋友过生日你一般选什么礼物？

A．一般小礼品　　B．实用性物品　　C．现金　　D．其他

11．送好友礼物时，你会不会注重其代表的意义？

A．会　　B．有时会　　C．无所谓

12．通常你为朋友过生日时花费为多少？

A．50　　B．50～100元　　C．100元以上

13．朋友过生日，他们更注重礼物本身还是来自对方的那份心意？

A．前者　　B．后者　　C．不知道

14．你记得父母的生日吗？

A．记得　　B．只记得父（母）亲的　　C．不记得

15．你父母过生日时，你送过生日礼物吗？

A．送过　　B．没送过

16．你有男（女）朋友吗？____，如果有，你为他（她）过生日一般消费支出_____元。

17．通常你一学期为同学朋友过生日消费支出为________元。

18．请问你对当今大学生的生日消费观念有什么看法？

答：

19．你认为怎样度过生日才算有意义？

答：

思考题：

1）调查问卷是由哪几部分构成的？

2）调查问卷具有几种类型？

任务要求

具体任务：各小组在设计完成采集方案后，无论采用哪一种采集方法都必须设计一份适当的调查问卷，把需要采集的信息标准化。例如，易初莲花自有品牌满意度调查项目小组在设计完调查方案后就需要设计一份易初莲花自有品牌满意度调查问卷。

任务分析

明确任务后，大家想一想：怎样设计问卷呢？一份问卷基本的结构是什么？问卷应该包括什么内容呢？设计问卷的有哪些技巧呢？各小组该怎样完成本次的任务呢？这就必须进入下一个环节先进行学习。

任务学习

一、市场信息采集问卷的结构

1. 问卷设计的概念

市场信息采集问卷是采集一手资料最常用的工具，无论采用哪一种方法收集资料，都需要设计一份适当的问卷，把需要收集的资料标准化。问卷设计的质量直接影响着整个采集的质量。问卷设计就是根据调查目的，将所需调查的问题具体化，使调查者能顺利地获取必要的信息资料，并便于统计分析。

2. 问卷的结构

一份完整的调查问卷通常包括标题、问卷说明、被调查者的基本情况、调查主题内容、编码、作业证明的记载等内容。

（1）问卷的标题

问卷的标题是概括说明调查研究主题，使被调查者对所要回答什么方面的问题有一个大致的了解。确定标题应简明扼要，易于引起回答者的兴趣。例如，“大学生消费状况调查”，“我与广告——公众广告意识调查”等。而不要简单地采用“问卷调查”这样的标题，它容易使回答者因不必要的怀疑而拒答。

（2）问卷说明

问卷说明旨在向被调查者说明调查的目的和意义。有些问卷还有填表须知、交表时间、地点及其他事项说明等。问卷说明一般放在问卷开头，通过它可以使被调查者了解调查目的，消除顾虑，并按一定的要求填写问卷。问卷说明既可采取比较简洁、开门见山的方式，也可在问卷说明中进行一定的宣传，以引起调查对象对问卷的重视。下面举两个实例加以说明：

同学们：

为了了解当前大学生的学习、生活情况，并做出科学的分析，我们特制定此项调查问卷，希望广大同学予以积极配合，谢谢。

女士（先生）：

广告对社会经济的发展起着积极的推动作用，我们进行这次公众广告意识调查，其目的是进一步加强和改善广告监督管理工作。本次问卷调查并非知识性测验，只要求您根据自己的实际态度选答，不必进行讨论。根据《中华人民共和国统计法》的有关规定，对您个人情况实行严格保密。请您在7月1日之前回寄到××省统计局，谢谢您的合作！

（3）被调查者的基本情况

被调查者的基本情况是指被调查者的一些主要特征，如在消费者调查中，消费者的性别、年龄、民族、家庭人口、婚姻状况、文化程度，职业、单位、收入、所在地区等。又如，对企业调查中的企业名称、地址、所有制性质、主管部门、职工人数、商品销售额（或产品销售量）等情况。通过这些项目，便于对调查资料进行统计分组、分析。在实际调查中，列入哪些项目，列入多少项目，应根据调查目的、调查要求而定，并非多多益善。

（4）调查主题内容

调查的主题内容是调查者所要了解的基本内容，也是调查问卷中最重要的部分。它主要是以提问的形式提供给被调查者，这部分内容设计的好坏直接影响整个调查的价值。主题内容主要包括：①对人们的行为进行调查，包括对被调查者本人行为进行了解或通过被调查者了解他人的行为；②对人们的行为后果进行调查；③对人们的态度、意见、感觉、偏好等进行调查。

（5）编码

编码是将问卷中的调查项目变成数字的工作过程，大多数市场调查问卷均需加以编码，以便分类整理，易于进行计算机处理和统计分析。所以，在问卷设计时，应确定每一个调查项目的编号和为相应的编码做准备。通常是在每一个调查项目的最左边按顺序编号。例如，①您的姓名；②您的职业；……而在调查项目的最右边，根据每一调查项目允许选择的数目，在其下方划上相应的若干短线，以便编码时填上相应的数字代号。

（6）作业证明的记载

在调查表的最后，附上调查员的姓名、访问日期、时间等，以明确调查人员完成任务的性质。如有必要，还可写上被调查者的姓名、单位或家庭住址、电话等，以便于审核和进一步追踪调查。但对于一些涉及被调查者隐私的问卷，上述内容则不宜列入。

二、问卷设计的原则与程序

1. 问卷设计的原则

（1）目的性原则

问卷调查是通过向被调查者询问问题来进行调查的，所以，询问的问题必须是与调查主题有密切关联的问题。这就要求在问卷设计时，重点突出，避免可有可无的问题，并把主题分解为更详细的细目，即把它分别做成具体的询问形式供被调查者回答。

（2）可接受性原则

调查表的设计要比较容易让被调查者接受。由于被调查者对是否参加调查有着绝对的自由，调查对他们来说是一种额外负担，他们既可以采取合作的态度，接受调查；也可以采取对抗行为，拒答。因此，请求合作就成为问卷设计中一个十分重要的问题。应在问卷说明词中将调查目的明确告诉被调查者，让对方知道该项调查的意义和自身回答对整个调查结果的重要性。问卷说明问要亲切、温和，提问部分要自然、有礼貌和有趣味，必要时可采用一些物质鼓励，并代被调查者保密，以消除其某种心理压力，使被调查者自愿参与，认真填好问卷。此外，还应使用适合被调查者身份、水平的用语，尽量避免列入一些会令被调查者难堪或反感的问题。

（3）顺序性原则

顺序性原则是指在设计问卷时，要讲究问卷的排列顺序，使问卷条理清楚，顺理成章，以提高回答问题的效果。问卷中的问题一般可按下列顺序排列：

1）容易回答的问答（如行为性问题）放在前面，较难回答的问题（如态度性问题）放在中间，敏感性问题（如动机性、涉及隐私等问题）放在后面，关于个人情况的事实性问题放在末尾。

2）封闭性问题放在前面，开放性问题放在后面。这是由于封闭性问题已由设计者列出备选的全部答案，较易回答，而开放性问题需被调查者花费一些时间考虑，放在前面易使被调查者产生畏难情绪。

3）要注意问题的逻辑顺序，如可按时间顺序、类别顺序等合理排列。

（4）简明性原则

简明性原则主要体现在3个方面：

1）调查内容要简明。没有价值或无关紧要的问题不要列入，同时要避免出现重复，力求以最少的项目设计必要的、完整的信息资料。

2）调查时间要简短，问题和整个问卷都不宜过长。设计问卷时，不能单纯从调查者角度出发，而要为回答者着想。调查内容过多、调查时间过长都会招致被调查者的反感。通常调查的场合一般都在路上、店内或居民家中，应答者行色匆匆，或不愿让调查者在家中久留等，而有些问卷多达几十页，让被调查者望而生畏，一时勉强做答也只有草率应付。根据经验，一般问卷回答时间应控制在30分钟左右。

3）问卷设计的形式要简明易懂，易读。

（5）匹配性原则

匹配性原则是指要使被调查者的回答便于进行检查、数据处理和分析。所提问题都应事先考虑到能对问题结果做适当的分类和解释，使所得资料便于做交叉分析。

2. 问卷设计的程序

问卷设计是由一系列相关工作过程所构成的，为使问卷具有科学性和可行性，需要按照一定的程序进行。

（1）准备阶段

准备阶段是根据调查问卷需要确定调查主题的范围和调查项目，将所需问卷资料一一列出，分析哪些是主要资料，哪些是次要资料，哪些是调查的必备资料，哪些是可要可不要的资料，并分析哪些资料需要通过问卷来取得，需要向谁调查等，对必要资料加以收集。同时要分析调查对象的各种特征，即分析了解各被调查对象的社会阶层、行为规范、社会环境等社会特征；文化程度、知识水平、理解能力等文化特征；需求动机、行为等心理特征；以此作为拟定问卷的基础。在此阶段，应充分征求有关各类人员的意见，以了解问卷中可能出现的问题，力求使问卷切合实际，能够充分满足各方面分析研究的需要。可以说，问卷设计的准备阶段是整个问卷设计的基础，是问卷调查能否成功的前提条件。

（2）初步设计

在准备工作基础上，设计者就可以根据收集到的资料，按照设计原则设计问卷初稿。主要是确定问卷结构，拟定并编排问题，在初步设计中，首先要标明每项资料需要采用何种方式提问，并尽量详尽地列出各种问题，然后对问题进行检查，筛选、编排，设计每个项目。对提出的每个问题，都要充分考虑是否有必要，能否得到答案。同时，要考虑问卷是否需要编码，或需要向被调查者说明调查目的、要求、基本注意事项等。这些都是设计调查问卷时十分重要的工作，必须精心研究，反复推敲。

（3）试答和修改

一般说来，所有设计出来的问卷都存在着一些问题，因此，需要将初步设计出来的问卷，在小范围内进行试验性调查，以便弄清问卷在初稿中存在的问题，了解被调查者是否乐意回答和能够回答所有的问题，哪些语句不清、多余或遗漏，问题的顺序是否符合逻辑，回答的时间是否过长等。如果发现问题，应做必要的修改，使问卷更加完善。试调查与正式调查的目的是不一样的，它并非要获得完整的问卷，而是要求回答者对问卷各方面提出意见，以便于修改。

（4）付印

付印就是将最后定稿的问卷，按照调查工作的需要打印复制，制成正式问卷。

三、设计问卷的方法

问卷的语句由若干个问题所构成，问题是问卷的核心，在进行问卷设计时，必须对问题的类别和提问方法仔细考虑，否则会使整个问卷产生很大的偏差，导致市场调查的失败。因此，在设计问卷时，应对问题有较清楚的了解，并善于根据调查目的和具体情况选择适当的询问方式。

1. 设计问卷的问题

（1）直接性问题和间接性问题

直接性问题是指在问卷中能够通过直接提问方式得到答案的问题。直接性问题通常给回答者一个明确的范围，所问的是个人基本情况或意见，例如，“您的年龄”、“您的职业”、“您最喜欢的洗发水是什么牌子的？”等，这些都可获得明确的答案。这种提问对统计分析比较方便，但遇到一些窘迫性问题时，采用这种提问方式，可能无法得到所需要的答案。

间接性问题是指那些不宜于直接回答，而采用间接地提问方式得到所需答案的问题。通常是指那些被调查者因对所需回答的问题产生顾虑，不敢或不愿真实地表达意见的问题。调查者不应为得到直接的结果而强迫被调查者，使他们感到不愉快或难堪。这时，如果采用间接回答方式，使被调查者认为很多意见已被其他调查者提出来了，他所要做的只不过是对这些意见加以评价罢了，这样，就能排除调查者和被调查者之间的某些障碍，使被调查者有可能对已得到的结论提出自己不带掩饰的意见。

例如，对于“您认为妇女的权利是否应该得到保障？”大多数人都会回答，“是”或“不是”。而实际情况则表明许多人对妇女权利有着不同的看法。如果改问：

“A：有人认为妇女权利应该得到保障的问题应该得到重视。”

“B：另一部分人认为妇女权利问题并不一定需要特别提出。”

您认为哪些看法更为正确？

对A种看法的意见：①完全同意；②有保留的同意；③不同意。

对B种看法的意见：①完全同意；②有保留的同意；③不同意。

采用这种提问方式会比直接提问方式收集到更多的信息。

（2）开放性问题和封闭性问题

所谓开放性问题，是指所提出问题并不列出所有可能的答案，而是由被调查者自由作答的问题。开放性问题一般提问比较简单，回答比较真实，但结果难以做定量分析，在对其做定量分析时，通常是将回答进行分类。

所谓封闭性问题，是指已事先设计了各种可能的答案的问题，被调查者只要或只能从中选定一个或几个现成答案的提问方式。封闭性问题由于答案标准化，不仅回答方便，而且易于进行各种统计处理和分析。但缺点是回答者只能在规定的范围内被迫回答，无法反映其他各种有目的的、真实的想法。

（3）事实性问题、行为性问题、动机性问题和态度性问题

1）事实性问题是要求被调查者回答一些有关事实性的问题。例如，“您通常什么时候看电视？”这类问题的主要目的是为了获得有关事实性资料。因此，问题的意见必须清楚，使被调查者容易理解并回答。通常在一份问卷的开头和结尾都要求回答者填写其个人资料，如职业、年龄、收入、家庭状况、教育程度、居住条件等，这些问题均为事实性问题，对此类问题进行调查，可为分类统计和分析提供资料。

2）行为性问题是对回答者的行为特征进行调查。例如，“您是否拥有××？”“您是否做过某事？”

3）动机性问题是为了解被调查者行为的原因或动机问题。例如，“为什么购某物？为什么做某事？”等。在提动机性问题时，应注意人们的行为可以是有意识动机，也可以是半意识动机或无意识动机产生的。对于前者，有时会因种种原因不愿真实回答；对于后两者，因回答者对自己的动机不十分清楚，也会造成回答的困难。

4）态度性问题是关于对回答者的态度、评价、意见等问题。例如，“您是否喜欢××品牌的自行车？”

以上是从不同的角度对各种问题所做的分类。应该注意的是，在实际调查中，几种类型的问题往往是结合使用的。在同一个问卷中，既有开放性问题，也有封闭性问题。甚至同一个问题中，也可将开放性问题与封闭性问题结合起来，组成结构式问题。例如，“您家里目前有空调吗？①有，②无；若有，是什么品牌的？”同样，事实性问题既可采取直接提问方式，对于回答者不愿直接回答的问题，也可以采取间接提问方式，问卷设计者可以根据具体情况选择不同的提问方式。

2. 问题的答案设计

在市场调查中，无论是何种类型的问题，都需要事先对问题的答案进行设计。在设计答案时，可以根据具体情况采用不同的设计形式。

（1）二项选择法

二项选择法也称真伪法或二分法，是指提出的问题仅有两种答案可以选择。“是”或“否”，“有”或“无”等。这两种答案是对立的、排斥的，被调查者的回答非此即彼，不能有更多的选择。例如，“您家里现在有吸尘器吗？”答案只能是“有”或“无”。又如，“您是否打算在近5年内购买住房？”回答只有“是”或“否”。这种方法的优点是：易于理解和可迅速得到明确的答案，便于统计处理，分析也比较容易。但回答者没有进一步阐明理由的机会，难以反映被调查者意见与程度的差别，了解的情况也不够深入。这种方法，适用于互相排斥的两项择一式问题及询问较为简单的事实性问题。

（2）多项选择法

多项选择法是指所提出的问题事先预备好两个以上的答案，回答者可任选其中的一项或几项。例如：

您喜欢下列哪一种品牌的牙膏？（在您认为合适的□内划√）

中华□ 芳草□ 洁银□ 康齿灵□ 美加净□ 黑妹□

由于所设答案不一定能表达出填表人所有的看法，所以在问题的最后通常可设“其他”项目，以便使被调查者表达自己的看法。这个方法的优点是比二项选择法的强制选择有所缓和，答案有一定的范围，也比较便于统计处理。但采用这种方法时，设计者要考虑以下两种情况：一要考虑到全部可能出现的结果，及答案可能出现的重复和遗漏；二要注意根据选择答案的排列顺序。有些回答者常常喜欢选择第一个答案，从而使调查结果发生偏差。此外，答案较多，使回答者无从选择，或产生厌烦。一般这种多项选择答案应控制在8个以内，当样本量有限时，多项选择易使结果分散，缺乏说服力。

（3）顺位法

顺位法是列出若干项目，由回答者按重要性决定先后顺序，顺位方法主要有两种：一种是对全部答案排序；另一种是只对其中的某些答案排序，究竟采用何种方法，应由调查者来决定。具体排列顺序，则由回答者根据自己所喜欢的事物和认识事物的程度等进行排序。例如：

您选购空调的主要条件是（请将所给答案按重要顺序1，2，3……填写在□中）：

价格便宜□ 外形美观□ 维修方便□ 牌子有名□

经久耐用□ 噪声低□ 制冷效果□ 其他□

顺位法便于被调查者对其意见、动机、感觉等做衡量和比较性的表达，也便于对调查结果加以统计。但调查项目不宜过多，过多则容易分散，很难顺位，同时所询问的排列顺序也可能对被调查者产生某种暗示影响。这种方法适用于对要求答案有先后顺序的问题。

（4）回忆法

回忆法是指通过回忆，了解被调查者对不同商品质量、品牌等方面印象的强弱。例如，对于“请您举出最近在电视广告中出现的电冰箱有哪些品牌”这个问题，调查时可根据被调查者所回忆牌号的先后和快慢以及各种品牌被回忆出的频率进行分析研究。

（5）比较法

比较法采用对比提问方式，要求被调查者作出肯定回答的方法。例如：

请比较下列不同品牌的可乐饮料，哪种更好喝？（在各项您认为好喝的品牌在□中划√）

A. 黄山□ 天府□

B. 天府□ 百龄□

C. 百龄□ 奥林□

D. 奥林□ 可口□

E. 可口□ 百事□

F. 百事□ 黄山□

比较法适用于对质量和效用等问题作出评价。应用比较法要考虑被调查者对所要回答问题中的商品品牌等项目是否相当熟悉，否则将会导致空项情况的发生。

（6）自由回答法

自由回答法是指提问时可自由提出问题，回答者可以自由发表意见，并无已经拟定好的答案。例如，“您觉得软包装饮料有哪些优、缺点？”“您认为应该如何改进电视广告？”等。这种方法的优点是涉及面广，灵活性大，回答者可充分发表意见，可为调查者搜集到某种意料之外的资料，缩短问者和答者之间的距离，迅速营造一个调查气氛，缺点是由于回答者提供答案的想法和角度不同，因此在答案分类时往往会出现困难，资料较难整理，还可能因回答者表达能力的差异形成调查偏差。同时，由于时间关系或缺乏心理准备，被调查者往往放弃回答或答非所问，因此，此种问题不宜过多。这种方法适用于那些不能预期答案或不能限定答案范围的问题。

（7）过滤法

过滤法又称“漏斗法”，是指最初提出的是离调查主题较远的广泛性问题，再根据被调查者回答的情况，逐渐缩小提问范围，最后有目的地引向要调查的某个专题性问题。这种方法询问及回答比较自然、灵活，使被调查者能够在活跃的气氛中回答问题，从而增强双方的合作，获得回答者较为真实的想法。但要求调查人员善于把握对方心理，善于引导并有较高的询问技巧。此方法的不足之处是不易控制调查时间。这种方法适合于被调查者在回答问题时有所顾虑，或者一时不便于直接表达对某个问题的具体意见时所采用。例如，对那些涉及被调查者自尊或隐私等问题，如收入、文化程度、妇女年龄等，可采取这种提问方式。

3. 问卷设计应注意的几个问题

对问卷设计总的要求是：问卷中的问句表达要简明、生动，注意概念的准确性，避免提似是而非的问题，具体应注意以下几点。

（1）避免提一般性的问题

一般性问题对实际调查工作并无指导意义。例如，“您对某百货商场的印象如何？”这样的问题过于笼统，很难达到预期效果，可具体提问：“您认为某百货商场商品品种是否齐全、营业时间是否恰当、服务态度怎样？”等。

（2）避免用不确切的词

“普通”、“经常”、“一些”等，以及一些形容词，如“美丽”等，这些词语，各人的理解往往不同，在问卷设计中应避免或减少使用。例如，“你是否经常购买洗发液？”回答者不知经常是指一周、一个月还是一年，可以改问：“你上月共购买了几瓶洗发液？”

（3）避免使用含糊不清的句子

例如，“你最近是出门旅游，还是休息？”出门旅游也是休息的一种形式，它和休息并不存在选择关系，正确的问法是：“你最近是出门旅游，还是在家休息？”

（4）避免引导性提问

如果提出的问题不是“执中”的，而是暗示出调查者的观点和见解，力求使回答者跟着这种倾向回答，这种提问就是“引导性提问”。例如，“消费者普遍认为××品牌的冰箱好，你的印象如何？”引导性提问会导致两个不良后果：一是被调查者不加思考就同意所引导问题中暗示的结论；二是由于引导性提问大多是引用权威或大多数人的态度，被调查者考虑到这个结论既然已经是普遍的结论，就会产生心理上的顺向反应。此外，对于一些敏感性问题，在引导性提问下，不敢表达其他想法等。因此，这种提问是调查的大忌，常常会引出和事实相反的结论。

（5）避免提断定性的问题

例如，“你一天抽多少支烟？”这种问题即为断定性问题，被调查者如果根本不抽烟，就会造成无法回答。正确的处理办法是此问题可加一条“过滤”性问题，即：“你抽烟吗？”如果回答“是”，可继续提问，否则就可终止提问。

（6）避免提令被调查者难堪的问题

如果有些问题非问不可，也不能只顾自己的需要而穷追不舍，应考虑回答者的自尊心。例如，“您是否离过婚？离过几次？谁的责任？”等。又如，直接询问女士年龄也是不太礼貌的，可列出年龄段：20 岁以下，20～30 岁，30～40 岁，40 岁以上，由被调查者挑选。

（7）问句要考虑到时间性

时间过久的问题易使人遗忘，如“您去年家庭的生活费支出是多少？用于食品、衣服分别为多少？”除非被调查者连续记账，否则很难回答出来。一般可问：“您家上月生活费支出是多少？”显然，这样缩小时间范围可使问题回忆起来较容易，答案也比较准确。

（8）拟定问句要有明确的界限

对于年龄、家庭人口、经济收入等调查项目，通常会产生歧义的理解，如年龄有虚岁、实岁，家庭人口有常住人口和生活费开支在一起的人口，收入是仅指工资，还是包括奖金、补贴、其他收入、实物发放折款收入在内，如果调查者对此没有很明确的界定，调查结果也很难达到预期要求。

（9）问句要具体

一个问句最好只问一个要点，一个问句中如果包含过多的询问内容，会使回答者无从答起，给统计处理也带来困难。例如，“您为何不看电影而看电视”？这个问题包含了“您为何不看电影？”、“您为何要看电视？”和“什么原因使您改看电视？”等。防止出现此类问题的办法是分离语句中的提问部分，使得一个语句只问一个要点。

（10）要避免问题与答案不一致

所提问题与所设答案应做到一致，例如，“您经常看哪个栏目的电视？”①经济生活；②电视红娘；③电视商场；④经常看；⑤偶尔看；⑥根本不看。

任务实施

案例讨论

女大学生化妆品消费状况调查问卷

亲爱的朋友：

为了了解女大学生化妆品的消费情况，我们特开展本次调查，以便分析女大学生化妆品的消费行为、消费水平、消费动机以及影响因素。您的意见对我们的研究很重要，请您根据您的实际情况如实填写，我们会替您保密。非常感谢您的配合！

1. 请问您所在什么年级？

A. 大一　　B. 大二　　C. 大三　　D. 大四

2. 您的专业是什么？

A. 理工类　　B. 文史类　　C. 艺术类　　D. 经管类

3. 您家庭月收入大约是？

A. 2000元以下　　B. 2000～4000元　　C. 4000～6000元

D. 6000～8000元　　E. 8000元以上

4. 您买过哪类化妆品？（多选）

A. 护肤霜　　B. 洁面乳　　C. 唇彩、唇膏　　D. 爽肤水

E. 眼霜　　F. 防晒类　　G. 美白类　　H. 其他________

5. 您平时使用哪些品牌的化妆品？（可多选）

A. 佳雪　　B. 欧莱雅　　C. 美宝莲　　D. 玉兰油

E. 雅芳　　F. 妮维雅　　G. 丁家宜　　H. 曼秀雷敦

I. 旁氏　　J. 美肤宝　　K. 其他______

6. 为什么您喜欢用这个品牌的产品？

A. 效果好　　B. 品牌知名度高　　C. 价格很便宜　　D. 其他______

7. 您购买化妆品的渠道是什么？

A. 商场　　B. 网上购买　　C. 超市

D. 个人推销　　E. 专卖店

8. 您目前平均每学期化妆品消费额大约为？

A. 100元以下　　B. 100～200元　　C. 200～300元

D. 300～400元　　E. 400元以上

9. 您使用的化妆品平均价格一般为？

A. 20元以下　　B. 20～50元　　C. 50～100元　　D. 100以上

10. 您购买化妆品的目的是什么？

A. 美化自己　　B. 增加自信　　C. 礼貌

D. 保持肌肤的健康　　E. 有利于找工作

11. 购买化妆品时您会首先考虑？

A. 品牌　　B. 功效　　C. 价格

D. 包装　　E. 宣传促销　　F. 其他______

12. 下列因素对您选择化妆品品牌的影响程度最大的是？（限选三个）

A. 广告宣传　　B. 促销活动　　C. 美容讲座

D. 品牌知名度　　E. 价格　　F. 其他______

13. 您购买化妆品所使用费用的多少会受什么因素的影响？

A. 个人开支的多少　　B. 季节的变化　　C. 促销活动的开展

D. 个人喜好　　E. 周边同学、朋友的影响

14. 你一般对于哪些渠道得到的信息更为心动？

A. 电视广告　　B. 朋友推荐　　C. 促销活动

D. 亲自消费体验　　E. 校园内的宣传　　F. 其他______

15. 是否经常更换化妆品品牌？

A. 经常　　B. 偶尔　　C. 基本上不换

16. 您在什么情况下会再次购买化妆品？

A. 用完　　B. 打折　　C. 别人推荐　　D. 其他______

17. 如果您对某一化妆品效果还算满意，还会尝试使用其他品牌的产品吗？

A. 会　　B. 不会

18. 什么样风格的化妆品对您最有吸引力？

A. 简单、自然　　B. 时尚新潮　　C. 另类个性

思考题：

1）你认为这份问卷是否合理？

2）你觉得应该怎样改进会更好？

××市居民室内装修消费状况调查问卷

尊敬的女士/先生：

您好！为了了解目前××市地区居民家装消费状况，准确地把握居民的消费心理和消费习惯，从而更好地引导装修行业向前发展，希望您能如实填写，谢谢您的参与！

1. 您的年龄是？

A. 30岁以下　B. 30～45岁　C. 45～55岁　D. 55岁以上

2. 您的家庭年收入是多少？

A. 20 000元以下　B. 20 000～40 000元

C. 40 000～60 000元　D. 60 000～80 000元

E. 80 000元以上

3. 您要装修的住房面积是多少？

A. 100平方米以下　B. 100～150平方米

C. 150～200平方米　D. 200平方米以上

4. 您的装修费用预算大约为多少（不含家具）？

A. 20 000元以下　B. 20 000～40 000元

C. 40 000～60 000元　D. 60 000～80 000元

E. 80 000元以上

5. 您最可能选择的装修方式是什么？

A. 自己设计请工人施工　B. 装修公司承包

C. 请专业人员设计，自己施工　D. 其他______

6. 如果您不找装修公司，而找工人施工的话，请问您考虑的最主要原因是什么？

A. 感觉装修公司和包清工质量差不多

B. 装修公司费用太高，包清工价格很便宜

C. 以前包过清工，觉得效果好

D. 熟人介绍

7. 如果您包清工，觉得满意吗？

A. 非常满意　B. 满意　C. 一般

D. 不满意　E. 非常不满

8. 请问您不满意的地方是什么？（可多选）

A. 工程太慢　B. 质量不行　C. 服务不好

D. 信誉不高　E. 其他______

9. 您是怎样获得装修公司的相关信息的？

A. 广告媒体的宣传　B. 他人介绍

C. 公司自己宣传　D. 其他______

10. 您选择装修公司更注重什么？

A. 资质　B. 口碑　C. 价格　D. 装修效果

11. 您从哪些方面评价装修公司？（多选）

A. 公司信誉　B. 公司人员服务态度
C. 公司规模　D. 装修价格
E. 公司的广告宣传　F. 公司的装修质量

12. 请问您选择的装修公司是______。

A. 四维　B. 大自然　C. 康盛　D. 和氏
E. 北京明大　F. 陈××装饰　G. 城市人家
H. 红地球　I. 锦华　J. 佳佳　K. 其他______

13. 如果您选择了装修公司，目前您觉得满意吗？

A. 非常满意　B. 满意　C. 一般
D. 不满意　E. 非常不满

14. 请问您不满意的地方是？（可多选）

A. 工程太慢　B. 质量不行　C. 服务不好
D. 信誉不高　E. 其他______

15. 您在选择装修材料时，您更看重哪个因素？

A. 价格　B. 质量　C. 品牌　D. 其他______

16. 您的装修材料是如何获得的？

A. 自己购买　B. 由装修公司提供　C. 半包

17. 您主要在什么地方购买装修材料？

A. 红星美凯龙　B. 家居乐
C. 新世纪建材　D. 升辉
E. 住家附近的一些建材店　F. 其他______

18. 您选择建材购买场所考虑的因素有哪些？（可多选）

A. 公司信誉　B. 服务水平　C. 价格
D. 质量　E. 广告宣传　F. 其他______

19. 请写出您最满意的建材卖场？

A. 红星美凯龙　B. 家居乐
C. 新世纪建材　D. 升辉
E. 住家附近的一些建材店　F. 其他______

20. 请写出您最不满意的建材卖场？

A. 红星美凯龙　B. 家居乐
C. 新世纪建材　D. 升辉
E. 住家附近的一些建材店　F. 其他______

思考题：

1）你认为这份问卷是否合理？

2）你觉得应该怎样改进会更好？

实施范例指导

调研项目：易初莲花超市自有品牌满意度调查研究。

具体任务：设计易初莲花超市自有品牌满意度调查问卷。

易初莲花自有品牌满意度调查问卷

尊敬的顾客朋友：

您好！

易初莲花自有品牌从粮食、食油和禽类、肉类、蛋类等生鲜食品入手，扩展到食品、饮料，再发展到日用品乃至小家电，除了“易初莲花”为主外还有“泉信”、“好脉”等自有品牌。为了更好地满足顾客的需求，特开展本次调查，以便了解消费者对易初莲花自有品牌商品的认知度、满意度、忠诚度以及对易初莲花超市自有品牌商品经营的期望和意见，以便于公司不断改进工作，提高服务水平。望您在百忙之中如实填写此表，提出宝贵意见。非常感谢您的合作！

1. 您的性别：

   A. 男　　B. 女

2. 您的年龄：

   A. 25岁以下　　B. 25～35岁　　C. 35～45岁
   D. 45～55岁　　E. 55岁以上

3. 您的职业：

   A. 学生　　B. 企事业职员　　C. 公务员　　D. 个体经营者
   E. 家庭主妇　　F. 离退休人员　　H. 其他________

4. 您的文化程度：

   A. 大专及以下　　B. 大专　　C. 本科　　D. 研究生及以上

5. 您家庭平均月收入：

   A. 2000元以下　　B. 2000～4000元　　C. 4000～6000元
   D. 6000～8000元　　E. 8000元以上

6. 您对易初莲花自有品牌熟悉吗？

   A. 熟悉　　B. 知道一点　　C. 不知道

7. 请问您通过何种途径知道易初莲花自有品牌的？

   A. 广告宣传　　B. 熟人介绍　　C. 其他________

8. 您知道易初莲花自有品牌商品有哪些？（多选）

   A. 食品　　B. 办公用品　　C. 生鲜类　　D. 厨房用品
   E. 日用家居　　F. 服装　　G. 家装　　H. 其他________

9. 您对易初莲花自有品牌的印象如何？

A. 很好　　B. 好　　C. 一般

D. 不好　　E. 很不好

10. 您购买过易初莲花自有品牌的商品吗？

A. 买过　　B. 没买过

11. 您经常购买易初莲花自有品牌的商品吗？

A. 是　　B. 否

12. 如果买过，请问引起您购买的最主要原因是什么？

A. 品牌形象佳　　B. 价格便宜　　C. 质量好　　D. 其他________

13. 您购买过哪类易初莲花自有品牌的商品？（可多选）

A. 粮食　　B. 食油　　C. 生鲜类　　D. 一般食品

E. 日用品　　F. 服装　　G. 小家电　　H. 其他________

14. 您对购买的易初莲花自有品牌的商品满意吗？

（1）性价比　A. 非常满意　B. 满意　C. 一般　D. 不满意　E. 非常不满意

（2）质量　A. 非常满意　B. 满意　C. 一般　D. 不满意　E. 非常不满意

（3）包装　A. 非常满意　B. 满意　C. 一般　D. 不满意　E. 非常不满意

（4）摆放位置　A. 非常满意　B. 满意　C. 一般　D. 不满意　E. 非常不满意

（5）广告宣传　A. 非常满意　B. 满意　C. 一般　D. 不满意　E. 非常不满意

（6）服务　A. 非常满意　B. 满意　C. 一般　D. 不满意　E. 非常不满意

15. 您还会继续购买易初莲花自有品牌的商品吗？

A. 会　　B. 或许会　　C. 不会

16. 如果会继续买，请问吸引您继续买的原因是什么？（最多选两项）

A. 品牌形象佳　　B. 价格便宜　　C. 质量好

D. 宣传促销　　E. 服务好　　F. 其他________

17. 如果不会继续买，请问引起您不买的原因是什么？（可以多选）

A. 品牌问题　　B. 价格问题　　C. 质量问题

D. 包装问题　　E. 服务问题　　F. 其他________

18. 您会给朋友推荐易初莲花自有品牌的商品吗？

A. 会　　B. 或许会　　C. 不会

19. 请写出您对易初莲花自有品牌的意见和建议。

20. 请写出您对易初莲花超市的意见和建议。

顾客对超市自有品牌的满意度直接影响着顾客忠诚度，关系到超市的成败兴衰，因此，研究超市自有品牌的满意度有着重要的意义。而在超市自有品牌的满意度调研过程中，能否根据实际情况设计出一份高质量的问卷，直接影响着该项调研的成败。问卷设计是根据调查目的和要求将所需调查的问题具体化，使调查者能顺利地获取必要的信息资料，以便于统计分析的一种手段。一份完整的调查问卷通常包括标题、问卷说明、被调查者基本情况、调查内容和编码等内容。下面以徐州市易初莲花自有品牌满意度调查问卷设计为例介绍超市自有品牌满意度调查问卷的设计。

1. 设计问卷标题

问卷的标题要概括说明调查研究主题，使被调查者对所要回答什么方面的问题有一个大致的了解。确定标题应简明扼要，易于引起回答者的兴趣。例如，徐州市易初莲花超市自有品牌满意度调查问卷设计的标题就不应该设计为"调查问卷"、"易初莲花超市调查问卷"或者"易初莲花超市顾客满意度调查问卷"等。因为这3个标题都没有交代清楚主要的调查内容，该项调查主要是针对自有品牌满意度的调查，因此，标题应该设计为"徐州市易初莲花超市自有品牌满意度调查问卷"。

2. 设计问卷说明

问卷说明主要包括调查的目的意义、调查人员的介绍、被调查者回答问题的要求以及对被调查者的承诺感谢。问卷说明的位置一般在问卷开头，通过它可以使被调查者了解调查的目的，消除顾虑，并按一定的要求填写问卷。内容设计上要注意通过说明调查意义让被调查者了解认真填写问卷的重要意义，同时应有保密承诺，即要对被调查者保守个人秘密，决不泄露其隐私，也决不将该问卷用于非法方面。最后，在说明信里要对被调查者的合作表示感谢。同时也可在问卷说明中进行一定的宣传，以引起调查对象对问卷的重视。例如，徐州市易初莲花超市自有品牌满意度调查问卷设计的说明信如下：

尊敬的顾客朋友：

您好！

易初莲花自有品牌从粮食、食油和禽类、肉类、蛋类等生鲜食品入手，扩展到食品、饮料，再发展到日用品乃至小家电，除了"易初莲花"为主外还有"泉信"、"好脉"等自有品牌。为了更好地满足顾客的需求，特开展本次调查，以便了解消费者对易初莲花自有品牌商品的认知度，满意度、忠诚度以及对易初莲花超市自有品牌商品经营的期望和意见，以便于公司不断改进工作，提高服务水平。望您在百忙之中如实填写此表，提出宝贵意见。

非常感谢您的合作！

这个说明信首先对易初莲花自有品牌商品作了说明和宣传，让消费者进一步了解了易初莲花的自有品牌，其次说明了调查的意义，想获取什么信息，获取的信息有什么作用或者为谁提供咨询决策服务，为易初莲花超市经营管理自有品牌商品或制定营销策略提供依据，最终为顾客提供满意的服务，最后对被调查者的合作表示感谢。

3. 设计被调查者的基本情况

这是指被调查者的一些主要特征。在实际调查中，列入哪些项目，列入多少项目，应根据调查目的、调查要求而定，并非多多益善。徐州易初莲花自有品牌满意度调查问卷设计的被调查者基本情况包括年龄、性别、文化程度、职业、家庭收入 5 项。因为不同的年龄、不同的性别、不同的文化程度、不同的职业、不同的家庭收入的消费者，在审美观、价值观上表现不同，最终导致他们对自有品牌的认识不同、评价不同，这些观念直接影响消费者购买自有品牌商品的决策不同、购买动机不同、购买行为不同、购买商品时考虑的因素不同等。通过设计这 5 项内容，就可以知晓购买易初莲花超市自有品牌的主要消费者是谁，是年轻人多、中年人多，还是老年人多；是男性多还是女性多；是学生多还是教师多；是大专以下学历者多还是大专以上学历者多；是收入高得多还是收入低得多。

4. 设计调查的主题内容

调查的主题内容是调查者所要了解的基本内容，也是调查问卷中最重要的部分。它主要是以提问的形式提供给被调查者，这部分内容设计的好坏直接影响整个调查的价值。问卷主要问题应该按照调查方案设计。例如，根据徐州市易初莲花超市自有品牌满意度调查方案中设计的调研项目内容可以确定调查问卷主题内容应该包括：①易初莲花自有品牌商品的认知度，包括知道哪些自有品牌商品、对易初莲花自有品牌的印象、购买过哪类、影响购买的因素有哪些，知晓的渠道；②易初莲花自有品牌商品的满意度，包括对性价比、质量、包装、服务、摆放位置、宣传促销等方面的满意情况；③易初莲花自有品牌商品的重购率，是否继续购买以及原因，是否会给别人推荐，对易初莲花自有品牌的意见和建议等。问卷的主题内容的任务就是把这些内容转化成问句和答案。

问句设计要简明、生动，注意概念的准确性，避免提似是而非的问题。在具体设计问句时应注意以下几点：①避免提一般性的问题；②避免用不确切的词；③避免使用含糊不清的句子；④避免引导性提问；⑤避免提断定性的问题；⑥避免提敏感性的问题。

而答案设计针对的是封闭式的问题，即需要从众多被选项中选择一项或多项。在封闭式问题答案的设计过程中，首先要满足穷尽性，避免答案不全的现象。对于答案无法列举完的情况，可以在列出调查项目的关键信息的基础上设置一个“其他”选项来补充可能的空缺；其次应满足互斥性的要求。也就是不同答案之间不能相互包含。一个问题所列出的不同答案必须互不相容，互不重叠，否则应答者则可能做出有重复内容的双重选择，影响调查效果。下面以徐州市易初莲花超市自有品牌满意度调查问卷设计为例进行说明。

（1）关于超市自有品牌认知度问题的设计

超市自有品牌认知度是指消费者通过超市自有品牌的来认知、了解和选择产品和服务的程度。品牌认知度是公司竞争力的一种体现，有时会成为一种核心竞争力，特别是在大众消费品市场，各家竞争对手提供的产品和服务的品质差别不大，这时消费者会倾向于根据品牌的熟悉程度来决定购买行为。超市自有品牌认知度主要表现在对品牌的了解程度、印象好坏、是否愿意购买、购买多少等方面，因此，可以从这些方面设计问题。认知度问题的设计一般分成若干类别，测量结果一般用各类别的频数和频率来表示。以下面问题为例：

1）从对自有品牌的了解程度。

Q1. 您对易初莲花自有品牌熟悉吗？

A. 熟悉　B. 知道一点　C. 不知道

2）从获知信息的渠道。

Q2. 请问您通过何种途径知道易初莲花自有品牌的？

A. 广告宣传　B. 熟人介绍　C. 其他______

3）从了解自有品牌商品的类型。

Q3. 您知道易初莲花自有品牌商品有哪些？（多选）

A. 食品　B. 办公用品　C. 生鲜类　D. 厨房用品

E. 日用家居　F. 服装　G. 家装　H. 其他______

4）从对自有品牌的第一印象。

Q4. 您对易初莲花自有品牌的印象如何？

A. 很好　B. 好　C. 一般

D. 不好　E. 很不好

5）从购买经历的角度。

Q5. 您购买过易初莲花自有品牌商品吗？

A. 买过　B. 没买过

6）从购买频率的角度。

Q6. 您经常购买易初莲花自有品牌的商品吗？

A. 是　B. 否

7）从购买原因的角度。

Q7. 如果买过，请问引起您购买的最主要原因是什么？

A. 品牌形象佳　B. 价格便宜　C. 质量好　D. 其他______

8）从购买什么的角度。

Q8. 您购买过哪类易初莲花自有品牌商品？（可多选）

A. 食品　B. 办公用品　C. 生鲜类　D. 厨房用品

E. 日用家居　F. 服装　G. 家装　H. 其他______

（2）关于超市自有品牌满意度问题的设计

顾客满意度是指消费者或用户通过对一种产品或服务的可感知的效果与他的期望值相比较后，所形成的愉悦或失望的感觉状态，满意度则是可感知效果和期望值之间的差异函数。超市自有品牌满意度反映了消费者在购买超市自有品牌商品和使用过程中的感觉以及自有品牌的评价和态度。消费者对超市自有品牌满意度表现在自有品牌商品的性价比、质量、包装、陈列位置、宣传促销和服务等方面，因此，要对这些方面展开调查。满意度问题的设计一般采用评价尺度法，也就是依据被调查者可能做出的回答，按态度倾向和强度把问题答案分成几个程度不同类别：非常不满意、不满意、一般、满意和非常满意5类，所占分数分别为1、2、3、4和5分。测量结果一般用各类别的频数、频率或均值表示。以下面问题为例：

Q9. 您对购买的易初莲花自有品牌商品满意吗？

1）性价比　A. 非常不满意　B. 不满意　C. 一般　D. 满意　E. 非常满意

2）质量　A. 非常不满意　B. 不满意　C. 一般　D. 满意　E. 非常满意

3）包装　A. 非常不满意　B. 不满意　C. 一般　D. 满意　E. 非常满意

4）摆放位置　A. 非常不满意　B. 不满意　C. 一般　D. 满意　E. 非常满意

5）宣传促销　A. 非常不满意　B. 不满意　C. 一般　D. 满意　E. 非常满意

6）服务　A. 非常不满意　B. 不满意　C. 一般　D. 满意　E. 非常满意

（3）关于超市自有品牌重购率问题的设计

大量研究表明，顾客满意度越高，顾客对企业越忠诚，产品或服务的重购率越高。当用户重购率达到一定水平后，利润的增长会随重购率的增长迅速增长，即“顾客满意、利润之源”。顾客忠诚度体现在顾客是否会继续购买，顾客是否愿意向朋友推荐等方面，因此，从这些方面来设计问题。重购率问题可以设计成若干类别，测量结果一般用各类别的频数和频率来表示。以下面问题为例：

Q10. 您还会继续购买易初莲花自有品牌商品吗？

A. 会　B. 或许会　C. 不会

Q11. 如果会继续买，请问吸引您继续买的原因是什么？（最多选两项）

A. 品牌形象佳　B. 价格便宜　C. 质量好

D. 宣传促销　E. 服务好　F. 其他________

Q12. 如果不会继续买，请问引起您不买的原因是什么？（可以多选）

A. 品牌问题　B. 价格问题　C. 质量问题

D. 包装问题　E. 服务问题　F. 其他________

Q13. 您会给朋友推荐易初莲花自有品牌的商品吗？

A. 会　B. 或许会　C. 不会

（4）超市自有品牌的相关建议和意见

除了上述封闭试问题之外，还可以设计少数开放式问题，开放式问题不存在答案设计，因为它是由被调查者自由回答。但要注意开放式问题不要设计太多，一份问卷以 2～3 个为佳。以下面问题为例：

Q14. 请写出您对易初莲花自有品牌的意见和建议。

Q15. 请写出您对易初莲花超市的意见和建议。

一般一份问卷设计 20 道左右的问题，要合理安排问题顺序，问题顺序要符合逻辑性，同时注意一些技巧，比如封闭式的问题排在前面，开放式问题排在后面；简单的问题排在前面，复杂问题排在后面。

5. 编码设计

编码是将问卷中的调查项目变成数字的工作过程，大多数市场调查问卷均需加以编码，以便分类整理，易于进行计算机处理和统计分析。所以，在问卷设计时，应确定每一个调查项目的编号和为相应的编码做准备。通常是在每一个调查项目的最左边按顺序编号，如上面的Q1～Q15。而在调查项目的最右边，根据每一调查项目允许选择的数目，在其下方划上相应的若干短线，以便编码时填上相应的数字代号。

顾客满意度研究是指通过构造顾客满意度评价指标体系，通过调查研究获取顾客对本企业产品或服务的有关评价信息，在此基础上，对顾客的满意度进行综合性评定，分析认知度、满意度、忠诚度或重购率水平的高低，剖析顾客缺憾，揭示提升顾客满意度的关键因素，为企业制定提高顾客满意度的策略，减少顾客抱怨和顾客流失，增加重购率，创造良好的口碑，提升企业形象，确保稳定、持续的利润增长提供信息支持。而设计一份合理的调查问卷，才能保证顾客满意度研究顺利成功地进行。

实施要求

1）讨论案例。

2）各项目小组参照范例针对所调研项目进行市场信息采集方案设计。

3）做好记录。

任务评价

自我测试

1. 理论知识测试

1）一份完整的调查问卷通常包括（　　）。

A．标题　　B．问卷说明

C．被调查者的基本情况　　D．调查内容

E．调查的组织方式和方法

2）下列说法正确的是（　　）。

A．事实性问题是要求被调查者回答一些有关事实性的问题

B．行为性问题是对回答者的行为特征进行调查

C．动机性问题是为了解被调查者行为的原因或动机问题

D．态度性问题是关于对回答者的态度、评价、意见等问题

3）下面关于顺位法说法正确的是（　　）。

A．列出若干项目，由回答者按重要性决定先后顺序

B．一种是对全部答案排序

C．一种是只对其中的某些答案排序，究竟采用何种方法，应由调查者来决定

D．具体排列顺序，则由回答者根据自己所喜欢的事物和认识事物的程度进行排序

2．实践技能测试

1）你是否能独立完成一份完整的市场信息采集问卷的设计？

2）你是否能够进行市场信息采集问卷的修改工作？

评价方法

1．评价标准

1）任务是否及时完成。

2）完成质量。

3）团队表现。

2．评价表

评价表如表 2-3 和表 2-4 所示。

表 2-3　项目小组评价表

分数 组别	是否及时完成	质　　量	团队表现
第一组			
第二组			
第三组			
⋮			

表 2-4　个人任务评价表

分数 评分依据	个人具体分工		个人表现		
	承担任务的质量	个人记录	教师评分	组长评分	组员互评
成员一					
成员二					
⋮					

模 块 三

如何采集市场信息数据

MOKUAISAN

学习目标

1. 掌握用抽样调查法采集数据的方法；
2. 掌握用文案调查法采集数据的方法；
3. 掌握用实地调查法采集数据的方法；
4. 掌握用网络调查法采集数据的方法。

培养技能

培养学生用抽样调查、文案调查、实地调查、网络调查采集市场信息数据的能力。

学习任务

任务一：用抽样调查法采集数据；
任务二：用文案调查法采集数据；
任务三：用实地调查法采集数据；
任务四：用网络调查法采集数据。

通过这4项任务的学习，将会让你尝试用各种方法来采集数据，让你走向市场，走进企业，走近消费者，到时你会有一种全新的体验，也许会享受到成功的喜悦感，也许会承受着困难的挫折感，但这些经历将会使你得到成长，会给你深刻的记忆。所以无论遇到什么情况，一定要勇往直前，学会和团队成员一起分享、一起承担，顺利完成任务。让我们好好努力吧！

任务一 用抽样调查法采集数据

导入案例

居民对某新产品接受程度的抽样调查

为了解普通居民对某种新产品的接受程度，需要在一个城市中抽选1000户居民开展市场调查，在每户居民中，选择1名家庭成员作为受访者。

1．总体抽样设计

由于一个城市中居民的户数可能多达数百万，除了一些大型的市场研究机构和国家统计部门之外，大多数企业都不具有这样庞大的居民户名单。这种情况决定了抽样设计只能采取多阶段抽选的方式。根据调查要求，抽样分为两个阶段进行，第一阶段是从全市的居委会名单中抽选出50个样本居委会，第二阶段是从每个被选中的居委会中，抽选出20户居民。

2．对居委会的抽选

从统计或者民政部门，我们可以获得一个城市的居委会名单。将居委会编上序号后，用计算机产生随机数的方法，可以简单地抽选出所需要的50个居委会。如果在居委会名单中还包括了居委会户数等资料，则在抽选时可以采用不等概率抽选的方法。如果能够使一个居委会被抽中的概率与居委会的户数规模成正比，这种方法就是所谓PPS（probability proportional to size）抽样方法。PPS抽样是一种“自加权”的抽样方法，它保证了在不同规模的居委会均抽选20户样本的情况下，每户样本的代表性是相同的，从而最终的结果可以直接进行平均计算。当然，如果资料不充分，无法进行PPS抽样，那么利用事后加权的方法，也可以对调查结果进行有效的推断。

3．在居委会中的抽样

在选定了居委会之后，对居民户的抽选将使用居委会地图来进行操作。此时，需要派出一些抽样员，到各居委会绘制居民户的分布图，抽样员需要了解居委会的实际位置、实际覆盖范围，并计算每一幢楼中实际的居住户数。然后，抽样员根据样本量的要求，采用等距或者其他方法，抽选出其中的若干户作为最终访问的样本。

4. 确定受访者

访问员根据抽样员选定的样本户，进行入户访问。以谁为实际的被调查者，是抽样设计中最后一个问题。如果调查内容涉及的是受访户的家庭情况，则对受访者的选择可以根据成员在家庭生活中的地位确定，例如，可以选择使用计算机最多的人、收入最高的人、实际负责购买决策的人，等等。

如果调查内容涉及的是个人行为，则家庭中每一个成年人都可以作为被调查者，此时就需要进行第二轮抽样，因为如果任凭访问员人为确定受访者，最终受访者就可能会偏向某一类人，例如，家庭中比较好接触的老人、妇女等。

在家庭中进行第二轮抽样的方法是由美国著名抽样调查专家 Leslie Kish 发明的，一般称为 KISH 表方法。访问员入户后，首先记录该户中所有符合调查条件的家庭成员的人数，并按年龄大小进行排序和编号。随后，访问员根据受访户的编号和家庭人口数的交叉点，在表中找到一个数，并以这个数所对应的家庭成员作为受访者。

上述案例是一个典型的两阶段入户调查的现场抽样设计，从设计的全过程可以看到，随机性原则分别在选择居委会、选择居民户和入户后选择受访者等环节中得到体现。在任何一个环节中，如果随机原则受到破坏，都有可能对调查结果造成无法估计的偏差。调查中的抽样设计是一个复杂的技术环节，非专业的研究人员对此问题需要给予特殊关注。

思考题：

1）根据上述案例分析抽样调查有什么重要的意义？

2）试分析抽样调查的特点有哪些。

任务要求

具体任务：各小组根据小组研究的目的和特点选择合适的抽样方法，确定调查的样本。例如，易初莲花自有品牌满意度调查项目小组本次的任务就是要确定如何抽样，即选择什么方法抽取样本。

在市场调查中，由于不可能对所有的调查对象一一进行调查，研究人员一般会采用抽样调查。

任务分析

明确任务后，大家想一想怎样进行抽样调查呢？抽样调查的含义是什么？抽样调查的程序是什么呢？抽样调查有哪些方法呢？

各小组该怎样完成本次的任务呢？这就必须进入下一个环节先进行学习。

任务学习

抽样是一种常见的行为和方法，在日常生活和工作中人们自觉不自觉地在应用抽样方法。例如，购买饼干糖果时，人们通常会先品尝一块，再决定买不买；医生通过抽取血液来了解病人的身体健康状况，商家抽取一部分消费者，了解其消费需求及偏好。通过抽样可以获取能够反映总体信息的样本，由此我们可以根据样本来估计总体的特征。

一、抽样调查的含义和特点

1. 抽样调查的含义

抽样调查是按照一定的方式，从调查总体中抽取部分样本进行调查，用所得的结果说明总体情况的调查方法。抽样调查实际上是一种专门组织的非全面调查，是现代市场调查中的重要组织形式，是目前国际上公认和普遍采用的科学的调查手段。

2. 抽样调查的特点

1）从经济上说，抽样调查节约人力、物力和财力。例如，对某校学生学习情况进行调查，该校共有 12 100 名学生，若对总体进行调查，共需调查 12 100 名学生，而采取抽样调查，仅需调查 500 多名学生就可以了。

2）抽样调查更节省时间，收效更快。由于抽样调查仅对总体中的少量单位进行调查，故能十分迅速地得出调查结论。例如，美国每次进行民意测验都会抽取 1200 名受访者，因而很快便可得出各项民意调查结果。

3）抽样调查具有较强的准确性。抽样调查是建立在统计基础上的科学方法，并由专门人员调查，可确保获取的信息资料具有可靠性和准确性。

4）通过抽样调查，可使资料搜集的深度和广度都大大提高。

尽管抽样调查具有上述优点，但它也存在着某些局限性。由于抽样调查是从抽取的样本中获取的信息资料推断出来的，不可避免地会存在抽样误差。另外，如果抽取的样本数目不足，也会影响调查结果的准确性。此外，如果抽取的样本与总体存在着较大差距，也会影响到抽样结果的准确性。

二、抽样调查的程序

1. 确定调查总体

总体是根据调查计划的目的所规定调查的全部对象。总体即调查对象的全体。如欲对徐州市的个体商业进行抽样调查，则所有徐州市的个体商业单位就构成一个总体。在一项具体的调查项目中，调查对象必须是明确的而不能是模糊的。在抽样调查中，总体一般也是明确的。

2. 建立抽样框

抽样框是供抽样所用的所有调查单位的名单。抽样框可以有多种形式，常用的有企业名录、电话簿、人员名册等。抽样框也可以是一张地图或其他适当形式。不管是什么形式，抽样框中的单位必须是有序的，便于编号。抽样框的编制，要根据所取得的总体单位的资料而定。在没有资料可供使用时，往往只能编出总体单位的名单清单或地段抽样框，若有合适总体单位标志特征的资料，可以编制高效的有序抽样框。高质量的抽样框应当提供被调查单位更多的信息，并且没有重复和遗漏。抽样框就是所有总体单位的集合，是总体的数据目录或全部总体单位的名单。在抽样框中，可以对每个单位编上一个号码，由此可以按一定随机化程序进行抽样。在抽样后，调查人员也可以根据抽样框上所提供的信息找到被选中的样本单位，从而实施调查。

理想的完整抽样框相近的抽样框，应具备以下几个条件：

1）包含尽可能多的样本单位，而且总体是清晰的、易确定的。

2）所有样本单位出现在这一集合中的概率相等。

3）有时可以按照一定原则方法进行人为的假定。

抽样框有两种处理方法：

1）根据抽样框重新界定总体。如抽样框是电话簿，则家庭成员总体可以被重新界定为列入电话簿中的那部分家庭的成员。

2）筛选个体。可以依据人口统计特征、产品的使用习惯特征等筛选回答者，剔除抽样框中不适当的个体。

3. 选择样本

样本是总体的一部分，它由从总体中按一定原则和程序抽出的部分个体所组成。因此，与总体一样，样本也是一个集合。样本中包含的单位的个数称为样本量。抽样调查中调查的具体实施是针对样本而言的，一个总体能选取不同的样本。样本容量又称样本规模，是指样本内所包含的单位数。根据调查的目的和要求，可在一定的概率保证下，确定样本的容量，使抽样误差被限制在允许的范围内。

4. 选择抽样方法

抽样调查按其方式的不同可分随机抽样和非随机抽样两种方法。

（1）随机抽样

随机抽样是指在目标总体中不按任何规则抽取一定数量的个体作为样本，在随机抽样的条件下，每个个体抽中或不抽中完全凭概率，排除了人的主观因素选择。随机抽样是从总体中按照随机原则抽取一部分单位进行的调查，同时，抽取的样本可以大致上代表总体。而且，随机抽样能够计算调查结果的可靠程度。可通过概率推算值与实际值的差异，将抽样误差控制在一定范围内。

（2）非随机抽样

非随机抽样是指在目标总体中按某种规则抽取一定数量的个体作为样本，总体中每一个个体不具有被平等抽取的机会，而是根据一定主观标准抽选样本的抽样技术。非随机抽样按一定的主观标准抽样选择样本，可以充分利用已有资料，选择较为典型的样本，使样本更好地代表总体。同时可以缩小抽样范围，节约调查时间、调查人员和调查费用。当然，对于非随机抽样，由于样本被抽取的概率不一样，概率值的大小不清楚，无法借助概率计算推算值与实际值的差异，因此无法判断其误差，影响检查调查结果的准确性。

随机抽样比较适合结论性调研，因为结论性调研为了保证结论（无论描述性结论或因果性结论）的严谨性，需要较精确地估计抽样误差，需要较大的样本，操作上应具严格性。非随机抽样调查更适合探索性调研，因为探索性调研为了更快地探明问题的原因和大胆地提出方案假设，需要更灵活的、小样本的调查，而不必过多地计较调查误差，事实上调查误差可以让方案评估过程中进行的结论性调研去处理。

目前，大多数用作调研的样本都属于非随机抽样。如果进行真正意义上的非随机抽样，比如，对人口进行配额调研，结果通常是有效的。但是，由于其严格的要求，对大多数实际应用来讲，其成本太高，而且也太耗时。因此，必须对特定调研的抽样方法予以认真的说明，给出其可接受的理由及提供精确数据的可能性。

5. 实施调查

实施调查就是对选中的样本进行调查，取得第一手资料。

三、随机抽样调查技术

随机抽样技术有简单随机抽样、分层随机抽样、等距随机抽样、多阶段随机抽样和整群随机抽样等。

1. 简单随机抽样

简单随机抽样也叫单纯随机抽样。是随机抽样中最简单的一种。抽样法中其他抽样技术都是以简单随机抽样为基础而发展起来的。简单随机抽样是从总体中不加任何分组、划类、排队等，完全随机地抽取调查单位。一般应用于调研总体中各个体之间差异程度较小的情况，或者调研对象不明，难以分组、分类的情况。简单随机抽样可采用抽签法或查阅随机数表的方法来得到样本。

（1）抽签法

具体操作为：先将调查总体的每个个体编上号码，然后将号码写在卡片上搅拌均匀，任意从中选取，抽到一个号码，就对上一个个体，直到抽够预先规定的样本数目为止。此方法适用于调查总体中的个体数目较少的情况。

（2）随机数表法

随机数表法也称为乱数表法，是指含有一系列级别的随机数字的表格，一般利用特制的摇码设备摇出随机数字，也可以用电子设备自动产生随机数字。另外，许多书刊上会提供一些随机数表，调查时可以根据需要选用。

2. 等距随机抽样

等距抽样也叫机械抽样或系统抽样。运用等距随机抽样技术抽样，是先在总体中按一定标志把个体顺序排列，并根据总体单位数和样本数计算出抽样距离（即相同的间隔），然后按相同的距离或间隔抽选样本单位。排列顺序可用与调查项目有关的标志为依据，如在购买力调查中，按收入多少由低至高排列，也可用与调查项目无关的标志为依据，如按户口册、姓氏笔画排列。

抽样间隔计算公式为

$$抽样间隔=总体数（N）\div 样本数（n）$$

例如欲从110家企业中采用等距抽样方法抽选11户进行调查，可以先对110家企业从1到110进行编号，确定抽样间隔为110/11～10（户）。随机抽出起抽号为2号，则所抽的样本是编号为2、12、22、32、42、52、62、72、82、92、102的11家企业。

等距离抽样与简单随机抽样比较，可使中选单位比较均匀地分布在全部总体中，尤其当被研究现象的标志值的变异程度较大，而在实际工作中又不可能抽选更多的样本单位时，这种方法更为有效，因此，等距抽样是市场调查中应用最广的一种抽样方式。等距抽样也有一定的局限性，表现在：第一，运用等距抽样的前提是要具备总体每个单位的有关资料，特别是按有关标志排队时，往往要有较为详细具体的资料，这是一项复杂和细致的工作；第二，当抽选间隔和被调查对象本身的节奏性相重合时，就会影响调查的精度，如对某商场每周的商品销售量情况进行抽样调查，若抽取的第一个样本是周末，抽样间隔为7天，那么抽取的样本单位都是周末。而往往周末商品销售量最大，这样就会发生系统性偏差，从而影响等距抽样的代表性。

3. 整群随机抽样

在实际工作中，为了便于调查，节省人力和时间，往往是一批一批地抽取样本，每抽一批时，把其中所有单位全部加以登记，以此来推断总体的一般情况，这种抽样方式称为整群抽样。整群抽样的优点是组织工作比较方便，确定一组就可以抽出许多单位进行观察。但是，正因为以群体为单位进行抽选，抽选单位比较集中，明显地影响了样本分布的均衡性。因此，分群抽样与其他抽样相比，在抽样单位数目相同的条件下，抽样误差较大，代表性较低，在抽样调查实践中，采用整群抽样技术一般都要比其他抽样技术抽选更多的单位，以降低抽样误差，提高抽样结果的准确程度。

当然，整群抽样的可靠程度主要还是取决于群与群之间的差异的大小，当各群体间差异越小时，分群抽样的调查结果就越准确。因此，在大规模的市场调查中，当群体内各单位间的误差较大，而各群体之间的差异较小时，最适宜采用分群抽样方式。

4. 分层随机抽样

分层随机抽样在市场调查中采用较多。它是在总体单位中先按照调查对象特征标识相关的标志进行分组（层），然后在各组（层）中采用简单随机抽样或系统抽样方式，确定所要抽取的单位。分层时要注意各层之间要有明显的差异，不至于发生混淆；要知道各层中的单位数和比例；分层的数目不宜太多，每个层次内每个个体应保持一致性等。只有这样，才能使抽取的样本反映该层的特征，提高样本的代表性，减少抽样误差。分层抽样有两种形式。

第一种是等比例分层抽样。即按各个层（或各类型）中的单位数量占总体单位数量的比例分配各层的样本数量。

例如，某地共有居民 20 000 户，按经济收入高低进行分类，其中高收入的居民为 4000 户，占总体的 20%，中收入为 12 000 户，占总体的 60%，低收入为 4000 户，占总体的 20%。从中抽取 200 户进行购买力调查，则各类型应抽取的样本单位数为

经济收入高的样本单位数＝4000÷20 000×200＝40（户）

经济收入中的样本单位数＝12 000÷20 000×200＝120（户）

经济收入低的样本单位数＝4000÷20 000×200＝40（户）

这种方法简便易行，分配合理，计算方便，适用于各类型之间差异不大的分类抽样调查。如果各类之间差异过大，则不宜采用，而应采用非等比例分层抽样方法。

第二种是非等比例分层抽样。它不是按各层中单位数占总体的比例分配样本单位，而是根据各层的变异数大小、抽取样本的工作量和费用大小等因素决定各层的样本抽取数。即有的层可多抽些样本个体，有的层可少抽些样本个体。这种分配方法大多适用于各类总体的个体数相差悬殊或均方差较大的情形。在调研个体相差悬殊的情况下，如按等比例抽样，可能在总体个数少的类型中抽取样本个数过少，代表性不足，此时可适当放宽多抽；同样，均方差较大的，也可多抽些样本个数，这样可起到平衡均方差的作用。但是，在调查前，了解各层标志变异的大小是比较困难的。

分层随机抽样实质上是把科学分组方法和抽样原理结合起来，前者能划分出性质比较接近的各组，以减少标志值之间的变异程度；后者是按照随机原则可以保证大多数法则的正确运用。因此，分层随机抽样一般比简单随机抽样和系统随机抽样更为精确，能够通过较少的抽样个体的调查，得到比较准确的推断结果，特别是当总体数目较大、内部结构复杂时，分层随机抽样常常能取得令人满意的效果。

5. 多阶段随机抽样技术

前面所述的抽样方式都是从总体中进行一次抽样就可产生一个完整的样本。但在实际工作中，总体包括的单位很多，而且分布很广，要通过一次抽样抽选出样本是很困难的。在这种情况下，可将整个抽样过程分成若干个阶段，然后逐阶段进行抽样，以完成整个抽样过程。这种抽样方式称为多阶段抽样。例如，我国农产量抽样调查的步骤为：第一阶段从省抽县；第二阶段从中选的县抽乡；第三阶段从中选的乡抽村，再从中选的村抽地块，最后再从地块抽具体的样本点，并以样本点测量的实际资料来推算平均亩产和总产。世界上许多大规模的抽样调查，都是采用多阶段抽样，但因调查对象的性质和具体要求有所不同，划分抽样阶段亦有差别。多阶段抽样一般以划分二、三阶段，至多四个阶段为宜。

在多阶段抽样中，前几个阶段的抽样都类似于整群抽样。每个阶段都会存在抽样误差。每阶段的抽样方式可用简单随机抽样或等距抽样。各阶段可用同一种抽样方式，也可用不同的抽样方式，要视具体的情况和要求而定。

四、非随机抽样调查技术

非随机抽样是指抽样时不遵循随机原则，而是按照调查人员主观设立的某个标准抽选样本。在市场调查中，采用非随机抽样通常是出于以下几个原因：第一，客观条件的限制，无法进行随机抽样；第二，为了快速获得调查结果，提高调查的时效性；第三，在调查对象不确定或无法确定的情况下采用，例如，对某一突发（偶然）事件进行现场调查等；第四，总体各单位间离散程度不大且调查人员具有丰富的调查经验时。非随机抽样的方式包含五种，即任意抽样、判断抽样、配额抽样、固定样本连续调查和滚雪球抽样。

1. 任意抽样技术

任意抽样又称便利抽样，是根据调查者方便与否来抽取样本的一种抽样方法。“街头拦人法”和“空间抽样法”是方便抽样的两种最常见的方法。“街头拦人法”是在街上或路口任意找某个行人，将其作为被调查者，进行调查。例如，在街头向行人询问其对市场物价的看法，请行人填写某种问卷等。“空间抽样法”是对某一聚集的人群，从空间的不同方向和方位对他们进行抽样调查，如在商场内向顾客询问对商场服务质量的意见，在劳务市场调查外来劳工打工情况等。

任意抽样简便易行，能及时取得所需的信息资料，省时、省力、节约经费，但抽样偏差较大，一般用于非正式的探测性调查，只有在调查总体各单位之间的差异不大时，抽取的样本才具有较高的代表性。但是在实践中并非所有总体中每一个体都是相同的，所以抽样结果偏差较大，可信度较低，它的样本没有足够的代表性，故在正式市场调查时，很少采用任意抽样法。

2. 判断抽样技术

判断抽样又称为目的抽样，它是凭调查人员的主观意愿、经验和知识，从总体中选择具有代表性的样本作为调查对象的一种抽样方法。判断抽样选取样本单位一般有两种方法：一种是选择最能代表普遍情况的调查对象，常以“平均型”或“多数型”为标准。所谓的平均型，是指在调查总体中，选定的样本可以代表平均水平，其目的是为了了解总体水平的大体位置；所谓的多数型就是在调查总体中选择能够反映大多数单位情况的个体为样本。而另一种“极端型”就是指选择很好（高）或很差（低）的典型单位为样本，目的是为了分析研究造成这种异常的原因。因此，应尽量避免选择“极端型”。

判断抽样方法在样本规模小及样本不易分门别类挑选时有较大的优越性。但由于其精确性依赖于调查者对调查对象的了解程度、判断水平和对结果的解释情况，所以判断抽样方法的结果的客观性受到人们的怀疑。

3. 配额抽样技术

配额抽样是非随机抽样中最流行的一种，配额抽样时，首先将总体中的所有单位按其属性、特征分类。这些属性、特征被称为“控制特性”。例如，市场调查中消费者的性别、年龄、收入、职业、文化程度等。然后，按各个控制特性分配样本数额，并在规定数额内由调查人员任意抽选样本。

配额抽样与分层抽样有相似之处，都是事先对总体所有单位按某种标准分层，将样本分配到各层中，但它们也有明显的区别。在分层抽样中，是按随机原则在各层中抽取样本，所以分层抽样属于随机抽样；而在配额抽样中，样本的抽取不是随机的，调查人员可以根据主观判断或方便原则抽取样本，所以配额抽样属于非随机抽样。

配额抽样与判断抽样也有区别：一是抽取样本的方式不同。配额抽样是分别从总体的各控制特性的层次中抽取若干个样本，而判断抽样是从总体的某一层次中抽取若干个符合条件的典型样本。二是抽样要求不同。配额抽样注重“量”的分配，而判断抽样注重“质”的分配。三是抽样方法不同。配额抽样的方法复杂精密，判断抽样的方法简单、易行。为了确保配额抽样的顺利进行，需要事先设计好配额抽样控制表，具体可以分为独立控制配额抽样和交叉控制配额抽样两类。

配额抽样的具体实施步骤如下：

第一步，选择对总体进行分类的标准，即“控制特征”。

第二步，按控制特征将总体分为若干个群体。

第三步，将总的样本数在各个群体中进行分配，确定各群体中的样本数。

第四步，按“配额”在各个群体中选定样本。

4. 固定样本连续调查技术

固定样本连续调查是指在随机抽样的基础上，对抽取的户和个人进行长时期的追踪调查。这种方法对于把握整个市场的变化、各种品牌的市场占有率、品牌转移状况、产品需求的季节性变化等方面有极为重要的意义。消费者固定样本调查最主要的特点是能够有资料的累积性，也就是说，能够从动态的角度了解和掌握消费者对各种产品的需求及变动的趋势。例如，想要研究消费者对牙膏的消费量和品牌忠诚度，可以利用被抽选家庭各时段家庭购买牙膏的数量和品牌记录进行对比，来观察多长时间购买牙膏、每次购买量以及品牌转换情况。

（1）选择样本

消费者固定样本调查在制定调研方案时就要考虑如何选择样本，只有正确地抽选样本，才可能通过样本的数据推断总体的情况。抽取样本应按照随机原则进行，确保每个单元都有被抽到的可能性，确保每个样本被抽到的可能性一致。实际上，为了考虑到被抽到的样本有拒绝、无响应等问题，最终要抽取的样本量会比计算的多一些，在经费有保证的情况下，这个量还要稍微大些，以预防不测。

（2）确认样本

被抽选的样本最终是否能配合完成调查，还需要调研人员与其沟通后确认。确认过程中很重要的是运用正确的公关方法，并通过合同方式使双方能够圆满合作。

（3）留填问卷

绝大多数的消费者固定样本调查是通过留填问卷的方式进行的，也就是调研访问人员将调查问卷留给被调查者去完成。过一段时间，调研人员返回收取完成的问卷。在收取时，调研人员应特别注意及时检查问卷，以便能够及早更正错误。

（4）样本轮换

由于固定样本连续调查是长期跟踪调查，因多种原因，样本需要轮换。比如，原先选中的样本离开调查所在地，或者不愿再配合时需要更换样本。又如，调查总体的结构发生了变化，为保证推断的有效性也需要更换样本。但是，为了保证跟踪调查研究的可比性，样本轮换应遵循样本结构与总体结构一致的原则。每年应按一定比例轮换，每次更换的样本和新人选的样本应具有相同或相近的特征。

5. 滚雪球抽样技术

滚雪球抽样调查是调查者先通过少数可以由自己确定的样本单位进行调查，再通过这些样本单位各自去发展其他同类单位，如此进行下去，像滚雪球一样越滚越大，直到发展到所需要的样本单位数为止。

滚雪球抽样的运用条件是，调查总体的各单位之间有一定的联系，否则难以往下滚动。滚雪球抽样通常是对调查总体难以把握的情况下进行，往往对于某些特殊消费群体的调查运用，如保健器材使用情况调查。

任务实施

实施范例指导

调研项目：易初莲花超市自有品牌满意度调查研究。

具体任务：易初莲花超市自有品牌满意度调查抽样调查法。

易初莲花超市自有品牌满意度调查抽样调查法

1. 确定调查总体

徐州易初莲花超市的调查总体就是超市所有的消费者，主要包括附近小区的居民、附近学校师生以及附近企事业单位的职工。

2. 建立抽样框

南二堡、管道公寓、康乐园、铜山国税局、师大公寓、师范学校、师大、建筑学院、管道二公司、矿大、民富园、金狮小区、干休所、九七医院、王杰医院、圆梦花园、铁路医院、民馨园、西苑、西苑商场、民安园、段南新村、湖滨新村、纺南小区、望湖大厦、银湖小区、东华园小区、金狮小区、民富园、铁五小、黄山新村、骆驼山桥、铁路二九（二七）宿舍、铁路医院、碧螺山庄、桃园小区、金山花园、金泰小区、鼓楼花园、荆南小区、华夏花园、王场新村、惠民花园等。

3. 选择样本

主要从经常光顾易初莲花超市附近小区的居民、附近学校师生以及附近企事业单位的职工抽取一部分消费者。

4. 选择抽样方法

因为消费者太多，为了缩小抽样范围，节约调查时间、调查人员和调查费用。本次调查采用非随机抽样。为确保样本的代表性，特选择在徐州易初莲花超市，并且选择人流量最大的周末（星期六、星期日），并在连续三个周末，调查了该超市120位顾客。

5. 实施调查

实施调查就是对选中的样本进行调查，取得第一手资料。

实施要求

1）实训练习。如果要在一个学校进行学生学习情况的调查，如何进行抽样？
2）各项目小组参照范例针对所调研项目进行抽样方法的选择。
3）做好记录。

任务评价

自我测试

1. 理论知识测试

1）抽样调查的特点包括（　　）。

A. 抽样调查节约人力、物力和财力

B．抽样调查更节省时间，收效更快

C．抽样调查具有较强的准确性

D．可使资料搜集的深度和广度都大大提高

2）在实际工作中，为了便于调查，节省人力和时间，往往是一批一批地抽取样本，每抽中一批时，把其中所有单位全部加以登记，以此来推断总体的一般情况，这种抽样方式称为（ ）。

A．简单随机抽样　B．分层抽样　C．整群抽样　D．多阶段抽样

3）凭调查人员的主观意愿、经验和知识，从总体中选择具有代表性的样本作为调查对象的一种抽样方法是（ ）。

A．任意抽样　B．判断抽样　C．滚雪球抽样　D．配额抽样

2．实践技能测试

1）你在完成抽样调查任务过程中有哪些深刻的体验？

2）你是否能够圆满完成项目小组交付给你的抽样调查任务？

评价方法

1．评价标准

1）任务是否及时完成。

2）完成质量。

3）团队表现。

2．评价表

评价表如表 3-1 和表 3-2 所示。

表 3-1　项目小组评价表

分数 组别	是否及时完成	质　量	团队表现
第一组			
第二组			
第三组			
⋮			

表 3-2　个人任务评价表

分数 评分依据	个人具体分工		个人表现		
	承担任务的质量	个人记录	教师评分	组长评分	组员互评
成员一					
成员二					
⋮					

2 任务二 用文案调查法采集数据

导入案例

日本人对大庆油田早有耳闻，直到 1964 年 4 月 20 日在《人民日报》上看到“大庆精神大庆人”的字句后，才判断大庆油田确有其事。但是，大庆究竟在什么位置，还没有确切材料。后来在 1966 年第 7 月的一期《中国画报》上看到一张照片，根据照片上人的服装衣着判定“大庆油田是在冬季为−30℃的北方，大致在哈尔滨与齐齐哈尔之间。”之后，日本人坐火车时发现油罐车上有很厚一层土，从土的颜色和厚度证实了“大庆油田在北方”的论断。至于大庆的地点，根据 1966 年 10 期《人民中国》上关于王进喜的事迹中分析得到启发：“最早钻井是在安达东北的北安附近下手的，并且从钻进设备运输情况看，离火车站不会太远。”还有这样一段话，王进喜一到马家窑看到大片荒野说：“好大的油海！把石油工业落后的帽子丢到太平洋去。”日本人从旧地图上查到“马家窑是位于黑龙江海伦县东南的个小村，在北安铁路上一个小车站东边十多千米处”。终于大庆油田的准确地平位置搞清楚了。

至于大庆油田的规模根据这样一段话做出判断：马家窑位于大庆油田的北端，即北起海伦的庆安，西南穿过哈尔滨与齐齐哈尔铁路的安达附近，包括公主峰西面的大赉，南北 400 千米的范围。估计从北满到松辽油田统称为“大庆”。

炼油厂的规模，日本人在 1966 年第 7 期《中国画报》上发现一张炼油厂反应塔的照片，他们通过这张照片推算出大庆炼油厂的规模。推算方法也很简单，首先找到反应塔上的扶栏杆，扶手栏杆一般是一米多点，以扶手栏杆和反应塔的直径相比，得知反应塔内径是 5 米。因此日本人推断大庆炼油厂的加工能力为每日 90 万升，如以残留油为原油的 30%计算，原油加工能力为每日 300 万升，一年以 330 天计算，年产量为 10 亿升。而中国当时在大庆已有 820 个井出油，年产是 360 万吨。估计到 1971 年大庆油田的年产量将有 1200 万吨。根据油田出油能力与炼油厂规模，日本人推论：中国将在最近几年务必感到炼油设备不足，很有可能买日本的轻油裂解设备，而且设备规模和数量能满足每日炼油 1000 万升的需要。日本化工企业据此做好了进军中国市场的准备。

思考题：

1）说明文案调查的渠道。

2）说明文案调查法应用的现实意义。

任务要求

具体任务：各小组根据调研目的利用文案调查法获取相关的市场信息数据。例如，要做徐州市易初莲花超市自有品牌满意度的调查，就可以利用文案调查法采集易初莲花超市的营销环境、行业情况、竞争对手情况以及企业经营情况等相关信息。

文案调查法采集的是二手资料。一般市场调查往往在采集一手资料数据之前要利用文案调查法采集的二手资料充实修正一手资料。

任务分析

要完成任务，就必须了解什么是文案调查法、文案调查法的基本要求有哪些，文案调查的渠道分类有哪些，如何应用文案调查法；要很好完成任务，就必须进入理论学习环节。

任务学习

一、文案调查法的含义和特点

文案调查，是指通过搜集各种历史和现实的动态资料，从中摘取与调查有关的情报，在办公室内进行分析的调查方法，也叫间接调查法、资料分析法或室内研究法。

与实地调查相比，文案调查有以下几个特点：

第一，文案调查是收集已经加工过的文案，而不是对原始资料的搜集。

第二，文案调查以收集文献性信息为主，它具体表现为收集种文献资料。在我国，目前仍主要以收集印刷型文献资料为主。当代印刷型文献资料又有许多新的特点，即数量急剧增加，分布十分广泛，内容重复交叉，质量良莠不齐等。

第三，文案调查所收集的资料包括动态和静态两个方面，尤其偏重于从动态角度，收集各种反映调查对象变化的历史与现实资料。

二、文案调查的渠道

文案调查应围绕调查目的，收集一切可以利用的现有资料。从一般线索到特殊，这是每个调查人员收集情报的必由之路。当着手正式调查时，调查人员寻找的第一类资料是向他提供总体概况的那类资料，包括基本特征、一般结构、发展趋势等，随着调研的深入，资料的选择性和详细程度会越来越细，这个原则也适宜于寻找具体事实的调研活动。

1. 内部资料的收集

内部资料的收集主要是收集调查对象活动的各种记录，主要包括以下4种：

1）业务资料，包括与调查对象活动有关的各种资料，如订货单、进货单、发货单、合同文本、发票、销售记录、业务员访问报告等。通过对这些资料的了解和分析，可以掌握本企业所生产和经营的商品的供应情况，分地区、分用户的需求变化情况。

2）统计资料，主要包括各类统计报表，企业生产、销售、库存等各种数据资料，各类统计分析资料等。企业统计资料是研究企业经营活动数量特征及规律的重要定量依据，也是企业进行预测和决策的基础。

3）财务资料，是由企业财务部门提供的各种财务、会计核算和分析资料，包括生产成本、销售成本、各种商品价格及经营利润等。财务资料反映了企业活劳动和物化劳动占用和消耗情况及所取得的经济效益，通过对这些资料的研究，可以确定企业的发展背景，考核企业经济效益。

4）企业积累的其他资料，如平时剪报、各种调研报告、经验总结、顾客意见和建议、同业卷宗及有关照片和录像等。这些资料都对市场研究有着一定的参考作用。例如：根据顾客对企业经营、商品质量和售后服务的意见，就可以对如何改进加以研究。

2. 外部资料的收集

对于外部资料，可从以下几个主要渠道加以收集：

1）统计部门以及各级、各类政府主管部门公布的有关资料。国家统计局和各地方统计局都定期发布统计公报等信息，并定期出版各类统计年鉴，内容包括人口数量、国民收入、居民购买力水平等，这些均是很有权威和价值的信息。此外，计委、财政、工商、税务、银行等各主管部门和职能部门，也都设有各种调查机构，定期或不定期地公布有关政策、法规、价格和市场供求等信息。这些信息都具有综合性强、辐射面广的特点。

2）各种经济信息中心、专业信息咨询机构、各行业协会和联合会提供的信息和有关行业情报。这些机构的信息系统资料齐全，信息灵敏度高，为了满足各类用户的需要，它们通常还提供资料的代购、咨询、检索和定向服务，是获取资料的重要来源。

3）国内外有关的书籍、报刊、杂志所提供的文献资料，包括各种统计资料、广告资料、市场行情和各种预测资料等。

4）有关生产和经营机构提供的商品目录、广告说明书、专利资料及商品价目表等。各地电台、电视台提供的有关信息。近年来全国各地的电台和电视台为适应形势发展的需要，都相继开设了各种专题节目。

5）各种国际组织、学会团体、外国使馆、商会所提供的国际信息。

6）国内外各种博览会、展销会、交易会、订货会等促销会议以及专业性、学术性经验交流会议上所发放的文件和材料。

3. 互联网资料的收集

互联网，将世界各地的计算机联系在一起的网络，它是获取信息的最新工具，对任何调查而言，互联网都是最重要的信息来源。互联网上的原始电子信息比其他任何形式存在的信息都更多，这些电子信息里面，有很多内容是调查所需要的情报。

（1）一般网页查询

由于互联网发布信息容易，许多机构在互联网上公布大量的信息，因此调查工作可通过监测调查对象的网页开始，如了解其产品种类的增减；通过查询其新闻发布内容，可以知道是否得到了新顾客或新联盟；点击一下招聘专栏，可以了解他们正在招聘些什么人。做了这些工作以后，对调查对象已心中有些数了。

监测最好是通过一个互联网账号进行，这样可使对方不知道在监测。定期监测有时能得到意外的收获，某公司定期查询其对手的网页，结果读到了对方在几周后要在贸易展销会上举行促销活动的消息。该公司立即重新调整自己的展销内容和价格，以在展销会上击败对方。倘若通过报纸，这则消息可能要晚好久才能得到。

真正的调查工作绝不仅止于查阅被调查对象的网页。即使是大量的查阅，在互联网上很少能点击一下就恰好找到所需的一切的。相反，在互联网上发现的东西许多是暗示性的和零散的，但这些东西可能导致最后的答案。

互联网上的信息也有很多缺点，许多信息是没有用的，或不准确、不完全；许多信息过于陈旧。因此在多数情况下，要获得最新的信息还要依靠人际交流。因此，互联网的主要作用是复查、证实一些事实，为获得更好的信息源提供启示。最根本的目标不是发现重要情报，而是发现有关信息的线索。这些线索包括电子邮件网址、研究文章、人员信息。

（2）数据库查询

数据库是信息搜集最好的工具之一。是由计算机储存、记录、编制索引的信息资源，其功能相当于电脑化参考书。电子数据库可以使得到任何储存的东西。电脑程序会根据标题、作者、摘要和索引等在整个数据库档案里查找调查人员提出的单词。数据库不需要固定的索引，事实上文献数据库允许以任何条件查找。只要输入指令，计算机程序会主动做其余的工作。如果该条件在数据库内存在，程序会找出所有包含该条件的记录。只要一家公司登录了，在网上找不到它的可能性极小。利用计算机化的索引作为研究工具，几乎获得了查找所需信息的无限能力。

数据库可分为两类。一类是文字性的，一类是数据性的。文字性的数据库包括来自报纸、杂志、电视或广播电台节目的文字、新闻稿、新闻发布、政府报告等。这些通常是二级信息源，也有一些一级信息源。数据性的数据库包括专利、财经信息、广告、股票交易信息、统计数据、销售数据、这些信息都是未经过滤的、原始的。这些主要是原始信息源，但也有一些二级信息。

许多服务公司，如我国的万方公司、美国的 Compllserve 和 AmcrkaOnline 都向客户提供最热门的数据库，许多数据库可通过购买光盘得到。尽管光盘得到的数据库不会是最新的，但它们很容易查询，并能帮助增加对竞争对调查对象的历史背景的了解。

虽然数据库容易查询，但它也有很多缺点。立即得到的信息不一定着是最新信息。从网络终端以极快的速度传递的数据可能不是当前情况的信息。如果需要得到有关最新信息，数据库不一定是最好的信息源。数据库的信息常常是1个月甚至1年前的。因此，通过数据库获取的信息需要注意如下问题：

1）期刊的日期。一篇文章出现在数据库中时，文章中的原始资料和信息可能有1年多了。当作者往杂志社尤其是学术杂志社投稿时，稿件可能需要6个月才能登出来。在数据库编写人员收到杂志后，又需要1～2个月的时间将文章录入数据库。

2）数据库的选择。即使数据库声明其收录的文章来自某一杂志，也要谨慎。由于数据库的容量和编辑人员的时间有限，它常常不收录文章全文。

3）收录重点。当不同的期刊和报纸刊登同样的新闻文章时，数据库人员往往只选其中一篇录入，结果可能造成信息损失。由于每一记者的信息来源不同，因此所提供的信息自然有差异，一篇文章只能是整个画面的一部分。

4）更新周期的缺陷。这种情况常出现在财务导向的数据库里。如果数据库每月更新一次，一个公司的报告时间在每月更新的前一周截止，那么，数据库不会反映随后的最新信息，直到了3周以后。需要最新信息的研究人员不能依靠这种数据库得到最新财务报告。

三、文案调查法的步骤

1. 确定调查的目的及主要内容

首先必须明确市场调查的目的，想清楚需要调查的主要内容。通常调查目的有下述几种：

（1）市场环境及产业状况研究

1）社会变动情况分析。

2）经济变化分析。

3）技术进展，导致市场机会或威胁增加之研究。

（2）市场研究

1）市场潜在消费容量分析。

2）市场习性及特征调查。

3）市场竞争情况调查。

4）消费者购买行为研究。

（3）企业行销策略评估

1）产品研究。

2）行销通路研究。

3）商品促销研究及广告研究。
4）产品定价研究。

2. 拟定周详的调查计划

1）详列各种调查内容并排列优先级。
2）详列各种可能使用之资料及其来源。
3）预计使用时间及最后完成日期掌握。

3. 查明可资利用的数据文件的内容及其资料来源，积极、主动地展开资料搜集

应从各种可能供应资料来源处所，按照其索引寻找可供利用资料和档案，必要时可采取主动函索资料。
1）数据文件的来源：企业内部档案，书局杂志及报社，图书馆，数据库。
2）搜集资料基本方法：从一般性相关资料收集，逐步延伸至专门性资料收集；先求相关资料数量充足再求品质完美。

4. 过滤资料，评估资料适用性并作必要摘要

过滤资料的目的是排除不可靠的资料及不必要资料，将资料整理成一致的形式，以便进一步分析之用。

5. 资料调整，衔接及融会贯通

文案调查通常使用两种以上的文书档案，各种资料之间或有中断矛盾现象，或有互补作用；此时调查人员要加以调整，衔接及融会贯通，以增加调查内容及充实内涵。

任务实施

学习材料

1. 便捷、快速的互联网

互联网的特征是，容易进入，查询速度快，数据容量大，同其他资源连接便捷。在互联网上，要查找的东西，只要网上有立即得到。例如，某家银行经理急需一篇在国外某报纸当天发表的有关某公司的文章，请调查公司替寻找。调查公司查该报社的网页，不但发现了文章而且可以免费下载，还通过该网址的超文本链接，将一个文档中的关键词同其他文档的关键词链接的功能，发现了更多有关该公司的信息。

互联网的发展使信息搜集变得容易，从而大大推动了调查的发展。过去，要搜集所

需情报需要耗费大量的时间，奔走很多地方。今天，文案调查人员坐在计算机前便能轻松地获得大量信息，只要在正确的地方查寻就可能找到，许多宝贵的信息都是免费的。比如，及时了解政府规章的变化是调查的一项重要内容，从网上可以得到有关法律和规章的全文。从网上获取这些资料比上图书馆查找方便得多。如果想要了解某些信息的具体细节，在图书馆中查找效率很低。如果利用搜索引擎查找，打入需要查寻的关键字，电脑就自动帮助找出来，可以获得包含该条文的原始文件的全文。

2. 互联网上的信息源

通常，文案调查人员都较多关注下列5类信息。

1）经贸信息。通过互联网，可以寻找全球的专业公司的地址、电话、有关负责人和公司的最新消息，查找某种产品的生产商及原料供应商，了解国际市场行情和产品价格，还可以找到某些行业协会，下载有关行业标准。这些信息有的可以通过网上的搜索引擎查找，如Altavista、Yahoo、Infoseek、Webcrawler以及中文雅虎、搜狐、北极星等，还可以通过一些专业站点来查找，例如：

泛球互联商务网 www.ibc.com.cn

商业信息网 www.shangye168.com

2）金融信息。在互联网飞速发展的今天，发达国家已经实现了通过互联网开展金融业务，进行股票和期货交易。而国内目前主要仍以信息服务为主，网上交易还处于萌芽时期。这方面比较重要的站点有：

中国银行 www.boc.cn

中国人民银行 www.pbc.gov.cn

中国建设银行 www.ccb.com/cn/home/index.html

中信银行 bank.ecitic.com

香港恒生银行 www.hangseng.com/hsb/eng/home/hse.html

3）证券信息。随着互联网的广泛传播与发展，作为改革开放的新兴产物证券公司纷纷上网，建立了网上站点，而且有些开设了网上，直接交易业务，很多咨询项目也相继开通，使得网上的证券信息丰富多彩。比较重要的一些证券站点有：

和讯时代 www.homeway.com.cn

东方证券网 www.dfzq.com.cn

巨潮资讯网 www.cninfo.com.cn

中财网 www.eye.net.cn

证券之星 www.stockstar.online.sh.cn

《中国证券报》 www.chinasecurities.com.cn

4）知识产权信息。网上专利服务器提供查阅1974年以后的美国专利服务。用户注册后，即可获得免费查阅美国专利及最新专利信息的投寄服务。英国Derwent专利出版公司的国际专利拷贝服务可以向用户提供世界上各主要专利机构发布的专利。用户可通过电子函件了解Derwent所提供的专利服务。欧洲专利局提供有关欧洲专利申报程序等情报。另外，美国专利及商标局的专利数据库可查阅有关专利及商标情报。用户还可以通过服务器支持的万维网浏览器，查到许多知识产权信息检索有用的地址，例如：

英国专利局（UK Patent Office） www.ipo.gov.uk

世界知识产权组织（WIPO） www.wipo.int/portal/index.html.en

欧洲专利局（EPO） ep.espacenet.com

5）经济新闻与快讯利用各搜索引擎数据库主页上的“news”、“快讯”等提示，可以看到最新经济消息和动态。如“最新资讯”、新华资讯网的每日快讯、经济新闻等。点击YaHoo的“news”就可以浏览当天的“财经新闻”。目前，网上电子报纸越来越受到广大用户的喜爱，例如：

《经济日报》 paper.ce.cn/jjrb/html/2010-01/04/node_2.htm

《中国证券报》 paper.cs.com.cn/html/2010-02/04/node_18.htm

实施范例指导

调研项目：易初莲花超市自有品牌满意度调查研究。

具体任务：用文案调查法收集易初莲花超市自有品牌满意度资料。

如何应用文案调查法

1. 易初莲花自有品牌内部业务资料收集

易初莲花早在1999年就开始推出自有品牌，旨在吸引消费者，为消费者提供性价比更高的商品，目前自有品牌数量已超过500余种。易初莲花旗下的自有品牌包括易初莲花、优选、泉信、珍仕、好脉、衡美、新鲜快车、Allex、Ally's等系列，产品品种跨越食品、日用品、家电和服装等品类，具有以下主要特点：

1）品质优异—— 追求一流的质量，制定严格的标准，为消费者创造更好的生活品质。

2）品种丰富—— 包括食品、日用品、家电和服装等500多种产品。

3）物超所值—— 节省广告和流通环节的费用，让消费者感觉心动的低价，体验超值的产品。

4）厂商可靠——选择知名的厂商合作，并全程监控生产过程。

2. 易初莲花自有品牌质量控制内部资料收集

易初莲花推出5层质量控制体系来确保对自有品牌商品质量的全程监控，见图3-1。

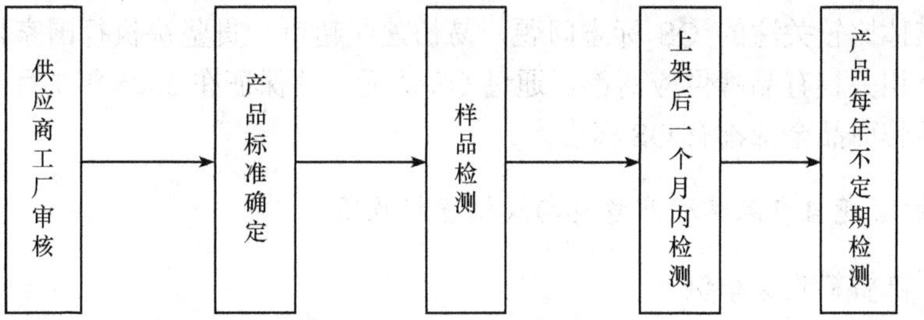

图 3-1　易初莲花自有品牌 5 层质量控制体系

1）供应商工厂审核——易初莲花对供应商工厂进行严格的资质审核和现场审核，首先，工厂必须具备规定的生产资质（卫生许可证、CCC、QS 生产许可证等）；其次，工厂质量管理体系必须达到易初莲花超市的审核标准（参照 HACCP、ISO 国际质量体系审核标准）；易初莲花超市倾向于选择那些具有良好信誉的大型知名企业作为供应商来确保产品的质量，如表 3-3 所示。

表 3-3　供应商

供 应 厂 商	易初莲花自有品牌
统一企业	易初莲花果汁饮料
亚太酿造	泉信啤酒
正大茶叶	易初莲花茶叶
旺旺	易初莲花雪饼
维维乳业	易初莲花牛奶

2）产品标准确定——易初莲花超市选择高档次高级别的产品，如表 3-4 所示。

表 3-4　产品标准

易初莲花自有品牌	产 品 标 准
泉信啤酒	符合 GB4927 优级 啤酒标准
易初莲花拉面	符合推荐标准 SB/T10068 一级品 标准
易初莲花纯正葵花籽油	符合 GB10464 一级油 标准

3）产品检测——样品必须通过检测，才能上架销售；上架产品在一个月内做抽检，保证符合产品质量标准；每年不定期产品质量抽检，保证产品质量稳定。

易初莲花超市的检测合作机构如表 3-5 所示。

表 3-5　产品检测

专业的国家级检测机构	外资检测机构
国家加工食品监督检验中心（国家级）	英国 ITS（国际知名认证、检测机构）
广州市产品质量监督检验所（国家级）	瑞士 SGS（国际知名认证、检测机构）

最近媒体比较关注的 QS 标志问题，易初莲花超市一贯坚决执行国家相关规定。易初莲花超市相关自有品牌供应商都已通过 QS 认证，并保证在 2005 年 7 月 1 日后生产的相关自有品牌商品全部都有 QS 标志。

3. 易初莲花自有品牌顾客意见与反馈资料收集

（1）外部资料收集举例

1）年度调查报告。《2005～2006 年家乐福中国年度研究报告》以家乐福为主线，以沃尔玛、易初莲花、Tesco、好又多等其他外资零售企业作为参考坐标，通过大量的数据分析和实证研究，深度挖掘大型外资零售企业发展中的关键驱动力量和核心影响要素，竭力展示行业发展的未来趋势。《2005～2006 年家乐福中国年度研究报告》关于易初莲花超市的相关目录举例：

8.6 易初莲花（Lotus）

8.6.1 增长模式差异

8.6.2 竞争风险分析

图表 61：家乐福、易初莲花门店规模增长差异对比

图表 62：家乐福、易初莲花门店在城市中的分布对比

图表 64：家乐福、易初莲花可比城市渗透率比较

图表 65：家乐福、易初莲花可比城市顾客在门店停留时间比较

图表 66：家乐福、易初莲花可比城市顾客在门店消费额比较

2）来自经济信息中心、专业信息咨询机构、各行业协会和联合会提供的信息和有关行业情报。例如，第四届全国售后服务评价活动，2008 顾客满意度测评活动等。

（2）互联网资料收集

易初莲花主页

顾客满意度测评网

商品售后服务网

中国商业联合会

诚信交易网

另外，还有其他来自一般网页的相关评论。

（3）数据库资料搜集

中国期刊全文数据库

万方数据库

中国优秀博硕士论文全文数据库

中文科技期刊全文数据库

在以上等各种数据库查找自有品牌、顾客满意度等相关的论文。

实施要求

1）各项目小组做好任务分工。
2）各项目小组参照范例针对所调研项目进行文案调查。
3）做好记录。

任务评价

自我测试

1. 理论知识测试

1）文案调查的特点包括（　　）方面。
　A. 文案调查是收集已经加工过的文案，而不是对原始资料的搜集
　B. 文案调查以收集文献性信息为主，它具体表现为收集种文献资料
　C. 在我国，目前仍主要以收集印刷型文献资料为主
　D. 案调查所收集的资料包括动态和静态两个方面，尤其偏重于从静态角度
2）内部资料的收集的渠道有（　　）。
　A. 业务资料　　B. 统计资料
　C. 财务资料　　D. 企业积累的其他资料
3）外部资料的收集的渠道有（　　）。
　A. 统计部门以及各级、各类政府主管部门公布的有关资料
　B. 国内外有关的书籍、报刊、杂志所提供的文献资料
　C. 各种国际组织、学会团体、外国使馆、商会所提供的国际信息
　D. 有关生产和经营机构提供的商品目录、广告说明书、专利资料及商品价目表等

2. 实践技能测试

1）你是否明确你在完成文案调查任务过程中的具体任务？
2）你是否能够圆满完成项目小组交付给你的文案调查任务？

评价方法

1. 评价标准

1）任务是否及时完成。

2）完成质量。

3）团队表现。

2. 评价表

评价表如表3-6和表3-7所示。

表3-6 项目小组评价表

分数 组别	是否及时完成	质　　量	团队表现
第一组			
第二组			
第三组			
⋮			

表3-7 个人任务评价表

分数 评分依据	个人具体分工		个人表现		
	承担任务的质量	个人记录	教师评分	组长评分	组员互评
成员一					
成员二					
⋮					

3 任务三 用实地调查法采集数据

导入案例

观察的效力

《美国文摘》曾经报道，恩维罗塞尔市场调查公司有个叫帕科·昂得希尔的人，是著名的商业密探。在进行调查时，他一般会坐在商店的对面，静静地观察来来往往的行人，与此同时，他的同事也正在商店里进行着调查工作，他们负责跟踪在商品架前徘徊的顾客，主要调查目的是要找出商店生意好坏的原因，了解顾客走进商店以后如何行动以及为什么许多顾客在对商品进行长时间挑选后还是失望地离开。通过他们的详细工作，使许多商店在日常经营过程中做出了许多实际的改进措施。

有一家音像商店由于地处学校附近，大量青少年经常光顾。通过恩维罗塞尔市场调查公司调查，发现这家商店把磁带放置过高，身材矮的孩子们往往拿不到，从而影响了销售。昂得希尔指出应把商品降低18英寸放置，结果销售量大大增加。

还有个家叫伍尔沃思的公司发现商店的后半部分的销售额远远低于其他部分，昂得希尔通过观察，拍摄现场揭开了这个谜底，在销售高峰期，现金收款机前顾客排着长长的队伍，一直延伸到商店的另一端，妨碍了顾客从商店的前面走到后面，针对这一情况，商店专门安排了结账区，结果使商店后半部分的销售额迅速增长。

思考题：

1）观察法有什么作用？

2）观察法的方法有哪些？

3）观察法的内容有哪些？

任务要求

实地调查法包括访问调查法、观察法和实验法。本次任务要求各小组结合小组研究项目的特点和要求，选取合适的实地调查法，例如，易初莲花自有品牌满意度调查项目小组本次的任务就是要用访问法调查部分消费者或用观察法采集消费者、销售场所、柜台等相关信息。

任务分析

明确任务后，大家想一想怎样进行实地调查呢？实地调查是什么？怎么进行实地调查呢？实地调查法有哪些技巧呢？各小组该怎样完成本次的任务呢？这就必须进入下一个环节进行学习。

任务学习

实地调查法是在没有明确理论假设的基础上，研究者直接参与调查活动，收集资料，依靠本人的理解和抽象概括，从收集的资料中得出一般性结论的研究方法。实地调查所收集的资料常常不是数字而是描述性的材料，而且研究者对现场的体验和感性认识也是实地研究的特色。与人们在社会生活中的无意观察和体验相比，实地调查是有目的、有意识和更系统、更全面的观察和分析。

一、访问调查法

访问调查法又称询问调查法，是指调查人员将所要调查的事项，以当面、电话或书面等不同的形式，采用访谈询问的方式向被调查者了解情况以获得所需要的调查资料的一种方法，也是在市场调查中收集第一手资料最常用、最基本的方法。访问调查法包括面谈访问法、电话调查法、邮寄调查法等，下面重点介绍面谈访问法。

1. 面谈访问法的含义

面谈访问法，是指调查者与被调查者面对面地交谈，被调查者一一回答问题，调查者将答案如实地记录下来以便于统计分析的方法。面谈访问的交流方式可以按事先设计好的调查表或提纲依次进行提问，也可以围绕调查主题进行自由交谈。

在面谈访问调查中，调查人员不但可以直接了解被调查者对调查问题的态度、观点，而且可以观察到被调查者的表情、举止和调查现场的环境，这就为判断调查结果的准确程度提供了一定的依据。

2. 面谈访问法的分类

（1）入户访问

这是指调查人员按照抽样中选定的对象，到其所在的单位或家中与被访问者面对面地交谈。入户访问要求被访者一定要选好访问时间，以确定被调查者在家或单位中；同时访问者要具备较高的人际交往能力，要让对方信任自己，否则，就可能被拒之门外。即使出现个别被访问者不支持调查工作的情况，调查人员也应尽可能说服对方或改时间再访，决不能灰心丧气更不能打击报复。

在决定采用入户访问方式之前，要决定到哪些户（单位）去访问。应尽可能详细具体地规定抽取家庭户的办法，绝对不可以随意地、主观地选取调查户。入户以后要具体确定访问的对象。如果调查的内容涉及整个家庭，则一般是访问户主；如果调查的内容主要涉及个人的行为，一般是访问家庭中某个年龄段的成员，或是按某种规定选取一位家庭成员进行访问。

（2）街头拦截访问

这是指调查人员在选定的街道上或区域，按照一定的程序和要求，随机地选择符合条件的过往人员进行访问。街访的问卷必须是简短易答的。街头拦截式面访调查主要有两种方式：一种是由经过培训的访问员在事先选定的若干个地点，按照一定的程序和要求，选取访问对象，征得其同意后，在现场按照问卷进行简短的面访调查；另一种叫中心地调查或厅堂测试，是在事先选定的若干场所内，根据研究的要求，摆放若干供被访者观看或试用的物品，然后按照一定的程序，拦截访问对象，征得其同意后，带到专用的房间或厅堂内进行面访调查。这种方式常用于需要进行实物显示的或特别要求有现场控制的探索性研究，或需要进行实验的因果关系调查。

3. 面谈访问法的操作技巧

（1）如何接触被访者

在接触被访者的过程中需要注意以下两方面：

首先，应持有效证件。在调查时，最好带上有效的证件。例如，某公司市场访问员持单位介绍信或学生证等。

其次，需要作简短的自我介绍。访问员要使用文明礼貌用语作简短的自我介绍，说明自己的来意，表达自己希望得到对方支持的愿望，并尽量表明对这次专程走访甚感兴趣，争取得到对方的配合与支持。如可以这样说："我们是通过计算机随机抽样而决定被访问者的，您很幸运地被抽中了。我们只需要耽搁您少许时间，了解几个简单的问题，希望能得到您的支持与配合。"如果是入户访问，必须很有礼貌地敲门，最好是选择在别人有空的时间，但千万不能在别人休息时间打扰。

（2）如何提问

提问时，语气和蔼，口齿清楚、语速缓慢，以保证被访者能够理解每个问题。如果问题比较复杂或语句比较长，为了使被调查者充分理解问题的意思，调查人员要多次重复表述。提问时应注意以下几点：

1）追问。对于封闭性问题，被调查者很容易确定答案；而对于开放性问题，则要求受访者发表自己的观点。此时，追问可以引导他们完整地回答问题。在被访者回答不能满足要求或回答不全面时，调查人员可以不断地问："还有别的吗？"直至得到某一问题的全部答案。

追问开放性问题时需要注意以下几点：①完整如实地记录受访者的回答，不能加进自己的主观想法。②不要使用暗示性的语言、提示的面部表情和声音，调查人员必须处于中立立场。在被访者不能回答时，不能帮助回答。③追问要适度，不要像审讯犯人一样，追问到底。如果被访者确实已经回答较完整，就继续下一个问题。否则，追问过度，会引起被访者的反感。

2）澄清。当被访者所作的回答含糊其辞、模棱两可，或者回答前后矛盾、不能自圆其说时，调查人员要予以澄清，要求被访者对其回答作出明确的解释。

3）跳问。在问卷中，有些问题是无须回答的，或者在某些问题回答之前是无法回答的。这时，调查人员就必须跳问这些问题。

（3）如何记录答案

对于封闭性问题，调查人员只需要在问卷上直接勾画出被访者的答案即可；但有些封闭性问题的选项中有"其他"一项，如果被访者选择这一项，就要问他具体是什么，并用文字记录下来。对于开放性问题，记录的内容就比较多，要求调查人员有较快的速记能力。记录这类问题的答案，要尽可能一字不差地写出受访者的回答内容，不要概括或简略记录其回答，书写要清楚，以便于资料的整理。

（4）如何结束访问

结束访问时应先检查问卷是否有遗漏的地方，调查人员要真诚地感谢受访者：赠送礼品后尽快离开。在离开前，调查人员还应附上一句：“为了保证问卷质量，我们有可能还要再次打扰您，也请您支持。十分感谢！”

（5）如何处理意外问题

访问中，有时会遇到一些意外的事情，比如被访者临时接到电话或有客人来访等。如果能继续访问下去，调查人员可以等待一会儿，此时，访问员应耐心地记录下被打断的地方，以便尽快地从被打断处再开始询问；如果访问不能继续进行，也不要勉强，可以约定时间再来访问。

（6）如何对待拒访者

在实际调查中，受访者不愿合作的情况很多，原因也各种各样。调查人员要有良好的心理素质，不要害怕遭到拒绝。在遇到拒访时，调查人员应对具体情况作具体分析，并采取一定技巧来应对这些情况。如为了消除被访者的防范顾虑，可以事先告诉被访者，调查完后会送他一件小礼品等；如果对方坚决拒绝，调查人员就要有礼貌地放弃本次调查。

二、观察法

观察法是指在自然条件下，调查者依据调查目的，利用感觉器官或其他科学手段，通过对研究对象的观察、跟踪和记录其言行，来获得信息资料的一种调查方法。如要了解人们在超市购物时的偏好、习惯、时间等，就可以利用观察法，调查人员可以直接装扮成顾客，对周围的其他顾客进行观察；也可实地观察，记录其购物情况。通过观察，可以发现顾客购物习惯，喜欢的花色、式样以及是否注意商品的包装、颜色、味道等。

1. 观察法的分类

（1）结构式观察与非结构式观察

结构式观察是根据观察的目的预先规定观察的范围，并在实施观察时，对观察手段、技术、程序和记录方式实行标准化。

非结构式观察比较灵活，对观察项目、程序、手段、技术等均不作严格的限制，记录也可以采取随意的方式。

（2）人员观察、机器观察和实际痕迹观察

人员观察是指调查人员不借助机器设备观察调查对象的方式。如调查人员想要了解某产品市场营销情况，就可以到销售现场进行观察或到用户群体中进行观察，也可直接到生产厂家现场观察。这种方式要求调查者具有敏锐的观察力、较好的应变力和记忆力以及迅速的笔记能力。人为的观察不仅可以看到表面现象，有时还可以通过观察现象发现其本质的东西，有助于观察的深入。

机器观察是通过机器设备来观察受访对象。比如，当警察在观察罪犯的动静时，可以借助望远镜或录像设备来观察；而超市或银行里安装的摄像装置，可以直接记录下顾客的行为。

实际痕迹观察是指调查者不直接观察被调查者的行为，而是通过一定的途径来了解他们行为的痕迹。如通过汽车修理厂可以了解到汽车不同零件的损坏率等，进而折射出汽车产品设计或制造中存在的问题等。

（3）纵向观察、横向观察、纵横结合

纵向观察又称时间序列观察，是在不同时间对调查对象加以观察，取得一连串的观察记录，可以了解调查对象在时间上发展变化的过程和规律。如要了解某新开业商场的生意是否兴隆，可利用纵向观察，通过训练有素的观察人员或者隐蔽的录像机，记录下不同时间段进出商场的人数，说明其一般的情况。

横向观察是在某个特定时间内对若干个而不是单一的调查对象同时进行观察记录，通过对多个对象进行观察再将观察结果进行比较，从而更全面地了解被调查对象的真实情况。比如某调查机构要了解徐州超市是否受顾客欢迎，如果仅选择某一家连锁店进行观察，就有可能造成错误的结论，所以，应该在整个城区选择不同地段的几家连锁店进行观察，才能得出较准确的结果。

纵横结合观察，这种方式综合了上面两种方法，在时间上有延续，而且调查对象不单一，从而能取得更全面可靠的资料，只是调查费用和时间相对增加。比如观察某新产品上市的销售情况，就需要在较长时间内，从销量、顾客的反映状况、售后服务点的反馈信息等多个方面进行观察。

2. 观察法的操作步骤

（1）制定观察计划

1）明确观察目的。观察的首要任务是明确观察目的，就是要明确通过观察解决什么问题。

2）明确观察对象和与目标。根据观察目的，确定观察对象和目标。观察对象和目标可以是人，比如消费者、营业人员等，也可以是物，比如超市、柜台、商品、环境、广告等。

3）确定观察重点与范围。明确观察的重点内容，比如观察营业员，就要观察营业员的仪容、仪表、言行举止以及态度等内容。

4）设计观察记录表。为了将观察结果快速准确地记录下来，并便于随身携带，将观察内容事先制成便于汇总的小卡片，制作卡片时，应先列出所有观察项目，经筛选后保留重要项目，再将项目根据可能出现的各种情况进行合理编排。

5）确定观察时间和地点。选择便利的观察时间和地点，注意不要影响被观察者。

6）选择观察工具。观察时除了可以利用人的不同感觉器官进行观察外，还可以利用观察仪器进行观察。因此要选择好观察工具。

7）观察组织实施。最后还必须做好组织实施工作，对调研人员的分工、组织，观察的方法、观察的注意事项、应变措施作好安排。

（2）进入观察现场

进入观察现场应取得有关人员的同意，或出示证件说明，或通过熟人介绍等。

（3）进行观察和记录

选择合理的观察方法，进行观察。观察时需注意：

1）尽可能不让被观察者注意到你在观察他（她）的表现。

2）不要先入为主，尊重事实。

3）注意力要集中。

4）要有应变能力。

任务实施

实施范例指导

调研项目：易初莲花超市自有品牌满意度调查研究。

具体任务：易初莲花超市自有品牌满意度实地调查法。

易初莲花超市自有品牌满意度调查

1. 采用访问法调查

（1）访问经理人员问题提纲

采访经理前，要进行预约，并准备好访问提纲，按时进行访问，并做好记录。

1）首先请您给我们介绍一下易初莲花超市的企业背景。

2）请您给我们介绍易初莲花超市自有品牌的发展情况。

3）请您给我们介绍徐州易初莲花超市自有品牌经营情况。

4）请您给我们介绍徐州易初莲花超市自有品牌实施的促销活动。

5）请您给我们介绍徐州易初莲花超市自有品牌商品销售情况。

（2）访问超市消费者问题提纲

采访消费者在准备好访问问题后，采访之前，要做好自我介绍，征得同意后按提纲进行访问，并做好记录。

1）请问您知道易初莲花超市自有品牌商品的种类有哪些？

2）请问您买过易初莲花超市自有品牌商品？有哪些？

3）用后对包装、价格、质量等方面的感觉怎么样？

4）你最愿意买哪类自有品牌商品？为什么？

5）你最不愿意买哪类自有品牌商品？为什么？

6）超市自有品牌商品和其他品牌比较，最大的区别是什么？

7）对易初莲花超市自有品牌有什么意见和建议？

2. 利用观察法调查

（1）观察自有品牌商品柜台

观察柜台自有品牌商品的种类、价格、包装、摆放位置、相关促销活动内容以及周围摆放商品的品牌、价格、包装以及相关促销活动内容，并做好记录。

（2）观察消费者行为

在某自有品牌商品柜台附近观察，消费者挑选自有品牌商品的整个过程，并填好表3-8。

表3-8　消费者观察记录表

时　间	消　费　者			自有品牌商品		购 买 行 为		是 否 购 买
	性别	年龄	穿着	种类	价格	挑选时间	比较品牌	

（3）观察客流量

在超市进出口处，由项目调研小组成员互相配合进行记录，调查观察进入超市的顾客，并进行记录。调查卡每小时使用一张或每半小时使用一张，该时间内出入的顾客可记录下来，见表3-9和表3-10。

表3-9　顾客流量调查卡

被观察单位　　　　　　　　　　观察时间　　　　年　　月　　日　　时止　　时

观察地点　　　　　　　　　　　观察员

	入　向	出　向
人数		

表3-10　易初莲花超市顾客流量汇总表

时间：2009年11月上旬　　　　　　　　　　　　　　　　　　单位：人

时　间	六	日	一	二	三
9:00	356	258	175	236	296
10:00	877	860	650	835	812
11:00	1822	1777	1186	1526	1477
12:00	2938	2923	1734	2232	2104
13:00	3644	3821	2170	2688	2511
14:00	4504	4544	2599	3094	2964
15:00	5417	5802	3055	3434	3606
16:00	6614	6635	3766	4372	4315
17:00	7936	7983	4488	5310	5209
18:00	9302	9203	5338	6136	6056
19:00	10 498	10 233	6230	6957	6832
20:00	11 617	11 126	6945	7298	7633
21:00	12 619	11 831	7664	8576	8284
22:00	13 085	12 162	7983	8933	8625

实施要求

1）各项目小组讨论所调研项目的访问提纲，制作观察记录表。

2）每人参照范例针对所调研项目选择观察法和访问法进行调查5人次以上。

3）做好记录。

任务评价

自我测试

1. 理论知识测试

1）下列关于实地调查法说法正确的是（　　）。

A．实地调查所收集的资料常常不是数字而是描述性的材料

B．研究者对现场的体验和感性认识也是实地研究的特色

C．是有目的、有意识和更系统、更全面的观察和分析

D．是人们在社会生活中的无意观察和体验

2）下列关于面谈访问法说法正确的是（　　）。

A．面谈访问的交流方式可以按事先设计好的调查表或提纲依次进行提问

B．也可以围绕调查主题进行自由交谈

C．在调查中，调查人员不但可以直接了解被调查者对调查问题的态度、观点

D．在调查中，可以观察到被调查者的表情、举止和调查现场的环境

3）根据观察的目的预先规定观察的范围，并在实施观察时，对观察手段、技术、程序和记录方式实行标准化的观察法是（　　）。

A．机器观察　　B．人员观察　　C．实际痕迹观察　D．结构式观察

2. 实践技能测试

1）你在完成实地调查任务过程中有哪些深刻的体验？

2）你是否能够圆满完成项目小组交付给你的调查任务？

评价方法

1. 评价标准

1）任务是否及时完成。

2）完成质量。

3）团队表现。

2. 评价表

评价表如表 3-11 和表 3-12 所示。

表 3-11　项目小组评价表

分数 组别	是否及时完成	质　　量	团队表现
第一组			
第二组			
第三组			
⋮			

表 3-12　个人任务评价表

分数 评分依据	个人具体分工		个人表现		
	承担任务的质量	个人记录	教师评分	组长评分	组员互评
成员一					
成员二					
⋮					

4 任务四 用网络调查法采集数据

导入案例

网络调查的思考

一般认为，以网络为载体的新的调查方式与公司不断涌现，极大地提高了市场研究的效率，同时，又给客户一个相对较低的报价与成本，其发展空间是广阔的，但是由于网络代表性一直受到质疑，不可能对传统的调查方式产生大的冲击。这不是一个人的印象，也不是一个公司的印象，几乎成为市场研究业多数不单独从事网络调查公司的基本印象。使得很多专门从事网络调查的公司做出各种尝试，试图证明网络调查代表性也不错（这当然需要去分析，但是这不是网络调查最重要的问题点）。

有几个现象需要大家一起思考：

第一，网络调查再好的抽样只能用于代表网民，那么其他方式能够代表什么？

1）当大城市的面访、街访、电话调查、邮寄调查等几种方式的接触成功率、回收率不断下降的时候，代表性会成为网络调查受限制的一种壁垒吗？

2）有点钱、有点地位、有点学历、有点权力的人都以隐私为幌子，拒绝调查的比例居高不下，这导致很多调查的抽样（指随机抽样）业已具有了系统偏差的特点，以代表性阻挡网络调查是否合乎时宜？

3）配额抽样为代表的非概率抽样，无论怎么分散样本，都是非概率的，这就不可能去指责网络调查。

这个答案可能近期解不出来，但是其后果具有颠覆性。因为一个代表性问题不可能阻挡一个新的研究方式的强力进入市场。

第二，网络调查成本低，但是不可能替代其他方式？

1）成本是客户关心的主要问题之一，是牺牲成本，还是牺牲一些所谓的代表性？这已经不是调查公司所能够左右的问题，客户的想法谁知道？

2）成本低，同时居住分散、职业构成分散、可以收集到高收入群体的样本，这些优势至少对于街头拦访、一些配额抽样的调查产生大的冲击。

3）低成本，就可以扩大样本量，或者增加一些调查的地点，或者增加次数，客户会怎么选择？

这个答案几乎可以推出，接受只是一个时间问题，而一旦趋势开始，调查公司所面临的客户价格压力将是空前的。

第三，作弊率与质控是否会催生一个全新的调查资料收集方式的结构？

1）作弊率与质量控制一直是市场研究界最核心的话题，也是永恒的话题，现在的情况是研究公司与代理公司都投入大量的人力、物力、财力去与作弊行为作斗争，而网络调查除了日常维护之外，几乎没有与作弊率打交道的时候，而研究公司如果可以从这一点上降低成本，调查资料收集方式的报价体系会否成为一个多米诺骨牌？

2）如果研究性的公司和客户将一部分调查转给新型的网络调查公司，是否意味着一些地方的代理公司会减少营业额？当然这是在静态的条件下考虑问题，而动态上其实是调查业务在持续增加。但是静态的趋势如果发展较猛，其冲击力不可小看。

3）调查资料收集方式的结构转变不可能是剧变的，更可能是一种慢火煮青蛙式的消耗战，这更厉害。

有与无的竞争是不可能争的，因为在质控、作弊这类话题上，几乎没有网络调查的影子，不争与争的竞争结果会怎么样？谁都显而易见。

第四，什么是效率？

1）调查有时非常需要效率，无论是民意测验，还是市场竞争性研究，网络调查的效率至少不会小于电话调查，而电话调查对其他方式资料收集方式的影响大家都是常识了，网络调查呢？

2）同时性的巨大样本回收所具有的影响真的是无法估量。

从效率的角度，我们需要重视网络调查。

第五，国际发展的巧合？

1）2000年是日本“网络调查元年”，因为一些专门从事网络调查，创建自己的可访问样组的公司出现，发展到2007年，网络调查的营业额已经占到28%，而这7年中，许多公司都出现了业务量猛增，营业额增幅很小的状态。这是不是一个简单的巧合？还是说明了一个量增价低的趋势？

2）澳大利亚的网络调查已经成为最重要的资料收集方式。

3）美国的网络调查迅猛发展。

4）中国从事网络调查的专业公司有5～6家，其他从事过网络调查公司占60%以上。而网上可访问样组调查的使用公司由2004年的3%，猛增到2006年的27%。

这些不是巧合。是需要仔细分析的趋势。网络调查，尤其是以可访问样组为核心的调查对整个行业的发展具有全局意义，它所带来的颠覆性是全球性的，中国无法回避。

综上所述，以网上可访问样组调查为核心的正在对中国市场研究资料收集方式产生巨大的冲击，同时延伸到效率、价格体系、服务的规范体系，乃至市场研究业的结构，其颠覆性是全局的，需要引起各类公司的注意。

（资料来源：www.chinasurvey.cn/thinker/4.htm）

思考题：

1）你认为网络调查的有什么作用？

2）你认为网络调查的存在的问题有哪些？

任务要求

具体任务：利用网络调查法收集市场信息。例如，易初莲花自有品牌满意度调查项目小组本次的任务就是要完成网络问卷的设计和发布，问卷的发送，通过网络调查采集信息。

任务分析

要完成任务，就必须了解什么是网络调查、网络调查的具体方法以及如何进行网络调查。

任务学习

随着计算机和互联网的普及和发展，网络调查也随之发展起来。并以其成本低、时效性高、覆盖面广等特点，与传统的调查方法相比，显示出无可比拟的优越性。

一、网络调查法

网络调查是指在网络环境下，以互联网为信息传递工具，进行调查设计，资料收集、分析咨询等活动。网络调查既基于传统的统计调查理论，又注入了现代计算机和通讯技术的新鲜血液，既具有传统调查的一般性，又具有现代网络的特殊性。迄今为止，网络调查主要有以下方法。

1. 利用电子邮件进行问卷调查

以被调查者的电子邮件地址作为样本框，把设计好的问卷以文件的形式随机抽样发到被调查者的电子邮件信箱里，被调查者在方便时填好问卷内容，再通过电子邮件反馈给调查机构。同时调查机构通过专门的程序对答卷进行自动检查和编辑，再进行数据收集、整理、分析。在样本框相对全面的情况下，这种调查结果可获取调查对象总体多方面的统计资料。

2. Web站点法

Web站点法是将调查问卷设置在访问率较高的一个或多个站点上，由浏览这些站点并对该项调查感兴趣的网上用户按照个人意愿完成问卷的调查方法。调查网站可以对众多的访问者设置一些过滤问题，在问卷填写前来确认其是否符合调查对象的要求，对不符合的，程序将自动判断并拒绝其填写问卷，这样就可以防止大量的无效问卷的产生。这种调查只能反映对该项调查感兴趣的网民群体的态度。

3. Net-meeting法

Net-meeting法（即网络会议法）指调查者把设计好的调查内容以网页的形式在固定的网站上公布，并在调查对象总体中征集与会者，在约定的时间内进行网上座谈。网络会议法是基于Web的计算机辅助访问，将分散在不同地域的被调查者通过互联网视频会议功能虚拟地组织起来，在调查者的引导下讨论调查问题的调查方法。

二、网络调查法的特点

而传统调查方法主要有面访调查、电话调查、邮寄调查、小组座谈法、文案调查法等。网络调查与传统调查方法相比具有不同特点。

1）成本费用低。网络调查法只需一次性的问卷设计，其他问卷的变动成本为零，被访者自主填写，数据自动存入数据库，成本费用低。而传统的调查法需要进行问卷设计、问卷印刷、问卷发放、问卷回收，并专门组织调查者，对最终数据要进行专门录入，成本巨大。

2）时效性强。网络调查法不受时间和地域限制，时效性较强。传统调查受调查的地域范围决定，范围越大，调查工作的周期越长。

3）调查范围广。网络由于自身没有空间限制，决定了调查范围可以是全国乃至全世界。而由于调查成本费用的限制，传统调查一般范围较小。

4）调查样本的代表性较差。由于网络调查的对象只能是网民，所以对于一些调查项目来说，样本代表性较差。传统调查法的对象是广大普通公民，因此样本代表性较好。

5）调查数据的质量不高。虽然有技术优势，但在实际应用中受各方面的局限使网络调查数据质量可能较低。传统调查中调查者和被调查者可以面对面地交流和沟通。被调查者能更好地理解问题和作答，有利于数据质量的提高。

由此可见，网络调查和传统调查各有优缺，在实际的应用之中，可以把两者结合起来使用以达到调查的目的。

三、利用网络调查法进行信息采集的方法

1. 如何用电子邮件进行问卷调查

电子邮件通常也用作问卷调查。根据用户电子邮箱地址可以形成较详细的调查对象，使用随机抽样方法抽取样本，对样本框架里的电子邮件发放调查表，被调查者通过电子邮件，把已填好的调查表返回给调查者，利用有关软件系统对回答进行自动检查和处理。电子邮件问卷调查是一种更为主动的调查形式。这种形式具有邮寄问卷的性质。首先，调查成本低，不用另外付费；其次，使用方便快捷，只要知道对方的电子信箱，就可以“群发”到被调查者的信箱中去；再次，可以控制被调查对象的身份、数量，使调查更加科学、合理。如果没有回复，还可以再一次发送，直至回复。还有，随着信箱容量的变大，一次发送问卷的文件可以很大，大型的定量社会调查也可以实施。因此，电子邮件调查问卷是一种比较理想的社会调查方法。现在有许多网站通过商业运作，为客户提供此类调查。

2. 利用网络聊天室进行问卷调查

网络聊天室的 QQ 群可以分为热门话题、高校联盟、交朋识友、谈天说地、心灵之约等，这些“群”既与传统意义的社会群体有一定的联系，又有一定的区别。如 QQ 英语群，这些群类似于一种次级社会群体，但群的结构非常简单，分为群的创立者和群的管理者，再就是聊天室的成员。与社会群体所不同的是，QQ 群一般有 5～100 人，群成员之间根据兴趣、爱好、性格而形成小的亚群。群成员之间的关系可联系紧密，也可以联系松散，甚至有的在同一个群却从未进行过交流。有些 QQ 群不像社会群体，倒更像

集体。如英语聊天室的群，经常是聊完就再没有特别的联系和约定。人们随时可以来，随时可以走。群成员在虚拟社会中的身份也是复杂的，其名字多种多样，五花八门，令人眼花缭乱，有的根本就没有名字，干脆用 QQ 号做名字。这些成员在聊天室的真实身份应当是聊天室的注册号。当然，有些群就大不相同，比如，以班集体形成的群，联系就比较密切，是班级成员交往形式的扩展。正是由于 QQ 群的这种“人以群分”的属性特点，可以通过这种在线交流的方式来对特定的对象进行网络调查。可以把制作好的网络调查问卷表的链接地址发在 QQ 群中，群成员做好之后，对问卷进行回收。此外，有些群成员还可以就调查的内容发表自己的看法，或在整个群内展开讨论，这也有助于发现问卷调查的设计问题，和结果的准确性。

3. 通过博客进行网络问卷调查

“博客”一词是从英文单词 Blog 翻译而来。Blog 是 Weblog 的简称，而 Weblog 则是由 Web 和 Log 两个英文单词组合而成。Weblog 就是在网络上发布和阅读的流水记录，通常称为“网络日志”，简称为“网志”。

Blog 的实质其实就是一个网页，通常由简短且经常更新的帖子（Post，作为动词，表示张贴的意思，作为名字，指张贴的文章）构成，这些帖子一般是按照年份和日期倒序排列的。而作为 Blog 的内容，它可以是你纯粹个人的想法和心得，包括你对时事新闻、国家大事的个人看法，或者你对一日三餐、服饰打扮的精心料理等，也可以是在基于某一主题的情况下或是在某一共同领域内由一群人集体创作的内容。它并不等同于“网络日记”。作为网络日记是带有很明显的私人性质的，而 Blog 则是私人性和公共性的有效结合，它不仅仅是纯粹个人思想的表达和日常琐事的记录，它所提供的内容可以用来进行交流和为他人提供帮助，是可以包容整个互联网的，具有极高的共享精神和价值。

简言之，Blog 就是以网络作为载体，简易、迅速、便捷地发布自己的心得，及时有效轻松地与他人进行交流，再集丰富多彩的个性化展示于一体的综合性平台。Blog 是继电子邮件、BBS、IM 之后出现的第四种全新的网络交流方式。在 Blog 上发布的言论，会得到持相同观点者的支持，也有可能得到持相反观点者的反驳，这些支持或者反驳的言论，会使得你在思维上有更好的提升。同时，你也可以参与其他 Blog 的评论，去认识更多的朋友。通过在 Blog 上认识的朋友，你可以很方便地扩大交流范围。

Blog 的功用也日渐扩展，有人用 Blog 来进行招聘，企业用 Blog 来宣传公司的产品或服务，当然也有人利用 Blog 来攻击竞争者。之所以如此，是由于 Blog 作为作为综合性的网络交互性平台，它的辐射面广，影响力大，各个阶层的人都可以发表自己的观点。在 Blog 上加上网络调查的链接，可以收集到来自各个社会层面的信息，它不再局限于某一群人，而是把散在各个角落的不同受众的观点和看法通过这一形式组织在一起。调查的结果也更加有普遍性。

4. 借助专业调查网络发布调查问卷

我们经常在网络上看到一些个人或团体发布的在线调查表，通过志愿者填写调查表来收集与调查内容相关的信息。你想不想也来一次网络调查呢？比如调查一下朋友们对你了解多少或是就某一话题征求朋友们的看法等等。不用担心不会做，“测试客”网站就是一家专门供人制作在线调查表的网站，使用它人人都能轻松做网络调查了。登录网址http://testhot.com/，单击“免费申请你的测试客”按钮进入注册页面，按照提示填写相关注册信息后，单击“我要申请我的测试客主页”按钮即可完成注册。然后单击“下一步，出些题目，考考我的朋友们吧”选项就可以开始编辑调查表了。在“问题”框中输入问题描述，然后再分别给出A、B、C、D 4个候选答案，在“正确答案是”选项中指定哪一个答案是正确的。单击“我要出题了”按钮后一个调查问题就制作好了，单击“添加新的问题”选项可以按照相同方法继续添加其他调查问题。当所有的调查问卷都编辑好后，单击页面上方“复制地址”选项即可将你的测试主页地址复制到剪贴板中，然后再通过论坛、QQ 等途径将地址发布出去。当朋友们登录测试主页答完题后，单击“我要交卷了”即可查看自己的分数。而单击“测试排行榜”选项即可查看所有人的成绩，这样就可以大致了解朋友们对问题的看法了。

这种方式是目前最简单也是应用最广的一种网络问卷调查法。

四、网络调查的优势及局限性

1. 优势

网络调查对于调查行业来说是一把双刃剑。与传统的调查方法相比，网络调查的优势主要表现在：一是它的时效性和大样本。由于网络调查能24小时不停地自动运行，并能很快得到反馈，所以能在短时间内得到足够多的样本进行数据分析，有些网络调查甚至可以即时看到推断总体的频率分布结果。随着越来越多的人使用互联网，网上调查所获得的样本也是超乎想象之多。这显然是传统的调查方法难以做到的。二是它的低成本和便捷性。网络调查不需要派调查人员，不需要印刷问卷，繁重的信息采集和录入工作分布到众多网络用户的终端完成，省去了调查实施过程中访员的费用等人工介入成本。而且，普通人也可以按照一定的调查原则来自主设计调查题目，以低成本进行调查研究。三是它的客观性和可靠性。由于网络的匿名性，被调查者可以毫无顾虑地回答一些敏感性问题，从而使调查结果更加客观真实可靠。四是它的不受时空的约束性。网络调查可以不分时间、地点，通过世界性的服务器询问不分国界的成千上万的人，从而提高样本的质量。五是它的更好的民主性和接触性。在网络调查的过程中，被调查者完成问卷过程不存在调查人员的监视行为，是近乎完全自愿地选择接受调查，这当然也潜在地使调查过程更为民主化。此外，网络调查还能以自填的回答方式，通过标准化的方法向被调查者呈现一份多媒体的问卷。

2. 局限性

网络调查的局限性也是显而易见的，主要表现在：①它无法监控调查过程，存在回答率、覆盖率低以及网络调查这一方法所要求被调查者一定是网络注册用户而带来的样本代表性问题。只有在网络覆盖率极高的特殊总体的情况下，才能消除以上覆盖率问题的顾虑。但是，就算达到了高覆盖率，低回答率的难题还是不能解决。研究表明，网络调查获取的回答率是各类调查中最低的。网络调查缺少高质量抽样框，在我国，仍有超过90%的人口没有上网，同时网络调查样本也与电话调查样本在许多态度性题目上存在明显的差异。②网络调查的价值也受到人们填答意愿的限制。网络用户对网络调查可能干脆不理睬或是单纯为了获得奖励胡乱填写甚至一人填多份问卷，也可能受其内容、主题、娱乐性、当时心情或其他特性影响，做出不参与调查的决定，也有网络用户通过某种技术，过滤网页上自动弹出的问卷。③建立一个完备的抽样调查网络系统是一项艰巨而又富有挑战的工作，它需要足够的资本、技术和人力投入。首先是尽管越来越多的人使用互联网，但网络不可能在短时期内普及，这样一来，网络调查样本的代表性仍让人担忧；其次是如何开发出各种计算机技术保证被调查者的随机性和回收问卷的有效性；最后是对网络调查问卷设计者的培训，要使他们掌握一定的抽样理论和问卷设计的技巧以提高网络调查的质量和问卷回答率。

五、解决方法

网络问卷调查的优势和局限性上面已作大致描述，下面主要说明如何克服其缺点。

1. 提高被调查总体的覆盖面

要提高被调查总体的覆盖面就要使更多的人参加调查，这主要是通过各种广告宣传方式，如单独在搜索引擎中注册调查网页、在点击率高的网站上建立连接、在BBS上发布消息、在传统媒体上做广告等。应该指出的是，尽管这几年来，网络用户数量飞速增长，但是网络使用率在很大程度上受到人口的文化素质与对信息的需求程度的限制，远未达到普及，也正是由于这一点，网络用户和非网络用户在文化、生活习惯、性别、年龄等方面存在一定差异，网络调查样本的代表性仍不容乐观，所以现阶段，网络调查只适用于上网比例比较高的群体。显然，如果调查能够使用概率抽样的方法，则可以估计推断总体目标量的置信区间和抽样误差，还可以通过统计上网的人所占人口比例或其他变量来解决覆盖率与回答率误差问题，并与其他传统调查方式结合应用或进行比较。

2. 设计一份好的调查问卷

一般来说，问卷的设计不但要遵循一些基本的抽样原则而且要充分考虑被调查者的行为特征及心理特点。通常，网络用户对新奇事务比较感兴趣，他们阅读速度较快，容易变得不耐烦并且比不上网的被调查者轻视问卷，他们常常是眼到手到，点击飞快，这时就很容易点错选项或漏掉一些问题，而且，大部分网络用户上网的目的就是从网络上获取一定的信息和知识。以下我们主要从被调查者的行为特征和心理特点角度提出几点设计原则：第一，在问卷入口发出显眼的邀请参与调查的动画或声音信息，并且承诺给予奖品或分享调查结果，以此来调动被调查者的积极性，引起被调查者的兴趣。由于很多被调查者回答问卷的目的在于找到解决问题的建议，所以分享调查结果可以说是对被调查者的最好回报。第二，设计界面友好的问卷。把问卷与图片、声音、动画结合起来，可以引导被调查者在没有失去兴趣前填写完所有的问题；注意问卷不宜过长；问句应简洁易懂，定义清楚，与被调查者有紧密关系，让他们从填写问卷的过程中获得某种自我满足；尽量采取选择答案方式；敏感的问题应婉转迂回地提出，不要让被调查者产生反感；还要注意问卷对被调查者的视觉效果，这点对自填回答方式来说尤其重要。第三，由于互联网交互机制的特点，网上调查可以采用一种传统调查无法实施的方式，即调查问卷分层设计。这种方式适合过滤性的调查活动，因为有些特定问题只限于一部分调查者，所以可以借助层次的过滤寻找适合的回答者。

一些学者通过实验找出了部分与回答率相关的因素。局部拒答率常常受支持网站和调查主题影响，但和每页问卷中题目的数目无关。在拥有大量固定用户的网站做调查，回答率较高。和回答率相关的因素主要有：第一，问卷上出现的被调查公司商标也会影响测量误差，出现商标时，如果调查问卷采用赋值评价法，则一般情况被调查者选中间部分的点的概率低于不出现商标情况下的概率。第二，被调查者的自我满足感非常重要，它会影响下一次调查的回答率。而调查的主题和网络调查单元的随意性对被调查者的自我满足感有强烈影响。第三，电子邮件调查的适用性。通过电子邮件可以选择被调查者。但是乱发问卷通常只会招致反感，在商业调查中，使用电子邮件调查最好是对老顾客进行，一来他们对被调查公司有一定信任，二来如果他们知道他们的意见会对被调查公司的经营产生影响，从而被调查公司可以更好地为他们服务，并且他们填表后还有可能得到一定物质奖励的话，他们是很愿意填写问卷的。而且，他们对被调查公司的了解也较充分，回答会比较中肯。第四，保证调查的客观性。这一步骤是市场调查能否发挥作用的关键，它与传统调查的方法一样，也是要尽量排除不合格的问卷，这就需要对大量回收的问卷进行综合分析和论证。可以采取技术分析手段排除不合格答卷，如对有疑问的答卷回访，对一定时间间隔内来自同一 IP 地址的答卷只算一份答卷等。

任务实施

实施范例指导

调研项目：易初莲花超市自有品牌满意度调查研究。

具体任务：易初莲花超市自有品牌满意度网络调查法。

易初莲花超市自有品牌满意度网络调查调查方法

目前如果自己利用软件设计并发布网络问卷比较复杂，一般都会借助一些专业的调查网站平台，来设计和发布自己的调查问卷。这些网站会提供相关的模块，有明确的导航指导用户设计修改问卷，无需编程，简单易行，并且不需要重新寻找发布的网站空间，成本低。在设计好之后可以直接发布在这些专业调查网上。借助专业调查网站设计发布网络调查问卷，是目前最为普遍也最受欢迎的方法。

1. 设计发布问卷

下面以易初莲花自有品牌商品市场调查问卷为例，在知名的网络调查网站——问卷星上设计发布的主要实施步骤：

1）登录调查网站——问卷星（http://www.sojump.com），首先注册为该网站用户，这样才有权限管理和发布问卷。

2）可选择问卷模板，在满意并符合主题要求的模板上对问卷进行修改。也可选择设计新问卷。

3）设计新问卷目录下有满意度调查、市场调查、讨论股票、信息登记等内容，我们设计的问卷属于市场调查类，所以选择市场调查。

4）可选择行业分类模板，如服装行业、手机行业、电脑行业等，也可选择空白模板。

5）选择空白模板，在最上方可选择设置背景。单击“请输入您的问卷标题”，右侧的设计视图栏内会出现输入内容提示：输入“易初莲花自有品牌商品市场调查问卷”。

6）在相关问卷说明中输入此次调查的简单描述：“尊敬的顾客朋友，您好！易初莲花自有品牌从粮食、食油和禽类、肉类、蛋类等生鲜食品入手，扩展到食品、饮料，再发展到日用品乃至小家电，除了“易初莲花”为主外还有“泉信”、“好脉”等自有品牌。为了更好地满足顾客的需求，特开展本次调查，以便了解消费者对易初莲花自有品牌商品的认知度，满意度、忠诚度以及对易初莲花超市自有品牌商品经营的期望和意见，以便于公司不断改进工作，提高服务水平。望您在百忙之中如实填写此表，提出宝贵意见。非常感谢你的合作！

7）左侧第一栏有自动生成的：“您的性别选项：男、女”，和我们的问卷一致。

8）接着在右侧的设计栏中选择增加题目——单选题（列表框）或单选题（下拉框），在出现的列表中，增加或减少选项的个数，蓝色圆圈是＋，红色圆圈是-，绿色是上移或下移。设置题目：您的年龄。或者还有更简单的方法，在右侧的常用问题中直接选择——年龄段，可立刻生成关于年龄段的问卷列表，只需设置答案即可。

9）相似的问题可参照步骤8）进行设置。在职业设计中，有其他选项，可选中右侧“允许填写其他答案”前面小方框。

10）验证选项中选中必答前面的小方框，则在相应的题目后面出现红色的星花符号*。

11）出现多选题时，如下面问卷的第8题可在右侧增加题目类型下面选择：多选题

（复选框）。

12）如下面问卷的第 14 题，这类题型可在右侧增加题目选项中选择“矩阵题”，行标题当中输入：性价比、质量、包装、摆放位置、广告宣传、服务，注意应竖着排列。还可选择选项样式。

13）如果限制用户选择答案的数量时，可在右侧要求用户最少选中几项，最多选中几项中填上相应的数字。如下面问卷的第 16 题，要求最多选择两项时，可分别在方框内输入：最少 1 项，最多 2 项。这样问卷的问题后面会出现“用户可选择 1～2 项”。

14）如果是问答题，则在右侧增加题目中选择“问答题（多行）”，可设置文本高度和最多可容纳的字数。如本问卷的最后两道题都是问答题。

2. 发送问卷

问卷设计完成后，系统会自动保存，可点击预览，预览满意后点击发布按钮，这时会弹出一个有关该问卷主题的页面，这时为了让更多的人参与到问卷调查中来，点击“发送问卷”，可以把问卷以邮件、群组等方式通知给调查对象，也可把 URL 链接到个人主页或博客上，进行问卷调查。还可以通过电子邮件、MSN、QQ 等工具发送给朋友邀请他们填写您的问卷。具体方法是把发布的问卷地址复制在电子邮件、MSN 或 QQ 中发送给调查对象。

至此，设计并发表调查问卷已经完成了。根据用户的需求，还应进行相关的维护和调查结果的下载。这些专业网站不仅可以收集相关市场信息，还支持标准问卷分析和交叉问卷分析，支持棒状图、饼图、3D 柱状图、线形图等多种图表类型，对收集的信息进行可视化分析。

3. 参考网站名称

该类专业网站还有态度网、知己知彼网、中国调查网、第一调查网、意见调查网、投我吧调查网、中文调查网、积沙调查网等。

易初莲花自有品牌满意度调查问卷

尊敬的顾客朋友：

您好！易初莲花自有品牌从粮食、食油和禽类、肉类、蛋类等生鲜食品入手，扩展到食品、饮料，再发展到日用品乃至小家电，除了“易初莲花”为主外还有“泉信”、“好脉”等自有品牌。为了更好地满足顾客的需求，特开展本次调查，以便了解消费者对易初莲花自有品牌商品的认知度，满意度、忠诚度，以及对易初莲花超市自有品牌商品经营的期望和意见，以便于公司不断改进工作，提高服务水平。望您在百忙之中如实填写此表，提出宝贵意见。非常感谢你的合作！

调查报告公开级别：统计信息公开，详细信息不公开。

1. 您的性别:

○男　○女

2. 您的年龄段:（组合框）

请选择

3. 您的职业:

○学生
○企事业职员
○公务员
○个体经营者
○家庭主妇
○离退休人员
○其他

4. 您的文化程度:

○大专及以下
○大专
◉本科
○研究生及以上

5. 您家庭平均月收入:（组合框）

请选择

6. 您对易初莲花自有品牌熟悉吗?

○熟悉
○知道一点
○不知道

7. 请问您通过何种途径知道易初莲花自有品牌的?

○广告宣传
○熟人介绍
○其他

8. 您知道易初莲花自有品牌商品有哪些? ［多选题］

☐食品
☐办公用品
☐生鲜类
☐厨房用品
☐日用家居

- [ ] 服装
- [ ] 家装
- [ ] 其他

---

9. 您对易初莲花自有品牌的印象如何？

○ 很好
○ 好
○ 一般
○ 不好
○ 很不好

---

10. 您购买过易初莲花自有品牌商品吗？

○ 买过
○ 没买过

---

11. 您经常购买易初莲花自有品牌商品吗？

○ 是
○ 否

---

12. 如果买过，请问引起您购买的最主要原因是什么？

○ 品牌形象佳
○ 价格便宜
○ 质量好
○ 其他

---

13. 请在此输入问题标题您购买过哪类易初莲花自有品牌商品？［多选题］

- [ ] 粮食
- [ ] 食油
- [ ] 生鲜类
- [ ] 一般食品
- [ ] 日用品
- [ ] 服装
- [ ] 小家电
- [ ] 其他

---

14. 您对购买的易初莲花自有品牌商品满意吗？

	很不满意	不满意	一般	满意	很满意
性价比	○	○	○	○	○
质量	○	○	○	○	○
包装	○	○	○	○	○

摆放位置	○	○	○	○	○
广告宣传	○	○	○	○	○
服务	○	○	○	○	○
性能	○	○	○	○	○

15. 您还会继续购买易初莲花自有品牌商品吗？

○ 会
⊙ 或许会
○ 不会

16. 如果会继续买，请问吸引您继续买的原因是什么？［可以选择1~2项］

□ 品牌形象佳
□ 价格便宜
□ 质量好
□ 促销宣传
□ 服务好
□ 其他

17. 如果不会继续买，请问引起您不买的原因是什么？*［多选题］

□ 品牌问题
□ 价格问题
□ 质量问题
□ 包装问题
□ 服务问题
□ 其他

18. 您会给朋友推荐易初莲花自有品牌商品吗？*

○ 会
○ 或许会
○ 不会

19. 请写出您对易初莲花自有品牌的意见和建议：（文本框）
（150字以内）

20. 请写出您对易初莲花超市的意见和建议：（文本框）
（300字以内）

任务评价

自我测试

1. 理论知识测试

1）下列关于网络调查法说法正确的是（　　）。

A．它无法监控调查过程，存在回答率、覆盖率低

B．网络调查的价值也受到人们填答意愿的限制

C．受时空的约束性

D．成本较高

2）网络调查法的特点包括（　　）。

A．成本费用低　　B．时效性强

C．调查范围广　　D．调查样本的代表性较差

E．调查数据的质量不高

3）网络调查是（　　）。

A．是指在网络环境下，以互联网为信息传递工具，进行调查设计，资料收集、分析咨询等活动。

B．既具有传统调查的一般性，又具有现代网络的特殊性。

C．网络调查既基于传统的统计调查理论

D．又注入了现代计算机和通讯技术的新鲜血液

2. 实践技能测试

1）你是否能在网上独立设计并发布问卷？

2）你是否能发送网络问卷？

实施要求

1）小组讨论设计文本问卷，在此基础上设计网络调查问卷，认识两者之间的区别与联系。

2）以小组为单位，完成在网站上设计并发布问卷。

3）把问卷链接地址以电子邮件、博客、QQ形式发送出去，并收集有效问卷，利用网站专业分析工具对有效问卷进行分析。

评价方法

1. 评价标准

1）任务是否及时完成。
2）完成质量。
3）团队表现。

2. 评价表

评价表如表 3-13 和表 3-14 所示。

表 3-13　项目小组评价表

分数 组别	是否及时完成	质　量	团队表现
第一组			
第二组			
第三组			
⋮			

表 3-14　个人任务评价表

分数 评分依据	个人具体分工		个人表现		
	承担任务的质量	个人记录	教师评分	组长评分	组员互评
成员一					
成员二					
⋮					

模 块 四

如何整理市场信息数据

MOKUAISI

学习目标

1. 掌握数据的审核方法；
2. 掌握数据的编码方法；
3. 掌握数据的录入方法；
4. 掌握各类数据的汇总方法；
5. 掌握各类数据的图示方法；
6. 掌握各类数据的制表方法。

培养技能

培养学生对数据进行审核、编码、录入、汇总、图示、制表的技能。

学习任务

任务一：预处理数据；
任务二：整理市场信息数据。

如果说采集信息阶段我们在外边闯荡，那么整理阶段我们将要在机房奋斗。通过这两项任务的学习，将会让你尝试对数据进行审核、编码、录入、汇总、图示、制表，也许这个工作有些枯燥，有些辛苦，但经过努力奋斗，你会惊喜地发现，那么多零散的数据资料变得有条理，并且可以用漂亮的图表来描述，是多么让人值得自豪的事情！让我们好好努力吧！

任务一 预处理数据

导入案例

人口普查的录入工作

有这么一班人，从冒着2004年第一场冬雪进行普查宣传开始，普查登记、数据审核、数据录入、质量评估，起早贪黑，没有休息一天，尤其在2005年3月份的一个月中，天天加班到晚上11点，中午不休息，天天吃饭是快餐，这就是面对110万人口的邵东县经济普查工作者，他们既是基层普查员和普查表培训老师，又是各个区域的普查总指导员，既要负责指导各个区域的普查，又要对全县24 000多户个体经营户，3000多家法人单位表的数据审核录入工作。他们既要忙于数据审核、录入，又要忙于抽样调查，数据分析、评估和修订。截至5月下旬，邵东县经济普查各项表式及数据、编码、审核、录入、抽样调查、数据评估修订工作已全部完成。那一张张真实的普查表，就是邵东县普查办和统计局18位同志的心血。

思考题：

1）数据审核工作有什么重要的意义？

2）数据编码、录入工作的特点有哪些？

任务要求

具体任务：各小组在完成采集任务后，就进入了市场信息的整理环节。而审核数据是整理环节中的一项重要内容。各小组在审核完数据后，还必须进行数据编码、数据录入，为数据整理做好准备。例如，要做徐州易初莲花超市自有品牌满意度调查研究，本次的任务就必须对采集来的徐州易初莲花超市自有品牌满意度相关数据进行审核、编码和录入。

任务分析

明确任务后，大家想一想怎样审核问卷呢？数据审核包括哪些内容呢？数据审核有哪些方法呢？怎样进行数据编码？数据编码的方法内容有哪些？最后通过什么方法录入数据？

各小组该怎样完成本次的任务呢？这就必须进入下一个环节先进行学习。

任务学习

统计数据的预处理是数据整理的前期准备工作，是对数据分组汇总前的必要工作，主要包括数据审核、数据编码和数据录入工作。

一、如何进行数据审核

1. 数据审核的作用

数据审核是对市场调查获取的各种资料（原始资料和整理资料）进行审查和核实。市场调查资料审核对获取有效的、有价值的信息有重要意义。

1）大型市场调查的调研项目多、数字多、信息量大，为了保证信息前后一致，不出现逻辑的、登记的、计算的错误，十分有必要进行资料的审查，贯彻信息的一致性、客观性和有效性。

2）在资料整理之前进行市场调查资料审核，可以提高工作效率，避免重复劳动。如果信息资料不经过审核而直接进行资料整理，一旦发现有误信息，前面所做的信息整理工作将前功尽弃，既费时、费力增加成本，又不利于对信息的及时补充。

3）有利于提高信息资料的质量。在汇总整理之前就已经进行了审核，检查无误，对有误的信息已经做了恰当的修正，那么在此基础上进行的汇总信息，只要汇总质量可以保证，则最终的数字质量是可以保证的。

2. 数据审核的内容

数据审核包括 4 个方面的内容，包括完整性审核、准确性审核、一致性审核和及时性审核。

（1）完整性审核

审核应该被调查的单位是否都已调查，问卷或调查表内的各项目是否都填写齐全，也就是检查是否有单位无回答或项目无回答。如果发现没有答案的问题，可能是被调查者不能回答或不愿回答，也可能是调查人员的疏忽所致，则应立即询问，填补空白问题。

如果问卷中出现“不知道”的答案所占比重过大，就会影响调查资料的完整性，应采取适当措施处理并加以说明。

（2）准确性审核

主要是看调查资料的口径、计算方法、计量单位等是否符合要求。剔除不可靠的资料，使资料更加准确。调查资料还要清楚易懂，即如果所记录的回答字迹模糊，或者除调查员以外谁都不明白，则应返回问卷，让调查员校正或写清楚。

（3）一致性审核

主要是看被调查者的回答是否前后不一致，有无逻辑错误。例如，某被调查者在前面说她在前一天晚上看见某电视广告，后面又说自己前一天晚上没看电视。调查人员在审核调查问卷时，可能发现某一被调查者的回答前后不一致，或者一个资料来源的数字与后来从其他资料来源收集的数字不一致，这就需要调查人员深入调查，探询原因，或剔除、或调整资料，使之真实、准确。

（4）及时性审核

主要是看各被调查单位是否都按规定日期填写和送出。填写的资料是否是最新资料。现代市场活动节奏愈来愈快，只有代表市场活动最新状态的市场信息才是使用价值最高的信息。切勿将失效、过时的信息引入决策中。此外，要剔除不必要的资料，把重要的资料筛选出来。

3. 数据审核的主要方法

数据审核的方法包括经验判断、逻辑检查和计算审核 3 种方法。

（1）经验判断

经验判断就是根据已有经验，判断数据的真实、准确。例如，如果被调查者的年龄填为 151 岁，根据经验判断，年龄填写肯定有误。又如，某小杂货店营业面积 2000 平方米，根据经验，一个小商店这样的营业面积肯定与事实不符。

（2）逻辑检查

逻辑检查就是根据调查项目之间的内在联系和实际情况，对数据进行逻辑判断，看是否有不合情理或前后矛盾的情况。例如，某被调查者的年龄填写 18 岁，而婚姻状况却填“已婚”，其中必有一项是错误的。又如某消费者前面说“不知道”某调味品，后面却说“每天都在使用”，显然前后矛盾。

（3）计算审核

就是对数据资料的计算技术和有关指标之间的相互关系进行审查，主要看各数字在计算方法和计算结果上有无错误。常用的计算检查方法有加总法、对比法、平衡法等。例如，在家庭的收支结构调查中，家庭总收入远小于总支出与储蓄之和，这种情况肯定是有错误的。

4. 数据审核时应注意的问题

访问调查的审核工作一般包括两个阶段，即实地审核和中心办公室审核。这两个阶段审核工作应各有侧重。

（1）实地审核

实地审核属于初步审核，一般包括调查员审核和督导审核。调查员在调查结束后，应及时审核问卷，检查其完整性、正确性、一致性以及是否清楚易懂。如果被调查者对于某项问题无回答，则应注明原因。另外，还可标明资料的可靠程度，例如，可信的、可以参考的、不可信的等。这样，在利用资料时，特别是具体引用文字资料时，可酌情处理。实地督导审核应在收到问卷后立即开始，其主要目的是检查数据是否有比较明显的遗漏与错误，并且通过审核，有助于控制调查员误差，可以及时发现并纠正他们对调查程序或具体问题的误解。

（2）中心办公室审核

这一阶段的审核工作应在资料搜集工作结束后立即开始。中心办公室审核比实地审核更完全、确切和仔细，要求审核员的目光更加锐利，审核时更加认真、仔细。为保证处理方法的一致性，审核工作最好由同一个人完成。如果工作量过大或花费时间太长而必须分工，也应该按照问卷结构分工，而不是按照问卷份数分工。

5. 市场调查资料审核的基本步骤

这里，我们以最常见的问卷调查的中心办公室审核为例，简单介绍接收核查、编辑检查、采取相应处理措施等3个阶段。

（1）接收核查问卷

接收核查问卷又称一审。从不同地区、不同调查员交回的问卷，都应该立即登记和编号。尤其对于大规模的调查，更应做好登记和编号工作。一般负责接收问卷的人员要事先设计好登记表格，上面列有调查员姓名和编号、调查地区和编号、调查实施的时间、交付的日期、实发问卷数、上交问卷数和问卷编号、未答或拒答问卷数、丢失问卷数、其他问卷数以及合格问卷数等。回收的问卷应分别按照不同调查员和不同地区（或单位）放置，问卷表面应写有编号或注明调查员和调查地区等。否则，大量的问卷混在一起，容易丢失问卷，而且不易查找。接收问卷时对所有的问卷都应检查一遍，将无效的或不能接受的问卷剔除。

无效的问卷主要指以下几种可能情况：

1）回答不完全，即有相当多的问题没有填写答案。

2）被调查者没有理解问卷的内容而错答问题，或没有按照指导语的要求回答问题，例如，要求跳答的问题没有按要求去做，单选题却选择多个答案等。

3）回答可疑，例如针对所有答项，被调查者的回答全是2。

4）缺损的问卷，即有一页或多页丢失或无法辨认的问卷。

5）在截止日期之后回收的问卷。

6）由不属于调查对象的人填写的问卷，例如，在一项药品市场调查中，调查对象是患有某种疾病并曾经进行过治疗的人，因此，没有患有此项疾病或患有此项疾病但没有治疗过的人填答的问卷都属于无效问卷。

7）前后矛盾或有明显错误的问卷，例如年龄为 20 岁，工龄为 30 年。

（2）编辑检查

编辑检查又称二审，是对问卷进行进一步的更为准确和精确的检查。主要检查的仍是回答的完全性、准确性、一致性以及是否清楚易懂等。例如，在消费品市场调查中，某被调查者的家庭人均月收入仅 500 元，却经常在一些高档商场购物；又如某题的答案圈在 1 与 2 之间，让人难以确定是 1 还是 2，或是 1 和 2 之间。

（3）采取相应的处理措施

对于检查出来的无法令人满意的问卷，常用的处理方法为退回实地重新调查、视为缺失数据或者放弃不用。

1）退回重新调查，即把不满意的问卷退回去，让调查员再次调查原来的被调查者。这种处理方法主要适用于规模较小、被调查者很容易找到的商业或工业市场调查。但是，调查的时间不同，调查的方式不同（例如，原是面访调查，第二次调查可能只是通过电话询问），都可能会影响二次调查的数据。

2）视为缺失数据，一般是在无法退回问卷时，把令人不满意的回答作为缺失值来处理。这种方法主要适用于：①有令人不满意回答的问卷数较少时；②这些问卷中令人不满意的回答比例很小；③有令人不满意的回答的变量不是关键变量。

3）放弃不用，即简单放弃有令人不满意的回答的问卷。这种方法主要适用于：①有令人不满意回答的问卷比例很小；②样本量很大；③有令人不满意回答的被调查者与令人满意的被调查者在人口特征、关键变量等方面的分布没有显著差异；④准备放弃的问卷中令人不满意回答的比例较大；⑤对关键变量的回答是缺失的。

但是，如果有令人不满意回答的被调查者与令人满意的被调查者在人口特征、关键变量等方面的分布存在显著差异，或者判断一份问卷是否令人满意是主观的，简单放弃有令人不满意回答的问卷也可能会产生系统偏差。因此，如果调研者决定放弃一些问卷，则应当在报告中说明放弃的问卷数量以及判别这些问卷的程序。

二、如何进行数据编码

1. 数据编码的作用

编码就是将问卷信息（包括调抽问题和答案）转化为统一设计的计算机可识别的代码，以便于对其进行数据整理与分析。编码是信息转换的重要手段之一，在市场调查中，编码是一个不可忽视的重要环节。从问卷设计中的编码设计，到数据处理阶段的编码过程，都有可能伴随着编码误差，直接影响调查的数据质量。编码的作用主要有：

1）减少数据录入和分析的工作量，节省费用和时间，提高工作效率。

2）将定性数据转化为定量数据，把整个问卷的信息转化为规范标准的数据进而可以利用统计软件，采用统计分析方法进行定量分析。

3）减少误差。量化的数据简单易懂，不像文字资料容易丢失重要信息，还可以利用编码修正回答误差，替代缺失值，都有助于减少调查误差。

2. 编码设计的内容与分类

编码的设计即确定各问卷、问卷各项目和答案对应代码的名称、形式、范围以及与原数据的对应关系。

（1）编码设计的内容

编码设计的具体内容包括：问卷的代码、变量的定义。问卷的代码主要包括区代码、街道代码、居委会代码、调查员代码以及问卷代码等。例如，某问卷的代码为“1051202”，第一位数字“1”表示北京市，后面两位数字“05”表示调查员代号，再后面两位数字“12”为居委会代号，最后两位代码“02”表示该调查员在此居委会成功调查的第2份问卷。

对问卷变量和取值的编码设计比较复杂。一份市场调查问卷通常包含若干问题。为了统计处理方便，在数据输入计算机之前，必须先给每一个问题或变量起一个变量名称。变量名称一般是用英文字母或数字的组合，可以用B（background）代表“背景”部分，而B1代表背景部分的第一个问题，以此类推。可以用Q（question）代表“主体问题”，而Q1代表第一个主体问题，以此类推。可以用S（sift）代表问卷的“筛选问题”，而S1代表第一个筛选问题，以此类推。

（2）编码设计的分类

根据编码设计的时间与方法不同，可分为前设计和后设计两种。所谓前设计编码，主要针对答案类别事先已知的问题，如结构式问卷中的封闭题和数字型开放题，在问卷设计的同时设计编码表。这种编码设计简单易行，但有可能由于问卷选项的设计缺少某重要选项，或设置多余选项，而影响数据质量。所谓后设计编码，主要针对答案类别事先无法确定的问题，如非结构式问卷和结构式问卷中的文字型开放题，要在数据收集完成后，根据被调查者的回答设计编码表。这种编码表的分类可能相对更准确、有效。但比较复杂，而且费时、费力。

3. 前设计编码的方法

编码的设计与问卷设计密切相关，前设计编码可以归入问卷设计之中。前设计编码要求事先已知问题的答案类别，主要应用于结构式问卷中的封闭题。

1）对单项选择题只需规定一个变量，取值为选项号。例如：

Q1 你的性别：

1. 男　　2. 女

变量的取值范围为1、2或9，其中1表示男，2表示女，9表示缺失值。这个编码不能与合理回答相重复。

2）对多选题须规定多个变量。通常是将各个可能回答的答案选项都设为0～1变量，如被调查者选择了该答案，此变量的值为1，否则为0。例如：

Q2 您选择建材购买场所考虑的因素有哪些？

1. 公司信誉　2. 服务　3价格　4. 质量　5. 广告宣传　6. 其他________

问题变量可以设为 Q21，Q22，Q23，Q24，Q25，Q26，问题答案即各变量值分别为 0 和 1。如果被调查者选择了第 2、第 3 和第 4 项。那么相应的答案为：

Q21	Q22	Q23	Q24	Q25	Q26
0	1	1	1	0	0

这种方法的优点是便于分析，编码的结果不用经过转换，可直接分析。缺点是不便于录入，变量随选项增多而增多，对于大样本，录入工作负担较重，而且录入时，录入值与问卷答案不同，很容易出错。改进的方法是：该 0～1 变量为真时，取值为对应选项号，这样录入时出错率少一些，但工作量仍较大。

3）对排序题同样需规定多个变量，与多选题类似。有两种方法，这两种方法对应的问题形式略有差异。

第一种方法：变量个数即选项个数，按照选项排列顺序，分别定义各变量为对应选项所排次序号，取值即为次序号。例如：

Q3 您选择去某一商场购物主要考虑的因素是（请按重要程度顺序排序）什么？

1. 服务水平　2. 地理位置　3. 商品质量　4. 价格因素

按照这种题型对所有选项排序，采用此法比较可行，问卷设计时对应各选项统一留出位置填写次序号。但如果仅取前几名排序，采用此法与多选题一样，优点是可以直接进行分析，但录入工作量大。

第二种方法：变量个数为要求排序的项数，依照次序号排列顺序，分别定义各变量为各次序号对应的选项项数，取值即为选项号。仍以上题为例，但改变其形式：

Q4. 您选择去某一商场购物最重要的因素是什么？（　）其次呢？（　）再次呢？（　）

1. 服务水平　2. 地理位置　3. 商品质量　4. 价格因素

如果问题只要求取前几名排序，与多选题一样，采用此方法便于录入，减少工作量和出错率，但分析时要先进行数据转化。

4. 后设计编码的方法

后设计编码指的是给某个没有事先编码的答案分配一个代码。通常需要事后编码的有封闭式问答题的“其他”项和开放式问答题。

后设计编码的方法是根据问题的回答确定各答案类别。选取问卷有两种方式：一是阅读所有问卷对该问题的回答，这种方法适用于样本量较小的情况；另一种方法是抽取部分问卷，抽取方法可以随机选取，也可以分层系统选取，还可以主观选取，尽量使其分布分散一些，此方法适用于样本量较大的情况。选定问卷后，仔细阅读每个被调查者对该特定问题的回答，每遇到一个新的答案类别就记录下来，同时记录各答案类别出现的频数，以此类推。这里要注意的是答案除表面含义以外，可能还有引申、隐含的含义，应注意区分。最后结合调查分析目的对分类的要求，对各答案类别进行整理归纳，突出分析重点，尽量包含所有信息且互不交叉，将不能编码或个数较少、可不予考虑的答案归入“其他”项。此外，注意留出位置准备修改，如果后期发现较多或较重要、有新意的类别，可以增加或细化类别。

三、如何录入数据

录入数据就是将实际数值和编码通过录入设备录入到计算机存储介质上。如果用Excel软件处理数据时，就必须把问卷的实际数据和编码录入到Excel文件上。Excel文件的每一列输入问卷问题的编码，也就是变量，每一行输入同一份问卷中所有答案，也就是变量值。如图4-1所示。

	A	B	C	D	E	F	G	H	I	J
1	易初莲花自由品牌商品市场调查问卷									
2	Q1	Q2	Q3	Q4	Q5	Q6	Q7	Q8(1)	Q8(2)	Q8(3)
3	2	1	1	3	2	2	2	0	0	1
4	2	1	1	3	5	2	1	1	1	0
5	2	1	1	2	2	2	1	0	0	1
6	2	1	1	2	4	2	3	1	1	1
7	2	1	1	2	2	1	1	0	0	1
8	2	1	1	3	1	3	3	0	1	0
9	2	1	1	1	1	2	1	0	0	0
10	1	1	1	2	9	2	1	0	1	0
11	1	2	4	1	2	2	1	1	1	0
12	1	5	6	3	2	1	9	0	0	0

图4-1　数据录入结果

任务实施

实施范例指导

调研项目：易初莲花超市自有品牌满意度调查。

具体任务：易初莲花超市自有品牌满意度调查数据预处理。

数据审核与数据编码

1. 数据审核

易初莲花超市自有品牌满意度调查小组本次任务首先完成数据审核工作，具体做法分成两个阶段：第一步，每个人在用问卷调查过程中作好审核工作，第二步，对回收的所有问卷小组成员分工审核。参照无效问卷筛选依据筛选出无效问卷。例如，单选题有的人多选了；答案不全；前后不一致，前面没有买过易初莲花自有品牌商品，后面又写出使用的感觉体会的等。该项目小组共调查 120 人，经过审核，有效问卷为 93 份，无效问卷为 27 份。

2. 数据编码

易初莲花超市自有品牌满意度调查问卷编码如表 4-1 所示。

表 4-1 问卷编码

题　号	变　量	变 量 值	备　注
1	Q1	1，2	
2	Q2	1，2，3，4，5	
3	Q3	1，2，3，4，5，6，7	
4	Q4	1，2，3，4	
5	Q5	1，2，3，4，5	
6	Q6	1，2	
7	Q7	1，2，3	
8	Q8（1），Q8（2），Q8（3），Q8（4）Q8（5），Q8（6）Q8（7），Q8（8）	0，1	0 表示没有选该项，1 表示选该项
9	Q9	1，2，3	
10	Q10	1，2	
11	Q11	1，2	
12	Q12	1，2，3，4	
13	Q13（1），Q13（2），Q13（3），Q13（4）Q13（5），Q13（6）Q13（7），Q13（8）	0，1	0 表示没有选该项，1 表示选该项
14	Q14（1），Q14（2），Q14（3），Q14（4）Q14（5），Q14（6）	1，2，3，4，5	此题是矩阵题型 1 表示很不满意，5 表示很满意
15	Q15	1，2，3，4，5	
16	Q16（1），Q16（2），Q16（3），Q16（4）Q16（5），Q16（6）	0，1	0 表示没有选该项，1 表示选该项
17	Q17（1），Q17（2），Q17（3），Q17（4）Q17（5），Q17（6）	0，1	0 表示没有选该项，1 表示选该项
18	Q18	1，2	

3. 数据录入

Excel 文件的每一列输入问卷问题的编码，也就是变量，每一行输入同一份问卷中所有答案，也就是变量值。具体如图 4-2 所示。

	A	B	C	D	E	F	G	H	I	J	K
1	易初莲花自有品牌满意度调查问卷数据										
2	Q1	Q2	Q3	Q4	Q5	Q6	Q7	Q8(1)	Q8(2)	Q8(3)	Q8(4)
3	2	1	1	3	2	2	2	0	0	1	0
4	2	1	1	3	5	2	1	1	1	0	1
5	2	1	1	2	2	2	1	0	0	1	1
6	2	1	1	2	4	2	3	1	1	1	1
7	2	1	1	2	2	1	1	0	0	1	1
8	2	1	1	3	1	3	3	0	1	0	1
9	2	1	1	1	1	2	1	0	0	0	0
10	1	1	1	2	9	2	1	0	1	0	1
11	1	2	4	1	2	2	1	1	1	0	1
12	1	5	6	3	2	1	9	0	0	0	1
13	1	1	1	3	2	2	2	0	0	0	0
14	1	1	1	2	1	2	2	0	1	0	0
15	1	2	2	3	3	2	1	0	0	0	1
16	1	1	1	2	3	2	2	0	0	0	0
17	1	1	1	1	1	1	2	1	1	1	1
18	1	1	1	1	3	1	2	1	1	1	1
19	2	1	1	2	2	1	1	0	0	0	1
20	2	1	1	2	2	2	2	0	0	0	1
21	2	1	1	3	2	2	2	0	0	0	1
22	2	2	2	3	4	2	2	0	1	0	1
23	2	3	7	1	1	2	1	0	0	0	1
24	2	3	2	3	2	2	2	1	1	0	1
25	2	3	3	2	2	1	2	1	1	1	1
26	1	3	5	1	1	2	3	1	0	0	1

图 4-2　数据录入

实施要求

1）实训练习：①审核问卷实训。给每位同学提供 10 份问卷，进行审核练习。②问卷编码。对问卷进行数据编码。③数据录入。每人录入 10 份问卷的数据。

2）各项目小组参照范例针对所调研项目进行数据预处理。

3）做好记录。

任务评价

自我测试

1．理论知识测试

1）数据审核的内容包括（　　）。

A．完整性审核　　B．准确性审核　　C．一致性审核　　D．及时性审核

2）数据审核的方法包括哪些方面为（　　）。

A．经验判断　　B．逻辑检查　　C．计算审核　　D．实地审核

3）编码的作用包括（　　）。

A．节省费用和时间，提高工作效率

B．将定性数据转化为定量数据

C．便于对其进行数据整理与分析

D．减少误差

2．实践技能测试

1）你在完成审核、编码、录入任务过程中有哪些深刻的体验？

2）你是否能够独立完成审核、编码、录入任务？

评价方法

1．评价标准

1）任务是否及时完成。

2）完成质量。

3）团队表现。

2．评价表

评价表如表 4-2 和表 4-3 所示。

表 4-2　项目小组评价表

分数 组别	是否及时完成	质　量	团队表现
第一组			
第二组			
第三组			
⋮			

表 4-3　个人任务评价表

分数 评分依据	个人具体分工		个人表现		
	承担任务的质量	个人记录	教师评分	组长评分	组员互评
成员一					
成员二					
⋮					

任务二 整理市场信息数据

导入案例

网络广告对网民影响力仅次于电视广告

图 4-3 为网络广告对网民消费行为的影响程度。

图 4-4 为最影响网民消费行为的广告类别。

ChinaByte8 月 20 日消息艾瑞市场咨询根据《第一届艾瑞网民网络习惯及消费行为调查》的结果发现，最影响网民消费行为的广告中，网络广告成为继电视广告之后的主要影响广告媒体之一，其次分别是报纸广告和杂志广告。而在了解网络广告对网民消费行为的影响程度的情况发现，网民认为网络广告对其消费行为很有影响的占 10.6%，比较有影响的占 29.0%，有点影响的占 41.3%，很少影响的占 14.7%，没有影响的占 4.4%。应该说，从网民对网络广告的了解程度上来看，网络广告还是对其产生了一定的影响。

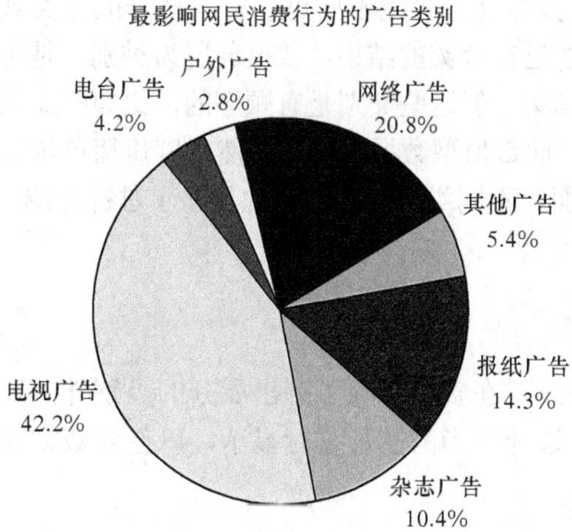

图 4-3　网络广告对网民消费行为的影响程度

（资料来源：新浪传媒）

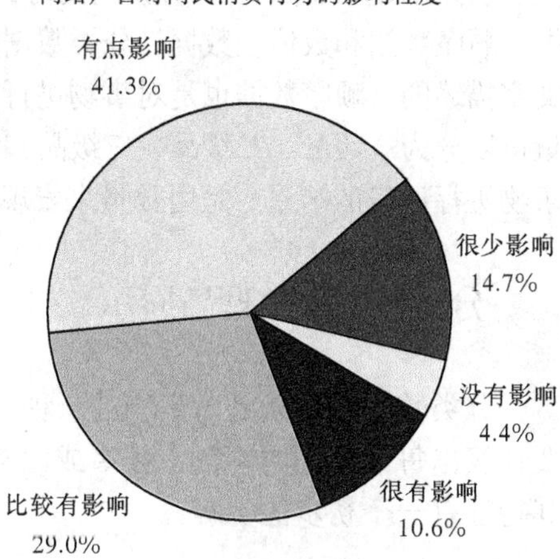

图 4-4　最影响网民消费行为的广告类别

（资料来源：新浪传媒）

思考题：

1）整理的作用有哪些？

2）整理的图形有哪些种类？

任务要求

具体任务：各小组在完成数据审核、数据编码、并且把数据录入计算机后，就可以对数据进行整理。数据整理主要是把数据用图形和表格描述出来。例如要做徐州易初莲花超市自有品牌满意度调查研究，本次的任务就必须对采集来的徐州易初莲花超市自有品牌满意度相关数据进行汇总，用图表进行显示。

任务分析

明确任务后，大家想一想怎样整理问卷呢？数据整理包括哪些内容呢？怎样汇总数据，怎样用图表显示数据？各小组该怎样完成本次的任务呢？这就必须进入下一个环节先进行学习。

任务学习

数据经过预处理后，可进一步进行汇总整理，用图表进行显示。对于不同类型的数据，整理所采取的方式和绘图所使用的方式不同。按照计量尺度不同可以将数据分成分类数据、顺序数据和数值型数据，分类数据是对事物进行分类的结果，数据表现为类别，是用文字描述的。顺序数据也是对事物进行分类的结果，但这些类别是有顺序的，比如产品质量可以分为一级品、二级品、三级品和等外品。而数值型数据是使用自然或度量衡单位对事物进行计量的结果，是用数量来表现的。下面就不同类型数据的整理与显示进行介绍。

一、分类数据的整理与显示

分类数据本身就是对事物的一种分类，因此，在整理时除了列出所分的类别外，还要计算出每一类别的频数、频率或比例，同时选择适当的图形进行显示，以便对数据及其特征有一个初步的了解。

1. 分类数据的整理

把数据按照一定的标志进行分类，形成各组单位数在各组的分布，并用表格形式表现出来，称为频数分布（frequency distribution）。落在某一特定类别（或组）中的数据个数，称为频数（frequency），也称为次数。下面我们举例说明用 Excel 制作频数分布表：

例如，对某一商场的 50 位购买摄像机的顾客做了一个对品牌喜爱和关注程度的调查，图 4-5 就是这 50 位顾客做选择的原始记录数据。

为了用 Excel 建立一张频数分布表，首先需要将不同品牌的摄像机用一个数字代码来表示，如图 4-6 所示。

	A	B	C	D	E
1	JVC	松下	松下	索尼	索尼
2	索尼	三星	佳能	松下	松下
3	佳能	索尼	松下	索尼	索尼
4	索尼	三星	索尼	三星	JVC
5	索尼	索尼	三星	松下	索尼
6	JVC	佳能	JVC	索尼	松下
7	索尼	松下	索尼	佳能	索尼
8	佳能	三星	松下	索尼	三星
9	索尼	佳能	三星	三星	索尼
10	JVC	索尼	JVC	索尼	佳能

图 4-5　摄像机购买顾客数据

	A	B	C	D
1	品牌名称	代码	代码上限	
2	JVC	1	1	
3	索尼	3	2	
4	佳能	2	3	
5	三星	5	4	
6	松下	4	5	
7	以下省略	4		

图 4-6　代码设计

Excel 现在就把代码视为数值型数据，用工具菜单中的数据分析选项，选择直方图命令，就可以得到结果，如图 4-7 所示。

	A	B	C	D	E	F	G
1	品牌名称	代码	代码上限				
2	索尼	3	1		接收	频率	累积 %
3	佳能	2	2		1	6	12.00%
4	索尼	3	3		2	7	26.00%
5	索尼	3	4		3	20	66.00%
6	JVC	1	5		4	9	84.00%
7	索尼	3			5	8	100.00%
8	佳能	2			其他	0	100.00%
9	索尼	3					
10	JVC	1					
11	松下	4					
12	三星	5					
13	索尼	3					
14	三星	5					
15	索尼	3					
16	佳能	2					
17	松下	4					
18	三星	5					
19	佳能	2					

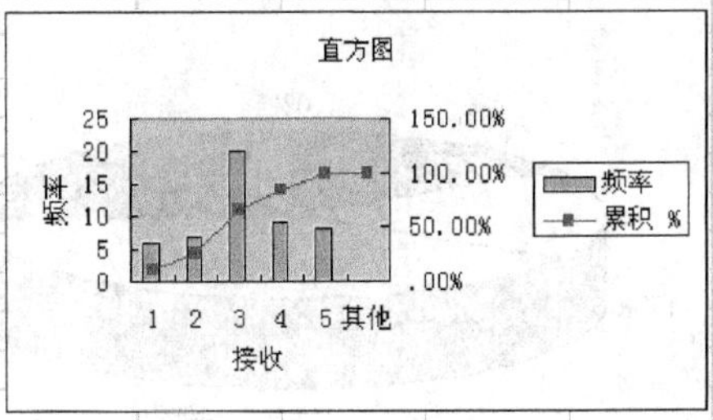

图 4-7　分析数据

2. 分类数据的图示

上面我们使用频数分布表来反映分类数据的频数分布。如果用图形来显示频数分布，就会更形象和直观。一张好的统计图表，往往胜过冗长的文字表述。统计图的类型有很多，多数统计图除了可以绘制二维平面图外，还可以绘制三维立体图。图形的制作均可由计算机来完成。这里首先介绍反映分类数据的图示方法，其中包括条形图和饼图。如果有两个总体或两个样本的分类相同且问题可比时，我们还可以绘制环形图。

（1）条形图

条形图是用宽度相同的条形的高度或长短来表示数据多少的图形。条形图可以横置或纵置，纵置时也称为柱形图。此外，条形图还有单式、复式等形式。

在表示分类数据的分布时，用条形图的高度或长度来表示各类别数据的频数或频率。根据上述数据就可以绘制条形图，如图 4-8 所示。绘制时，各类别可以放在纵轴，称为条形图，也可以放在横轴，称为柱形图。

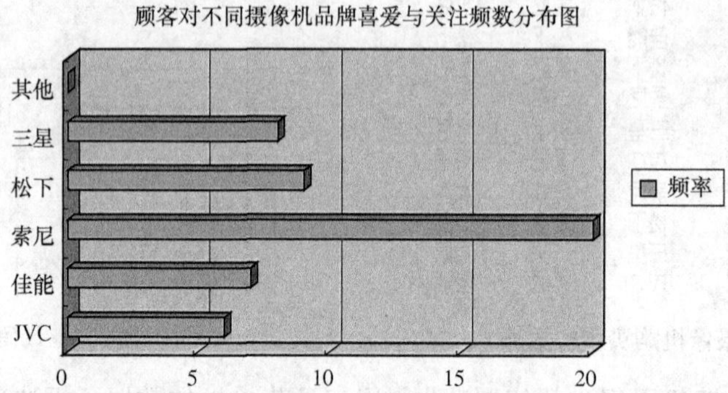

图 4-8　条形图

（2）饼图

饼图也称圆形图，它是用圆形及圆内扇形的面积来表示数值大小的图形。饼图主要用于表示总体中各组成部分所占的比例，对于研究结构性问题十分有用。在绘制饼图时，总体中各部分所占的百分比用圆内的各个扇形面积表示，这些扇形的中心角度，是按各部分百分比占 360° 的相应比例确定的。根据上述数据可以绘制饼图，如图 4-9 所示。

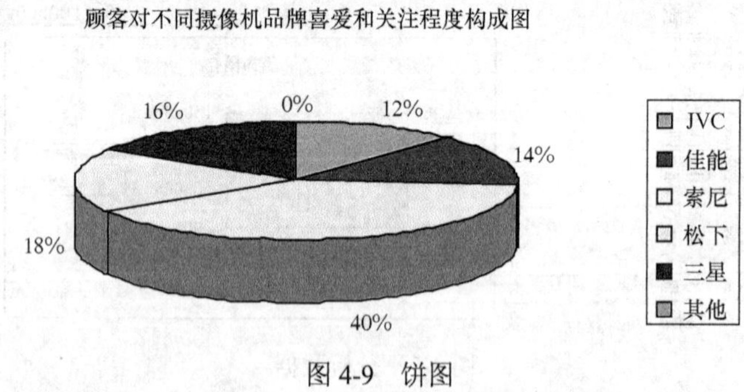

图 4-9　饼图

二、定序数据的整理与图形

1. 定序数据的整理

分类数据的整理与图示方法，如频数、比例、百分比、比率、条形图和饼图等，也都适用于定序数据的整理与显示。对于定序数据，除了可使用上面的整理与显示技术外，还可以计算累计频数和累计频率（百分比）。

（1）累计频数

累计频数是指将各有序类别或组的频数逐级累加起来得到的频数。

频数的累计方法有两种：一是从类别顺序的开始一方向类别顺序的最后一方累加频数（数值型数据是从变量值小的一方向变量值大的一方累加频数），称为向上累计；二是从类别顺序的最后一方向类别顺序的开始一方累加频数（数值型数据是从变量值大的一方向变量值小的一方累加频数），称为向下累计。通过累计频数，我们可以很容易看出某一类别（或数值）以下或某一类别（或数值）以上的频数之和。

（2）累计频率或累计百分比

累计频率或累计百分比是指将各有序类别或组的百分比逐级累加起来。累计频率也有向上累计和向下累计两种方法。

例如，某企业对甲乙两班组成员进行了相关培训，成绩、两班组成绩累计频数、频率如图 4-10 与图 4-11 所示。

	A	B	C	D	E	F	G
1		甲班组成员培训成绩					
2				向上累计		向下累计	
3	培训成绩	人数	百分比%	人数	百分比%	人数	百分比%
4	优	5	17	5	17	30	100
5	良	12	40	17	57	25	83
6	中	8	27	25	84	13	43
7	及格	3	10	28	94	5	16
8	不及格	2	6	30	100	2	6
9	合计	30	100	—	—	—	—

图 4-10 甲班组培训成绩分布

	A	B	C	D	E	F	G
1		乙班组成员培训成绩					
2				向上累计		向下累计	
3	培训成绩	人数	百分比%	人数	百分比%	人数	百分比%
4	优	7	23	7	23	30	100
5	良	13	44	20	67	23	77
6	中	6	20	26	87	10	33
7	及格	3	10	29	97	4	13
8	不及格	1	3	30	100	1	3
9	合计	30	100	—	—	—	—

图 4-11 乙班组培训成绩分布

2. 定序数据的图示

（1）累计频数分布图

根据累计频数或累计频率，可以绘制累计频数分布或频率图。根据甲班组的数据可以绘制累计频数分布图，如图 4-12 所示。

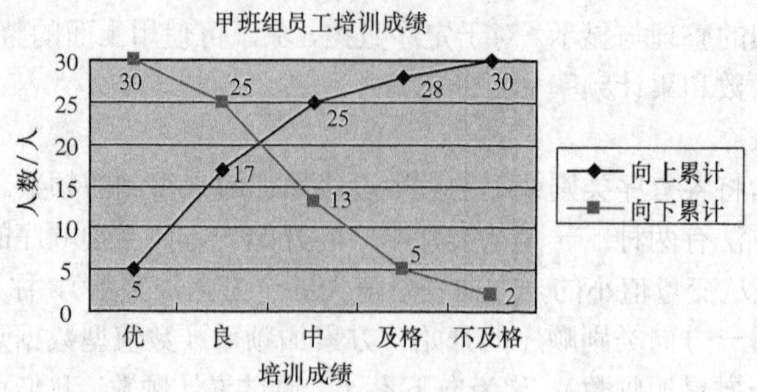

图 4-12　累计频数分布

（2）环形图

环形图与饼图类似，但又有区别。环形图中间有一个“空洞”，总体或样本中的每一部分数据用环中的一段表示。饼图只能显示一个总体或样本各部分所占的比例，而环形图则可以同时绘制多个总体或样本的数据系列，每一个总体或样本的数据系列为一个环。因此环形图可显示多个总体或样本各部分所占的相应比例，从而有利于我们进行比较研究。如上例两班组成绩比较，可用环形图表示，见图 4-13。

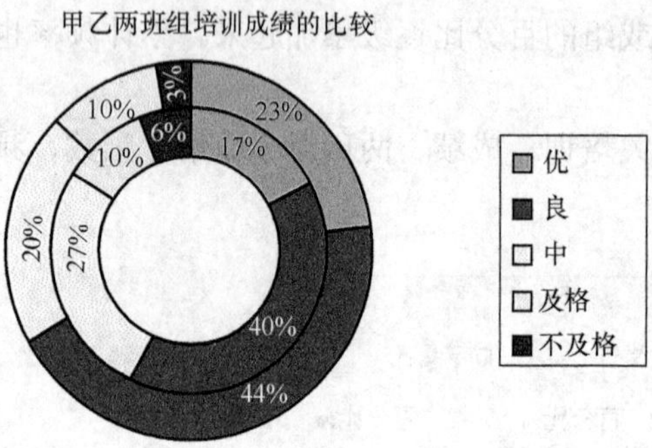

图 4-13　环形图

三、数值型数据的整理与显示

1. 数值型数据的整理

前面介绍的分类和定序数据的整理与图示方法，也都适用于数值型数据的整理与显示。但数值型数据还有一些特定的整理和图示方法，它们并不适用于分类数据和定序数据。

（1）数据分组

数据型数据表现为数字，因此在整理时通常是进行分组。根据统计研究的需要，将原始数据按照某种标准化分成不同的组别，称为数据分组。分组后的数据称为分组数据（grouped data）。

数据经分组后再计算出各组中数据出现的频数，就形成了一张频数分布表，叫分配数列。数据分组的方法有单变量值分组和组距分组两种。把一个变量值作为一组，称为单变量值分组。单变量值分组的分组方法通常只适合于离散变量，且在变量值较少的情况下使用。本节我们主要介绍组距分组及其频数分布表的制作方法。在连续变量或变量值较多的情况下，通常采用组距分组。将全部变量值依次划分为若干个区间，并将两个变量值所确定的区间作为一组，称为组距分组。在组距分组中，一个组的最小值，称为下限（low limit）；一个组的最大值，称为上限（upper limit）。

（2）频数分布的编制

数值型数据形成的频数分布表，也叫变量数列。变量数列按照形式的不同分为单项式数列和组距式数列两种。是编制单项数项，还是编制组距数列，主要取决于所研究变量的类型以及变量的变动幅度。如果按连续性变量分组，一般只能编制组距式数列。按离散变量分组则要根据变量值个数的多少，变量值个数较多以及变动幅度较大时，应编制组距式数列。编制单项式数列，是直接将每一变量值作为一组，汇总计算各组相应的单位数，然后利用表格形式表示，所以它的编制比较简单，这里就不再讨论了。组距式数列的编制要比单项数列的编制复杂得多，下面就举例说明它的编制方法，例如，某班组 50 名成员日产量的数据如图 4-14 所示。

	A	B	C	D	E
1	148	116	128	125	129
2	140	109	123	137	119
3	127	132	114	107	124
4	120	135	108	113	130
5	110	129	132	132	118
6	104	123	124	140	107
7	128	110	120	137	113
8	135	108	125	119	122
9	129	148	116	119	128
10	123	135	118	127	114

图 4-14　某班组 50 名成员日产量

分组和编制频数分布表的具体步骤如下：

第一步，求全距。

全距是最大变量值与最小变量值之差，表明标志值的变动范围，一般用字母 R 表示。（用手工编制频数分布数列时要首先把数据从小到大的顺序排列）。根据上述数据计算的全距为 148−104＝44。

第二步，确定组距、组数和组限。

组限是指分组的数量界限，包括上限和下限，上限是各组的最大变量值，下限是指各组最小变量值，上限一般用 U 表示，下限用 L 表示。组距是各组的最大变量值与最小变量值之差，一般用 d 表示。即：$d=U-L$。组距的大小和组数的多少是相互制约、成反比例关系的。组距越大，组数就越少，反之，则越多。在决定组距和组数时原则上要使所分的组能够反映现象的不同特征，即通过组距分组以后，能把性质相同的单位归并在一起，把各组内部单位的次要差异抽象掉，使各组间的差异突出起来。组距数列有等距数列和异距数列两种，如果各组的组距相等，称为等距分组；如果各组的组距不相等，称为不等距分组。选择等距数列还是异距数列，主要根据研究对象的分布特点来决定，如果变量值变化较均匀可采用等距数列。等距数列由于各组组距相等，因此，组距＝全距÷组数。组数一般根据数据的多少，可以分为 3～15 组。上述数据假设分为 5 组，则组距为 44÷5＝8.8，为了计算方便，组距适宜取 5 或 10 的倍数，故将组距定为 10。

采用组距分组时，需要遵循“不重不漏”的原则。“不重”是指一项数据只能分在其中的某一组，不能在其他组中重复出现；“不漏”是指组别能够穷尽，即在所分的全部组别中每项数据都能分在其中的某一组，不能遗漏。为解决“不重”的问题，统计分组时习惯上规定“上限不在内”，即当相邻两组的上限重叠时，恰好等于某一组上限的变量值不算在本组内，而计算在下一组内。

对于离散变量，可以采取相邻组限不同的方法分组，但也可以重叠。上述数据可以按照两种方法分组，分别为分组 1 和分组 2。对于连续变量，可以采取相邻两组组限重叠的方法。当重叠时，可以根据“上限不在内”的规定解决不重的问题。在组距分组中，如果全部数据的最大值和最小值与其他数据相差悬殊，为避免出现空白组（即没有变量值的组）或个别极端值漏掉，第一组和最后一组可以采取“以下”及“以上”这样的开口组。开口组通常以相邻组的组距作为其组距。在采用闭口组时，应该做到最小组的下限等于或略小于最小变量值；最大组的上限等于或略大于最大变量值，如上述数据分组后，第一组的下限为 100，最大组的上限为 150。

在编制组距数列时，分布在各组的实际变量值已被变量值的变动的范围所取代，因此，在统计分析时，往往用组中值来反映各组实际变量值的一般水平。组中值的计算公式为

组中值=（下限+上限）/2

组中值=下限+邻组组距/2（缺上限）

组中值=上限−邻组组距/2（缺下限）

上例该班组 50 名成员日产量数据分组如图 4-15 所示。

	A	B	C	D	E
1	日产量（个）	分组1	分组2	频数	累计频率%
2	104	100~110	100~109	6	12.00%
3	107	110~120	110~119	13	38.00%
4	107	120~130	120~129	18	74.00%
5	108	130~140	130~139	9	92.00%
6	108	140~150	140~149	4	100.00%
7	109		其他	0	100.00%

图 4-15　某班组日产量频数分布

第三步，根据分组整理成频数分布表。我们用 Excel 来制作频数分布表，这一过程与上面介绍的分类数据类似。只是需要在“接收区域”方框内，输入各组的上限值。需要注意的是，Excel 在作频数分布表时，每一组的频数包括一个组的上限值。

2. 数值型数据的图示

前面介绍的条形图、饼图、环形图及累计百分比图等都适于显示数值型数据，如图 4-16 所示。此外，对数值型数据还有下面一些图示方法，这些方法并不适用于分类数据和顺序数据。

（1）直方图和折线图

直方图是用若干个并列的柱形表现分布数列的长条图。它可直观地说明连续型变量数列的分布特征。对于等距数列，一般以横轴标示各组组距（或变量值），纵轴标示各组频数，频数的差异能反映出数列分布的特征。对于异距数列，由于各组组距不同，频数的差异不能直接表明变量分布的特征。在制作直方图时，要先计算出各组的频数密度，

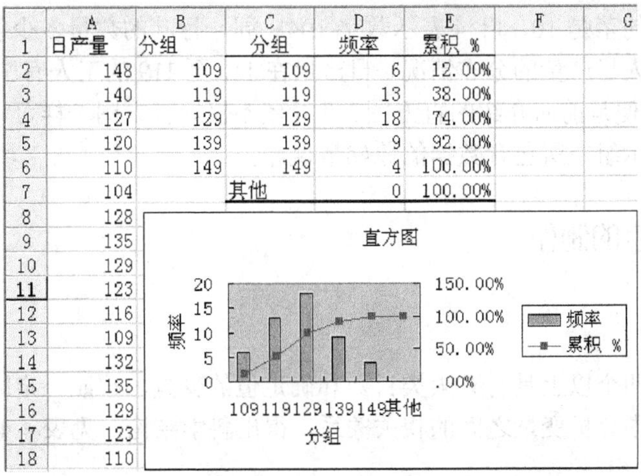

	A	B	C	D	E	F	G
1	日产量	分组	分组	频率	累积 %		
2	148	109	109	6	12.00%		
3	140	119	119	13	38.00%		
4	127	129	129	18	74.00%		
5	120	139	139	9	92.00%		
6	110	149	149	4	100.00%		
7	104		其他	0	100.00%		
8	128						
9	135						
10	129						
11	123						
12	116						
13	109						
14	132						
15	135						
16	129						
17	123						
18	110						

图 4-16　条形图

然后以组距为宽，以频数密度为高画直方图。对于利用频数密度为高来反映变量分布特征的直方图，面积表示频数。

$$频数密度=频数/组距$$

折线图是在直方图的基础上，将每个长方形的顶端中点用折线连接而成，或用组中值和频数求坐标点连接而成。

根据上述数据可以绘制直方图和折线图，如图 4-17 与图 4-18 所示。

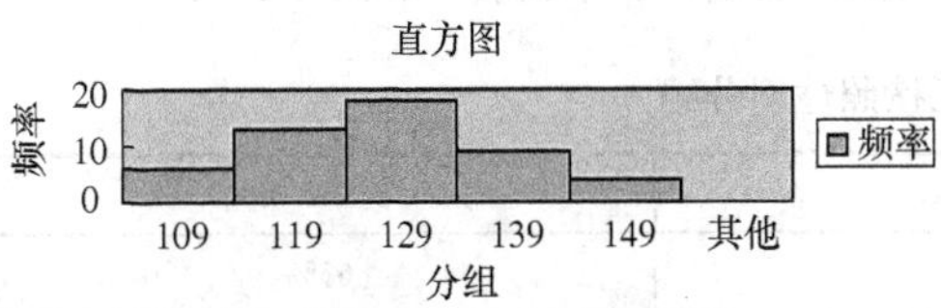

图 4-17　工人日产量分组直方图

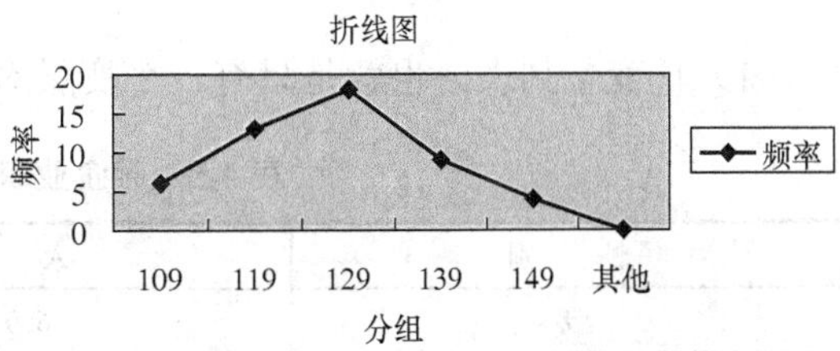

图 4-18　工人日产量分组折线图

（2）茎叶图

直方图主要用于分组数据的显示，对于未分组的原始数据则可以用茎叶图来显示。茎叶图是将每个数据分成茎和叶两部分，一般取数据的最后一位数为叶，前几位数为茎，同茎的数据排成一列，然后按茎和叶的大小排列成图。如前列数据未分组时，用茎叶图显示如图 4-19 所示。

茎	叶	频数
10	4 7 7 8 8 9	6
11	0 0 3 3 4 4 6 6 8 8 9 9 9	13
12	0 0 2 3 3 3 4 4 5 5 7 7 8 8 8 9 9 9	18
13	0 2 2 2 5 5 5 7 7	9
14	0 0 8 8	4

图 4-19　茎叶图

图中第一行的茎是 10，叶 4 表示数字 104：同一行叶的数量多少便是频数。从图中我们可以看出工人日产量的分布情况，日产量在 110 至 119 的工人有 13 人。如果将图逆时针旋转 90 度，便是前面介绍的直方图。茎叶图不仅同直方图一样可以反映数据的分布情况，而且能显示组中所包含数据的原始数值。

四、交叉分析表的制作

1. 交叉列表

是将两个或两个以上具有有限类目数和确定值的变量，按照一定顺序对应排列在一张表中，可以从中分析变量之间的相关关系，得出科学结论，见表 4-4。

表 4-4　经营年限与业务增长之间的关系

业务增长	经营年限			行总计
	小于 5 年	5～10 年	10 年以上	
速度慢	45	34	55	134
速度快	52	53	27	132
列合计	97	87	82	266

2. 交叉列表的种类

1）单变量列表。也就是只有一个变量对收集的数据产生控制，如表 4-5 所示。

表 4-5　某企业职工按照性别分组

性别	人数	比重
男	650 人	65%
女	350 人	35%

2）双变量交叉列表。双变量交叉列表是最基本的交叉列表分析法。每个单元格中的数字都同时受到两个变量的约束，故反映的信息更多，如表 4-6 所示。

表 4-6　销售增长与商品特点之间的关系　　单位：件

销售增长	商品特点			行总计
	日用品	耐用品	食品	
速度慢	45	24	50	119
速度快	52	63	23	138
列总计	97	87	73	257

3）三变量交叉列表：在实际工作中，双变量交叉列技术对于某些信息不能准确分析，这时就需要加入第三个变量，成为三变量交叉列表，如表 4-7 所示。

表 4-7　婚姻状态、性别、服装支出水平之间的关系

服装支出水平	男　性 婚姻状态		女　性 婚姻状态	
	已婚	未婚	已婚	未婚
高	35%	40%	25%	60%
低	65%	60%	75%	40%
列合计	100%	100%	100%	100%
被调查者数	400 人	120 人	300 人	180 人

任务实施

实训练习

用 Excel 进行统计整理

1. 用 Excel 进行统计分组汇总

用 Excel 进行统计分组有两种方法，一是利用 FREQUENCY 函数；二是利用数据分析中的“直方图”工具。

例如，下面的工作表中输入的是 50 名工人的月产量资料，如图 4-20 所示。

	A	B	C	D	E	F	G	H	I	J
1	146	176	198	227	298	137	173	194	222	267
2	140	175	196	224	282	129	164	188	211	255
3	135	171	191	219	260	126	162	186	209	252
4	122	160	184	204	243	117	159	183	203	237
5	100	153	181	201	229	112	157	181	203	232

图 4-20　工人月产量资料

（1）用 FREQUENCY 函数编制频数表。

第一步，确定每一组的上限值，确定上限值是编制频数表的关键，确定了上限值实际上就确定了每一组的组距和组限。本例我们输入上限值分别为 130，160，190，220，250，280，310，把这些上限值我们输入到 A7:A13。

第二步，选取结果存放的单元格区域 B7:B13。

第三步，在编辑栏输入公式“＝FREQUENCY（A1:J5，A7:A13）”，按 Ctrl＋Shift＋Enter 组合键，即可获得各组相应的频数。结果如图 4-21 所示。

7	130	6
8	160	8
9	190	12
10	220	11
11	250	7
12	280	4
13	310	2

图 4-21　工人月产量频数表

（2）采用数据分析工具作频数分布表。

第一步，在工具菜单中单击数据分析选项，从其对话框的分析工具列表中选择直方图，打开直方图对话框，如图 4-22 所示。

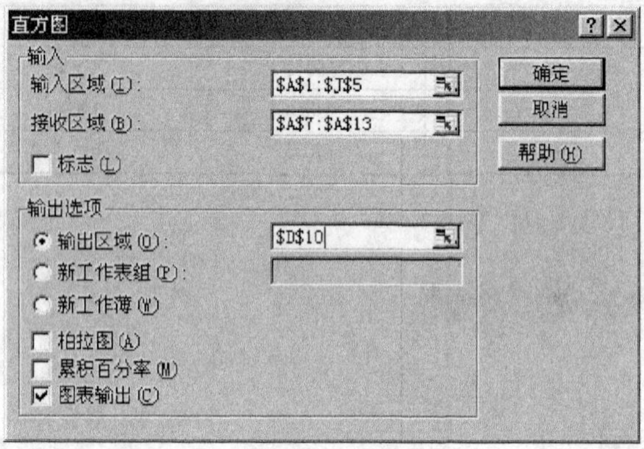

图 4-22 “直方图”对话框

第二步，在输入区域输入$A$1:$J$5，在接收区域输入$A$7:$A$13。接收区域指的是分组标志所在的区域，假定我们把分组标志输入到 A7:A13 单元格，注意这里只能输入每一组的上限值，即 130，160，190，220，250，280，310。

第三步，选择输出选项，可选择输出区域、新工作表组或新工作簿。我们在这里选择输出区域，可以直接选择一个区域，也可以直接输入一个单元格（代表输出区域的左上角），这里我们推荐只输入一个单元格（本例为 D10），因为我们往往事先并不知道具体的输出区域有多大。

第四步，选择图表输出，可以得到直方图；选择累计百分率，系统将在直方图上添加累积频率折线；选择柏拉图，可得到按降序排列的直方图。

第五步，单击“确定”按钮，可得输出结果，如图 4-23 所示。

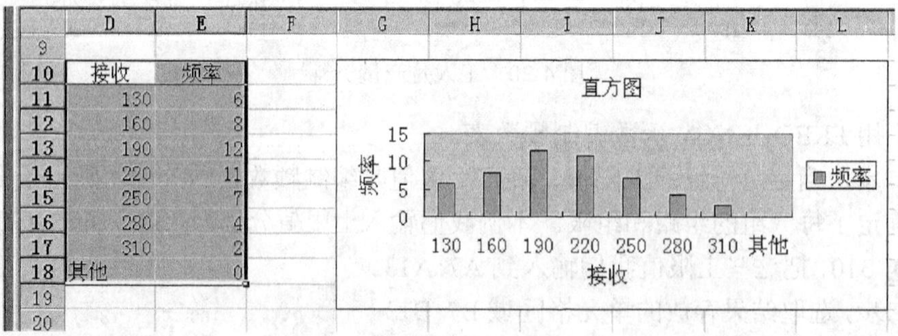

图 4-23 频数分布和直方图

应当注意，上图实际上是一个“草图”还需要做如下修改：

1）单击任一直条，然后右击，在弹出的快捷菜单中选取数据系列格式，弹出数据系列格式对话框，选择“选项”标签，调整间距宽度为0。

2）在图域的非直条处点右键，清除（灰色）背景色。

3）将A18中的“其他”清除，直方图中的“其他”直条消失。

4）在图例上右击清除图例“频率”；在图表标题上右击清除图表标题“直方图”；在绘图区域右击，从快捷菜单中选中“图表选项”，在“分类轴”下框内输入“工人日产量直方图”，在“数值轴”下框内输入“频数”。

调整后的直方图如图4-24所示。

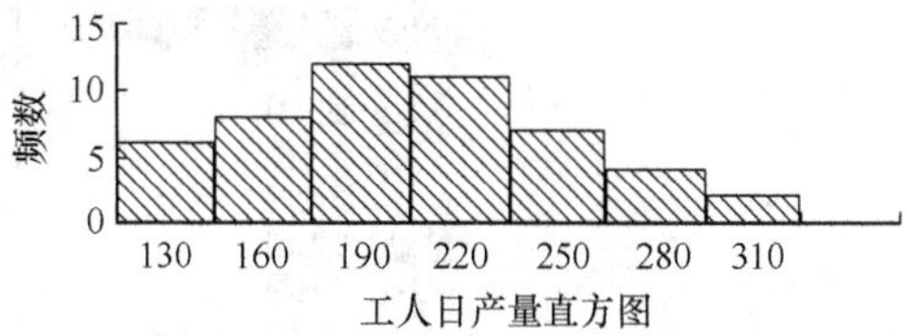

图4-24　调整后的直方图

2. 用Excel作统计图

Excel提供的统计图有多种，包括柱形图、条形图、折线图、饼图、散点图、面积图、环形图、雷达图、曲面图、气泡图、股价图、圆柱图、圆锥图等，各种图的做法大同小异。

下面以饼图为例，说明如何制作统计图。

例如，利用消费者最喜爱和关注的摄像机品牌数据绘制饼图，数据见图4-25。

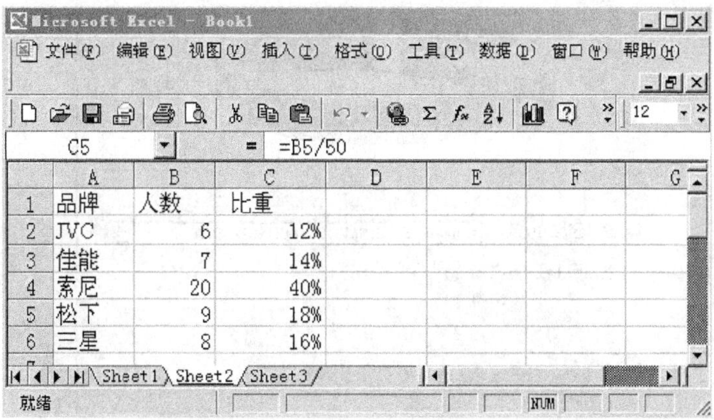

图4-25　消费者最喜爱和关注的摄像机品牌数据

按以下步骤可作出饼图：

第一步，选中某一单元格，单击“插入”菜单，选择图表选项，弹出图表向导对话框，如图4-26所示。

第二步，在图表类型中选择饼图，然后在子图表类型中选择一种类型，这里我们选用第五种形式。然后单击“下一步”按钮，打开“源数据”对话框，如图4-27所示。

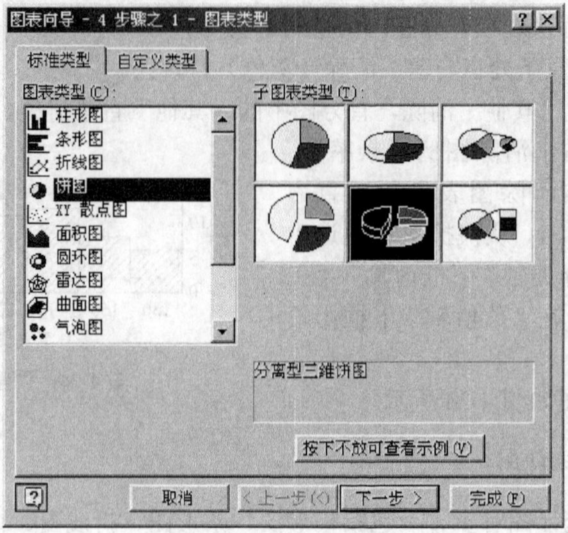

图 4-26　图表向导对话框

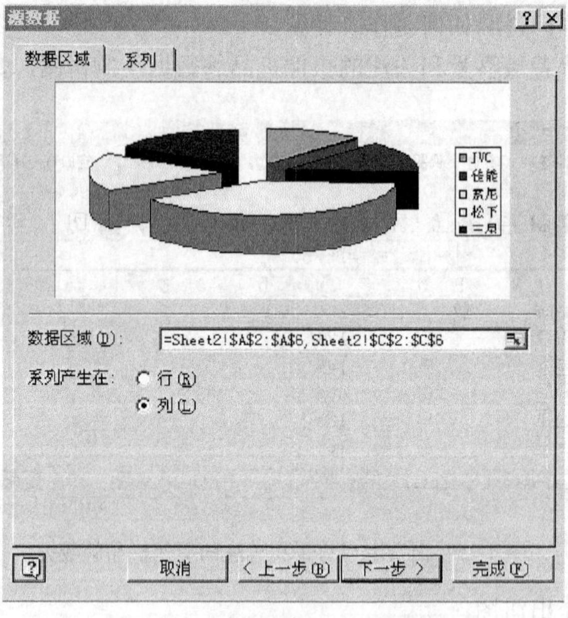

图 4-27　“源数据”对话框

第三步，在源数据对话框中填入数据所在区域，本例为$A$2:$A$6，$C$2:$C$6，选择系列产生在列（如果行代表变量，则选系列产生在行），单击完成按钮，即可得如图 4-28 所示的饼图。

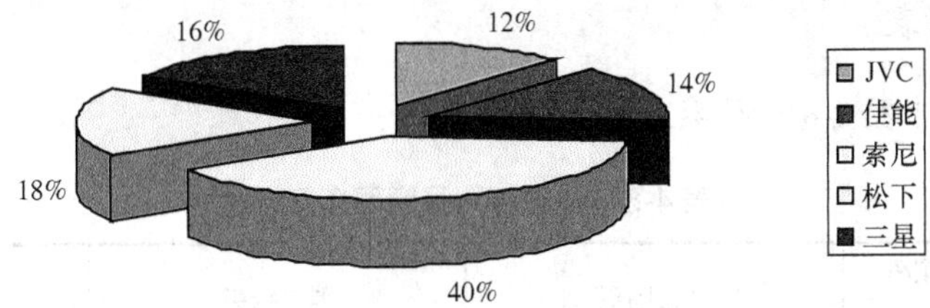

图 4-28　饼图

实施范例指导

调研项目：易初莲花超市自有品牌满意度调查。
具体任务：整理显示易初莲花超市自有品牌满意度相关数据。

易初莲花超市自有品牌满意度调查数据整理

1. 饼图

对易初莲花自有品牌熟悉程度的饼图如图 4-29 所示。

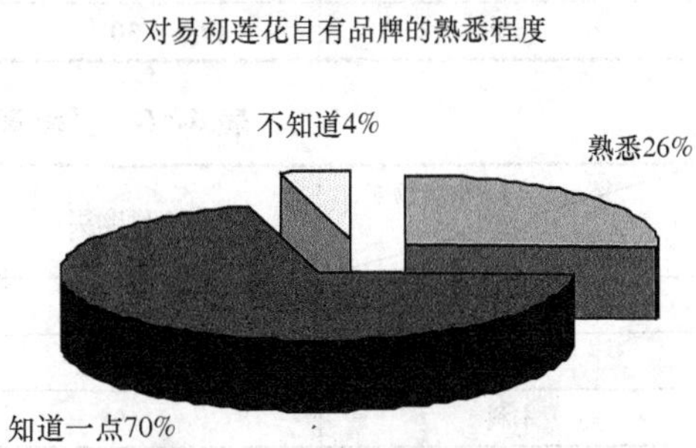

图 4-29　饼图

2. 柱形图

对易初莲花自有品牌满意度的柱形图如图 4-30 所示。

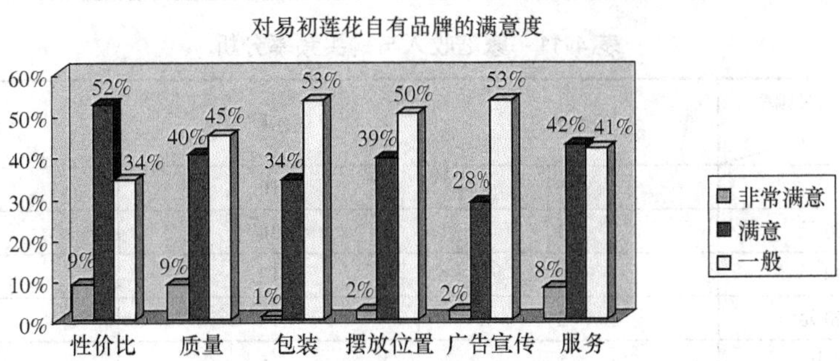

图 4-30　柱形图

3. 交叉分析表

交叉分析表如表4-8～表4-11所示。

表4-8 性别与购买频率交叉分析

性别＼购买频率	经常购买	偶尔购买	合计
男	10	34	44
女	20	37	57
合计	30	71	101

表4-9 年龄与购买频率交叉分析

年龄＼购买频率	经常购买	偶尔购买	合计
25岁以下	10	21	31
25～35岁	8	17	25
35～45岁	5	15	20
45～55岁	2	13	15
55岁以上	5	5	10
合计	30	71	101

表4-10 受教育水平与购买频率交叉分析

文凭＼购买频率	经常购买	偶尔购买	合计
大专以下	5	13	18
大专	12	28	40
本科	9	23	33
研究生及以上	4	6	10
合计	30	71	101

表4-11 家庭收入与购买频率分析

家庭收入＼购买频率	经常购买	偶尔购买	合计
2000元以下	6	10	16
2000～4000元	13	30	43
4000～6000元	8	12	20
6000～8000元	2	14	16
8000元以上	1	5	6
合计	30	71	101

实施要求

1）实训练习。
2）各项目小组参照范例针对所调研项目相关数据进行整理图示。
3）做好记录。

任务评价

自我测试

1. 理论知识测试

1）分类数据的图示包括（　　）。

A．条形图　　B．饼图
C．环形图　　D．累计频数分布图

2）定续数据的图示包括（　　）。

A．条形图　　B．饼图
C．环形图　　D．累计频数分布图

3）数值型数据的图示包括（　　）。

A．直方图　　B．饼图
C．折线图　　D．累计频数分布图

2. 实践技能测试

1）你是否能对各种类型的数据进行汇总和图示？
2）你是否能独立绘制交叉分析表？

评价方法

1. 评价标准

1）任务是否及时完成。
2）完成质量。
3）团队表现。

2. 评价表

评价表如表 4-12 和表 4-13 所示。

表 4-12　项目小组评价表

分数 组别	是否及时完成	质　量	团队表现
第一组			
第二组			
第三组			
⋮			

表 4-13　个人任务评价表

分数 评分依据	个人具体分工		个人表现		
	承担任务的质量	个人记录	教师评分	组长评分	组员互评
成员一					
成员二					
⋮					

模块五

如何分析市场信息数据

MOKUAIWU

学习目标

1. 掌握静态分析方法；
2. 掌握动态分析方法；
3. 掌握相关回归分析方法。

培养技能

培养学生用静态分析、动态分析、相关回归分析方法分析数据的技能。

学习任务

任务一：静态分析；
任务二：动态分析；
任务三：相关回归分析。

在这 3 项任务的学习中，如果你认真学习理论知识，积极参与实践训练，并且能够顺利完成具体任务，也许完成任务有点艰难，但你不要害怕，因为困难就是纸老虎，只要勇敢 点，你就会获得成功的喜悦，你会发现数据很神奇，有很多奥妙等着你去探索，大家一定要团结合作，一起努力吧！

1 任务一 静态分析

导入案例

平均数的“平均性”

1994 年 1 月 6 日，山西日报的两位记者撰文《平均数掩盖贫困户》。文章反映，在一个户人均收入声称达千元的村里，71%的户人均纯收入不到 500 元，其中不到 350 元温饱线的占 32%。作者指出，平均数之所以高，是因为村里有 6 户个体建筑大户的人均收入在 3 万元以上。1994 年 3 月 4 日，中国信息报记者撰文：“根据调查测算，1993 年我国农民人均纯收入的平均线已向千元大关冲刺，达 921.4 元，比上年增长 137.4 元，增长 17.5%。值得注意的是，收入水平达此平均线的只有 11 个省份，点 38%，这一百分数比去年下降了 3 个百分点，这表明，农民人均纯收入的平均线并不代表大多数农民的收入水平。”又如中国经济时报 2002 年 3 月 1 日的《质疑“人均”统计数字》一文中报道说，中国房地产协会会长杨慎谈到，“15 年来，我国一直用‘人均居住面积’来反映居民的住房水平，这一指标是很不科学的。富人永远住的是大房子，有的别墅售楼广告牌标明 200～400 平方米，把那些富人阶层的住房面积平均到普通老百姓头上，这能算得上居民住房水平提高吗？”

以上的“人均数“之所以掩盖了贫困户，是由于农户收入中出现了收入特别高和特别低的相差悬殊的情况，而算术平均数计算的均值受极大值的影响比受极小值的影响还要大，所以就使人均收入高起来。而住房“人均居住面积”之所以高，是因为“把那些富人的住房面积平均到普通老百姓头上”。这恰恰暴露了算术平均数运用中的局限性，即在现象总体中各个变量值的数字大小差异悬殊的情况下，采用算术平均数计算的“人均数”代表性不强，不能够代表大多数。它没能反映出大多数即村里 71%的农户、全国 62%农民的收入水平；没能反映出大多数住房困难的老百姓的实际情况，所以，这样的平均数实际上“掩盖了贫困户”和“穷老百姓”。这说明在以上的 3 种情况下，采用这样不能反映事物现象的本质特征的算术平均数量度计算人均数是不合适的，应当采用其他的平均数量度方法来计算。

在研究主题，研究目的、研究对象都相同的条件下，同一采用不同的平均数量度计算方法，所得出的数字结果各异，代表性程度和本质意义不同。以下用一假定实例说明和分析。

2001 年我国某市下岗居民年收入增加情况（扣除物价上涨因素）如表 5-1 所示。

表 5-1　2001 年我国某市下岗居民年收入增长情况　　单位：元

年收入增加 x	户数 f	按较小制累计人数	xf
0	3000	3000	0
1000	2000	5000	2 000 000
2000	1800	6800	3 600 000
3000	1200	8000	3 600 000
4000	1000	9000	4 000 000
5000	800	9800	4 000 000
100 000	200	10 000	20 000 000
合计	10 000		37 200 000

根据以上资料，如果从平均数的众数这一量度看，3000 人这一组是众数。所对应的下岗工人的年收入的增加额为 0。原因可能是我国这几年失业问题严重，很多下岗工人由于各种原因就业困难，所以相当一部分居民户在这一年中收入没有增加。但是，如果以这个众数 0 来代表万户居民户在 2001 年的收入增加情况，显然不全面，也不符合实际情况，因为表中的资料显示：点 70%共 7000 人的居民户，在这一年中收入有不同程度的增加。所以，对于此资料来说，采用众数这个平均数量度来反映居民户年收入的增加情况没有意义。

如果用算术平均数量度来反映以上资料中的万户居民年收入增加情况，所计算的加权算术平均数结果为 3720 元。从资料中可以明显看出这个均值的代表性很不强。因为在万户居民中只有 20%（2000 户）居民的年收入在 3720 以上。也就是说还有 80%（8000 户）户居民户的年收入低于平均数 3720 元。之所以户均数这么高，是因为它受到了资料中极大值（200 户年收入增加额 10 万元）的影响。所以，用算术平均数量度计算的这个人均数不能真实、全面地代表和反映绝大多数居民户在 2001 年收入增加情况。

现在我们再用平均数的中位数量度，来计算万户居民户收入增加的一般情况和平均水平。根据计算的累计户数为 10 000 户，可以确定中位数所在的位置是累计次数为 5000 户这一组，它所对应的第二组年收入增加额为 1000 元。这一中位数增加额的数字表明：我国某市万户下岗居民在 2001 年有 50%的居民户收入的增加额为 1000 元以上，50%的居民户的收入增加额在 1000 元以下。

显然，根据以上资料特点，采用平均数中的中位数量度，比以上的众数和算术平均数量度更能客观、真实地代表和反映万户居民户收入增加的一般情况。因为中位数是总体中所有变量值按顺序排列后，处在中间位置的那个变量值，它不受极端值（极大值和极小值）的影响。由于中位数量度最适合反映总体中变量值差异悬殊现象的数量特点，所以，一般在反映收入的一般水平时，常用中位数计算。美国的人口普查局在关于收入的报告中，都使用的是中位数。

（资料来源：姜秀珍．2003．平均数是非说．中国统计，1）

思考题：

1）根据上述案例分析平均指标的作用。

2）影响平均数的代表性图表有哪些？

任务要求

具体任务：各小组在完成市场信息的整理任务。就进入数据的分析阶段。市场信息数据的分析方法包括静态分析、动态分析和相关回归分析。其中最基本的分析方法就是静态分析方法。本次任务就是要求各项目小组用静态分析方法分析数据。例如，要做徐州市易初莲花超市自有品牌满意度调查研究，本次的任务就是用静态分析方法分析徐州易初莲花超市自有品牌满意度相关数据。

任务分析

经过整理绘制出图表，并且初步计算出一些数据，这些数据有什么含义？我们该怎样分析数据呢？本次任务就是要求各项目小组用静态分析方法分析数据。大家想一想怎样进行静态分析呢？静态分析包括哪些内容呢？静态分析有哪些方法呢？

各小组要完成本次的任务，就必须进入下一个环节先进行学习。

任务学习

通过统计调查收集到大量说明总体单位特征的原始资料后，对这些资料加以整理、汇总、计算，就得到反映社会经济现象总体特征的统计指标，通常称为综合指标。广义上说，所有统计指标都可以称为综合指标。但这里所指的综合指标不是一般意义上的综合指标，而是基本的综合指标，包括总量指标、相对指标、平均指标和变异指标，分别反映现象的规模、结构、比例、水平、集中、分散等数量特征。

一、总量指标

1. 总量指标的概念和作用

总量指标是反映一定时间、地点和条件下某种现象总体规模或水平的统计指标。总量指标是用绝对数形式表示的，因此也称为绝对数指标。例如，我国 2000 年 11 月 1 日零点的人口数（大陆）为 126 583 万人；我国 2001 年国内生产总值为 95 933.3 亿元。以上指标均为总量指标。总量指标数值的大小受总体范围的制约，总体范围大，指标数值大；总体范围小，指标数值相应就小。

总量指标是统计中最基本的指标，在实际工作中应用十分广泛。其作用可概括为以下几点：

1）总量指标可用来反映一个国家、地区、部门或单位的基本状况。总量指标常用来反映一个国家的国情和国力，反映一个地区、部门或单位的规模、水平、基本经济状况和经济实力。例如，一个国家的国内生产总值、粮食总产量、钢铁总产量、原煤总产量等总量指标，标志着该国的生产水平和经济实力；一个地区的商品零售额、零售商业机构数等标志着该地区的消费水平；某企业的职工人数、固定资产、利税总额等，反映了该企业人、财、物力的基本状况和生产经营活动的成果。

2）总量指标是制定政策、编制计划、进行科学管理的重要依据。无论是宏观调控还是微观管理，都不能凭空运作，必须从客观实际出发，以反映客观事物现在和历史的相关总量指标作为重要的参考依据。例如，一个国家的资源存储量、人口数、生产力水平和消费水平等总量指标是该国资源开发、利用和管理的重要参考依据。再如，城乡居民储蓄存款余额、全社会固定资产投资总额、货币流通量等总量指标是国家制定货币发行量、存贷款利率、存贷款额度、基本建设投资规模等各项金融政策和财政政策的基础。

3）总量指标是计算相对指标和平均指标的基础。相对指标和平均指标一般是由两个有联系的总量指标对比计算出来的，是总量指标的派生指标。例如，人口性别比例是男性人口数与女性人口数之比，单位面积产量是总产量除以播种面积之商等。

2. 总量指标的种类

（1）按反映总体内容的不同，分为总体单位总量和总体标志总量

总体单位总量即总体单位数，它是由每个总体单位加总而得到的。总体标志总量即总体各单位数量标志值之和，它是总体单位的某一数量标志值加总而得到的。例如，研究某地区工业企业的经营情况，该地区工业企业总数为总体单位总量，该地区工业企业的利税总额、职工人数、工资总额为总体标志总量。

（2）按反映时间状况的不同，分为时期指标和时点指标

时期指标表明社会经济现象总体在一段时期内发展过程的总结果。例如，某种产品的产量、商品销售额、工资总额、国民生产总值等都是时期指标。时期指标有3个特点：

1）不同时期的指标数值具有可加性，相加后表示较长时期现象总的发展水平。例如，将一年内12个月的钢产量相加就得到全年的钢产量。

2）时期指标数值大小与包含的时期长短有直接关系，一般情况下，包含时期越长，指标数值越大，时期越短，指标数值越小。

3）时期指标数值是连续登记、累计的结果。例如，月产量是对每天的生产量进行登记然后累计得到的，年产量是12个月的产量累计得到的。

时点指标表明社会经济现象总体在某一时刻的数量情况。例如，人口数、商品库存量、固定资产原值等都是时点指标。时点指标的特点如下：

1）不同时点的指标数值不具有可加性，或相加后不具有实际意义。

2）时点指标的数值大小与其时间间隔长短无直接关系。例如，某年某种商品库存量的年末数不一定大于第一季度末的数字，而第一季度末的数字也不一定大于一月末的数字。

3）时点指标数值是间断计数的，因为不可能对每一时点的数量都进行登记，通常是隔一段时间登记一次。

二、相对指标

1. 相对指标的概念和作用

相对指标又称统计相对数，它是两个有相互联系的现象数量的比率，用以反映现象的发展程度、结构、强度、普遍程度或比例关系。相对指标以相对数形式表示，也称作相对数指标。例如，将实际完成的数值与计划数值对比，反映计划完成程度；将不同时间的同类指标数值对比，反映现象的发展程度等。相对指标在国民经济管理、企业经济活动分析和统计研究中有广泛的应用。其主要作用可概括如下：

1）相对指标可以更清楚地反映社会经济现象之间的相对水平和联系程度。通过求得两个有联系的总量指标的比值，相对指标可以更明显地反映总量指标不易清楚表达的社会经济现象的状况，有利于对现象进行更深入的分析和说明。例如，人们常用计划完成相对数判断一个企业完成任务的情况，用人均国民收入衡量一个国家的经济实力，用耐用消费品的平均拥有量评估一个地方的生活状况。尽管这些相对指标不是唯一的评判标准，但仍然是人们分析研究问题所必需的。

2）相对指标为社会经济现象提供了比较的基础。通过不同总量指标数值对比，将现象总体数量上的绝对差异抽象化，可以使那些由于规模不同，条件不同，无法直接对比的现象找到了比较的基础。例如，用利润总额的绝对值比较两个企业的经济效益好坏，就难以说清问题，因为利润总额受资本金大小的影响。如果采用相对指标资本金利润率来分析经济效益，就能做出正确判断。资本金利润率反映单位资本金的盈利，排除了资本金大小的影响，使两个企业以至多个企业有了对比的基础。

2. 相对指标的表现形式

相对指标有无名数和有名数两种表现形式。

3. 无名数形式

无名数是一种抽象化的数值，常以系数、倍数、成数、百分数、百分点、千分数等表示。系数和倍数是将对比的基数抽象化为 1 而计算的相对数。当作为分子和分母的两个对比指标的数值相差不大时常用系数，当分子较分母大的多时常用倍数。百分数是将对比的基数定为 100 而计算的相对数，它是相对指标中最常用的表现形式。百分点是百分数的另一种表达形式，它以 1%为单位，一个百分点表示 1%，它在两个百分数相减的情况下应用，如经济增长率比计划任务超过了一个百分点，表示实际经济增长率与计划的经济增长率之差是 1%。千分数是将对比的基数定为 1000 而计算的相对数，当对比的分子数值比分母数值小的多时，应采用千分数，如人口出生率、死亡率、自然增长率等。成数是将对比基数定为 10 而计算的相对数，如粮食产量增长二成，即增长十分之二。

4. 有名数形式

有名数主要用于强度相对数，它把计算强度相对指标时的分子和分母的计量单位同时使用。如人口密度指标是以“人/平方千米”表示，劳动力动力装备程度指标用“瓦/人”表示等。

5. 相对指标的种类及计算方法

（1）结构相对指标

结构相对指标是表明总体内部的各个组成部分在总体中所占比重的相对数指标，也叫比重指标。结构相对指标一般用百分数或成数表示，其计算公式为

$$结构相对指标=\frac{各组总量指标数值}{总体总量指标数值}\times 100\%$$

计算公式中的分子和分母即可以是单位总量指标，也可以是标志总量指标。同一总体各部分所占比重之和必须等于 100%或 1。

［例 5.1］ 我国 2001 年国内生产总值为 95 933.3 亿元，其中第一产业产值 14 609.9 亿元，第二产业产值 49 069.1 亿元，第三产业产值 32 254.3 亿。三个产业产值的结构相对指标（比重）分别是：第一产业 15.23%（14 609.9/95 933.3×100%），第二产业 51.15%（49 069.1/95 933.3×100%），第三产业 33.62%（32 254.3/95 933.3×100%）。从计算值反映的国内生产总值构成可以看出，我国社会经济以加工制造业为主、服务业有相当发展的性质和特征。

在研究社会经济现象时，结构相对指标具有重要意义。它经常用来分析总体的内部构成情况，说明总体各组在总体的地位和作用，反映事物的性质和特征；把不同时间的结构相对数进行对比分析，可以说明现象的变化过程和规律。

（2）比例相对指标

比例相对指标是反映总体内部各个组成部分之间的数量对比关系的相对指标。其计算公式为

$$比例相对指标=\frac{总体中某部分指标数值}{总体中另一部分指标数值}$$

比例相对指标可以用百分数表示，也可以用一比几或几比几形式表示，分析总体中若干部分的比例关系时可采用连比形式。

［例 5.2］ 根据第五次人口普查的结果，我国大陆人口中，男性为 65 355 万人，女性为 61 228 万人。性别比例相对指标为 106.74∶100.00，它表明了 2000 年我国人口中的性别比例。.

比例相对指标能够反映总体内部各部分之间的数量联系程度。社会经济中的许多重大比例关系，诸如人口的性别比例关系、积累和消费的比例关系、农轻重的比例关系，都可以用比例相对指标来反映。分析研究这些比例关系，有助于发现社会经济现象中的规律，调整不合理的比例，促使社会经济协调发展。

（3）比较相对指标

比较相对指标是同一时间不同国家、不同地区、不同单位的某项指标对比的结果。它可以说明同类现象在不同空间下发展的不均衡程度。其计算公式为

$$\text{比较相对指标}=\frac{\text{某条件下的某项指标数值}}{\text{另一条件下的同项指标数值}}$$

比较相对指标一般用倍数表示，有时也可用系数或百分数表示；用于比较的指标可以是总量指标、相对指标和平均指标。为了避免受到总体规模和条件的影响，用于比较的指标经常采用相对指标或平均指标。

［例 5.3］甲乙两公司 2001 年商品销售额分别为 5.4 亿元和 3.6 亿元，甲公司平均每一职工销售额为 21.6 万元，乙公司平均每个职工销售额为 23.2 万元，甲公司商品销售额为乙公司的 1.5 倍（5.4/3.6），甲公司的销售效率为乙公司的 0.93（21.6/23.2）。这说明虽然甲公司销售额比乙公司多，但劳动效率却低于乙公司，因此，应该在提高劳动效率方面做更大努力，以达到提高经济效益的目的。

运用比较相对指标对不同国家、不同地区、不同单位的同类指标对比，有助于揭露矛盾、找出差距、挖掘潜力，促进事物进一步发展。

（4）强度相对指标

强度相对指标是两个性质不同而有联系的总量指标对比的结果。可以反映现象的强度、密度和普遍程度。其计算公式为

$$\text{强度相对指标}=\frac{\text{某一总量指标数值}}{\text{另一性质不同而有联系的总量指标数值}}$$

强度相对指标是以名数表示的，一般为复合单位，由分子分母的计算单位组成。如人均国内生产总值用“元/人”，人口密度用“人/平方千米”来表示，等等。有些强度相对指标的数值用次数、系数、百分数或千分数表示。如商品流转次数用“次”表示，商品流通费用率用百分数表示，人口死亡率用千分数表示。

［例 5.4］2000 年第五次人口普查，我国有人口 126 583 万人，国土面积为 960 万平方千米，则人口密度＝126 583/960＝132（人/平方千米）。

有些强度相对指标的分子和分母可以互换，形成正指标和逆指标两种计算方法。正指标的数值大小与现象的发展程度或密度成正比，逆指标的数值大小与现象的发展程度或密度成反比。例如，反映卫生事业对居民服务保证程度的指标如下：

$$\text{每千人拥有医院床位数}=\frac{\text{医院床位数（张）}}{\text{人口数（千人）}}$$

$$\text{每张医院床位负担的人口数}=\frac{\text{人口数（人）}}{\text{医院床位数（张）}}$$

这两个指标都是反映医疗卫生对居民服务的保障程度，但前一个指标是正指标，是从正方向说明问题，指标数值越大，说明对居民的医疗保证程度越高；后一个指标是负指标，是从反方向说明问题，指标数值越小，说明对居民的医疗保证程度越好。

强度相对指标应用十分广泛，它可以反映国民经济和社会发展的基本情况；反映生产条件及公共设施的配备情况；也可以反映经济效益的情况。

（5）动态相对指标

动态相对指标也称作发展速度，它是某一指标不同时间上的数值对比的结果。说明同类现象不同时间上的发展程度。其计算公式为

$$\text{动态相对指标}=\frac{\text{报告期指标数值}}{\text{基期指标数值}}\times 100\%$$

动态相对指标一般用百分数表示。公式中的基期是作为比较标准的时期，报告期是用来于基期对比的时期，是人们观察研究的时期。

［例 5.5］ 我国的汽车产量 1998 年为 163 万辆，2000 年为 207 万辆，2001 年为 234.17 万辆。2001 年的汽车产量是 1978 年的 143.66%（234.17/163），是 2000 年的 113.13%（234.17/207）。计算结果表明，我国汽车产量近 3 年来增长了 43.66%，2001 年比上年增长了 13.13%。

动态相对指标主要用于分析研究社会经济现象的发展变化过程，发现事物的动态变化规律，指导人们的社会实践。

（6）计划完成程度相对指标

计划完成程度相对指标是某一时期实际完成的指标数值与计划指标数值对比的结果。基本计算公式为

$$\text{计划完成程度相对指标}=\frac{\text{实际完成的指标数值}}{\text{计划指标数值}}\times 100\%$$

计划完成程度相对指标一般用百分数表示。公式中的分子、分母要求在指标含义、计算口径、计算方法、计量单位、空间范围等方面一致。

［例 5.6］ 某公司 2001 年计划销售额为 2.5 亿元，实际销售 2.8 亿元，则该公司 2001 年销售额计划完成 112%（2.8/2.5×100%）。超额完成计划 12%。

三、平均指标

一般而言，对统计数据分布的特征的测量，可以从 3 个方面着手进行：一是描述数据分布的集中趋势；二是描述数据分布的离中趋势；三是描述数据分布的偏度和峰度。

1. 平均指标的概念

所谓数据的集中趋势，是指一组数据向某一中心值靠拢的倾向，测度集中趋势也就是寻找数据一般水平的代表值或中心值。在社会现象的同质性总体中，每个总体单位都有区别于其他单位的数量特征，具体表现为大小不等、水平不一的数值上的差异，

如具体个人在身高、体重、收入、受教育水平等方面会各不相同，但一个同质整体中的各个单位，都受某种一般水平和某些共同起作用的因素的制约。所以就某一标志而论，它们在数值上的差异总有一定的限度，客观上存在该标志的一般水平，我们称这个一般水平为平均指标。平均指标就是在同质总体内，将各单位数量差异抽象化，用以反映总体在一定条件下某一数量所达到的一般水平。平均指标把总体各单位之间的差异加以抽象概括，其中各个个别标志值的偶然性被相互抵消，从而反映出总体分布的集中趋势。

2. 平均指标的作用

平均指标由于自身的独特性质，在实际运用中具有十分重要的作用。

1）为计算其他的统计量奠定基础。有很多统计量都是以平均指标为基础计算的，如方差、相关系数等。

2）说明同一总体某类现象在时间维度上变化的规律性。例如，将历年各专业学生学费的平均水平加以对比，就可以明显看出整个学校学生交纳的学费呈不断增长的趋势。

3）比较不同空间同类现象的一般水平。在比较同类现象的不同总体时，使用平均指标可以把总体单位数的影响去掉，反映出不同总体一般水平的差异，从而使包含不同总体单位数的两个或多个整体之间具有可比性。例如，比较生产同类产品的几个大小不同企业的产品成本水平，反映它们经营管理水平的高低，采用平均单位产品成本对比就可以消减不同的企业生产、产品产量多少的影响，从而反映出企业生产的好坏。

3. 平均指标的种类

平均指标的数值表现是所谓的平均数，常用的平均数有算术平均数、中位数、众数、几何平均数和调和平均数等等。其中算术平均数、调和平均数、几何平均数都是根据各单位标志值求得，因而可以统称为数值平均数。而中位数和众数却是根据标志值所处的位置来确定，所以又称为位置平均数。每种平均数无论在计算方法，还是适用场合上都有各自不同的特点，它们所反映的一般水平也有不同的意义。

4. 算术平均数的计算

算术平均数是最常用、最基本的一种平均指标。由于统计总体或样本的标志总量通常是各单位标志值之和，而且与其总体单位数是相对应的，因此用总体标志总值除以总体单位数就可以得到算术平均数，用$\bar{x}$表示，$\bar{x}$在统计中也称为均值。算术平均数只适用于定距尺度和定比尺度的数据。

由于所掌握的资料情况不同，计算时可以视资料有没有分组加以区别对待，具体可分为简单算术平均数和加权算术平均数两种情况。

（1）简单算术平均数

在计算算术平均数时，如果所掌握的资料是未分组资料，计算算术平均数要用原始式，即

$$\bar{x}=\frac{1}{n}\sum_{i=1}^{n}x_i$$

[例 5.7] 为了解某企业工人的工资情况，随机抽取 30 人，月工资如下：

1050　1000　1200　1410　1590　1400　1100　1570　1710　1550　1320　1690　1380　1060　1470　1300　1560　1250　1560　1350　1460　1510　1550　1450　1550　1570　1780　1610　1510　980

这是一个容量为 30 的样本观察值，其样本均值为

$$\bar{x}=\frac{1050+1000+\cdots+980}{30}=1416.3\text{（元/人）}$$

它反映了该企业工人月工资的一般水平。

（2）加权算术平均数

对于已分组资料，其计算公式要用加权式，即

$$\bar{x}=\frac{x_1f_1+x_2f_2+x_3f_3+\cdots+x_nf_n}{f_1+f_2+f_3+\cdots+f_n}=\frac{\sum xf}{\sum f}$$

式中：$\bar{x}$——加权算术平均数；

x——各组观察值或组中值；

f——各组单位数，在分组数列中，称为次数，亦称权数；

$\sum$——总和符号。

由公式可以发现，很明显，加权算术平均数不但受各变量值大小的影响，而且也受各组次数多少的影响，这就是绝对权数，但绝对权数的变化并不一定能影响平均数的计算结果的变化，如各组次数都以相同比例增加或减少时，平均数是不变的，这可以从上面公式的变形中看出来：

$$\bar{x}=\frac{\sum xf}{\sum f}=x_1\frac{f_1}{\sum f}+x_2\frac{f_2}{\sum f}+\cdots+x_n\frac{f_n}{\sum f}$$

$$=\sum x\frac{f}{\sum f}$$

式中：$\frac{f}{\sum f}$——各组次数占总次数的比重，又称相对权数。

从上式中可以看出，相对权数一旦变化，就必然会影响到平均数的计算结果。

显然，如果各组次数完全相同，则 f 对各组变量值产生同等的影响，其权衡作用不复存在，加权算术平均数就等于简单算术平均数，即当 $f_1=f_2=\cdots=f_n=A$ 时，有

$$\bar{x}=\frac{\sum xf}{\sum f}=\frac{A\sum x}{nA}=\frac{\sum x}{n}$$

因此，我们说简单算术平均数实际上是加权算术平均数在权数相等时的一种特例。

［例 5.8］表 5-2 反映了某小区家庭的人口数及相应的户数，计算该小区的家庭规模的算术平均数。

表 5-2　某小区家庭的人口数及相应的户数

人口数/人 x	户数/户 f	家庭规模 xf
2	5	10
3	8	24
4	16	64
5	10	50
6	6	36
7	4	28
8	1	8
合计	50	220

$$\text{家庭平均拥有人口数 } \bar{x}=\frac{\sum xf}{\sum f}=\frac{220}{50}=4.4\text{（人）}$$

如果所掌握的是组距数列资料，由于每一组变量值不止一个，因此要用每一组的组中值作为该组统一的变量的代表值，然后再用上述公式来计算的算术平均数。

［例 5.9］某车间职工的工资资料如表 5-3 所示。

表 5-3　某车间职工的工资

月工资/元	组中值/元 x	各组职工人数/人 f	工资总额/元 xf
600～700	650	10	6500
700～800	750	15	11 250
800～900	850	20	17 000
900～1000	950	5	4750
合计	—	50	39 500

$$\text{职工平均工资 } \bar{x}=\frac{\sum xf}{\sum f}=\frac{39\,500}{50}=790\text{（元）}$$

需要指出的是，这种计算方法具有一定的假定性，即假定各组的标志值在组内是均匀分布的，这样才能用组中值代表该组的标志值。但实际上各组内的标志值往往是不会完全均匀分布的，因此，根据组距数列计算的算术平均数，只是个近似值。

当谈到平均指标而又未说明是哪一种形式时，一般是指算术平均数。

这里需要注意对算术平均数和强度相对指标要加以区别。平均指标是在一个同质总体内标志总量和单位总量的比例关系，它要求标志总量和单位总量相适应，即标志总量必须是总体各单位标志值的总和。如计算 50 个工人的平均工资，作为分子的工资总额只能是这 50 个工人工资的总和。强度相对指标的分子分母是两个不同总体现象总量，不存在各个标志值与各个单位对应的问题。如人均耕地面积是全国耕地总面积与全国人口数之比，但耕地面积并不是全国人口每个人都具有的标志，所以它是强度相对指标。

5. 众数

众数是一个总体或分布数列中，出现次数最多的变量值。它适用于各种类型的数据。对于定类数据来说，集中趋势的测量只有众数这一种。

众数在描述集中趋势时有一定的意义。比如服装、鞋、帽等行业非常重视众数，因为众数就是最普遍、最众多的尺码，生产这种尺码能给他们带来较大的利润。

对于单项式数列和品质数列，众数确定的方法非常简单：从分布数列中找出最大的频数或频率，对应的变量值或标志表现就是该数列的众数。

例如，某商店西瓜的销售情况如下，1.2 元时售出 5 公斤，1.0 元售出 10 公斤，0.8 元时售出 15 公斤，0.7 元售出 6 公斤。可以看出，众数是销售量最多的价格 0.8 元。

对组距数列计算众数，先确定众数的所在组，然后依据与众数组相邻的两个组的频数，近似计算众数值。

众数的计算有两种方法：下限公式和上限公式，其计算结果相同，可根据情况任选一个。

下限公式为

$$M_o = L + \frac{\Delta_1}{\Delta_1 + \Delta_2} \times i$$

式中：M_o——众数；

L——众数组的下限；

Δ_1——众数组次数与下一组次数之差；

Δ_2——众数组次数与上一组次数之差；

i——众数组的组距。

［例 5.10］ 某班统计考试成绩资料如表 5-4 所示。

表 5-4 考试成绩资料

按成绩分组	学生人数/人
60 分以下	6
60～70 分	20（f_{-1}）
（L）70～80 分（U）	40（f）
80～90 分	30（f_{+1}）
90～100 分	4
合计	100

从表中可看出，该变量数列的众数组是第三组（学生成绩 70～80 分的组）。按下限公式计算如下：

$$M_o = 70 + \frac{40-20}{(40-20)+(40-30)} \times 10 \approx 76.67\text{（分）}$$

按上限公式计算可得出同样的结果。

利用组距数列计算众数，有一前提条件，即各组的组距必须相等，因为组距与各组次数密切相关，组距越大，包含的次数也就越多。如果所掌握的资料是异距数列，需整理为等距数列后再计算众数。

众数所体现的统计思想是：在一组数据的中心点附近，变量值出现的频数较高，因此，众数是一个位置代表值，它不受数据中极端值的影响。

6. 中位数

中位数是处于数列中点的变量值。即把各单位标志值按大小顺序排列，位于数列中点位置的标志值就是中位数。也就是说，数列中有一半单位的标志值小于中位数，另一半单位的标志值大于中位数。

在 4 种数据类型中，只有定类数据不能计算中位数，而其他 3 种数据类型都可以计算中位数。

在具体计算时，又分为 3 种情况：

1）对于未分组的原始资料，首先将数据按大小排列，排在中间位置的就是中位数。

若 n（n 代表数据的个数）为奇数，则第 $\frac{n+1}{2}$ 项的标志值就是中位数；若 n 为偶数，则中位数等于第 $\frac{n}{2}$ 项的标志值与第 $\frac{n}{2}+1$ 项的标志值的简单算术平均数，即

$$M_e=\begin{cases} x_{\frac{n+1}{2}} \\ \dfrac{x_{\frac{n}{2}}+x_{\frac{n}{2}+1}}{2} \end{cases}$$

［例 5.11］甲乙两组分别有 5 人和 6 人，每人的身高（米）如下：

甲组：1.65，1.69，1.70，1.72，1.75

乙组：1.67，1.67，1.71，1.72，1.73，1.76

甲组中位数的位置为 3，即第 3 个人的身高为中位数，即 1.70 米；乙组中位数的位置在第 3 个人和第 4 个人之间，其中位数为 1.71 和 1.72 的算术平均数，即 1.715 米。

2）对于单项式变量数列，中位数可直接按下面的方法确定。

$$M_e=\begin{cases} x_{\frac{\sum f+1}{2}}, & \text{当}\sum f\text{为奇数时} \\ \dfrac{x_{\frac{\sum f}{2}}+x_{\frac{\sum f}{2}+1}}{2}, & \text{当}\sum f\text{为偶数时} \end{cases}$$

［例 5.12］在对冰箱质量的调查中，抽取了 300 户家庭，其中的一个问题是："您对目前市场上冰箱的质量是否满意？"

（1）非常不满意　（2）不满意　（3）一般　（4）满意　（5）非常满意

调查结果经整理后如表 5-5 所示。

表 5-5　调查结果

回答类别	户　数	向上累计	向下累计
非常不满意	24	24	300
不满意	108	132	276
一般	93	225	168
满意	45	270	75
非常满意	30	300	30
合计	300	—	—

由于家庭总数是 300 户，所以中位数的位置在 150 和 151 之间，而从上表来看，不管是向上累计（225）还是向下累计（168），中位数都是一般。所以消费者对目前市场上冰箱质量的满意程度的中位数是一般。

3）对于组距式数列，确定中位数要分为两步：首先从变量数列的累计频数栏确定第 $\frac{\sum f}{2}$ 单位所在的组，即中位数组；其次，假定在中位数组内的各单位是均匀分布的，可利用下面的公式计算中位数的近似值。下限公式为

$$M_{\mathrm{e}}=L+\frac{\frac{\sum f}{2}-s_{m-1}}{f_m}\times i$$

式中：M_{e}——中位数；

L——中位数所在组的下限；

f_m——中位数所在组的下限；

s_{m-1}——中位数所在组以下的累计次数。

$\sum f$——总次数；

i——中位数所以组的组距。

［例 5.13］ 仍以例 5.10 的资料为例，说明如何计算中位数，如表 5-6 所示。

表 5-6　计算过程

按成绩分组	学生人数/人	向上累计人数/人	向下累计人数/人
60 分以下	6	6	100
60～70 分	20	26	94
（L）70～80 分（U）	40	66	74
80～90 分	30	96	34
90～100 分	4	100	4
合计	100	—	—

从表中资料可知：

$$\frac{\sum f}{2}=\frac{100}{2}=50$$

因此，中位数应在第三组内，同时：

$$f_m=40$$

$$s_{m-1}=26$$

$$s_{m+1}=34$$

由下限公式得

$$M_e=70+\frac{50-26}{40}\times 10=76\text{（元）}$$

众数、中位数、算术平均数之间存在着一定的关系，这种关系取决于总体内部的次数分配情况。如果次数分配是对称的钟形分配，则三者相同，即 $M_o=M_e=\bar{x}$。若次数分配是非对称的钟形分配，则众数、中位数与算术平均数就有一定差别，这种差别取决于非对称的程度，非对称程度愈大，它们之间差别愈大，反之愈小。如果存在极端变量值，变量分配就会偏斜。若分配左偏，众数最大，中位数次之，算术平均数最小，即 $M_o>M_e>\bar{x}$。若分配右偏，则算术平均数最大，中位数次之，众数最小。

众数、中位数、算术平均数由于受极端值影响不同，形成上述关系。众数是次数分配最多的变量值，它不受极端值影响；只有算术平均数是根据所有变量值计算的，故极端值对其影响也最大。

四、变异指标

变异指标是反映数据分布特征的另一重要指标，它是用来说明总体或样本各单位标志值之间差异程度的综合指标，也称为标志变动度，反映了数列中各标志值的变动范围或离差程度。平均指标用一个代表数值反映现象的一般水平，反映了各单位某一数量标志的共性，而不能反映它们之间的差异性。而变异指标则相反，它反映的是数据分布的离中趋势。

1. 变异指标的作用

（1）变异指标可以说明平均数代表性的大小

平均指标代表性的高低，主要取决于各变量值之间的差异程度。一般而言，变异指标越大，平均指标的代表性越小；反之，变异指标越小，平均指标的代表性就越大。例如，某车间有甲、乙两个生产小组，每组各6名工人，每人日产零件数如下：

甲组：18 19 19 20 22 22

乙组：15 16 17 23 26 28

甲、乙两组工人平均日产量均为20件，但从变异程度来看，甲组工人日产量比较稳定，而乙组工人日产量差异较大，因此平均数20件，对于甲组代表性就大，而对于乙组代表性就小。由此可见，平均数相同但其代表性却存在着差异。

（2）异指标可以反映研究对象的变量值的均衡性和稳定性

变异指标可以反映社会经济活动过程的稳定性、均衡性和节奏性。如可进行产品质量管理。常用的质量控制图，大都采用了变异指标，如 $\bar{X}-S$ 质量控制图，以标准差作为控制线，即著名的 6σ 原则。它还可用来衡量投资风险程度的大小。譬如，如果投资收益的标准差大，说明投资收益的不确定性大，即风险大；

常用的变异指标主要有：异众比率、全距、四分位差、平均差、方差、标准差和离散系数等。

2. 标准差

标准差是统计中最常用、最重要的变异指标，其意义与平均差相同，也反映数列中各单位标志值的差异程度，只是数学处理上有所不同。它适用于定距数据和定比数据。我们将对总体和样本数据的标准差的计算分别进行讨论。

标准差，也称为均方差，是指总体各单位标志值与其平均数离差平方和的平均数的平方根。标准差的平方就是方差。

标准差的计算公式为

$$\text{未分组数据：}\sigma_X=\sqrt{\frac{\sum_{i=1}^{N}(X_i-\bar{X})^2}{N}}$$

$$\text{组距分组数据：}\sigma_X=\sqrt{\frac{\sum_{i=1}^{K}(X_i-\bar{X})^2F_i}{\sum_{i=1}^{K}F_i}}$$

方差的计算公式为

$$\text{未分组数据：}\mathrm{Var}(X)=\frac{\sum_{i=1}^{n}(X_i-\bar{X})^2}{N}$$

$$\text{组距分组数据：}\mathrm{Var}(X)=\frac{\sum_{i=1}^{K}(X_i-\bar{X})^2F_i}{\sum_{i=1}^{K}F_i}$$

［例 5.14］ 我们采用例 5.9 中的数据，计算标准差，计算过程如表 5-7 所示。

表 5-7　计算过程

按月工资分组/元	工人人数/人 f	组中值/元 x	$x\ \bar{x}$	$(x-\bar{x})^2$	$(x-\bar{x})^2f$
60 以下	10	55	−20.8	432.64	4326.4
60～70	20	65	−10.8	116.64	2332.8

续表

按月工资分组/元	工人人数/人 f	组中值/元 x	$x-\bar{x}$	$(x-\bar{x})^2$	$(x-\bar{x})^2f$
70～80	40	75	−0.8	0.64	25.6
80～90	16	85	9.2	84.64	1354.24
90～100	10	95	19.2	368.64	3686.4
100 以上	4	105	29.2	852.64	3410.56
合计	100	—	—	—	15 136

$$\sigma=\sqrt{\frac{\sum(x-\bar{x})^2 f}{\sum f}}=\sqrt{\frac{15\,136}{100}}=12.30\text{（分）}$$

3. 样本标准差和样本方差

对于样本数据，我们将样本观察值代入后便可以得到样本方差和样本标准差：

$$s_n^2=\frac{1}{n}\sum_{i=1}^{n}(x_i-\bar{x})^2,\ s_n=\sqrt{s_n^2}$$

$$s_n^2=\frac{1}{n-1}\sum_{i=1}^{n}(x_i-\bar{x})^2,\ s=\sqrt{s^2}$$

在样本容量 n 充分大的时候，这两个公式的计算结果相差甚微，而在样本容量比较小的情况下，应该采用第二个公式来计算，这样计算出来的结果才是无偏的。

［例 5.15］某班进行英语考试，现抽取 20 名学生，他们的成绩（单位：分）如下所示：

80，84，95，90，98，65，68，81，75，79，50，55，60，80，50，80，78，74，82，64

要求：计算所抽取的学生成绩标准差。

该样本的平均数为

$$\bar{x}=\frac{1}{20}(80+84+\cdots+182+64)=74.4\text{（分）}$$

样本方差为

$$s^2=\frac{1}{20-1}\sum_{i=1}^{20}(x_i-74.4)=187.31$$

样本标准差为

$$s=\sqrt{187.31}=13.69\text{（分）}$$

由此可知这 20 名学生成绩的标准差为 13.69 分。

若样本是分组数据，可采用加权计算公式计算如下：

$$s_n^2=\frac{\sum_{i=1}^{k}(X_i-\bar{X})^2 f_i}{\sum_{i=1}^{k} f_i}$$

$$s^2=\frac{\sum_{i=1}^{k}(X_i-\bar{X}) f_i}{\sum_{i=1}^{k} f_i-1}$$

4. 标准差系数

标准差系数是数据的标准差与其相应的均值之比，其计算公式如下。

总体标准差系数为

$$V_\sigma=\frac{\sigma}{E(X)}$$

样本标准差系数为

$$V_s=\frac{S}{X}$$

例 5.15 总体标准差系数为

$$V_\sigma=\frac{\sigma}{E(X)}=\frac{12.3}{75.8}=0.162$$

样本标准差系数为

$$V_s=\frac{S}{X}=\frac{13.69}{74.4}=0.184$$

5. 0-1 分布的标准差

0-1 分布是指：离散型随机变量 X 只可能取 0 和 1 两个值，其概率分布为

$$P(X=x)=p^x(1-p)^{1-x}\ (x=0,\ 1)$$

我们看到，X 的取值只有两种。1 可以用来表示具有某种属性的标志值，0 表示不具有某种属性的标志值。如 1 可以表示产品合格，而 0 表示不合格。

p 的含义可根据具体情况来定，如它可以代表一件产品是合格品的概率，也可代表一件产品是不合格品的概率。

$$E(X)=\sum_{x=0}^{1} xp^x(1-p)^{1-x}=0\cdot p^0(1-p)^{1-0}+1\cdot p^1(1-p)^{1-1}=p$$

$$\mathrm{Var}(X)=E(X^2)-E(X)^2$$

而 $E(X^2)=\sum_{x=0}^{1} x^2 p^x(1-p)^{1-x}=0^2\cdot p^0(1-p)^{1-0}+1^2\cdot p^1(1-p)^{1-1}=p$

故 0-1 分布的标准差为

$$\mathrm{Var}(X)=p-p^2=p(1-p)$$

$$\sigma=\sqrt{p(1-p)}$$

如假设某厂生产产品的合格率是 0.95，则新生产一件产品是合格品的概率是 0.95，标准差是 0.218。

若作 n 次贝努里试验，则 $X \sim b(n,\ p)$，即二项分布。其分布为

$$P(X=x)=\binom{n}{x}p^x(1-p)^{n-x} \quad (x=0,\ 1,\ \cdots,\ n)$$

则二项分布的期望和方差分别为

$$E(X)=np$$

$$\mathrm{Var}(X)=np(1-p)$$

［例 5.16］ 某项研究进行了 300 次实验，其中有 270 次成功了，求成功的标准差。

实验的成功率为

$$\frac{270}{300}\times 100\%=90\%$$

$$标准差=\sqrt{np(1-p)}=\sqrt{300\times 90\%\times 10\%}\approx 5.2$$

任务实施

实训练习

用 Excel 进行静态分析

Excel 中用于计算描述统计量的方法有两种，函数方法和描述统计工具的方法。

1. 用函数计算描述统计量

常用的描述统计量有众数、中位数、算术平均数、调和平均数、几何平均数、标准差、标准差系数等。一般来说，在 Excel 中求这些统计量，未分组资料可用函数计算，已分组资料可用公式计算。这里我们仅介绍如何用函数计算未分组资料的描述统计量。

例如，为了解某高等院校新毕业大学生的工资情况，随机抽取 30 人，月工资如下：

1560　1340　1600　1410　1590　1410　1610　1570　1710　1550　1490　1690　1380

1680　1470　1530　1560　1250　1560　1350　1560　1510　1550　1460　1550　1570　1980　1610　1510　1440

1）众数。用函数方法求众数，应先将 30 个人的工资数据输入 A1:A30 单元格，然后单击任一空白单元格，输入"＝MODE（A1:A30）"，回车后即可得众数为 1560。

2）中位数。单击任一空白单元格，输入"＝MEDIAN（A1:A30）"，回车后得中位数为 1550。

3）算术平均数。单击任一空白单元格，输入"＝AVERAGE（A1:A30）"，回车后得算术平均数为 1535。

4）全距。单击任一空白单元格，输入"＝MAX（A1:A30）-MIN（A1:A30）"，回车后得全距为 730。

5）标准差。单击任一空白单元格，输入"＝STDEV（A1:A30）"，回车后得标准差为 135.0287。

6）标准差系数。单击任一空白单元格，输入"＝STDEV（A1:A30）/AVERAGE（A1:A30）"，回车后得标准差系数为 0.087 967。

7）偏度系数。单击任一空白单元格，输入"＝SKEW（A1:A30）"，回车后得偏度系数为 0.832 785。

8）峰度系数。单击任一空白单元格，输入"＝KURT（A1:A30）"，回车后得峰度系数为 3.257 451。

2. 描述统计工具量的使用

仍使用上面的例子，我们已经把数据输入到 A1:A30 单元格，然后按以下步骤操作：

第一步，在工具菜单中选择数据分析选项，从其对话框中选择描述统计，按确定后打开描述统计对话框，如图 5-1 所示。

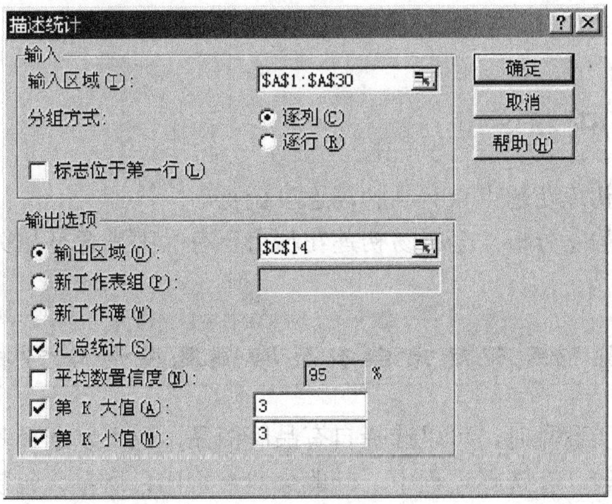

图 5-1　描述统计对话框

第二步，在输入区域中输入$A$1:$A$30，在输出区域中选择$C$14，其他复选框可根据需要选定，选择汇总统计，可给出一系列描述统计量；选择平均数置信度，会给出用样本平均数估计总体平均数的置信区间；第K大值和第K小值会给出样本中第K个大值和第K个小值。

第三步，单击“确定”按钮，可得输出结果，如图5-2所示。

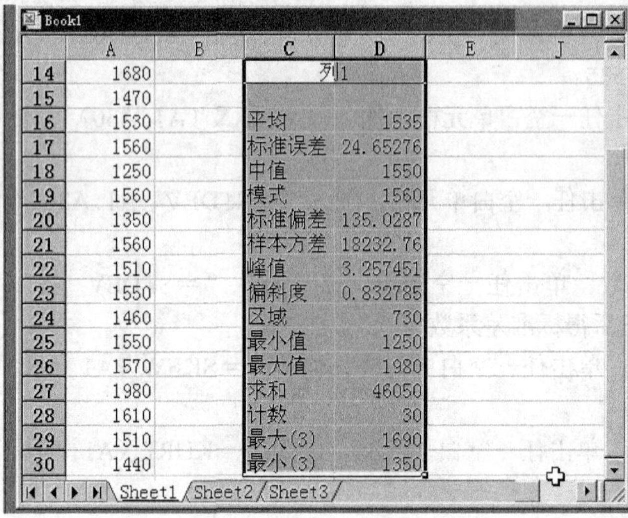
Book1

	A	B	C	D
14	1680		列1	
15	1470			
16	1530		平均	1535
17	1560		标准误差	24.65276
18	1250		中值	1550
19	1560		模式	1560
20	1350		标准偏差	135.0287
21	1560		样本方差	18232.76
22	1510		峰值	3.257451
23	1550		偏斜度	0.832785
24	1460		区域	730
25	1550		最小值	1250
26	1570		最大值	1980
27	1980		求和	46050
28	1610		计数	30
29	1510		最大(3)	1690
30	1440		最小(3)	1350

Sheet1 / Sheet2 / Sheet3

图5-2　描述统计输出结果

上面的结果中，平均指样本均值；标准误差指样本平均数的标准差；中值即中位数；模式指众数；标准偏差指样本标准差，自由度为 n-1；峰值即峰度系数；偏斜度即偏度系数；区域实际上是极差，或全距；可以看出与我们前面用函数计算的结果完全相同。最大值为1980，最小值为1250，第三个最大值为1690，第三个最小值为1350。

实施范例指导

调研项目：易初莲花超市自有品牌满意度调查。

具体任务：用静态分析法分析易初莲花超市自有品牌满意度相关数据。

易初莲花超市自有品牌满意度静态分析

顾客在超市购买商品时，可以选择自有品牌商品，也可以选择其他品牌，因此会在选购商品时进行比较。在选择过程中，一般会对性价比、质量、包装、摆放位置、宣传促销和服务6个方面进行比较。为了了解顾客对自有品牌商品满意度的情况，本次调查对性价比、质量、包装、摆放位置、宣传促销和服务进行了综合评价。根据数据分析，顾客对易初莲花超市自有品牌的评价总体上评价为基本满意，总平均分为 3.46 分。在性价比、质量、包装、摆放位置、宣传促销和服务这 7 个评价项目中，对性价比满意度最高，得分为 3.66 分；质量和服务满意度较高，得分分别为 3.58 和 3.55 分；包装和摆放位置满意度较低，得分为 3.34 分和 3.36 分；对宣传促销满意度最低，得分为 3.27 分。具体数据如表 5-8 所示。

表 5-8　满意度评分表

项　目	性　价　比	质　　量	包　　装	摆放位置	宣传促销	服　　务	总　评　价
平均分	3.66	3.58	3.34	3.36	3.27	3.55	3.46
中位数	4	3	3	3	3	4	3.5
众数	4	3	3	3	3	3	3.5
标准差	0.7	0.68	0.54	0.66	0.61	0.7	0.41
峰值	1.34	−0.43	−0.23	1.07	0.34	1	1.54
偏度	−0.41	0.56	0.47	−0.29	0.35	−0.09	0.27
置信度 95%	0.14	0.14	0.11	0.14	0.13	0.15	0.09

实施要求

1）实训练习。

2）各项目小组参照范例针对所调研项目进行静态分析。

3）做好记录。

任务评价

自我测试

1．理论知识测试

1）平均指标包括（　　）。

A．算术平均数　　B．中位数　　C．众数　　D．标准差

2）总量指标按市场信息反映总体内容的不同可分为（　　）。

A．时期指标和时点指标　　B．单位总量和标志总量

C．数量指标和质量指标　　D．众数和中位数

3）相对指标包括下列的（　　）。

A．比例相对数　　B．比较相对数　　C．强度相对数　　D．结构相对数

2．实践技能测试

1）你是否会计算各种静态分析指标？

2）你是否能对计算出来的各种指标进行分析？

评价方法

1．评价标准

1）任务是否及时完成。

2）完成质量。

3）团队表现。

2．评价表

评价表如表 5-9 和表 5-10 所示。

表 5-9　项目小组评价表

分数 / 组别	是否及时完成	质　　量	团队表现
第一组			
第二组			
第三组			
⋮			

表 5-10　个人任务评价表

分数 / 评分依据	个人具体分工		个人表现		
	承担任务的质量	个人记录	教师评分	组长评分	组员互评
成员一					
成员二					
⋮					

任务二 动态分析

导入案例

食用油价格回顾及后期走势预测

一季度，受国际原油价格持续低迷、植物油到港数量逐月递增及国内需求整体转弱等影响，食用油价格持续下挫。1 月份正值春节，由于前期食用油价格持续下跌，油厂开工不足，油源较少，而春节期间市场需求逐步扩大，同时国内外植物油期货价格持续回升，使得食用油价格出现一波回升势头。2～3 月份，由于外围食用油市场波动加剧，国内终端买家以及中间商的备货意愿趋于谨慎，同时节后国内需求的整体转弱以及植物油到港数量逐月递增，使得食用油市场面临集中销售的阻力。油厂为刺激终端市场买盘需求，纷纷下调现货报价，造成整个食用油市场价格呈现持续走低的态势。

1. 一季度我省食用油价格情况

据我局对 11 个设区市（下同）监测数据（旬报）显示，一季度散装菜籽油、散装大豆油的全省平均零售价格每 500 克（下同）分别为 4.79 元、4.44 元，季度环比分别下跌 6.63%、5.73%，季度同比分别下跌 31.96%、36.66%。1～3 月份，散装菜籽油全省平均零售价格分别为 4.84 元、4.83 元、4.71 元，月环比分别上涨 0.14%、下跌 0.14%、下跌 2.48%。1～3 月最低点产生在 3 月下旬为 4.64 元，比最高点 1 月下旬的 4.90 元，下跌 5.31%。散装大豆油 1～3 月份全省平均零售价格分别为 4.55 元、4.44 元、4.33 元，月环比分别上涨 2.71%、下跌 2.49%、下跌 2.33%。1～3 月最低点产生在 3 月下旬为 4.30 元，比最高点 1 月中旬的 4.60 元，下跌 6.52%。

另据我局批发价格监测数据显示，一季度四级散装菜籽油、一级散装大豆油全省平均批发价格每吨（下同）分别为 8392.41 元、7956.62 元，季度环比分别下跌 1.54%、1.31%，季度同比分别下跌 33.49%、38.02%。1～3 月四级散装菜籽油最低点产生在 3 月 20 日为 8073 元，比最高点 1 月 13 日的 8694.55 元，下跌 7.15%。一级散装大豆油 1～3 月最低点在 3 月 17 日为 7643 元，比最高点 1 月 13 日的 8353.64 元，下跌 8.51%。

2. 一季度食用油价格跌幅较大的主要原因

1）外盘原油、CBOT 豆油期价持续低迷，对国内食用油现货市场带来抑制作用。由于我国油脂消费对外依存度达到60%以上，这就决定了国内油脂价格跟随外盘连动的必然性。3月20日CBOT7月期豆油报32.52美分/磅，比1月6日报的38.04美分/磅，下跌了14.51%。同时，1～3月原油价格在30～55美元/桶的区间里弱势整理，导致全球对生物燃料需求的减少，缓解了植物油市场供应紧张的局面。受此影响，国内3月四级菜油全国主要粮油批发市场平均成交价格为7800元/吨，环比下跌3.47%，同比下跌33.80%；一级豆油平均价为7448元/吨，环比下跌4.89%，同比下跌32.94%。

2）进口油脂油料到港数量逐月递增，给国内食用油现货市场带来较大的销售压力。据海关数据显示，3月份我国进口食用植物油为69万吨，比2月份的48万吨增加43.75%，比1月份的29万吨增加137.93%；一季度我国总计进口食用植物油146万吨，同比下降22%。3月份我国进口大豆386万吨，比2月份的326万吨增加18.40%，比1月份的303万吨增加27.39%；一季度我国总计进口大豆1015万吨，同比增加30.5%。进口油脂油料到港量的逐月递增，为国内食用油市场提供了充足的货源，也导致了食用油价格持续低迷。

另外，受经济危机影响，餐饮业零售额下降、农民工返乡以及动物油脂替代等因素导致食用油需求减弱，价格下降。

3. *后期食用油价格走势预测*

当前，石油、大豆和棕榈油为代表的外围商品市场，出现一波强劲反弹的上涨行情，季末出现进口豆油到港成本高出沿海地区四级豆油价格的现象，进口豆油和棕榈油到港成本的逐步上升，对国内植物油价格形成较强的支撑。同时，国家在保障农民利益、保障国家粮食安全以及顺利实现顺价销售三个目的的驱动下，后期收储及相关延续政策的实施将会非常坚决，这将对市场交易信心的恢复起到较强的作用。但后期进口植物油到港量较大，油厂出售植物油意愿较强，交易者也更趋向加快出货速度以锁定利润，因此油价向上空间有限，预计后期油价仍将震荡运行，底部将有所抬高。

（资料来源：浙江省物价局网站）

思考题：

1）根据上述案例分析动态分析的意义。

2）动态指标的特点有哪些？

任务要求

静态分析是在相同时间内对现象之间的相互关系进行比较分析的方法。但是，任何社会经济现象都有一个产生和发展变化的过程，因此，仅有静态分析是不够的，还必须从动态的角度对事物的发展状态进行分析。本次任务就是要求各项目小组用动态分析方法分析数据。例如要做徐州易初莲花超市自有品牌满意度调查研究，本次的任务就是用动态分析方法分析徐州易初莲花超市自有品牌满意度相关数据。

任务分析

本次任务就是要求用动态分析方法分析数据。大家想一想怎样进行动态分析呢？动态分析有哪些方法呢？

各小组该怎样完成本次的任务呢？这就必须进入下一个环节先进行学习。

任务学习

一、如何计算动态分析指标

根据时间数列对事物的发展进行动态分析，需要使用一系列的动态分析指标，动态分析指标包括两大类：一类是水平指标，包括发展水平、平均发展水平、增长量、平均增长量；另一类是速度指标，包括发展速度、增长速度、平均发展速度和平均增长速度。

1. 时间数列的含义

时间数列是指将同类指标在不同时间上的数值按时间先后顺序排列起来所形成的统计数列，也叫时间序列或动态数列。如将我国电话用户总数从1998年到2002年按照时间先后顺序排列下来，就形成如表5-11所示的时间数列。

表5-11　1998～2002年我国电话用户总数　　单位：万户

项目＼年份	1998	1999	2000	2001	2002
年末固定电话用户总数	8742	10 872	14 483	18 037	21 442
年末移动电话用户总数	2386	4330	8453	14 522	20 662

从表中的时间数列可以看出，它们均有两个基本要素构成，一是被研究现象所属的时间，可以用年、季、月、日表示。二是与现象所属时间相对应的指标数值，可以是总量指标、相对指标和平均指标。

2. 发展水平

时间数列中各时间上对应的指标数值称为发展水平。在绝对数时间数列中，发展水平表现为绝对数；在相对数和平均数时间数列中，发展水平表现为相对数或平均数。发展水平通常用a来表示，各期发展水平可以分别用a_0，a_1，a_2，…，a_{n-1}，a_n来表示。其中，a_0为最初水平，a_1，a_2，…，a_{n-1}，为中间水平，排在最后的a_n为最末水平，其他各期水平为中间水平。

在动态分析中，通常将所研究和反映的那一时期的发展水平称为报告期水平，将用作比较基础的那一时期的发展水平称为基期水平。由于研究目的不同，基期的确定方法也有所不同，若要研究事物逐期发展的情况，就以报告期的前一期为基期，若要研究事物经过较长一段时间发展变化的综合情况，就以事物发展过程某一历史时期（一般为具有特殊意义或具有转折意义的时期）作为固定基期。如反映我国改革开放以来的经济状况时，是以1978年的数据为固定基期水平。在一般的时间数列中，常常以最初水平为固定基期水平。

3. 发展速度和增长速度

（1）发展速度

发展速度是两个不同时期发展水平的比值，表明现象发展变化的相对程度，即报告期水平是基期水平的百分之几或若干倍，常用百分数或倍数表示，计算公式为

$$\text{发展速度}=\frac{\text{报告期水平}}{\text{基期水平}}$$

由于选择的基期不同，发展速度的计算有定基发展速度和环比发展速度两种方法。

1）定基发展速度。是时间数列中报告期水平与某一固定时期水平（通常为最初水平）的比值，即它是报告期相对于基期的现象总发展速度。计算公式为

$$\text{定基发展速度}=\frac{a_i}{a_0}\quad (i=1, 2, 3, \cdots, n)$$

2）环比发展速度。是时间数列中报告期水平与前一期水平的比值，它表明现象在相邻两个时期的逐期发展变化情况。计算公式为

$$\text{环比发展速度}=\frac{a_i}{a_{i-1}}\quad (i=1, 2, 3, \cdots, n)$$

（2）增长速度

是报告期增长量与基期水平的比值，它表明现象的报告期水平比基期增长了百分之几或若干倍。计算公式为

$$\begin{aligned}\text{增长速度}&=\frac{\text{增长量}}{\text{基期水平}}\\&=\frac{\text{报告期水平}}{\text{基期水平}}-1\\&=\text{发展速度}-1\end{aligned}$$

根据增长速度与发展速度的关系，当发展速度>1时，增长速度>0，表明现象的发展水平是增长的，其具体数值体现了增长的程度；若发展速度<1，则增长速度<0，表明现象的发展水平是下降的，其具体数值体现了下降的程度。

由于基期选择的不同，与发展速度一样，增长速度也可区分为定基增长速度和环比增长速度。

1）定基增长速度。是指报告期累计增长量与某一固定基期水平的比值，它表明社会经济现象在较长时间内总的增长程度。计算公式为

$$定基增长速度=\frac{a_i-a_0}{a_0}\quad (i=1，2，3，\cdots，n)$$

定基增长速度与定基发展速度的关系用下列公式表示：

定基增长速度＝定基发展速度−1

2）环比增长速度。是指报告期的逐期增长量与前一期水平的比值，表明了某种社会经济现象逐期的增长程度。计算公式为

$$环比增长速度=\frac{a_i-a_{i-1}}{a_{i-1}}\quad (i=1，2，3，\cdots，n)$$

环比增长速度与环比发展速度的关系用下列公式表示：

环比增长速度＝环比发展速度−1

下面以1998～2003年我国的社会消费品零售总额资料，计算各种速度指标，如表5-12所示。

表5-12 我国1998～2003年社会消费品零售总额

年份		1998	1999	2000	2001	2002	2003
社会消费品零售总额/亿元		29 153	31 135	34 153	37 595	40 911	45 842
发展速度/%	环比	—	106.80	109.69	110.08	108.82	112.05
	定基	—	106.80	117.15	128.96	140.33	157.25
增长速度/%	环比	—	6.80	9.69	10.08	8.82	12.05
	定基	—	6.80	17.15	28.96	40.33	57.25

二、如何进行长期趋势的分析与测定

现象在发展变化过程中会受基本因素的影响，这些基本因素对事物的发展变化起着决定性的作用，它会使事物的发展变化在一定时期内呈现出某种基本态势。长期趋势就是在基本因素作用下，在较长时间内时间数列呈现的总的方向性趋势，这种趋势可以是向上、向下或持平。长期趋势是带根本性因素的变动趋势，如人口增长、科学技术的不断进步，必然导致社会生产总量呈现增长变动的趋势。这种长期趋势，通常可以认为是由各种固定的因素作用于同一方向而形成的。这些固定的因素，既有随时间推移按直线变化，也有呈曲线变动。可以说，直线趋势与非直线趋势是长期趋势的两种基本形式。当时间数列的逐期增长量大致相同，其图形近似一条直线，即为直线趋势；当时间数列的逐期增长量变化不定，其图形为各种形状的曲线，即为曲线趋势。

进行长期趋势分析，主要目的就是反映现象发展变化的趋向，掌握现象发展变化的规律，为经营决策和制定长远规划提供依据；为统计预测提供必要的条件；将长期趋势从时间数列中分离出来，以便更好地测定和分析其余因素的变动。

测定现象发展变化的长期趋势就是对时间数列进行修匀，通过修匀显示出现象发展变化的基本态势。测定长期趋势的方法主要有时距扩大法、移动平均法和趋势模型法。

1. 时距扩大法

时距扩大法是测定长期趋势最简便的一种方法。它是将原来时距较短的时间数列，加工整理成时距较长的时间数列。这样形成的新时间数列，由于时距的扩大，新时间数列的指标值受随机因素的影响比较小，从而显示出长期趋势。

2. 移动平均法

移动平均法实质上是对时距扩大法的改良，它是对原有的时间数列，按照事先规定的移动时期长度来扩大时距，采用逐项向后推移的方法，计算一系列的序时平均数，形成由序时平均数组成的新的时间序列。这种方法通过移动平均的方式消除了现象短期内的不规则因素影响，使现象长期趋势更明显。

例如，以某企业 1992～2003 年度各年产品产量为例，说明时距扩大法和移动平均法的具体应用。

从表 5-13 中的资料和计算结果可以看出原来时间数列的指标值上下波动，长期趋势不明显，但经过时距扩大和移动平均后，新数列都表示出明显的增长趋势。

表 5-13　某企业 1992～2003 年产量的长期趋势计算

年　份	产量/万吨 (1)	时　距	时距扩大的后的指标/万吨 (2)	移动平均数 N=5 (3)	移动平均数 N=4 一次移动 (4)	移动平均数 N=4 二次移动 (5)
1992	53	1992～1994	173			
1993	57					
1994	63			58.8	57.25	58.75
1995	56	1995～1997	196	63.2	60.25	62.5
1996	65			65.6	64.75	65.5
1997	75			66.4	66.25	67.63
1998	69	1998～2000	213	70.6	69	70.5
1999	67			72.8	72	72.13
2000	77			73.6	72.25	73.5
2001	76	2001～2003	238	74.6	74.75	76.75
2002	79				78.75	
2003	83					

对表 5-3 中的计算数据说明如下：

1）时距扩大后形成的时间数列如第（2）列所示，其中，173＝53＋57＋63。

2）第（3）列是奇数项（N＝5）移动平均后形成的时间数列，其中，58.8＝（53＋57＋63＋56＋65）÷5，63.2＝（57＋63＋56＋65＋75）÷5，其余以此类推。

3）第（4）列是偶数项（N=4）一次移动平均后形成的时间数列，其计算方法与上相同，不过这一时间数列没有正对各个年份，而是对应于相邻年的交界处，即 57.25 对应 1993 年和 1994 年的中间，其他类推。数列（4）经二次移动得到最终的移动平均数，见第（5）列，其中，58.75＝（57.25＋60.25）÷2，其余以此类推。

3. 趋势模型法

趋势模型法是根据时间数列中指标值的发展变化趋势，配合一条理想的趋势线，直观上看，这条趋势线要距离各散点最近。趋势模型法首先要选择合适的趋势方程，并估计其中的未知参数；其次根据确定的趋势方程计算趋势变动测定值，前者是关键。下面重点介绍趋势方程的选择和未知参数的确定。

（1）趋势方程的选择

选择趋势议程可以通过两条途径：一是以时间为横轴、指标值为纵轴画出散点图，然后根据对所研究现象的认识，仔细观察散点的分布规律，选择合适的趋势方程。二是根据时间数列的分析指标来确定，当时间数列指标值的一级增长量大致相等时，可先用直线趋势方程；当时间数列指标值的二级增长量（一级增长量的增长量）大致相等时，可先用抛物线；当时间数列指标值的环比发展速度大致相等时，可先用指数曲线。

（2）未知参数的确定

作为一条理想的趋势线，必须满足以下两个条件：

$$\sum(y-y_t)^2=\min$$

原时间数列各期指标值与相应趋势值之间的离差平方和要最小。

$$\sum(y-y_t)=0$$

原时间数列各期指标值与趋势值之间的离差和等于零。

下面我们就以拟合直线趋势方程为例说明趋势模型法。

以某企业近 9 年的产品销售收入为例，有关资料见表 5-14，要求配合趋势方程。

表 5-14　产品销售收入的长期趋势计算

年　份	时间值 t	销售收入/万元 y	逐期增长量/万元	t^2	ty
1994	−4	150		16	−600
1995	−3	196	46	9	−588
1996	−2	240	44	4	−480
1997	−1	286	46	1	−286
1998	0	330	44	0	0
1999	1	378	48	1	378
2000	2	424	46	4	848
2001	3	472	48	9	1416
2002	4	518	46	16	2072
合计	0	2994		60	2760

由表 5-14 可见，产品销售收入的逐期增长量在 46 左右，所以应配合直线趋势。设趋势方程为

$$y_t = a + bt$$

式中：y_t——时间数列 y 的长期趋势；

a——趋势线的截距；

b——t 每变化一个单位，y_t 平均增加或减少的数量；

t——时间。

要满足时间数列指标值与相应趋势值的离差平方和最小这个条件，可以采用最小二乘法，建立如下标准方程：

$$\begin{cases} \sum y = na + b\sum t \\ \sum ty = a\sum t + b\sum t^2 \end{cases}$$

解上述方程组得

$$\begin{cases} a = \dfrac{\sum y - b\sum t}{n} \\ b = \dfrac{n\sum ty - \sum t \sum y}{n\sum t^2 - \left(\sum t\right)^2} \end{cases}$$

对于奇数项时间数列，可令中间一项的时间隔为 0，中间点前后各项的时间分别为−1，−2，−3 和 1，2，3 等；对于偶数项时间数列，可从中间两项开始令各项的时间分别为−1，−3，−5 和 1，3，5 等。则可以使上式简化为

$$\begin{cases} a = \dfrac{\sum y}{n} \\ b = \dfrac{\sum ty}{\sum t^2} \end{cases}$$

如上例，令时间 t 分别为−4，−3，−2，−1，0，1，2，3，4，可以求得

$$\begin{cases} a = \dfrac{\sum y}{n} = \dfrac{2994}{9} = 332.7 \\ b = \dfrac{\sum ty}{\sum t^2} = \dfrac{2760}{60} = 46 \end{cases}$$

所以趋势方程为

$$y = 332.7 + 46t$$

将表中的时间 t 代入趋势方程，即可得到销售收入 y_t 的趋势值，若要预测 2004 年的产品销售收入，则可将 $t=6$ 代入方程，求得

$$y_{2004} = 332.7 + 6 \times 46 = 608.7\text{（万元）}$$

三、如何进行季节变动的分析与测定

季节变动是时间数列随季节变化而呈现的周期性变动，季节变动通常以“年”或更短的时间长度为周期，如空调的月销售量以年为周期呈现出周期性变动，夏季各月销售量高，春秋各月销售量低；商场的日零售额按周呈现出周期性变动，一般周末日销售额高。所以，这里所讲的季节变动是一个广义的概念，是指一年或更短的时间内，现象随季节变化而呈现出的周期性的波动。

测定和分析季节变动的主要目的在于把握季节变动的规律，从而合理地组织生产、销售等各项经济活动；同时可以将测定出的季节变动从时间数列中剔除，更好地研究长期趋势和循环变动；还可以利用季节变动的规律，配合长期趋势，更科学地进行经济预测。

测定季节变动必须具有长时间短时距的时间数列资料。所谓长时间，是指至少要有三个周期以上的数列资料，例如，最后用于测定季节变动的资料，季节资料不能少于12个季（3×4），月度资料不能少于36个月（3×12）。如果资料太少，就容易受偶然因素影响，显示不出季节变动的规律性。所谓短时距，是只要有一年以内按季、月、旬、日等排列的资料，如果是按年度的数列则不能测定其季节变动。

测定季节变动的基本指标是季节比率，又叫季节指数，我们用季节比率来反映季节变动的程度。季节比率的意义是：如果没有季节变动，各月（季）的比率应该相同；如果不同，就说明了季节变动，季节比率高者为旺季，低者为淡季。

测定季节变动的方法可分为两类，一类是不考虑长期趋势的影响，即假定不存在长期趋势，所用方法是简单平均法，称为按月（季）平均法，也叫同期平均法；另一类是考虑长期趋势的存在，剔除长期趋势影响后，再测定季节变动，称为趋势剔除法。

1. 按月（季）平均法

当时间数列的长期趋势不存在或不明显时，可采用按月（季）平均法，按月（季）平均法测定季节变动的一般步骤如下：

1）计算若干年内同月（季）的平均数。

2）计算总的月（季）平均数。

3）用同期平均数除以总平均数，得季节比率。

4）季节比率的调整。计算出的季节比率之和应该等于12或4，但实际上由于计算过程的四舍五入，往往季节比率之和与理论值不符，需要进行调整，即用调整系数乘以各季节比率，调整系数的方法是

第一步，计算调整系数。

调整系数＝1200%（或400%）/未调整季节比率之和

第二步，计算调整后的季节比率。

调整后的季节比率＝调整前的季节比率×调整系数

下面以2000～2003年某商场羊毛衫销售量为例，说明按月（季）平均法，如表5-15所示。

表5-15　2000～2003年某商场羊毛衫（千件）的季节比率计算

年　度	第一季度	第二季度	第三季度	第四季度	合　计
2000	5	8	13	16	42
2001	6	10	14	18	48
2002	8	12	18	22	60
2003	12	18	22	26	78
合计	31	48	67	82	228
季平均	7.75	12	16.75	20.5	14.25
季节比率	0.5439	0.8421	1.1754	1.4386	4

由于4个季节比率之和刚好等于4，所以无需进行调整。在分析季节变动时，要注意季节比率大于1或小于1均表明有季节变动，当大于1或小于1的程度较大时，说明现象分别处于旺季或淡季。上表计算结果表明：第四季度季节比率最高（旺季），其次是第三季度，第一季度的季节比率最低（淡季）。

2. 移动平均趋势剔除法

当时间数列存在明显的长期趋势时，需要先剔除长期趋势的影响，然后再计算季节比率，其步骤为

1）对时间数列计算移动平均数，作为时间数列的长期趋势值。

2）用时间数列的原有指标值除以对应的长期趋势值，得到剔除长期趋势后的新时间数列。

3）对该新时间数列实施同期平均法的各步骤。

例如：某地区2000～2003年各季的旅游人数如表5-16所示。

表5-16　某地区2000～2003年各季的旅游人数　　　　单位：千人

年　份	第一季度	第二季度	第三季度	第四季度
2000	73	46	67	54
2001	82	57	76	65
2002	87	63	83	67
2003	93	65	89	70

由表5-16可见，除了具有的季节变动外，各季度都存在较强的长期趋势，所以采用移动平均趋势剔除法。首先进行四次移动平均，然后计算季节比值，计算如表5-17和表5-18所示，再用按季平均法计算。由表可见，该地区旅游旺季在第一季度，第三季度次之，淡季在第二季度，第四季度也比较清淡。

表 5-17 某地区 2000～2003 年各季的旅游人数季节变动计算

季节顺序	旅游人数 a	四季移动平均数	长期趋势值 T	新数列 a/T
1	73			
2	46			
3	67	60	61.125	1.0961
4	54	62.25	63.625	0.8487
5	82	65	66.125	1.2401
6	57	67.25	68.625	0.8306
7	76	70	70.625	1.0761
8	65	71.25	72	0.9028
9	87	72.75	73.625	1.1817
10	63	74.5	74.75	0.8428
11	83	75	75.75	1.0957
12	67	76.5	76.75	0.8730
13	93	77	77.75	1.1961
14	65	78.5	78.875	0.8241
15	89	79.25		
16	70			

表 5-18 某地区 2000～2003 年各季的旅游人数季节变动计算

年　度	第一季度	第二季度	第三季度	第四季度	合　计
2000			1.0961	0.8487	
2001	1.2401	0.8306	1.0761	0.9028	
2002	1.1817	0.8428	1.0957	0.8730	
2003	1.1961	0.8241			
季平均	1.2060	0.8325	1.0893	0.8748	4.0026
季节比率	1.2052	0.8320	1.0886	0.8742	

任务实施

实训练习

1. 测定增长量和平均增长量

例如，根据 1995～2001 年河北省国内生产总值，计算逐期增长量、累计增长量和平均增长量，如图 5-3 所示。

	A	B	C	D
1	年份	国内生产总值(亿元)	逐期增长量	累计增长量
2	1995	2849.52		
3	1996	3452.97	603.45	603.45
4	1997	3953.78	500.81	1104.26
5	1998	4256.01	302.23	1406.49
6	1999	4596.19	340.18	1746.67
7	2000	5088.96	492.77	2239.44
8	2001	5577.78	488.82	2728.26
9				
10	平均增长量		545.652	

图 5-3　用 Excel 计算增长量和平均增长量资料及结果

计算步骤如下：

第一步，在 A 列输入年份，在 B 列输入国内生产总值。

第二步，计算逐期增长量：在 C3 中输入公式：＝B3-B2，并用鼠标拖曳将公式复制到 C3:C8 区域。

第三步，计算累计增长量：在 D3 中输入公式：＝B3-$B$2，并用鼠标拖曳公式复制到 D3:D8 区域。

第四步，计算平均增长量（水平法）：在 C10 中输入公式：＝（B8-B2）/5，按回车键，即可得到平均增长量。

2. *测定发展速度和平均发展速度*

例如，以 1995～2001 年河北省国内生产总值为例，说明如何计算定基发展速度、环比发展速度和平均发展速度，如图 5-4 所示。

	A	B	C	D
1	年份	国内生产总值	定基发展速度	环比发展速度
2	1995	2849.52		
3	1996	3452.97	1.211772509	1.211772509
4	1997	3953.78	1.387524916	1.145037461
5	1998	4256.01	1.493588394	1.076440773
6	1999	4596.19	1.612969904	1.079929323
7	2000	5088.96	1.785900783	1.107212713
8	2001	5577.78	1.957445464	1.09605499
9				
10	平均发展速度		1.118445806	

图 5-4　用 Excel 计算发展速度和平均发展速度资料及结果

第一步，在 A 列输入年份，在 B 列输入国内生产总值。

第二步，计算定基发展速度：在 C3 中输入公式：＝B3/$B$2，并用鼠标拖曳将公式复制到 C3:C8 区域。

第三步，计算环比发展速度：在 D3 中输入公式：＝B3/B2，并用鼠标拖曳将公式复制到 D3:D8 区域。

第四步，计算平均发展速度（水平法）：选中 C10 单元格，单击插入菜单，选择函数选项，出现插入函数对话框后，选择 GEOMEAN（返回几何平均值）函数，在数值区域中输入 D3:D8 即可。

3. 计算长期趋势

例如，我们用某企业某年 12 个的总产值资料来说明如何用移动平均法计算长期趋势，如图 5-5 所示。

	A	B	C	D	E	F	G	H
1	月份	总产值	三项移动平均	四项移动平均	二项移正平均			
2	1	506						
3	2	473	507					
4	3	542	520.3333333	516.75	526.625			
5	4	546	557.6666667	536.5	545.75			
6	5	585	559.3333333	555	558.5			
7	6	547	567.3333333	562	565.75			
8	7	570	564.3333333	569.5	567.5			
9	8	576	571.6666667	565.5	573.375			
10	9	569	585	581.25	582.875			
11	10	610	587.3333333	584.5	589.375			
12	11	583	602.6666667	594.25				
13	12	615						
14								

图 5-5 用 Excel 计算长期趋势资料及结果

第一步，在 A 列输入月份，在 B 列输入总产值。

第二步，计算三项移动平均：在 C3 中输入“＝(B2＋B3＋B4) /3”，并用鼠标拖曳将公式复制到 C3:C12 区域。

第三步，计算四项移动平均：在 D4 中输入“＝SUM（B2：B5）/4”，并用鼠标拖曳将公式复制到 D4:D12 区域。

第四步，计算二项移正平均数：在 E4 中输入“＝(D4＋D5) /2”，并用公式拖曳将公式复制到 E4：E11 区域。

4. 计算季节变动

例如，利用某种商品 5 年分季度的销售额资料，说明如何用移动平均趋势剔除法测定季节变动，如图 5-6 所示。

第一步，按图上的格式在 A 列输入年份，在 B 列输入季别，在 C 列输入销售收入。

第二步，计算四项移动平均：在 D3 中输入“＝SUM（C2:C4）/4”，并用鼠标拖曳将公式复制到 D3:D19 区域。

第三步，计算趋势值（即二项移动平均）T：在 E4 中输入“＝(D3＋D4) /2”，并用鼠标拖曳将公式复制到 E4:E19 区域。

	A	B	C	D	E	F	G
1	年份	季别	销售收入Y	四项移动平均	趋势值T	Y/T	
2	第一年	1	1861				
3		2	2203	2096.75			
4		3	2415	2111.75	2104.25	1.147677	
5		4	1908	2146.75	2129.25	0.89609	
6	第二年	1	1921	2171.5	2159.125	0.889712	
7		2	2343	2191	2181.25	1.074155	
8		3	2514	2169.25	2180.125	1.153145	
9		4	1986	2122	2145.625	0.925604	
10	第三年	1	1834	2018	2070	0.88599	
11		2	2154	1971.25	1994.625	1.079902	
12		3	2098	1972	1971.625	1.064097	
13		4	1799	1939.75	1955.875	0.919793	
14	第四年	1	1837	1991.25	1965.5	0.934622	
15		2	2025	2032.75	2012	1.006461	
16		3	2304	2091.75	2062.25	1.117226	
17		4	1965	2189	2140.375	0.918063	
18			2073	2197.75	2193.375	0.945119	
19			2414	2198.25	2198	1.098271	
20			2339				

图 5-6　用 Excel 计算季节变动资料

第四步，剔除长期趋势，即计算 Y/T：在 F4 中输入"＝C4/E4"，并用鼠标拖曳将公式复制到 F4:F19 区域。

第五步，重新排列 F4:F19 区域中的数字，使同季的数字位于一列，共排成四列。

第六步，计算各年同季平均数：在 B29 单元格中输入公式：＝average（B25:B28）；在 C29 中输入公式＝average（C25:C28）；在 D29 中输入公式＝average（D24:27）；在 E29 中输入公式＝average（E24:E27）。

第七步，计算调整系数：在 B31 中输入公式：＝4/sum（B29:E29）。

第八步，计算季节比率：在 B30 中输入公式：＝B29*$B$31，并用鼠标拖曳将公式复制到单元格区域 B30:E30，就可以得到季节比率的值，具体结果如图 5-7 所示。

	A	B	C	D	E	F	I
23		第一季度	第二季度	第三季度	第四季度		
24	第一年			1.14767732	0.89609		
25	第二年	0.889712	1.0741547	1.153144888	0.925604		
26	第三年	0.88599	1.0799022	1.064096874	0.919793		
27	第四年	0.934622	1.0064612	1.11722633	0.918063		
28	第五年	0.945119	1.0982712				
29	平均	0.913861	1.0646973	1.120536353	0.914888		
30	季节比较	0.910677	1.0609887	1.116633182	0.911701		
31	调整系数	0.996517					
32							

图 5-7　用 Excel 计算季节变动结果

实施范例指导

调研项目：易初莲花超市自有品牌满意度调查。

具体任务：对易初莲花超市自有品牌满意度相关数据进行动态分析。

易初莲花超市自有品牌满意度动态分析

徐州市易初莲花超市每年销售额大约 1.56 亿元，年利润占总销售额 10%左右，而自有品牌商品销售额越占总销售额约 10%，年增长约 10%。根据实地调查，易初莲花超市自有品牌商品 2008 年 11 月份连续三周时间的销售额分别为 3.6、4、3.8、3.7、5.1、5.8、5.5、3.6、3.8、3.8、3.7、5.2、5.9、5.6、3.7、4、3.9、3.8、5.3、5.9、5.7 万元，现进行季节变动测定。

首先对三周的销售数据进行 7 次移动平均，再用销售额和趋势值进行对比求出，季节比值，然后再进行同期平均，最后求出季节指数，具体如图 5-8 与图 5-9 所示。

从上面数据可以分析出星期六、日、五是旺季，星期一、二、三、四是淡季。超市应该针对顾客流量的周期做出相应的调整和安排。

	A	B	C	D
1	易初莲花超市自有品牌商品销售额移动平均			
2	序号	销售额y	7次移动yc	比值y/yc
3	1	3.6		
4	2	4		
5	3	3.8		
6	4	3.7	4.50	0.8222
7	5	5.1	4.50	1.1333
8	6	5.8	4.47	1.2971
9	7	5.5	4.47	1.2300
10	8	3.6	4.47	0.8051
11	9	3.8	4.49	0.8471
12	10	3.8	4.50	0.8444
13	11	3.7	4.51	0.8196
14	12	5.2	4.53	1.1483
15	13	5.9	4.56	1.2947
16	14	5.6	4.57	1.2250
17	15	3.7	4.59	0.8069
18	16	4	4.60	0.8696
19	17	3.9	4.60	0.8478
20	18	3.8	4.61	0.8235
21	19	5.3		
22	20	5.9		
23	21	5.7		

图 5-8　7 次移动平均

	1	2	3	4	5	6	7
1				0.8222	1.133333	1.297125	1.230032
2	0.805112	0.847134	0.844444	0.81962	1.148265	1.294671	1.225
3	0.806854	0.869565	0.847826	0.823529			
	0.805983	0.858349	0.846135	0.821791	1.140799	1.295898	1.227516
	0.806389	0.858782	0.846562	0.822205	1.141375	1.296551	1.228135

图 5-9　季节指数

实施要求

1）实训练习。

2）各项目小组参照范例针对所调研项目进行动态分析。

3）做好记录。

任务评价

自我测试

1. 理论知识测试

1）下列说法正确的是（　　）。

A．发展速度是两个不同时期发展水平的比值，表明现象发展变化的相对程度

B．定基发展速度是时间数列中报告期水平与某一固定时期水平的比值

C．环比发展速度是时间数列中报告期水平与前一期水平的比值

D．增长速度是报告期增长量与基期水平的比值

2）测定长期趋势的方法主要有（　　）。

A．时距扩大法　　B．移动平均法　　C．季节平均法　　D．趋势模型法

2. 实践技能测试

1）你是否会计算各种动态分析指标？

2）你是否能对计算出来的各种指标进行分析？

评价方法

1. 评价标准

1）任务是否及时完成。

2）完成质量。

3）团队表现。

2. 评价表

评价表如表5-19和表5-20所示。

表5-19　项目小组评价表

组别＼分数	是否及时完成	质　量	团队表现
第一组			
第二组			
第三组			
⋮			

表 5-20　个人任务评价表

分数 评分依据	个人具体分工		个人表现		
	承担任务的质量	个人记录	教师评分	组长评分	组员互评
成员一					
成员二					
⋮					

任务三 相关回归分析

导入案例

进口与经济增长正相关回归分析

1. 经济增长率与进口增长率

在分析对外贸易对经济增长的贡献时，有如下恒等式：

国内生产总值＝总消费＋总投资＋货物或服务净出口

传统的观念认为：国内生产总值通过货物或服务净出口来体现，出口能推动产业结构的改变，有助于国际收支平衡，能创造就业机会等，因此出口作为国民经济增长的增项受到普遍接受和认同；而进口作为减项出现在恒等式中，实现的是他国生产和提供的最终产品，挤掉了国内生产，冲减着国内的有效需求，对国民经济增长起到一种消极的负拉动作用。本文认为，这种看法存在明显的片面性。

考察 1990～1997 年国民经济的有关数据可以发现，1991～1993 年，进口增长率大大高于经济增长率，1994 年进口增长速度稍低于国民经济发展速度，1996 年开始，进口增长速度远远落后于国民经济发展速度；同时，从图 5-10，表 5-21 和表 5-22 可以看出，当进口增长速度快时，经济增长率呈上升趋势；而当进口增长速度慢时，经济增长率呈下降趋势。客观地说，进口对经济增长有一定的促进作用。

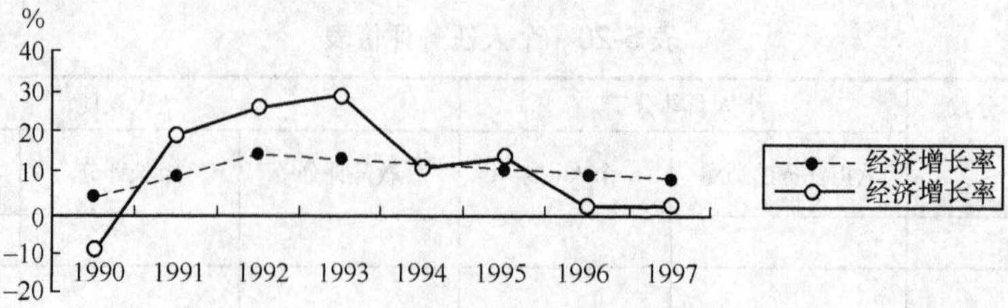

图 5-10　经济增长率与进口增长率关系

表 5-21　1990～1997 年经济增长率与进口增长率　　单位：%

年　份	1990	1991	1992	1993	1994	1995	1996	1997
经济增长率	3.8	9.2	14.2	13.5	12.7	10.5	9.6	8.8
进口增长率	−9.8	19.6	26.3	29.0	11.2	14.2	2.1	2.5

资料来源：中国对外贸易经济年鉴 1997/1998，p.385。

表 5-22　1978～1997 年我国 GDP 及进口总额　　单位：亿元

年　份	CDP	进　口　额
1978	3624.1	187.4
1979	4038.2	242.9
1980	4517.8	298.8
1981	4862.4	367.7
1982	5294.7	357.5
1983	5934.5	421.8
1984	7171.0	620.5
1985	8964.4	1257.8
1986	10 202.2	1498.3
1987	11 962.5	1614.2
1988	14 928.3	2055.1
1989	16 909.2	2199.9
1990	18 547.9	2574.3
1991	21 617.8	3398.7
1992	26 638.1	4443.3
1993	34 634.4	5986.2
1994	46 759.4	9960.1
1995	58 478.1	11 048.1
1996	67 884.6	11 557.4
1997	74 772.4	11 805.8

资料来源：国家统计局．1992．中国统计年鉴．北京：中国统计出版社，p627；
国家统计局．1998．中国统计年鉴．北京：中国统计出版社，p55，p620。

2. 进口与经济增长正相关的回归分析

（1）使用的模型

设经济增长额为 y，进口额为 x，建立简单的一元一次回归模型

$$Y=a+bX$$

根据最小二乘法得

$$a=3159$$
$$b=5.35$$

因此，y 对 x 的线性回归方程为

$$y=3159+5.35x$$

它表明国内生产总值同进口额之间的平均变动关系。

（2）回归模型的检验

验证变量 y 与 x 之间是否有“真实的”线性关系。

t 检验：$t_b=29.06$，查 t 分布表，得 $t_\alpha/2=3.17t_b>t_\alpha/2$，表明回归系数 b 是显著的，国内生产总值与进口额之间存在线性关系。

F 检验：查 F 分布表得 $F_\alpha=4.41$，由于 $F>F_\alpha$，回归方程的回归效果显著。所以，在一元线性回归中，F 检验与 t 检验的结果相同，国内生产总值与进口额之间存在线性关系。

3. 相关性分析

y 与 x 之间线性相关的程度可以用相关系数 r 来度量。由于 $0<r<1$，表明 x 与 y 之间显著正相关，即国民经济与进口之间显著正相关。

思考题：

1）根据上述案例分析相关回归分析的意义。

2）相关分析和回归分析的区别有哪些？

任务要求

在市场调查过程中，研究人员常常对两个变量是否存在关联关系以及关联强度等感兴趣。例如顾客对品牌的态度与价格敏感度的相关程度等。本次任务就是要求各项目小组用动态分析方法分析数据。例如要做徐州易初莲花超市自有品牌满意度调查研究，本次的任务就是用相关回归分析方法分析徐州易初莲花超市自有品牌满意度相关数据。

任务分析

本次任务要求用相关回归分析方法分析数据。大家想一想怎样进行相关回归分析分析呢？相关回归分析的含义是什么？有哪些具体的方法呢？

各小组该怎样完成本次的任务呢？这就必须进入下一个环节先进行学习。

任务学习

一、如何进行相关分析

相关分析，就是用一个指标来表明现象间相互依存关系的密切程度。利用相关分析可以分析现象之间有无依存关系。有互相依存关系，才有必要进行进一步的研究。利用相关分析可以判断相关关系的表现形式，究竟是线性相关还是非线性相关，如果是非线性相关，是什么形式的非线性相关。现象之间的相关关系是一种不严格的数量关系，相关关系就是要从这种松散的数量关系中，判定其相关关系的密切程度和方向。

1. 相关关系的含义

一切客观事物都是相互联系相互依存的。现象之间的数量关系存在着两种不同的类型，函数关系和相关关系。函数关系反映在一定条件下，现象之间存在着严格的依存关系，亦即对于某一变量的每一数值，都有另一个的确定值与之相对应；这种关系也称为确定性关系。例如，圆面积（S）和它的半径（R）之间的关系可用下述关系式表示：$S=\pi R^2$。这表明圆面积是随其半径的大小而变动，S 是 R 的函数。而相关关系则反映的是变量之间既存在密切的关系，但又不能由一个（或几个）变量的数值精确地求出另一个变量的值。亦即对于某一变量的每一个数值，可以有另一个变量的若干数值与之相对应，在这些数值之间表现出一定的波动性，但又总是围绕它们的平均值并遵循一定的规律而变动。这种依存关系就是相关关系，也称为不确定性关系。例如，在农业生产中，每亩耕地的施肥量与农作物亩产量之间有一定的关系：当施肥量适当增加时，产量也相应增加。可以肯定，肥料是农作物增产的主要因素，但影响农作物的因素是多种多样的，如自然条件的变化、种子的品质等都会影响农作物的收获量，即使在施肥量相同的条件下，每亩产量有多有少，并不随之而确定。只有通过统计的大量观察，才能揭开这两个有关因素之间的数量规律性，施肥量和农作物产量之间的这种关系就是相关关系。

上述函数关系和相关关系之间并不存在严格的界限。由于有测量误差等原因，函数关系在实际中往往通过相关关系表现出来；反之，当人们对现象之间的内在联系和规律性了解得越深刻，则相关关系就越可能转化为函数关系。

2. 相关关系的种类

相关关系可以按不同的标志加以区分。

1）按照相关关系涉及的变量（或因素）的多少，可以分为单相关、复相关和偏相关。

单相关是指两个变量之间的相关关系。复相关是指一个变量对两个或两个以上其他变量的相关关系。例如，产量同生产设备能力、工人出勤率、工人技术水平 3 个因素的关系就是复相关。当研究某一变量与两个以上变量的相关时，如果把其余的变量看成不变（即当做常数），其中两个变量的相关关系就称为偏相关或净相关。

2）按照变量之间相互关系的表现形式的不同，可以分为线性相关和非线性相关。

当两种现象之间的关系大致呈现为线性关系时，称为线性相关。当线性相关时，两个变量在散点图上近似表示成一种直线。当现象之间的关系不是直线关系，而是曲线关系时，就称为曲线相关。从图形上看，曲线相关时各个观测点的分布近似地表现为各种不同的曲线形式，如抛物线、双曲线、指数曲线等。

3）按照变量之间的相互关系的方向不同，可以分为正相关和负相关。

在某些现象之间，当一个变量 X 值增加（或减少）时，另一变量 Y 值也相应地增加（或减少），这种相关关系就是正相关。例如，劳动生产率提高时产量也相应增加；单位产品消费的原材料减少时产品成本随之降低。这两种现象都是正相关。

当一个变量 X 值增加（或减少）时，另一变量 Y 值随之而减少（或增加），则这种相关关系表现为负相关。例如，当劳动生产率提高时，生产的单位成本就随之下降；商品价格降低时，商品的销售量随之增加。这些现象就属于负相关。

4）按照变量之间的相关程度，可以分为完全相关、不完全相关和不相关。

如果一个变量的数量变化由另一个变量的数量变化所唯一确定，这时两个变量间的关系称为完全相关。这种情况下，相关关系实际上是函数关系。所以，函数关系是相关关系的一种特殊情况。

如果两个变量之间彼此的数量变化互相独立，这种关系称为不相关。

如果两个变量之间的关系介于不相关和完全相关之间，称为不完全相关。大多数相关关系属于不完全相关。

3. 相关表的绘制

相关表、相关图和相关系数都是测定现象之间是否存在相关关系的工具。相关表是反映变量之间相关关系的统计表。通过相关表可以初步看出相关关系的形式、密切程度和相关方向。相关表主要有以下几种。

（1）简单相关表

将某一变量按其取值的大小排列，然后再将与其相关的另一变量的对应值平行排列，便得到简单的相关表。例如，某地工业局所属 10 个同类型企业，2003 年生产性固定资产价值与工业总产值具有相关关系，可以编制相关表，如表 5-23 所示。

表 5-23　某局各企业固定资产和总产值统计表　　　单位：万元

企业编号	生产性固定资产价值	总 产 值
3	200	638
7	314	650
1	318	524
4	409	815
5	415	913
6	502	928
2	910	1019

续表

企业编号	生产性固定资产价值	总　产　值
9	1022	1219
8	1210	1516
10	1225	1624
合计	6525	9801

从表中可以看出随着生产性固定资产价值的增加，总产值也有增加的趋势。

（2）分组相关表

如果原始资料很多，简单相关表就很难使用了。这时就要将原始资料进行分组，然后编制相关表，这种相关表称为分组相关表。分组相关表包括单变量分组表和双变量分组表两种。

1）单变量分组表。在原始资料比较多时，对自变量数值进行分组，计算出各组的次数和因变量组平均数的统计表，称为单变量分组表。例如，根据某纺织厂 2003 年每个工人看管织机台数和布匹的时劳动生产率的资料，编制单变量分组相关表如表 5-24 所示。

表 5-24　某纺织厂工人看管织机台数和时劳动生产率统计

工人看管织机台数/台	工人数/人	时劳动生产率/米
5～7	10	14
7～9	14	17
9～11	21	22
11～13	30	25
13～15	33	32
15～17	32	37
17～19	21	42

表 5-24 是只将工人按看管织机台数分组，而未按时劳动生产率分组的单变量分组表。从表中可以粗略地看出，随着各组工人看管织机台数的增加，时劳动生产率有提高的趋势。

2）双变量分组表。对两种有关变量都进行分组，交叉排列，并列出两种变量各组间的共同次数，这种统计表称为双变量分组表。例如，根据某省建材局的运材队 2003 年汽车运材成本和运量的资料，编制双变量分组表如表 5-25 所示。

表 5-25　某建材局 2003 年汽车运材成本和运量统计

运材成本/（元/立方米）	木材运量/万立方米					
	1～11	11～21	21～31	31～41	41～51	合计
16～21	2	1				3
11～16	5	3	4	1		13
6～11		3	3	1	1	8
合计	7	7	7	2	1	24

通过双变量相关表中各组次数分布的情况，可初步判断两种变量间相关的形态、方向和程度。例如衬衫的生产，必须考虑各种体形的消费者所需要的规格型号。为了适销

对路，服装厂就需要进行抽样调查，将领口、袖长按不同规格进行交叉分组，编制相关表，计算它们在各组的共同次数占总次数的比例，以决定生产各种不同规格衬衫的数量。

4. 相关图的绘制

相关图也称散点图。它是把相关表中两个变量的对应值在平面直角坐标系中用点描绘出来，表示相关点的分布情况。通过相关图可以直观地判断两个相关的变量间有无相关关系，及相关的形式、方向和密切程度。

（1）强正相关

当变量 x 的数值增大时，变量 y 的数值也明显增大，相关点的分布集中呈直线形状，说明这两个变量间是强正相关，如图 5-11（a）所示。

（2）弱正相关

当变量 x 的数值增大时，变量 y 的数值也增大，但其相关点的分布比较分散，这说明这两个变量间是弱正相关，如图 5-11（b）所示。

（3）强负相关

当变量 x 的数值增大时，变量 y 的数值显著减少，相关点的分布集中呈直线形状，反映这两个变量间是强负相关，如图 5-11（c）所示。

（4）弱负相关

当变量 x 的数值增大时，变量 y 的数值趋于下降，但其相关点的分布比较松散，这说明这两个变量间是弱负相关，如图 5-11（d）所示。

（5）线性相关（曲线相关）

当变量 x 的数值增大时，各相关点的分布呈曲线状，这是非线性的表示，如图 5-11（e）所示。

（6）不相关

在图形上各相关点很分散，它说明变量 x 和变量 y 没有相关关系，如图 5-11（f）所示。

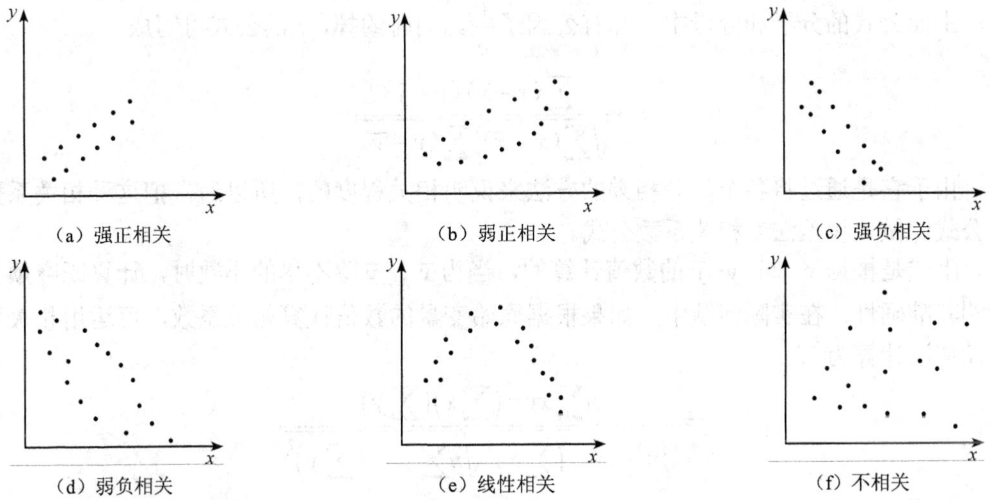

（a）强正相关　（b）弱正相关　（c）强负相关

（d）弱负相关　（e）线性相关　（f）不相关

图 5-11　相关图

5. 相关系数的计算

（1）相关系数

相关系数是直线相关条件下，说明两个现象之间相关关系密切程度的统计分析指标。通常用ρ表示总体相关系数，用 r 表示样本相关系数。

总体相关系数的计算公式为

$$\rho=\frac{\mathrm{Cov}(X,\ Y)}{\sqrt{\mathrm{Var}(X)\mathrm{Var}(Y)}}$$

总体相关系数是反映两变量之间相关程度的一种特征值，表现为一常数。

样本相关系数的计算公式为

$$r=\frac{\frac{1}{n}\sum(x-\overline{x})(y-\overline{y})}{\sqrt{\frac{1}{n}\sum(x-\overline{x})^2}\sqrt{\frac{1}{n}\sum(y-\overline{y})^2}}$$

式中：n——资料项数；

$\overline{x}$——x 变量数列的算术平均值；

$\overline{y}$——y 变量数列的算术平均值；

σ_x——x 变量数列的标准差；

σ_y——y 变量数列的标准差；

σ_{xy}——x，y 两个变量数列的协方差。

样本相关系数是根据样本观测值计算的，抽取的样本不同，其具体的数值也会有所差异，样本相关系数是总体相关系数的一致估计量。

上面公式的分子和分母中，都有公因子 $\frac{1}{n}$。同时约掉，r 的公式可写成

$$r=\frac{\sum(x-\overline{x})(y-\overline{y})}{\sqrt{\sum(x-\overline{x})^2\sum(y-\overline{y})^2}}$$

由于它是通过将各个离差相乘的方法来说明相关程度的，所以通常把这种相关系数的公式叫做“积差法”相关系数公式。

上式是根据 $x-\overline{x}$，$y-\overline{y}$ 的数值计算的，当为 $\overline{x}$、$\overline{y}$ 除不尽的小数时，计算既麻烦又影响其准确性。在实际问题中，如果根据原始变量的数值计算相关系数，可运用相关系数简捷法计算为

$$r=\frac{n\sum xy-\left(\sum x\right)\left(\sum y\right)}{\sqrt{n\sum x^2-\left(\sum x\right)^2}\sqrt{n\sum y^2-\left(\sum y\right)^2}}$$

此式可以不用计算两个变量数列的平均值与标准差，节约工作量，而且可以减少计

算平均值除不尽所带来的误差。

此公式可由“积差法”相关系数计算公式推导得出。事实上为

$$\begin{aligned}\sum(x-\bar{x})^2&=\sum(x^2-2x\bar{x}+\bar{x}^2)\\&=\sum x^2-\sum(2x\bar{x})+\sum\bar{x}^2\\&=\sum x^2-2\bar{x}\left(\frac{\sum x}{n}\right)n+n\bar{x}^2\\&=\sum x^2-n\bar{x}^2\\&=\sum x^2-\frac{\left(\sum x\right)^2}{n}\end{aligned}$$

用同样方法可得：

$$\sum(y-\bar{y})^2=\sum y^2-\frac{\left(\sum y\right)^2}{n}$$

$$\sum(x-\bar{x})(y-\bar{y})=\sum xy-\frac{\left(\sum x\right)\left(\sum y\right)}{n}$$

把以上结果代入积差法相关系数计算公式简化后，即可得出相关系数简捷法的公式。如果令

$$L_{xx}=\sum(x-\bar{x})^2$$

$$L_{yy}=\sum(y-\bar{y})^2$$

$$Lxy=\sum(x-\bar{x})(y-\bar{y})$$

则相关系数公式可写成：

$$r=\frac{L_{xy}}{\sqrt{L_{xx}L_{yy}}}$$

从此公式中可以看出：r 取正值或负值决定于分子 L_{xy}，当 L_{xy} 为正时，得出 r 为正相关，当 L_{xy} 为负值，得出 r 为负相关。

相关系数的取值范围，是 $|r|\leqslant 1$ 或 $-1\leqslant r\leqslant 1$，即 r 的取值介于 -1 与 1 之间。计算结果 $r>0$ 为正相关，$r<0$ 为负相关。相关系数 r 的数值越接近于 1（+1 或 -1），相关关系越强；越接近于 0，相关关系越弱。如果 $r=1$ 或 $r=-1$，则表示两个现象完全线性相关。如果 $r=0$，则表示两个现象不存在线性关系。需要注意的是，r 只表示 x 和 y 的线性相关程度，当 $|r|$ 很小甚至等于 0 时，并不一定表示 x 与 y 之间就不存在其他非直线类型的关系。

当 $0<|r|<1$ 时，表示 x 和 y 存在着一定的线性相关，一般分为 4 个等级，判断标准如下：

若 $0<|r|\leqslant 0.3$，则称 x 与 y 为微弱相关。

若 $0.3<|r|\leqslant 0.5$，则称 x 与 y 为低度相关。

若 $0.5<|r|\leqslant 0.8$，则称 x 与 y 为显著相关。

若 $0.8<|r|<1$，则称 x 与 y 为高度相关。

按表 5-26 的资料计算相关系数 r。

表 5-26　计算过程

企业编号	固定资产价值 x	总产值 y	x^2	y^2	xy
1	318	524	101 124	274 576	166 632
2	910	1019	828 100	1 038 361	92 790
3	200	638	40 000	407 004	127 600
4	409	815	167 281	664 225	333 335
5	415	913	172 225	833 569	378 895
6	502	928	252 004	861 184	465 856
7	314	605	98 596	366 025	189 970
8	1210	1516	1 464 100	2 298 256	1 834 360
9	1022	1219	1 044 484	1 485 961	1 245 818
10	1225	1624	1 500 525	2 637 376	1 989 400
合计	6525	9801	5 668 539	10 866 577	7 659 156

$$\sum xy=7\,659\,156，\sum x^2=5\,668\,539，\sum y^2=10\,866\,577$$

$$\bar{x}=\frac{\sum x}{n}=6525/10=652.5，\bar{y}=\frac{\sum y}{n}=9801/10=980.1$$

$$L_{xy}=\sum xy-n\bar{x}\bar{y}=7\,659\,156-10\times 6520.5\times 980.1=1\,264\,003.5$$

$$L_{xx}=\sum x^2-n\bar{x}^2=5\,668\,539-10\times 652.5^2=1\,410\,976.5$$

$$L_{yy}=\sum y^2-n\bar{y}^2=10\,866\,577-10\times 980.1^2=1\,260\,616.9$$

$$r=\frac{L_{xy}}{L_{xx}L_{yy}}=\frac{126\,400.5}{\sqrt{1\,410\,976.5}\sqrt{1\,260\,616.9}}=0.948$$

由此可以判断：总产值与生产性固定资产价值之间存在着高度正相关关系。

（2）相关系数的检验

相关系数一般都是根据样本计算的，因而带有一定的随机性，样本容量越小其可信程度就越差。因此需要进行检验。即对总体相关系数是否等于 0 进行检验。可以证明，在 x 和 y 都服从正态分布，且 $\rho=0$ 的情况下，可以用统计量检验样本相关系数的显著性。具体步骤如下：

第一步，计算 t 统计量的值。

$$t=\frac{r\sqrt{n-2}}{\sqrt{1-r^2}}$$

第二步，根据给定的显著性水平和自由度（$n-2$），查找 t 分布表中相应的临界值 $t_{\alpha/2}$，若 $|t| \geqslant t_{\alpha/2}$，表明样本相关系数在统计上是显著的。

二、如何进行回归分析

通过相关分析，可以判定变量间是否存在相关关系以及相关的程度和方向。但它并没有说明变量间的数量变动关系，不能说明一个现象发生一定量的变化时，另一个变量将会发生多大的变化。所以还必须进行回归分析。

1. 回归分析的含义

所谓回归分析，是指对具有相关关系的现象，选择一个合适的数学模型，用来近似地表示变量间的平均变化关系，以进行估计和预测的一种统计分析方法。回归分析实际上是相关现象间不确定、不规则的数量关系一般化、规则化。采用的方法是配合直线或曲线，用这条直线或曲线来代表现象之间的一般数量关系。这条直线或曲线叫回归直线或回归曲线，它们的方程式叫直线方程或曲线方程。

回归分析与相关分析是研究变量之间相互联系的两种统计方法，它们既有区别又有密切的联系。

回归分析与相关分析的区别：

1）相关分析所研究的两个变量是对等关系没有自变量和因变量之分；回归分析所研究的两个变量之间的关系是不对等的，必须根据研究目的，事先确定因变量和自变量。

2）对两个变量 x 和 y 来说，相关分析只能计算出一个反映两个变量间相关密切程度的相关系数，计算中改变 x 和 y 的地位不影响相关系数的数值；回归分析有时可以根据研究目的的不同分别建立两个不同的回归方程。以 x 为自变量，y 为因变量，可以得出 y 对 x 的回归方程。以 y 为自变量，x 为因变量，可以得出 x 对 y 的回归方程。

3）相关分析对资料的要求是，两个变量都必须是随机变量，而回归分析对资料的要求是，自变量是可以控制的变量（给定变量），因变量是随机变量。

回归分析与相关分析的联系：

1）相关分析是回归分析的基础和前提。如果缺少相关关系，没有从定性上说明现象间是否具有相关关系，没有对相关关系的密切程度做出判断，就不能进行回归分析，即便勉强进行了回归分析，也没有实际意义。

2）回归分析是相关分析的深入和继续。仅仅说明现象间有密切的相关关系是不够的，只有进行了回归分析，拟合了回归方程，才能表明现象数量相关的具体形式。因此，如果仅有回归分析而缺少相关分析，将会因为缺乏必要的基础和前提而影响回归分析的可靠性；如果仅有相关分析而缺少回归分析，就会降低相关分析的意义。只有把两者结合起来，才能达到统计分析的目的。

2. 一元线性回归模型

根据观测数据，通过回归分析，可以求出一定的关系式，即回归方程式。回归方程式如果是线性的，就称为线性回归方程式，否则称为非线性回归方程式。一元线性回归方程是描述两个变量之间的直线关系的方程式，在回归分析中是应用最广泛的数学形式。这是由于：

1）自然现象或社会经济现象中很多事物之间的关系比较近于线性模型。

2）在社会经济现象中，存在着许多相互关联的因素，例如每个家庭的消费支出，受到许多因素的影响，其中除了家庭所得收入因素之外，还有家庭成员数和年龄结构、消费习惯等因素。又如，产品产量取决于投入的资金、劳动力、各种原材料和技术进步等因素。当研究这些经济现象之间的变动关系时，应该考虑其有关的制约因素。但在实际工作中，往往因客观条件的限制，或者出于研究者的目的，为了突出其中某一个最重要因素，亦即只取某个重要的自变量的数值求出因变量的值。这是研究经济过程中的一种简单的情况，比较容易处理和解释。

3）一元线性回归分析是一般回归分析的基础，多元回归分析或非线性回归分析是从一元回归分析的基本理论发展起来的。

以下将着重讨论一元线性回归问题。

根据实验点或观测数据绘制散点图，可以形象地反映两个变量间相关的形式、方向和密切程度。如果各散点的分布大致呈直线趋势，可以判定两个变量存在线性关系，并可以在散点的附近拟合一条直线，来近似地表示两个变量之间的相关关系。此时，配合的直线称为回归直线，其方程称为回归直线方程。回归直线方程的一般形式可以表示为

$$y_c=a+bx\text{（}a\text{、}b\text{ 为待定参数）}$$

上式中 x 为自变量，y_c 为因变量的估计值。a 表示直线的起点值，数学上称为纵截距。b 称为回归系数，其经济含义是：当自变量增加一个单位时，因变量的平均增加（减少）量。$b>0$ 时，增加，$b<0$ 时，减少。

要建立回归直线方程，关键在于确定参数 a 和 b 的值。下面用最小二乘法给出参数 a 和 b 的值，建立回归直线方程。

最小二乘法原理要求所拟合的直线与各散点“最接近”。即使因变量 y 的估计值与真实值的离差平方和最小。若令 $Q=\sum(y-y_c)^2$，则 Q 应该取最小值。

将 $y_c=a+bx$ 代入上式得到

$$Q=\sum(y-y_c)^2$$

要使 Q 取最小值，其必要条件是它对 a 和 b 的一阶导数等于零，即

$$\begin{cases}\dfrac{\partial Q}{\partial_a}=2\sum(y-a-bx)=0\\ \dfrac{\partial Q}{\partial_b}=2\sum x(y-a-bx)=0\end{cases}$$

由此可以整理写成以下标准方程：

$$\begin{cases}\sum y=na+b\sum x\\ \sum xy=n\sum x+b\sum x^2\end{cases}$$

并可求得

$$b=\frac{\sum xy-\frac{1}{n}\sum x\sum y}{\sum x^2-\frac{1}{n}(\sum x)^2}=\frac{L_{xy}}{L_{xx}}$$

$$a=\overline{y}-b\overline{x}$$

由实际资料便可求出 a 和 b 的值。将其代入 $y_c=a+bx$ 中便可得出回归直线方程。

一般来说建立回归直线的过程如下：

列出计算表，求出 $\sum xy,\sum x^2,\sum y^2,\overline{x},\overline{y}$；计算 L_{xx}，L_{yy}和 L_{xy}的值，求出 a 和 b 的值并写出所求方程。

例如，某工厂某产品的产量与单位成本资料如表 5-27 所示，试求单位成本与产量的回归直线方程。

表 5-27　某工厂产量与单位成本统计

月　份	产量/千件	单位成本/（元/件）
1	2	73
2	3	72
3	4	71
4	3	73
5	4	69
6	5	68

解：列计算表，如表 5-28 所示。

表 5-28　计算过程

月　份	产量/千件 x	单位成本/（元/件） y	X^2	y^2	xy
1	2	73	4	5329	146
2	3	72	9	5184	216
3	4	71	16	5041	284
4	3	73	9	5329	219
5	4	69	16	4761	276
6	5	68	25	4624	340
合计	21	426	79	30 268	1481

因为　　$\sum xy=1481$，$\sum x^2=79$，$\sum y^2=30\,268$，

$$\bar{x}=\frac{\sum x}{n}=\frac{21}{6}=3.5,\ \bar{y}=\frac{\sum y}{n}=\frac{426}{6}=71$$

所以
$$L_{xy}=\sum xy-n\bar{x}\,\bar{y}=1484-6\times3.5\times71=-10$$

$$L_{xx}=\sum x^2-n\bar{x}^2=79-6\times3.5^2=5.5$$

$$L_{yy}=\sum y^2-n\bar{y}^2=30\,268-6\times71^2=22$$

$$b=\frac{L_{xy}}{L_{xx}}=\frac{-10}{5.5}=-1.82$$

$$a=\bar{y}-b\bar{x}=71-(-1.82)\times3.5=77.37$$

回归直线方程为

$$y_c=77.37-1.82x$$

在回归直线方程中，回归系数 $b=-1.82$ 表示：产量每增加 1 千件，单位成本平均下降 1.82 元。同时，根据回归方程，可以由自变量的值对因变量的值进行估计和预测。例如，当产量为 6000 件时，单位成本 $y_c=77.37-1.82\times6=66.45$（元/件）。

3．估计标准误差

研究两个变量的线性关系时，根据直线回归方程，按给定的自变量值可以推算出相应的因变量值，亦即得出估计值 y_c。而估计值 y_c 与其对应的实际观测 Y 之间存在一定的离差，称为估计误差。这种估计误差的大小，可以说明回归方程估计或推算结果的准确程度，同时也可以反映回归直线代表性的大小。若偏差大，则说明回归方程的代表性低；若偏差小，则说明回归方程的代表性高。一般来说，可以通过计算估计标准误差来判断回归方程的代表性。

估计标准误差是指因变量实际值与理论值离差的平均值，其计算原理与标准差基本相同。其定义公式为

$$s_y=\sqrt{\frac{\sum(y-y_c)^2}{n-2}}$$

式中：s_y——估计标准误差；

n——样本容量。

例如，以表 5.3.5 的资料计算估计标准误差。

解：列计算表，如表 5-29 所示。

表 5-29　计算过程

月　份	x	y	y_c	$y-y_c$	$(y-y_c)^2$
1	2	73	73.73	−0.73	0.5329
2	3	72	71.91	0.09	0.0081
3	4	71	70.09	0.91	0.8281
4	3	73	71.91	1.09	1.1881

续表

月　份	x	y	y_c	$y-y_c$	$(y-y_c)^2$
5	4	69	70.09	−1.09	1.1881
6	5	68	68.27	−0.27	0.0729
合计	21	426			3.8182

所以

$$s_y=\sqrt{\frac{\sum(y-y_c)^2}{n-2}}=\sqrt{\frac{3.8182}{4}}$$

计算结果表明：因变量的实际值与估计值的平均离差为 0.95 元。

计算出了估计标准误差，便可以对回归方程的代表性进行检验。若估计标准误差 s_y 大，则回归方程的代表性小，因而估计值 y_c 的可靠性就低；反之，s_y 小，则回归方程的代表性大，因而估计值 y_c 的可靠性就高。因此只有在估计标准误差小的情况下，用回归方程估计或预测才具有实际意义。

任务实施

实训练习

用 Excel 进行相关与回归分析

10 个学生身高和体重的情况如表 5-30 所示，要求对身高和体重作相关和回归分析。

表 5-30　学生的身高和体重情况

学　生	身高/厘米	体重/公斤
1	171	53
2	167	56
3	177	64
4	154	49
5	169	55
6	175	66
7	163	52
8	152	47
9	172	58
10	160	50

1. 用 Excel 进行相关分析

首先把有关数据输入 Excel 的单元格中，如图 5-12 所示。

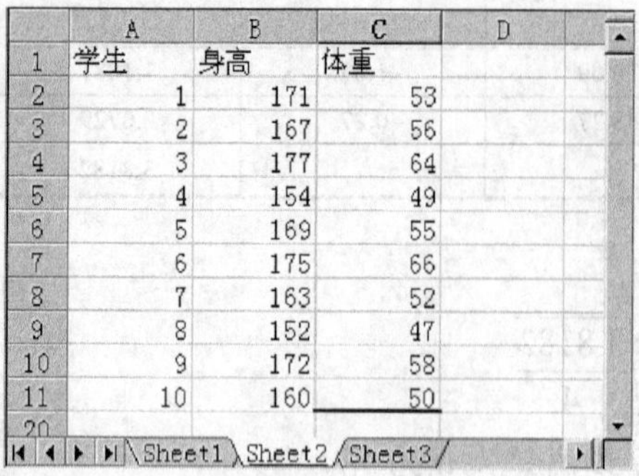

图 5-12 输入数据

用 Excel 进行相关分析有两种方法，一是利用相关系数函数，另一种是利用相关分析宏。

（1）利用函数计算相关系数

在 Excel 中，提供了两个计算两个变量之间相关系数的方法，CORREL 函数和 PERSON 函数，这两个函数是等价的，这里我们介绍用 CORREL 函数计算相关系数：

第一步，单击任一个空白单元格，单击插入菜单，选择函数选项，打开粘贴函数对话框，在函数分类中选择统计，在函数名中选择 CORREL，单击确定后，出现 CORREL 对话框。

第二步，在 array1 中输入 B2：B11，在 array2 中输入 C2：C11，即可在对话框下方显示出计算结果为 0.896，如图 5-13 所示。

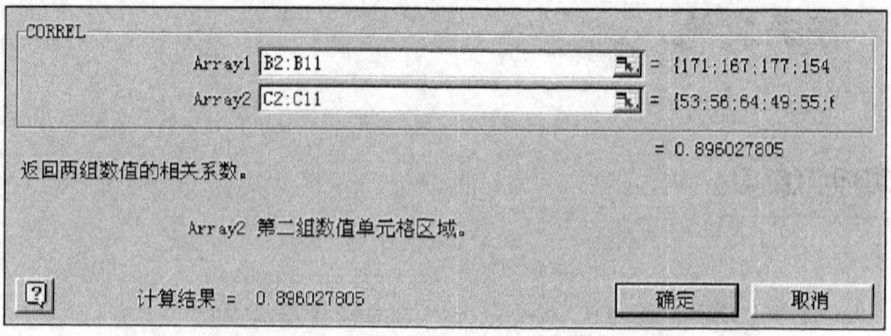

图 5-13 CORREL 对话框及输入结果

（2）用相关系数宏计算相关系数

第一步，单击工具菜单，选择数据分析选项，在数据分析选项中选择相关系数，弹出相关系数对话框，如图 5-14 所示。

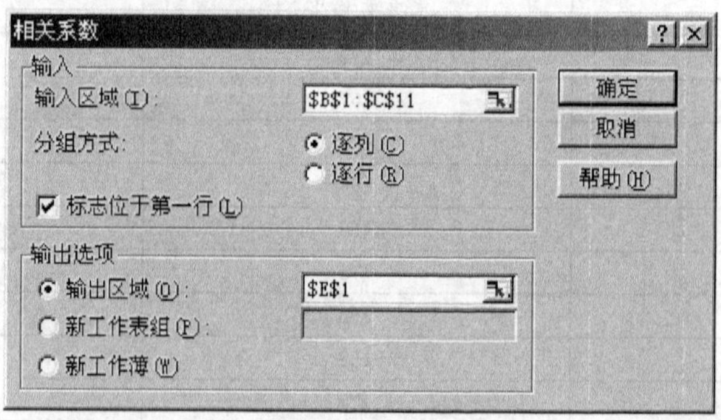

图 5-14 “相关系数”对话框

第二步，在输入区域输入$B$1:$C$1，分组方式选择逐列，选择标志位于第一行，在输出区域中输入$E$1，单击确定，得输出结果如图 5-15 所示。

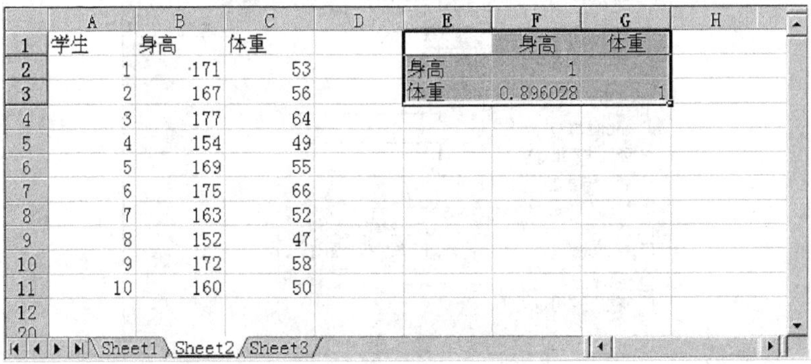

图 5-15　相关分析输出结果

在上面的输出结果中，身高和体重的自相关系数均为 1，身高和体重的相关系数为 0.896，和用函数计算的结果完全相同。

2. 用 Excel 进行回归分析

Excel 进行回归分析同样分函数和回归分析宏两种形式，其提供了 9 个函数用于建立回归模型和预测。这 9 个函数分别是：

INTERCEPT：返回线性回归模型的截距

SLOPE：返回线性回归模型的斜率

RSQ：返回线性回归模型的判定系数

FORECAST：返回一元线性回归模型的预测值

STEYX：计算估计的标准误

TREND：计算线性回归线的趋势值

GROWTH：返回指数曲线的趋势值

LINEST：返回线性回归模型的参数

LOGEST：返回指数曲线模型的参数

用函数进行回归分析比较麻烦，我们这里介绍使用回归分析宏进行回归分析。

第一步，单击“工具”菜单，选择数据分析选项，出现“数据分析”对话框，在分析工具中选择回归，如图 5-16 所示。

第二步，单击“确定”按钮，弹出回归对话框，在 Y 值输入区域输入$B$2:$B$11，在 X 值输入区域输入$C$2:$C$11，在输出选项选择新工作表组，如图 5-17 所示。

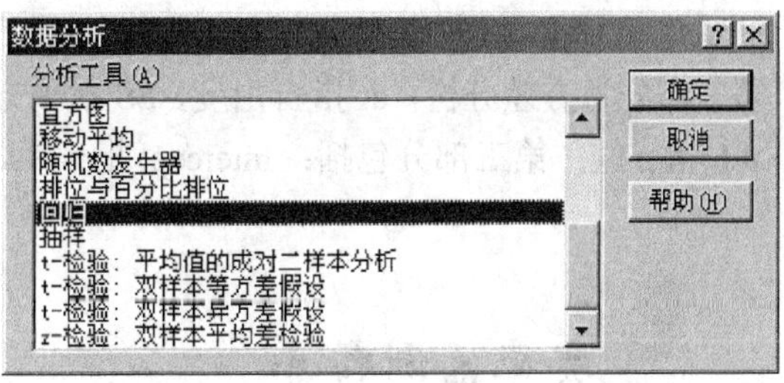

图 5-16　“数据分析”对话框

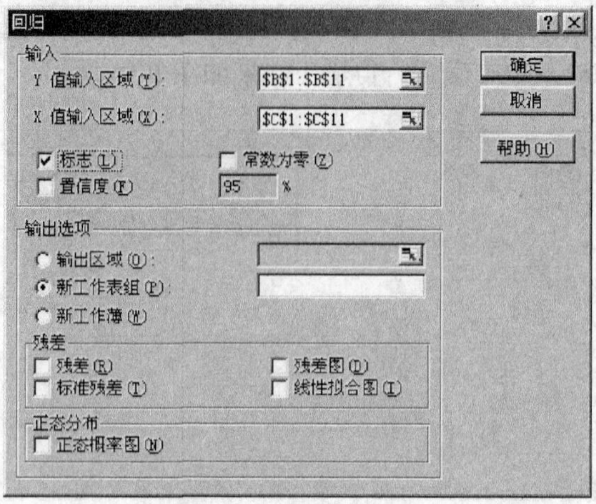

图 5-17 “回归”对话框

第三步，单击“确定”按钮，得回归分析结果如图 5-18 所示。

	A	B	C	D	E	F	G	H	I
1	SUMMARY OUTPUT								
2									
3	回归统计								
4	Multiple R	0.8960278							
5	R Square	0.80286583							
6	Adjusted R Square	0.77822406							
7	标准误差	4.02669663							
8	观测值	10							
9									
10	方差分析								
11		df	SS	MS	F	gnificance F			
12	回归分析	1	528.2857	528.2857	32.5815	0.00045			
13	残差	8	129.7143	16.21429					
14	总计	9	658						
15									
16		Coefficients	标准误差	t Stat	P-value	Lower 95%	Upper 95%	下限 95.0%	上限 95.0%
17	Intercept	98.4285714	11.90627	8.266955	3.45E-05	70.97265	125.8845	70.97265	125.88449
18	体重(公斤)	1.22857143	0.215236	5.70802	0.00045	0.732236	1.724907	0.732236	1.7249068
19									

Sheet4 / Sheet1 / Sheet2 / Sheet3

图 5-18 Excel 回归分析结果

在上面的输出结果中，第一部分为汇总统计，MultipleR 指复相关系数，R Square 指判定系数，Adjusted 指调整的判定系数，标准误差指估计的标准误差，观测值指样本容量；第二部分为方差分析，df 指自由度，SS 指平方和，MS 指均方，F 指 F 统计量，Significance of F 指 p 值；第三部分包括：Intercept 指截距，Coefficient 指系数，t stat 指 t 统计量。

实施范例指导

调研项目：易初莲花超市自有品牌满意度调查。

具体任务：用相关回归分析法分析易初莲花超市自有品牌满意度相关数据。

易初莲花超市自有品牌满意度相关分析法

为了了解总体满意度和性价比、质量、包装、摆放位置、宣传促销和服务六个方面的相关关系，特对调查数据进行了相关分析，发现对服务的满意度、宣传促销的满意度和总体满意度的相关性最大，相关系数分别为 0.7821 和 1.7622；摆放位置、包装和性价比的满意度对总体满意度的评价关联度较高，相关系数分别为 0.6847、0.6182 和 0.6089；而质量的满意度对总体满意度的评价关联度最小，相关系数为 0.4335。而且当取置信度为 95%时，统计量均大于临界值 1.66（以上数据见表 5-31），因此表明样本相关系数在统计上是显著的。数据表明，服务、宣传和总体满意度关联度最高，说明对自有品牌商品在服务、宣传促销方面的满意，对自有品牌商品总体满意度的评价的满意提升很大；摆放位置、包装和性价比的满意度对总体满意度的评价关联度较高，对自有品牌商品总体满意度的评价的满意提升较大；而质量和总评价关联度稍低，是由于顾客认为自有品牌商品质量好是最基本的要求，也就是说，对自有品牌商品质量的满意，对自有品牌商品总体满意度的评价的满意提升较小，因为顾客觉得自有品牌商品质量好是应该的，也是最起码的要求。同时发现服务满意度与包装满意度、摆放位置满意度和广告宣传满意度 3 个方面也存在显著相关，相关系数都超过 0.5，数据说明提高包装、摆放位置、宣传促销 3 个方面的满意度越高，对服务的满意度也相应提高。

表 5-31　相关系数

项　目	性价比	质量	包装	摆放位置	广告宣传	服务
性价比	1					
质量	0.0748	1				
包装	0.2871	0.0569	1			
摆放位置	0.2314	0.1362	0.3029	1		
广告宣传	0.3179	0.3131	0.3642	0.4516	1	
服务	0.3907	0.0564	0.5054	0.5429	0.5476	1
总评价	0.6089	0.4335	0.6182	0.6847	0.7622	0.7821
t 统计量	7.6377	4.7867	7.8248	9.3481	11.7157	12.488

实施要求

1）实训练习。

2）各项目小组参照范例针对所调研项目进行相关回归分析。

3）做好记录。

任务评价

自我测试

1．理论知识测试

1）按照变量之间相互关系的表现形式的不同可把相关关系分为（ ）。

A．线性相关 B．非线形相关 C．正相关 D．负相关

2）当变量 x 的数值增大时，变量 y 的数值也明显增大，相关点的分布集中呈直线形状，说明这两个变量间是（ ）。

A．正相关 B．强正相关 C．负相关 D．强负相关

2．实践技能测试

1）你是否会进行相关分析？

2）你是否会进行回归分析？

评价方法

1．评价标准

1）任务是否及时完成。

2）完成质量。

3）团队表现。

2．评价表

评价表如表 5-32 和表 5-33 所示。

表 5-32 项目小组评价表

分数 组别	是否及时完成	质 量	团队表现
第一组			
第二组			
第三组			
⋮			

表 5-33　个人任务评价表

分数 / 评分依据	个人具体分工		个人表现		
	承担任务的质量	个人记录	教师评分	组长评分	组员互评
成员一					
成员二					
……					

模块六

如何撰写市场信息采集报告

MOKUAILIU

学习目标

1. 掌握市场信息采集报告的用途；
2. 掌握市场信息采集报告的基本要素；
3. 掌握市场信息采集报告的结构；
4. 掌握撰写市场信息采集报告的技术。

培养技能

培养学生撰写市场信息采集报告的技能，学会用比较完美的写作形式准确表达市场调查研究的成果。

学习任务

任务一：做好撰写前的准备工作；
任务二：撰写市场信息采集报告。

通过最后的努力奋斗，我们将要把前期所有的工作都用成果展现出来，成果的完美与否直接影响我们工作的成效，希望大家最终能画上一个完美的句号，取得最后的胜利！

好好加油吧，胜利就在眼前！

任务一 做好撰写前的准备工作

导入案例

女用“刮毛刀”的市场调查

男人长胡子，因而要刮胡子；女人不长胡子，自然也就不必刮胡子。然而，美国的吉利公司却把“刮胡刀”推销给女人，居然大获成功。

吉利公司创建于1901年，其产品因使男人刮胡子变得方便、舒适、安全而大受欢迎。进入20世纪70年代，吉利公司的销售额已达20亿美元，成为世界著名的跨国公司。然而吉利公司的领导者并不以此满足，而是想方设法继续拓展市场，争取更多用户。就在1974年，公司提出了面向妇女的专用“刮毛刀”。

这一决策看似荒谬，却是建立在坚实可靠的市场调查的基础之上的。

吉利公司先用一年的时间进行了周密的市场调查，发现在美国30岁以上的妇女中，有65%的人为保持美好形象，要定期刮除腿毛和腋毛。这些妇女之中，除使用电动刮胡刀和脱毛剂之外，主要靠购买各种男用刮胡刀来满足此项需要，一年在这方面的花费高达7500万美元。相比之下，美国妇女一年花在眉笔和眼影上的钱仅有6300万美元，染发剂5500万美元。毫无疑问，这是一个极有潜力的市场。

根据市场调查结果，吉利公司精心设计了新产品，它的刀头部分和男用刮胡刀并无两样，采用一次性使用的双层刀片，但是刀架则选用了色彩鲜艳的塑料，并将握柄改为弧形以利于妇女使用，握柄上还印压了一朵雏菊图案。这样一来，新产品立即显示了女性的特点。

为了使雏菊刮毛刀迅速占领市场，吉利公司还拟定几种不同的“定位观念”到消费者之中征求意见。这些定位观念包括：突出刮毛刀的“双刀刮毛”；突出其创造性的“完全适合女性需求”；强调价格的“不到50美分”；以及表明产品使用安全的“不伤玉腿”等等。

最后，公司根据多数妇女的意见，选择了“不伤玉腿”作为推销时突出的重点，刊登广告进行刻意宣传。结果，雏菊刮毛刀一炮打响，迅速畅销全球。

这个案例说明，市场调查研究是经营决策的前提，只有充分认识市场，了解市场需求，对市场做出科学的分析判断，决策才具有针对性，从而拓展市场，使企业兴旺发达。

思考题：

1）在撰写报告前要做哪些准备工作？

2）如果根据案例内容撰写调查报告应该做哪些准备工作？

任务要求

数据整理分析完，就必须撰写市场信息采集报告。本次任务就是要求各项目小组作好撰写调查报告前的准备工作。例如，要做徐州易初莲花超市自有品牌满意度调查研究，本次的任务就是作好撰写徐州易初莲花超市自有品牌满意度调查报告的准备工作。

任务分析

本次任务要求作好撰写市场信息采集报告的准备工作。大家想一想撰写前应该做好哪些准备工作呢？各小组该怎样完成本次的任务呢？这就必须进入下一个环节先进行学习。

任务学习

一、准备好所需各种统计图表

撰写市场调查报告应充分使用各种相关的统计图表，从而可大大增强报告的说服力。具体而言，市场调查报告中的统计图表有这样一些作用：第一是将各种有关的数据组合在一起，以非常简明直观的形式提供给报告的读者，从而大大方便读者系统地查阅资料；第二是可帮助读者迅速而容易地理解有关现象的对比结果、各种变化的趋势及其相互关系；第三是读者通过调查报告中的统计图表，可非常容易地分辨出资料的重要程度，从而引起足够的重视。事实上，统计图表在说明某种现象的变化趋势以及各有关因素之间的相互关系时，它比任何文字都更具效果。然而，调查报告中使用统计图表，必须是要做到有明确的目的性，不能只是为了装饰文章，以求悦目。一般来说，总结调查结果和报告正文中使用的统计图表，都应该只是简要介绍资料的图表，而有关详细介绍一切调查结果的图表通常都是放在报告的附件部分。此外，使用统计图表说明调查结果时，还必须认真考虑图表的形式。如果图表设计不当，不但无助于说明情况，反而还可能产生曲解事实真相的相反效果。设计和制作统计图表时，一般应注意下列有关事项：第一，使用图表的目的在于简洁而又系统地说明各种有关数字资料。因此，图表中所包含的内容不能过于繁琐；第二，统计图表的题材必须使人明白易懂，一目了然。图表标题的含义必须明确完整，必要时，可适当附加脚注，说明是根据哪个问题的需要而提供的资料，尽力避免任何可能发生的误解；第三，统计图表的各有关栏目一定要有准确的名称并标明所使用的计量单位；第四，如果统计图表反映的是有关价值方面的资料，且这些资料是按时间先后次序排列的，那就需要说明资料的核算标准（究竟是按固定价格还是按现行价格核算）。如果图表中的资料涉及几种不同货币的换算，还需要说明是以什么汇率进行换算的；第五，列入统计图表的资料，应明确注明来源，以便查对；第六，统计图表中的所有资料均应按一定的逻辑顺序排列，例如，按字母次序、按数值大小、按地区、按客户等次序排列；第七，统计图表中互不相同的栏目须画线区分，以示明确。作为市场调查报告附件部分的统计图表，主要是为了更好地向读者全面介绍有关的资料，以便读者独立分析思考某些问题。因此，这些统计图表的格式必须完整，列入的资料务求翔实准确。一般需要提供绝对数值的资料，而不是百分比或指数。市场调查报告正文使用的图表往往都有其特殊的作用，那就是通过图表去突出某些方面的资料，或强调某种关系或变化的趋势。因此，在报告正文中使用的图表资料常常有较大幅度的选择性。为了方便阅读，图表中的各项数值资料通常是以整数的形式出现，但也常常使用百分比和指数形式。

二、准备好各种相关资料

市场信息采集报告的实际写作并非从报告的前言开始，相反倒是从整理报告的附件着手做起，然后才是起草报告的正文，最后根据正文内容总结出调查的结论并提出相应的建议。在起草市场调查报告的过程中，有关人员可能会发觉自己在某些方面还存在着知识欠缺的地方，遇到这种情况，必须查阅有关书籍资料方能弥补，这样会对调查报告的撰写计划构成较大的影响。因此，有关人员事前必须做好充分的准备工作，包括进行必要的专业知识准备和相关知识准备，并做好时间安排。其实，我们在实地调查和文案调查阶段已经采集了相关的资料。现在进一步检查资料准备是否翔实充足。具体来讲，相关资料可以从 3 个方面进行准备：第一，准备相关企业产品资料。一般来讲，市场信息采集报告往往是针对企业或企业产品存在的某种问题而展开调查研究，因此必须对企业背景、现状和发展以及产品生产销售情况有足够的了解。具体包括企业背景、企业概况、产品生产销售情况等相关资料；第二，准备相关行业资料。行业的现状以及发展趋势直接影响着企业的生存发展状况，同行的竞争既是机遇也是威胁，因此企业发展还必须了解行业发展以及同行竞争对手情况，知己知彼。行业资料的准备包括行业现状、同行竞争企业发展情况、行业发展趋势情况等相关资料；第三，准备相关论文书籍资料。撰写调查报告除了掌握企业行业资料相关资料，还必须准备专业知识等相关资料，才能撰写出好的调查报告。具体准备包括相关专业书、相关专业论文、相关调研报告。

任务实施

实训练习

根据下述材料，写出撰写市场调查报告应该做哪些准备工作？

中国饮料工业协会统计报告显示，国内果汁及果汁饮料实际产量超过百万吨，同比增长33.1%，市场渗透率达36.5%，居饮料行业第四位，但国内果汁人均年消费量仅为1公斤，为世界果汁平均消费水平的1/7，西欧国家平均消费量的1/4，市场需求潜力巨大。

我国水果资源丰富，其中，苹果产量是世界第一，柑橘产量居世界第三，梨、桃等产量居世界前列。据权威机构预测，到2005年，我国预计果汁产量可达150万～160万吨，人均果汁年消费量达1.2公斤左右。2015年，预计果汁产量达195万～240万吨，人均年消费量达1.5公斤。

近日，我公司对××市果汁饮料市场进行了一次市场调查，根据统计数据，我们对调查结果进行了简要的分析。

追求绿色、天然、营养成为消费者和果汁饮料的主要目的。品种多、口味多是果汁饮料行业的显著特点，据××市场调查显示，每家大型超市内，果汁饮料的品种都在120种左右，厂家达十几家，竞争十分激烈，果汁的品质及创新成为果汁企业获利的关键因素，品牌果汁饮料的淡旺季销量无明显区分。

目标消费群：调查显示，在选择果汁饮料的消费群中，15～24岁年龄段的占了34.3%，25～34岁年龄段的占了28.4%，其中，又以女性消费者居多。

影响购买因素：口味：酸甜的味道销的最好，低糖营养性果汁饮品是市场需求的主流；包装：家庭消费首选750mL和1L装的塑料瓶大包装；260mL的小瓶装和利乐包为即买即饮或旅游时的首选；礼品装是家庭送礼时的选择；新颖别致的杯形因喝完饮料后瓶子可当茶杯用，所以也影响了部分消费者购买决定。

饮料种类选择习惯：71.2%的消费者表示不会仅限于一种，会喝多种饮料；有什么喝什么的占了20.5%；表示就喝一种的有8.3%。

品牌选择习惯：调查显示，习惯于多品牌选择的消费者有54.6%；习惯性单品牌选择的有13.1%；因品牌忠诚性做出单品牌选择的有14.2%；价格导向占据了2.5%；追求方便的比例为15.5%。

饮料品牌认知渠道：广告为75.4%；自己喝过才知道为58.4%；卖饮料的地方为24.5%；亲友介绍为11.1%。

购买渠道选择：在超市购买为61.3%；随时购买为2.5%；个体商店购买为28.4%；批发市场为2.5%；大中型商场为5.4%；酒店、快餐厅等餐饮场所也具有较大的购买潜力。

一次购买量：选择喝多少就买多少的有62.4%；选择一次性批发很多的有7.6%；会多买一点存着的有29.9%。

实施范例指导

调研项目：徐州易初莲花超市自有品牌满意度调查。
具体任务：徐州易初莲花超市自有品牌满意度调查报告撰写准备工作。

1. 准备各种相关图表

检查图表是否准备完善。（略，见模块四的任务二）

2. 准备各种相关资料

1）准备易初莲花超市企业背景、企业现状、自有品牌产品现状、生产销售情况等资料。

2）准备行业发展情况，同行竞争对手徐州家乐福、大润发、新一佳、百惠家美时等企业自有品牌经营现状以及发展趋势。

3）准备相关论文书籍资料，主要包括顾客满意度、超市自有品牌发展等相关论文、书籍以及相关调研报告。

实施要求

各项目小组参照范例指导，针对所调研项目完成报告撰写准备工作。

任务评价

自我测试

1. 理论知识测试

1）市场调查报告中的统计图表有这样一些作用包括（　　）。

A．是将各种有关的数据组合在一起，以非常简明直观的形式提供给报告的读者，从而大大方便读者系统地查阅资料

B．可帮助读者迅速而容易地理解有关现象的对比结果、各种变化的趋势及其相互关系

C．读者通过调查报告中的统计图表，可非常容易地分辨出资料的重要程度，从而引起足够的重视

D．调查报告中使用统计图表，必须是要做到有明确的目的性，不能只是为了装饰文章，以求悦目

2）撰写报告的准备工作包括（　　）。

A．准备好所需各种统计图表　　B．准备相关企业产品资料

C．准备相关行业资料　　D．准备相关论文书籍资料

2. 实践技能测试

1）你是否已经做好撰写准备工作？

2）你是否能够圆满完成项目小组交付给你的具体任务？

评价方法

1. 评价标准。

1）任务是否及时完成。

2）完成质量。

3）团队表现。

2. 评价表

评价表如表 6-1 和表 6-2 所示。

表 6-1　项目小组评价表

分数 组别	是否及时完成	质　量	团队表现
第一组			
第二组			
第三组			
⋮			

表 6-2　个人任务评价表

分数 评分依据	个人具体分工		个人表现		
	承担任务的质量	个人记录	教师评分	组长评分	组员互评
成员一					
成员二					
⋮					

任务二 撰写市场信息采集报告

导入案例

××市居民家庭饮食消费状况调查报告

为了深入了解本市居民家庭在酒类市场及餐饮类市场的消费情况，特进行此次调查。调查由本市某大学承担，调查时间是2001年7月至8月，调查方式为问卷式访问调查，本次调查选取的样本总数是2000户。各项调查工作结束后，该大学将调查内容予以总结，其调查报告如下：

1. 调查对象的基本情况

（1）样品类属情况

在有效样本户中，工人320户，占总数比例18.2%；农民130户，占总数比例7.4%；教师200户，占总数比例11.4%；机关干部190户，占总数比例10.8%；个体户220户，占总数比例12.5%；经理150户，占总数比例8.52%；科研人员50户，占总数比例2.84%；待业户90户，占总数比例5.1%；医生20户，占总数比例1.14%；其他260户，占总数比例14.77%。

（2）家庭收入情况

本次调查结果显示，从本市总的消费水平来看，相当一部分居民还达不到小康水平，大部分的人均收入在1000元左右，样本中只有约2.3%的消费者收入在2000元以上。因此，可以初步得出结论，本市总的消费水平较低，商家在定价的时候要特别慎重。

2. 专门调查部分

（1）酒类产品的消费情况

1）白酒比红酒消费量大。分析其原因，一是白酒除了顾客自己消费以外，用于送礼的较多，而红酒主要用于自己消费；二是商家做广告也多数是白酒广告，红酒的广告很少。这直接导致白酒的市场大于红酒的市场。

2）白酒消费多元化。从买白酒的用途来看，约52.84%的消费者用来自己消费，约27.84%的消费者用来送礼，其余的是随机性很大的消费者。

买酒用于自己消费的消费者，其价格大部分在 20 元以下，其中 10 元以下的约占 26.7%，10～20 元的占 22.73%，从品牌上来说，稻花香、洋河、汤沟酒相对看好，尤其是汤沟酒，约占 18.75%，这也许跟消费者的地方情结有关。从红酒的消费情况来看，大部分价格也都集中在 10～20 元之间，其中，10 元以下的占 10.23%，价格档次越高，购买力相对越低。从品牌上来说，以花果山、张裕、山楂酒为主。

送礼者所购买的白酒其价格大部分选择在 80～150 元之间（约 28.4%），约有 15.34% 的消费者选择 150 元以上。这样，生产厂商的定价和包装策略就有了依据，定价要合理，又要有好的包装，才能增大销售量。从品牌的选择来看，约有 21.59%的消费者选择五粮液，10.795%的消费者选择茅台，另外对红酒的调查显示，约有 10.2%的消费者选择 40～80 元的价位，选择 80 元以上的约 5.11%。总之，从以上的消费情况来看，消费者的消费水平基本上决定了酒类市场的规模。

购买因素比较鲜明，调查资料显示，消费者关注的因素依次为价格、品牌、质量、包装、广告、酒精度，这样就可以得出结论，生产厂商的合理定价是十分重要的，创名牌、求质量、巧包装、做好广告也很重要。

顾客忠诚度调查表明，经常换品牌的消费者占样本总数的 32.95%，偶尔换的占 43.75%，对新品牌的酒持喜欢态度的占样本总数的 32.39%，持无所谓态度的占 52.27%，明确表示不喜欢的占 3.4%。可以看出，一旦某个品牌在消费者心目中形成，是很难改变的，因此，厂商应在树立企业形象、争创名牌上狠下功夫，这对企业的发展十分重要。

动因分析。主要在于消费者自己的选择，其次是广告宣传，然后是亲友介绍，最后才是营业员推荐。不难发现，怎样吸引消费者的注意力，对于企业来说是关键，怎样做好广告宣传，消费者的口碑如何建立，将直接影响酒类市场的规模。而对于商家来说，营业员的素质也应重视，因为其对酒类产品的销售有着一定的影响作用。

（2）饮食类产品的消费情况

本次调查主要针对一些饮食消费场所和消费者比较喜欢的饮食进行，调查表明，消费有以下几个重要特点：

1）消费者认为最好的酒店不是最佳选择，而最常去的酒店往往又不是最好的酒店，消费者最常去的酒店大部分是中档的，这与本市居民的消费水平是相适应的，现将几个主要酒店比较如下：

泰福大酒店是大家最看好的，约有 31.82%的消费者选择它，其次是望海楼和明珠大酒店，都是 10.23%，然后是锦花宾馆。调查中我们发现，云天宾馆虽然说是比较好的，但由于这个宾馆的特殊性，只有举办大型会议时使用，或者是贵宾、政府政要才可以进入，所以调查中作为普通消费者的调查对象很少会选择云天宾馆。

2）消费者大多选择在自己工作或住所的周围，有一定的区域性。虽然在酒店的选择上有很大的随机性，但也并非绝对如此，例如，长城酒楼、淮扬酒楼，也有一定的远距离消费者惠顾。

3）消费者追求时尚消费，如对手抓龙虾、糖醋排骨、糖醋里脊、宫爆鸡丁的消费比较多，特别是手抓龙虾，在调查样本总数中约占 26.14%，以绝对优势占领餐饮类市场。

4）近年来，海鲜与火锅成为市民饮食市场的两个亮点，市场潜力很大，目前的消费量也很大。调查显示，表示喜欢海鲜的占样本总数的 60.8%，喜欢火锅的约占 51.14%，在对季节的调查中，喜欢在夏季吃火锅的约有 81.83%，在冬天的约为 36.93%，火锅不但在冬季有很大的市场，在夏季也有较大的市场潜力。目前，本市的火锅店和海鲜馆遍布街头，形成居民消费的一大景观和特色。

3．结论和建议

（1）结论

1）本市的居民消费水平还不算太高，属于中等消费水平，平均收入在 1000 元左右，相当一部分居民还没有达到小康水平。

2）居民在酒类产品消费上主要是用于自己消费，并且以白酒居多，红酒的消费比较少，用于个人消费的酒品，无论是白酒还是红酒，其品牌以家乡酒为主。

3）消费者在买酒时多注重酒的价格、质量、包装和宣传，也有相当一部分消费者持无所谓的态度。对新牌子的酒认知度较高。

4）对酒店的消费，主要集中在中档消费水平上，火锅和海鲜的消费潜力较大，并且已经有相当大的消费市场。

（2）建议

1）商家在组织货品时要根据市场的变化制定相应的营销策略。

2)对消费者较多选择本地酒的情况，政府和商家应采取积极措施引导消费者的消费，实现城市消费的良性循环。

3）由于海鲜和火锅消费的增长，导致城市化管理的混乱，政府应加强管理力度，对市场进行科学引导，促进城市文明建设。

思考题：

1）根据上述案例分析调查报告的内容有哪些。

2）撰写市场调查报告的技巧有哪些？

任务要求

做好准备工作后，就可以撰写市场信息采集报告。本次任务就是要求各项目小组撰写调查报告。例如要做徐州易初莲花超市自有品牌满意度调查研究，本次的任务就是撰写徐州易初莲花超市自有品牌满意度调查报告。

任务分析

本次任务要求撰写市场信息采集报告。大家想一想怎样撰写报告呢？调查报告的结构是什么？撰写的要求有哪些？各小组该怎样完成本次的任务呢？这就必须进入下一个环节先进行学习。

任务学习

一、市场信息采集报告

1. 市场信息采集报告的作用

市场调查报告，是在对调查得到的资料进行分析整理、筛选加工的基础上，记述和反映市场调查成果并提出作者看法和意见的书面报告。

市场调查报告是市场调查工作的最终成果，也是市场调研过程中最重要的一环。许多管理者并不一定涉足市场调研过程，但他们将利用调查报告进行业务决策。一份好的调查报告，能对企业的市场策划活动提供有效的导向作用，同时，对于各部门管理者了解情况、分析问题、制定决策、编制计划以及控制、协调、监督等各方面都能起到积极的作用。如果调查报告写得拙劣不堪，再好的调查资料也会黯然失色，甚至可能导致市场活动的失败。

2. 市场信息采集报告的基本要素

一份市场调查报告一般具备 3 个要素：第一，基本情况。即对调查结果的描述与解释说明，可以用文字、图表、数字加以说明。对情况的介绍要详尽而准确，为下一步做分析、下结论提供依据。第二，分析与结论。对上述情况数据进行科学的分析，找出原因及各方面因素的影响，透过现象看本质，得出对调查对象的明确结论。第三，措施与建议。通过对调查资料的分析研究，对市场情况有了明晰的认识。针对市场供求矛盾和调查发现的问题，提出建议和看法，供领导决策参考。

3. 市场信息采集报告的分类

市场调查报告可以从不同角度进行分类。按其所涉及内容含量的多少，可以分为综合性市场调查报告和专题性市场调查报告；按调查对象的不同，有关于市场供求情况的调查报告、关于产品情况的市场调查报告、关于消费者情况的市场调查报告、关于销售情况的市场调查报告以及有关市场竞争情况的调查报告；按表述手法的不同，可分为陈述型市场调查报告和分析型市场调查报告。与普通调查报告相比，市场调查报告无论从材料的形成还是结构布局方面都存在着明显的共性特征，但它比普通调查报告在内容上更为集中，也更具专门性。

4. 市场信息采集报告的结构

市场信息采集报告的结构包括 7 个部分：

（1）报告封面

封面部分一般包括项目名称（标题）；调查单位名称、地址、电话号码、网址和电子邮件地址；报告接受人或组织；报告提出日期等。

（2）报告摘要

报告摘要又称经理览要。报告摘要书写有以下一些要求：第一，从内容来讲，要做到清楚、简洁和高度概括；第二，从语言文字来讲，应该通俗、精练，尽量避免应用生僻的字句或一些过于专业性、技术性的术语。

（3）报告目录

市场调查报告的目录应该包含调查活动的各项内容，通常要求列出各项内容的标题、副标题名称及页码。整个目录的篇幅不宜过长，以一页为宜。

（4）引言

引言也称“序言”，是书面报告正文的开始，主要是说明问题的性质，简述调查目标和具体调查问题，并对报告的组织结构也进行概括。

（5）调查技术与样本描述

对调查方案实施中所采用的方法及样本抽取过程进行翔实、客观、公正的记录。具体内容包括调查所需信息的性质、原始资料和二手资料的收集方案、问卷设计、标尺技术、问卷的预检验和修正技术、抽样技术、信息的收集、整理和分析、应采用的统计技术以及缺失值的处理方法等。报告的撰写者应当尽量将这些内容以一种非专业性的、易理解的文字表述出来，如果有非常专业的内容，则应放在附录里。

（6）正文

这个部分是报告的主体部分。包括调查结果、结论、建议和措施。调查人员要将调查结果通过数据图表资料及相关文字说明分析报告出来，同时要说明调查获得哪些重要结论，根据调查的结论应该采取什么措施。结论和建议应当采用简明扼要的语言，使读者明确题旨，加深认识，能够启发读者思考和联想。调查结论与建议一般有以下几种表现形式：①说明。综合说明调查报告的主要观点。②推论。深入细致的科学分析真实资料，得出报告的结论。③建议。分析形成对事物的看法后，提出建议和可行性方案。④展望。即通过调查分析展望未来前景。

（7）附件

是指报告正文中没有提及，但与正文有关、必须加以说明的部分。主要体现为资料的列示。如市场调查活动中的所有技术性细节，也可包括信息来源、统计方法、详细表、描述和定义以及相关的参考文献等。

二、如何撰写市场信息采集报告

1. 拟定调查报告的提纲

在起草市场调查报告之前，报告的写作人员必须做到对报告的文体结构以及报告的章节段落编排有非常明确的了解。要做到这一点，事前应根据市场调查的范围，在反复考虑和构思的基础上，拟定初步的写作提纲。提纲中应列明报告的主要章节的编排次序和各章节的主要内容。

2. 起草调查报告

起草调查报告时，应该是有条理、有系统地集中阐明各种有关的事实和见解，但段落安排要注意有所侧重，突出市场调查的重点，不能平铺直叙、面面俱到。当调查报告的初稿起草完毕后，市场调查人员还应将初稿通读几遍，认真审查，反复修改。每一次的审查都可能发现某些章节段落的材料需要重新调整或安排，经过如此多次的反复，方能写出质量上乘的调查报告来。在首次起草报告时，一般应对属于报告各个不同部分内容的材料另纸撰写，并按各自所属章节段落分别编号。此外，市场调查报告的初稿应一律单面书写，各页需留出足够的篇幅，以方便对报告的内容进行调整或变更。

3. 撰写调查报告的具体技术

（1）选好标题

标题是市场调查报告的题目，一般有两种构成形式：一是公文式标题，即由调查对象和内容、文种名称组成，如《关于 2002 年全省农村服装销售情况的调查报告》。值得注意的是，实践中常将调查报告简化为“调查”，也是可以的；二是文章式标题，即用概括的语言形式直接交代调查的内容或主题，如《全省城镇居民潜在购买力动向》。实践中，这种类型的标题多采用双题（正副题）的结构形式，更为引人注目，富有吸引力。如《竞争在今天，希望在明天——全国洗衣机用户问卷调查分析报告》、《市场在哪里——徐州轻型客车用户调查》等。

（2）设计好引言

引言又称导语，是市场调查报告正文的前置部分，要写得简明扼要，精炼概括。一般应交代出调查的目的、时间、地点、对象与范围、方法等与调查者自身相关的情况，也可概括调查报告的基本观点或结论，以便使读者对全文内容、意义等获得初步了解。然后用一过渡句承上启下，引出主体部分。如一篇题为《关于全市 2002 年电暖器市场的调查》，其引言部分写为：“××调查策划事务所受××委托，于 2003 年 3 月至 4 月在国内部分省市进行了一次电暖器市场调查。现将调查研究情况汇报如下：……”用简要文字交代出了调查的主体身份，调查的时间、对象和范围等要素，并用一过渡句开启下文，写得合乎规范。这部分文字务求精要，切忌啰嗦芜杂；视具体情况，有时亦可省略这一部分，以使行文更趋简洁。

（3）重点写好报告主体部分

这部分是市场调查报告的核心，也是写作的重点和难点所在。它要完整、准确、具体地说明调查的基本情况，进行科学、合理的分析预测，在此基础上提出有针对性的对策和建议。

具体包括以下3方面内容：一是情况介绍。即对调查所获得的基本情况进行介绍，是全文的基础和主要内容，要用叙述和说明相结合的手法，将调查对象的历史和现实情况包括市场占有情况，生产与消费的关系，产品、产量及价格情况等表述清楚。在具体写法上，既可按问题的性质将其归结为几类，采用设立小标题或者撮要显旨的形式；也可以时间为序，或者列出数字、图表或图像等加以说明。无论如何，都要力求做到准确和具体，富有条理性，以便为下文进行分析和提出建议提供坚实充分的依据；二是分析预测。即在对调查所获基本情况进行分析的基础上对市场发展趋势做出预测，它直接影响到有关部门和企业领导的决策行为，因而必须着力写好。要采用议论的手法，对调查所获得的资料条分缕析，进行科学的研究和推断，并据以形成符合事物发展变化规律的结论性意见。用语要富于论断性和针对性，做到析理入微，言简意明，切忌脱离调查所获资料随意发挥，去唱“信天游”；三是建议。这层内容是市场调查报告写作目的和宗旨的体现，要在上文调查情况和分析预测的基础上，提出具体的建议和措施，供决策者参考。要注意建议的针对性和可行性，能够切实解决问题。

4. 撰写市场调查报告的注意事项

写作市场调查报告的注意事项归纳起来有以下几项：先考虑一下谁是报告的读者，以及他们的主张和经验。报告应力求简明扼要。为此，应毫不犹豫地删除一切不必要的词句。报告的行文要求自然流畅，尽量选用常见的词句，避免使用晦涩难懂和专业技术性较强的术语。报告中各部分的题目必须与其中论述的内容切实相符。为此，应毫不犹豫地删除一切与之无关，或关系不大的材料。应反复核对在报告中所引用的全部数据或统计资料，务求准确无误。适当选用多种不同类型的图表，具体说明和突出报告中重要部分的内容。每个问题在全篇报告中占有的篇幅和位置，须与问题本身的重要程度相一致。

任务实施

实训练习

根据下面提供的资料，拟订调查报告的提纲。

中国饮料工业协会统计报告显示，国内果汁及果汁饮料实际产量超过百万吨，同比增长33.1%，市场渗透率达36.5%，居饮料行业第四位，但国内果汁人均年消费量仅为1公斤，为世界果汁平均消费水平的1/7，西欧国家平均消费量的1/4，市场需求潜力巨大。

我国水果资源丰富，其中，苹果产量是世界第一，柑橘产量世界第三，梨、桃等产量居世界前列。据权威机构预测，到2005年，我国预计果汁产量可达150万～160万吨，人均果汁年消费量达1.2公斤左右。2015年，预计果汁产量达195万～240万吨，人均年消费量达1.5公斤。

近日，我公司对××市果汁饮料市场进行了一次市场调查，根据统计数据，我们对调查结果进行了简要的分析。

追求绿色、天然、营养成为消费者和果汁饮料的主要目的。品种多、口味多是果汁饮料行业的显著特点，据××市场调查显示，每家大型超市内，果汁饮料的品种都在120种左右，厂家达十几家，竞争十分激烈，果汁的品质及创新成为果汁企业获利的关键因素，品牌果汁饮料的淡旺季销量无明显区分。

目标消费群：调查显示，在选择果汁饮料的消费群中，15～24岁年龄段的占了34.3%，25～34岁年龄段的占了28.4%，其中，又以女性消费者居多。

影响购买因素：口味：酸甜的味道销的最好，低糖营养性果汁饮品是市场需求的主流；包装：家庭消费首选750mL和1L装的塑料瓶大包装；260mL的小瓶装和利乐包为即买即饮或旅游时的首选；礼品装是家庭送礼时的选择；新颖别致的杯型因喝完饮料后瓶子可当茶杯用，所以也影响了部分消费者购买决定。

饮料种类选择习惯：71.2%的消费者表示不会仅限于一种，会喝多种饮料；有什么喝什么的占了20.5%；表示就喝一种的有8.3%。

品牌选择习惯：调查显示，习惯于多品牌选择的消费者有54.6%；习惯性单品牌选择的有13.1%；因品牌忠诚性做出单品牌选择的有14.2%；价格导向占据了2.5%；追求方便的比例为15.5%。

饮料品牌认知渠道：广告：75.4%；自己喝过才知道：58.4%；卖饮料的地方：24.5%；亲友介绍：11.1%。

购买渠道选择：在超市购买：61.3%；随时购买：2.5%；个体商店购买：28.4%；批发市场：2.5%；大中型商场：5.4%；酒店、快餐厅等餐饮场所也具有较大的购买潜力。

一次购买量：选择喝多少就买多少的有62.4%；选择一次性批发很多的有7.6%；会多买一点存着的有29.9%。

实施范例指导

调研项目：徐州易初莲花超市自有品牌满意度调查

具体任务：撰写徐州易初莲花超市自有品牌满意度调查报告

步骤如下：

1）拟订提纲。

2）拟写报告草稿（具体内容见理论）。

徐州易初莲花超市自有品牌满意度调查报告范文

徐州易初莲花超市自有品牌满意度调查报告

调查组织：易初莲花调查项目小组
调查时间：2008 年 11 月 8 日～11 月 29 日
报送时间：2008 年 12 月 30 日

摘　　要

超市自有品牌在零售业成熟的欧美国家已经非常发达，许多大中型零售商都经营自有品牌且比例连年上升。我国自 20 世纪 90 年代初引入连锁经营机制后，自有品牌才开始受到了众多零售商业企业尤其是连锁超市的关注。顾客满意度是顾客对需求或期望满足情况的反馈，它是对产品或者服务性能，以及产品或者服务本身的评价。超市自有品牌顾客满意度直接影响着顾客忠诚度的建立，关系到超市的兴衰成败。因此研究超市自有品牌顾客满意度非常有必要，不仅可以对超市自有品牌顾客满意度影响因素及水平进行分析，而且可以为超市竞争优势的改进和提升提供依据。

本报告通过对徐州易初莲花超市自有品牌满意度进行调查研究，对超市自有品牌满意度进行了分析，并且针对影响超市经营自有品牌满意度的问题提出了相关建议和对策。

目　录

前　言

超市自有品牌在零售业成熟的欧美国家已经非常发达，许多大中型零售商都经营自有品牌且比例连年上升。我国自 20 世纪 90 年代初引入连锁经营机制后，自有品牌才开始受到了众多零售商业企业尤其是连锁超市的关注。顾客满意度是顾客对需求或期望满足情况的反馈，它是对产品或者服务性能，以及产品或者服务本身的评价。超市自有品牌顾客满意度直接影响着顾客忠诚度的建立，关系到超市的兴衰成败。因此研究超市自有品牌顾客满意度非常有必要，不仅可以对超市自有品牌顾客满意度影响因素及水平进行分析，而且可以为超市竞争优势的改进和提升提供依据。

易初莲花购物中心由位于财富 500 强的正大集团投资建立。自 1997 年 6 月 23 日第一家易初莲花超市在上海浦东开张以来，易初莲花已在中国开了 100 多家购物中心。易初莲花自有品牌从粮食、食油和禽类、肉类、蛋类等生鲜食品入手，进而扩展到食品、饮料，再发展到日用品乃至小家电等，除了“易初莲花”为主外还有“泉信”“好脉”等自有品牌。目前，易初莲花自有品牌不仅数量在总数的 10%以上，并且已经成为整个超市利润的重要来源。徐州市易初莲花超市自 2004 年建立以来，依靠最先进的现代购物理念，舒适的购物环境和天天低价的高质量商品等优势，很快在徐州大型超市中脱颖而出，无论经营规模还是经营效益均在全市大型超市中排在前列。

为了更好地满足顾客的需求，特开展本次调查研究，以便了解广大消费者对易初莲花自有品牌商品的认知度，满意度、忠诚度，以及对易初莲花超市自有品牌商品经营的期望和意见，以便于公司不断改进工作，提高服务水平。

第一部分　企 业 背 景

一、企业概况

1. 易初莲花超市简介

位列于财富 500 强的正大集团是易初莲花的总公司。自 80 多年前，建立了正大种子店，正大集团显示出其集世界所有伟大工商业巨头的敏锐和创业者精神。抓住发现的任何机会，发展必要的经营管理和科技技能，并一直计划更好的未来，正大集团已“同亚洲一起成长”。现在，这个泰国商业集团已经在20多个国家建立了250多个公司，聘用了超过100 000名员工，是中国最大的外商投资的企业之一，且以亚洲领先的跨国企业形象活跃在世界的前沿。位列于财富500强的企业正大集团是建立自己大卖场的领先者——中国易初莲花。在过去的十几年中，自1997年6月23日其第一家商店在上海浦东开张以来，易初莲花已在中国开了100多家购物中心。依靠最先进的现代购物理念，易初莲花已经被看做是可以信赖的商店，它提供了新的购物体验、舒适的购物环境和天天低价的高质量商品。

2. 徐州易初莲花超市简介

徐州市易初莲花超市于 2004 年建立，地点位于中国矿业大学附近，占地面积达到30 000平方米，拥有员工800多名，超市主要辐射徐州南区，消费者主要为中国矿大师生、徐师大师生、徐州建院师生、附近各中专、中学师生、附近企事业单位职工、个体户以及附近的居民。易初莲花超市依靠其先进的现代购物理念，舒适的购物环境和天天低价的高质量商品等优势，很快在徐州大型超市中脱颖而出，无论经营规模还是经营效益均在全市大型超市中排在前列，和徐州家乐福、徐州大富源、徐州新一佳、百惠佳美时成为徐州居民主要光顾的五家大型超市。

3. 易初莲花自有品牌

易初莲花早在1999年就开始推出自有品牌，旨在吸引消费者，为消费者提供性价比更高的商品，目前自有品牌数量已超过500余种。易初莲花旗下的自有品牌包括易初莲花、优选、泉信、珍仕、好脉、衡美、新鲜快车，Allex，Ally’s等系列，产品品种跨越食品、日用品、家电和服装等品类，目前，易初莲花自有品牌不仅数量在总数的10%以上，并且已经成为整个超市利润的重要来源。具有以下主要特点：第一，品质优异——追求一流的质量，制定严格的标准，为消费者创造更好的生活品质。第二，品种丰富——包括食品、日用品、家电和服装等500多种产品。第三，物超所值——节省广告和流通环节的费用，让消费者感觉心动的低价，体验超值的产品。第四，厂商可靠——选择知名的厂商合作，并全程监控生产过程。易初莲花超市自有品牌商品主要分类如下：

（1）日用家居

包括洗护用品、纸品、清洁用品、一次性用品、电子秤、毛巾、衣架、浴帘、空气清新剂、防霉防蛀、家居床品、游戏地垫。

（2）办公用品

包括复印纸、传真纸、资料册、双面胶带、透明玻璃胶带、封箱带。

（3）厨房用品

包括砧板、厨房用刀、餐具、果汁杯、手套、抹布、果蔬筛、桶、调味格。

（4）家装

包括储物空间、五金件、家装配线、节能灯、拖线板、电池。

（5）食品

包括食用油、米、杂粮、调味品、面、粉丝、干货、营养食品、零食、饼干、蛋糕、炒货、饮料、酒、茶。

4. 易初莲花自有品牌商品质量控制体系

易初莲花推出“五层质量控制体系”来确保对自有品牌商品质量的全程监控，见图6-1。

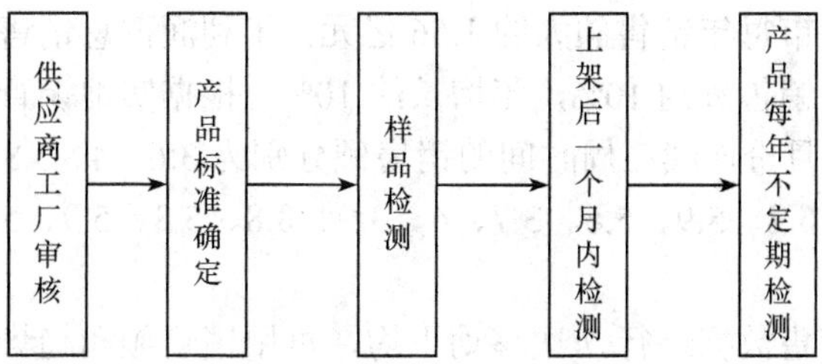

图6-1　易初莲花自有品牌五层质量控制体系

1）供应商工厂审核——易初莲花对供应商工厂进行严格的资质审核和现场审核，首先工厂必须具备规定的生产资质（卫生许可证、CCC、QS生产许可证等）；其次工厂质量管理体系必须达到易初莲花审核标准（参照HACCP、ISO国际质量体系审核标准）；易初莲花倾向于选择那些具有良好信誉的大型知名企业作为供应商来确保产品的质量，见表6-3。

表6-3　自有品牌供应商

供应厂商	易初莲花自有品牌
统一企业	易初莲花果汁饮料
亚太酿造	泉信啤酒
正大茶叶	易初莲花茶叶
旺旺	易初莲花雪饼
维维乳业	易初莲花牛奶

2）产品标准确定——易初莲花选择高档次高级别的产品，见表6-4。

表6-4　产品标准

易初莲花自有品牌	产品标准
泉信啤酒	符合 GB4927 优级 啤酒标准
易初莲花拉面	符合推荐标准 SB/T10068 一级品 标准
易初莲花纯正葵花籽油	符合 GB10464 一级油 标准

3）产品检测——样品必须通过检测，才能上架销售；上架产品，在一个月内做抽检，保证符合产品质量标准；每年不定期产品质量抽检，保证产品质量稳定，见表6-5。

表 6-5　易初莲花检测合作机构

专业的国家级检测机构	外资检测机构
国家加工食品监督检验中心（国家级）	英国 ITS （国际知名认证、检测机构）
广州市产品质量监督检验所（国家级）	瑞士 SGS （国际知名认证、检测机构）

5. 易初莲花超市自有品牌商品季节变动分析

徐州易初莲花超市每年销售额大约 1.56 亿元，年利润占总销售额 10%左右，而自有品牌商品销售额占总销售额约 10%，年增长约 10%。根据实地调查，易初莲花超市自有品牌商品 2008 年 11 月份连续三周时间的销售额分别为 3.6、4、3.8、3.7、5.1、5.8、5.5、3.6、3.8、3.8、3.7、5.2、5.9、5.6、3.7、4、3.9、3.8、5.3、5.9、5.7 万元，现进行季节变动测定。

首先对三周的销售数据进行 7 次移动平均，再用销售额和趋势值进行对比求出，季节比值，见表 6-6。然后再进行同期平均，最后求出季节指数，见表 6-7。

表 6-6　7 次移动平均

项　目	A	B	C	D
1	易初莲花超市自有品牌商品销售额移动平均			
2	序号	销售额 *y*	7 次移动 *yc*	比值 *y/yc*
3	1	3.6		
4	2	4		
5	3	3.8		
6	4	3.7	4.50	0.8222
7	5	5.1	4.50	1.1333
8	6	5.8	4.47	1.2971
9	7	5.5	4.47	1.2300
10	8	3.6	4.47	0.8051
11	9	3.8	4.49	0.8471
12	10	3.8	4.50	0.8444
13	11	3.7	4.51	0.8196
14	12	5.2	4.53	1.1483
15	13	5.9	4.56	1.2947
16	14	5.6	4.57	1.2250
17	15	3.7	4.59	0.8069
18	16	4	4.60	0.8696
19	17	3.9	4.60	0.8478
20	18	3.8	4.61	0.8235
21	19	5.3		
22	20	5.9		
23	21	5.7		

表 6-7 季节指数

项 目	1	2	3	4	5	6	7
1				0.8222	1.133 333	1.297 125	1.230 032
2	0.805 112	0.847 134	0.844 444	0.819 62	1.148 265	1.294 671	1.225
3	0.806 854	0.869 565	0.847 826	0.823 529			
4	0.805 983	0.858 349	0.846 135	0.821 791	1.140 799	1.295 898	1.227 516
5	0.806 389	0.858 782	0.846 562	0.822 205	1.141 375	1.296 551	1.228 135

从上面数据可以分析出星期六、日、五是旺季，星期一、二、三、四是淡季。超市应该针对顾客流量的周期做出相应的调整和安排。

二、同行主要竞争对手

1. 家乐福自有品牌简介

成立于 1959 年的家乐福集团是大卖场业态的首创者，是欧洲第一大零售商，世界第二大国际化零售连锁集团。现拥有 11 000 多家营运零售单位，业务范围遍及世界 30 个国家和地区。集团以三种主要经营业态引领市场：大型超市，超市以及折扣店。此外，家乐福还在一些国家发展了便利店和会员制量贩店。2004 年集团税后销售额增至 726.68 亿欧元，员工总数超过 43 万人。

家乐福开发了大约 2000 个食品和非食品的家乐福产品。这些自有品牌在家乐福门店以最优惠的价格和最严格的质量控制以及不同品牌形式出现：家乐福杂货自有品牌，家乐福生鲜自有品牌（家乐福质量体系），家乐福家电自有品牌（福斯莱），家乐福纺织欧蕴自有品牌，百货的棒产品。

（1）家乐福生鲜自有品牌（家乐福质量体系）

家乐福质量体系是家乐福生鲜自有品牌，是具有最好的质量和安全保障生鲜。该产品本着长期合作的关系以确保在整个产品生命周期中符合特定的质量水准。产地和类型及可追溯性是供应链的质量主要体系。已应用质量体系的定牌产品有猪肉、三文鱼（鲑鱼）、柚子、荔枝、苹果、橙子。

（2）家乐福杂货自有品牌

在 2004 年投放市场，家乐福自有品牌是生产于全国各地。今天家乐福杂货定牌已有将近 900 个食品和非食品产品，外部实验室管理所有产品的质量审核与分析已确认符合家乐福的要求。

（3）家乐福家电自有品牌（福斯莱）

福斯莱是家乐福自有品牌，涵盖有厨房家电，音响设备，影音设备。方便实用，精美设计，价廉物美使福斯莱产品更具吸引力。福斯莱是家乐福自有品牌，涵盖有厨房家电，音响设备，影音设备。方便实用，精美设计，价廉物美使福斯莱产品更具吸引力。

（4）家乐福纺织欧蕴自有品牌

欧蕴产品是家乐福家乐福纺织自有品牌，这一系列包括家居服，T 恤，衬衫，牛仔系列，裤子，内衣，鞋子，毛巾和床上用品全部来自经技术确认的优秀法国设计师。

2. 大润发自有品牌简介

大润发流通事业股份有限公司由润泰集团于 1996 年在台湾投资成立，以最直接、最生活化的方式为消费者服务，网罗优秀的经营管理人才，运用电脑化营运系统，快速地在台湾展店，目前在全台已成立了 24 个服务据点，为顾客架构出完整的全台服务网络。1997 年更在中国上海成立上海大润发有限公司，借由成功的台湾经验进军大陆，在华北及华东地区已成立超过 60 家分店。

2001 年大润发与法国具有 45 年零售流通经验的欧尚（Auchan）集团合作，更为迈向国际化连锁事业跨进一步，在法国、卢森堡、西班牙、葡萄牙、意大利、波兰、匈牙利、俄罗斯、摩洛哥、中国大陆等地设有分店，拥有跨国联合采购能力的欧尚，使大润发的商品及服务更具竞争力。

目前大润发自营商品以诉求市场最低价的“大拇指”为主，品项有近 2000 种，比领导品牌便宜六成，若和卖场内同等级最低价产品相较，也便宜一成。至于新推出的大润发商品则不打最低价，而是锁定与领导品牌竞争质量，但比领导品牌便宜 15%以上。

3. 沃尔玛自有品牌简介

沃尔玛公司由美国零售业的传奇人物山姆·沃尔顿先生于 1962 年在阿肯色州成立。经过 40 多年的发展，沃尔玛公司已经成为美国最大的私人雇主和世界上最大的连锁零售商。目前，沃尔玛在全球开设了超过 7800 家商场，员工总数 200 多万人，分布在全球 16 个国家。每周光临沃尔玛的顾客 1.76 亿人次。

沃尔玛 1996 年进入中国，在深圳开设了第一家沃尔玛购物广场和山姆会员商店。沃尔玛全球采购中心总部于 2002 年在深圳设立。经过十三年的发展，目前沃尔玛已经在全国共 89 个城市开设了 146 家商场，包括沃尔玛购物广场、山姆会员商店、沃尔玛社区店 3 种业态，其中沃尔玛购物广场 138 家、山姆会员商店 3 家，社区店 2 家，同时拥有好又多 35%的股权和好又多 102 家门店。沃尔玛至今在华创造了超过 70 000 个就业机会。作为一个出色的企业公民，沃尔玛自进入中国就积极开展社区服务和慈善公益活动，十二年累计向各种慈善公益事业捐献了超过 5800 万元的物品和资金。沃尔玛十分重视环境保护和可持续发展，并把环保 360 的理念融入到沃尔玛日常工作的每一个环节，同时沃尔玛也鼓励合作伙伴成为沃尔玛环保 360 计划的一部分，共同致力于中国的环境保护和可持续发展。

沃尔玛经营商品约 50 000 多种，其中自有品牌商品约 3000 多种，自有品牌包含 10 大类品牌。

1）惠宜，包括糖果、饼干、小吃、巧克力、酒类、冷藏食品、冷冻食品、干货、纸品、清洁用品、灯泡类业务。

2）宜洁，包括护肤及美容用品类业务。

3）Simply Basic，包括男童服装、棉袜、丝袜、女性内衣、内衣、手袋及配件、女童服装、男装、女装、婴儿用品、鞋类。

4）Select Edition，包括毛巾和床上用品。

5）Penmans，包括男装、女装和鞋袜。

6）Kid Connection，包括玩具类业务。

7）Mainstays，包括家居用品、箱包、床上用品、毛巾、五金工具类业务。

8）Athletic Works，包括男装、鞋类、棉袜、女装、运动用品类业务。

9）725 Originals，包括男装、女装和鞋袜。

10）劲量，包括电池类业务

4. 新一佳超市自有品牌简介

新一佳超市有限公司成立于1995年，是广东省流通龙头企业之一，是国家重点培育的20强商业企业之一。公司创办以来，始终坚持“创新、服务、满意、第一”的经营理念，以“新鲜、干净、丰富、便宜”为宗旨，极大地满足了顾客“一站购齐”的购物需求。12年来，新一佳已先后在全国各地成功开设了连锁分店105家。2007年，新一佳销售额将近168亿元，位居广东省零售业第2名，全国连锁商业第14位。

新一佳超市总商品20 000多种，其中自有品牌商品大约600多种，包括生鲜类、杂货类、食品类、纺织类四大类商品。

总之，无论是国际巨头还是本地零售商，都把开拓自有品牌商品作为战略之一。在国内市场上，除了沃尔玛、家乐福、乐购以及卜蜂莲花等外资零售巨头在PB业务领域展开了激烈的巷战之外，以华润万家、新一佳、人人乐等本土零售企业在PB业务领域也面临着一场前所未有的遭遇战，因此超市自有品牌满意度的调查研究就显得尤为重要。超市自有品牌满意度调查是通过调查研究获取顾客对本企业产品或服务的有关评价信息，在此基础上，对顾客的满意度进行综合性评定，分析认知度、满意度、忠诚度或重购率水平的高低，剖析顾客缺憾，揭示提升顾客满意度的关键因素，为企业制定提高顾客满意度的策略，减少顾客抱怨和顾客流失，增加重购率，创造良好的口碑，提升企业形象，确保稳定、持续的利润增长提供信息支持。

第二部分　理论介绍

一、超市自有品牌

自有品牌（private brand）或称商店品牌（store brands），是超市等零售商以自己的品牌销售产品，这样的产品既可以是按照零售商的具体要求由供货商定制的，也可以是在现成的产品上贴上零售商的牌子。由于自有品牌商品可以省去许多中间环节，节约交易费用和流通成本，加上分销上的优势，所以零售商可以提供更具有竞争力的价格和更适合消费者的产品。近年来，随着我国零售业的迅速发展和国外零售巨头相继进入我国，本土零售企业开始关注和尝试自有品牌战略。但是我国以超市为代表的零售商在实施自有品牌策略中，出现了诸多问题，和国外的大型超市相比，国内大型超市的自有品牌营销策略还有许多值得改进的地方。消费者对超市自有品牌的满意与否、评价如何？还是值得研究的一个课题。

二、顾客满意度调查

顾客满意度是指消费者或用户通过对一种产品或服务的可感知的效果与他的期望值相比较后，所形成的愉悦或失望的感觉状态，满意度则是可感知效果和期望值之间的差异函数。大量研究表明，顾客满意度越高，顾客对企业越忠诚，产品或服务的重购率越高。当用户重购率达到一定水平后，利润的增长会随重购率的增长迅速增长，即“顾客满意、利润之源”。而顾客满意度的提高，是由企业内部员工的素质、工作效率、工作质量所决定的，即由员工的满意度决定的。因此，员工满意和顾客满意是21世纪企业盈利模式的两个重要变量。

顾客满意度研究是指通过构造顾客满意度评价指标体系，通过调查研究获取顾客对本企业产品或服务的有关评价信息，在此基础上，对顾客的满意度进行综合性评定，分析认知度、满意度、忠诚度或重购率水平的高低，剖析顾客缺憾，揭示提升顾客满意度的关键因素，为企业制定提高顾客满意度的策略，减少顾客抱怨和顾客流失，增加重购率，创造良好的口碑，提升企业形象，确保稳定、持续的利润增长提供信息支持。研究的主要内容如下。

1. 顾客满意理念导入

顾客满意理念导入，即通过培训、研讨等形式，将顾客满意理念的起源和发展、顾客满意与顾客忠诚的价值关系、顾客满意与员工满意的关系、以顾客为中心的价值观、顾客满意与企业利润链等思想与理念引人企业内部，从而帮助企业树立顾客满意理念和行为意识。

2. 顾客满意调研

顾客满意调研，即建立系统的、完备而有效的顾客满意度评价指标体系，其内容可包括品牌认知、品牌购买、品牌使用、品牌美誉、产品质量、产品功能、产品外观、产品式样、产品包装、价格定位、产品安全性、产品可靠性、产品设计、企业信誉、服务质量、服务环境、服务态度、服务规范、用户投诉、售后服务等诸多要素。在此基础上，设计顾客满意度调查问卷，通过访问顾客，销售或服务现场调查等获取信息。

3. 员工满意度调研

员工满意度调研，即建立系统的、完备而有效的企业内部员工满意度评价指标体系，其内容包括企业的工作生活环境、用人机制、物质激励、精神激励、人际关系、劳资关系、发展期望、内部管理和员工的成就感、安全感、愉快感、信任感等要素，通过问卷调查、员工座谈等方法获取各种信息。

4. 满意度水平测定

满意度水平测定，即在顾客满意度和员工满意度调研的基础上，分别对顾客满意度和员工满意度的水平进行测定，包括各项目的满意度和综合满意度水平的测定。其中顾客满意度测评，可通过计算认知度、满意度、重购率等指标进行反映，员工满意度测评，可通过计算员工满意度、忠诚度（员工安心率、外流率）等指标进行反映。

5. 满意度要素分析

满意度要素分析，即在满意度水平测定的基础上作进一步的归纳分析和相关分析，包括将各要素的满意度归纳为高、中、低三种类型，借以揭示影响顾客和员工满意度、忠诚度、流失率的关键驱动因素，确定与企业资源和战略目标相吻合的顾客群体。针对企业的综合绩效，从内部和外部两方面对企业的产品与服务质量及其症因进行诊断，揭示企业目标与现实绩效的差异，明确企业的优劣环节，寻找和识别引起和影响这些问题的要素，为制订相应的策略提供必要的信息。

6. 满意度策略研究

满意度策略研究，即在满意度分析研究的基础上，针对顾客和员工满意度较低的状况和绩效薄弱环节，提出改善企业内部的工作环节、流程、权限和方式的措施和高效配置有限资源的对策方案，以求逐步提升顾客满意度体系中关键因素的水平，从而提高顾客满意度和忠诚度，达到提升企业市场表现、市场地位、市场竞争力和经济效益的目的。

顾客满意度研究的流程可以归结为："从企业内部到外部，从企业自身到竞争对手，从顾客满意到顾客忠诚，从单一研究到连续监测，从满意水平到要素诊断，从要素诊断到改进对策"。顾客满意度研究涉及定性与定量等各种调研分析方法、满意度指标体系的确立与测量、关键满意要素的优劣判定，以及针对满意水平的资源配置与产品服务策略制订，因此，顾客满意度研究是一项综合性很强的市场调研。

第三部分　调 查 方 案

一、调查目的

确定调查目的主要是解决为什么要调查的问题。必须明确徐州易初莲花自有品牌满意度调查的调查目的，首先这项调查的目的应该是为易初莲花超市服务的，为超市提供决策依据。其次，说明调查的意义，也就是为什么要进行易初莲花自有品牌满意度的调查。再次，确定通过自有品牌满意度的调查要了解哪些市场信息：要了解消费者是否购买过易初莲花自有品牌商品，购买过哪些商品，通过什么渠道获知相关信息，对易初莲花自有品牌各个方面是否满意，是否会继续购买易初莲花自有品牌。因此易初莲花自有品牌满意度调查的调查目的可以描述如下：了解消费者对易初莲花自有品牌商品的认知度，满意度、重购率，以及对易初莲花超市自有品牌商品经营的期望和意见，以便于公司不断改进工作，提高服务水平，为超市经营和开发自有品牌商品提供科学的决策依据，最终提高顾客的忠诚度。

二、调查对象

根据调查目的，要了解徐州易初莲花自有品牌的满意度，必须向徐州易初莲花超市的消费者调查。因此易初莲花自有品牌满意度调查的调查对象为易初莲花超市徐州店的消费者。徐州易初莲花超市主要辐射徐州南区，消费者主要为中国矿大、徐师大、徐州建院、附近各中专、中学的教职工和学生、附近企事业单位职工、个体户以及附近的居民。

三、调查项目和调查问卷

确定调查项目就是确定调查什么的问题，调查内容要根据调查目的确定。易初莲花自有品牌满意度调查的调查目的是了解消费者对易初莲花自有品牌商品的认知度，满意度、重购率，以及对易初莲花超市自有品牌商品经营的期望和意见。因此调查项目可以确定如下：第一，被调查者的基本情况，包括年龄、性别、文化程度、职业、家庭收入等。第二、易初莲花自有品牌商品的认知度，包括知道哪些自有品牌商品、对易初莲花自有品牌的印象、购买过哪类、影响购买的因素有哪些，知晓的渠道。第三，易初莲花自有品牌商品的满意度，包括对性价比、质量、包装、服务、摆放位置、宣传促销等方面的满意情况。第四，易初莲花自有品牌商品的重购率，是否继续购买以及原因，是否会给别人推荐，对易初莲花自有品牌的意见和建议等。

四、调查时间和调查期限

调查时间是指调查资料所属的时间。超市一般周末人流量最大，因此调查时间确定在周末，同时连续选择几个周末去调查，可以确保样本的代表性更高。例如，徐州市易初莲花超市自有品牌满意度调查期限可以设计为 2008 年 11 月 8 日～11 月 29 日的连续三个周末。资料所属时间：标准时点为 2008 年 11 月 8 日，时期指标可以根据实际情况分项规定。

五、调查的组织方式

调查的组织方式包括上述没有提到的事项。徐州易初莲花超市自有品牌满意度调查的地点选在徐州易初莲花超市。为了便于调查，了解易初莲花自有品牌商品顾客满意度情况，基本调查技术可以采用简单随机抽样或者任意抽样，具体方法可以采用问卷调查法、观察法、采访法等多种方法相结合进行调查。除了明确调查地点和调查方法外，还应规定数据的整理和分析方法。易初莲花超市自有品牌满意度调查就可以对合格的问卷进行录入、计算，得出可供分析使用的初步计算结果，进而对所调查结果做出准确描述及初步分析，为进一步的分析提供依据。实施时需应用有关统计分析软件。将本次调查的实施情况、调查结果及初步分析结果付诸文字，形成《徐州市易初莲花自有品牌满意度调查报告》。

第四部分　调查结果分析

一、样本基本特征

为确保样本的代表性，本次调查特选择调查时间为人流量最大的周末（星期六、星期日），并在连续三个周末，利用任意抽样方法调查了该超市120位顾客。本次调查共向易初莲花消费者发放问卷120份，收回有效问卷101份。从性别分布来看，男性占到44%，女性占到56%；从年龄分布来看，25岁以下占到30%，25～35岁占到25%，35～45岁占到20%，45～55岁占到15%，55岁以上占到10%；从职业分布来看，学生占到40%，企事业职员占到25%，个体经营者占到12%，家庭主妇占到10%，离退休人员占到8%，其他占到5%；从文化程度来看，大专以下学历占到18%，大专占到40%，本科占到32%，研究生及以上占到10%；从家庭平均月收入来看，2000元以下占到16%，2000～4000元占到42%，4000～6000占到20%，6000～8000占到16%，8000以上占到6%。

二、易初莲花自有品牌认知度分析

1. 对易初莲花自有品牌熟悉程度分析

图6-2的调查数据表明，有26%的人表明对易初莲花自有品牌熟悉，有70%的人表示知道一点，仅有4%的人表示不知道。无论顾客是通过哪种渠道了解自有品牌，说明易初莲花自有品牌的知名度较高，但还需要进一步宣传，加深顾客的熟悉程度。

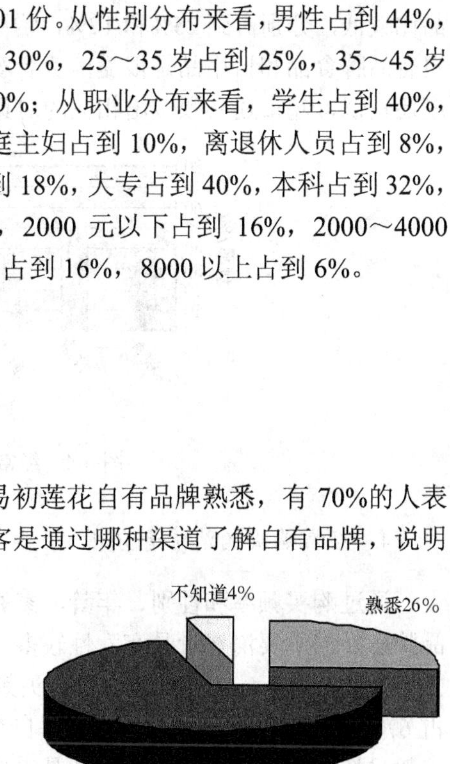

图6-2　对易初莲花自有品牌熟悉程度

2. 了解易初莲花自有品牌的渠道

了解了消费者对自有品牌的熟悉程度后，进一步了解消费者通过什么渠道获知自有品牌。图6-3的数据表明，有37%的人表示通过广告宣传，有 25%的人表示通过熟人介绍，还有 38%的人通过其他途径，他们表示通过促销和自主发现获知。这一方面说明易初莲花超市对广告宣传促销比较重视，效果也较好，同时也说明顾客的口碑宣传也是自有品牌商品宣传的一个非常好的渠道。

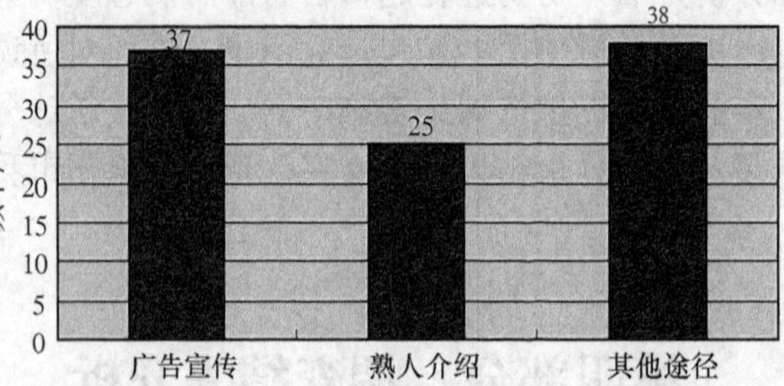

图 6-3　了解易初莲花自有品牌的渠道

3. 经常购买的自有品牌商品类型

图 6-4 的调查数据表明，绝大多数人都购买过易初莲花自有品牌食品，具体来讲，有 32%的人购买过粮食，41%的人购买过食油，26%的人购买过生鲜类，高达 71%的人都购买过一般食品。另外购买过日用品的比例也很高，占到 53%，而购买服装和办公用品比较低，分别占到 25%和 17%，购买小家电的比例最低，占到 12%。这说明易初莲花自有品牌食品和日用品是很受消费者欢迎的和认可，而服装和小家电商品消费者的认可度还较低，超市还必须做出相应的对策来应对。

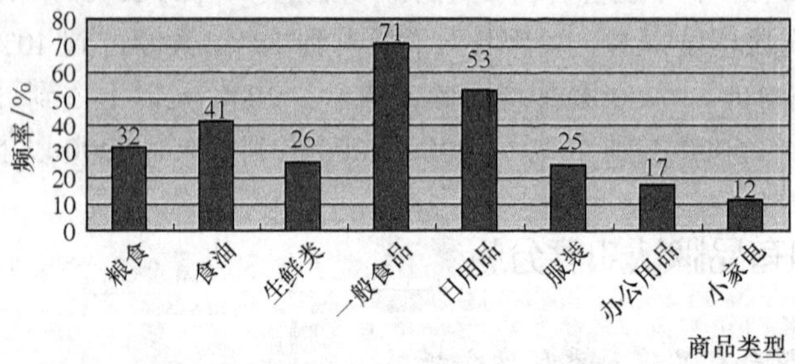

图 6-4　经常购买的自有品牌商品类型

4. 经常购买的消费者分析

通过购买频率和性别、年龄、家庭收入和文凭交叉分析表可以知道，易初莲花自有品牌商品的主要消费者具有女性较多、年龄稍小、文凭较高和收入较低的特点，具体数据见表 6-8～表 6-11。从性别和购买频率交叉分析来看，经常购买自有品牌商品的女性占 67%，男性占 37%，说明女性对自有品牌商品的比较偏爱，这是由于男性消费者购物一般只选择购买自己所缺少或者是需要的物品，而女性消费者购物大多属于边看边买的类型，所以说便宜实惠的自有品牌越来越受到广大的女性青睐；从年龄与购物频率交叉分析来看，经常购买的自有品牌商品的消费者主要是年轻人，其中 25 岁以下年龄段占 33%，25～35 岁年龄段占 27%，这说明年轻人一般接受新事物新知识会更快，当然可能也是学生职业和收入较低的原因更偏好价格较便宜的自有品牌商品；从文凭和购买频率交叉分析来看，发现经常购买的消费者人群主要集中在大专学历，占 36%，其次是本科学历，占 30%，说明购买易初莲花自有品牌的文凭较高。这主要是由于易初莲花超市地处本科、专科等高校附近，拥有较多的大学生消费者，而且大学生没有经济来源，一般靠父母给的生活费生活，所以喜欢购买价格较便宜的自有品牌；从收入和购买频率的关系分析，可以知道收入在 4000 元以下经常购买易初莲花自有品牌的消费者约占 61%，6000 元以下经常购买易初莲花自有品牌的消费者约占 90%，显然中低收入的消费者对于物美价廉的自有品牌商品的需求量较高，收入较高的家庭大多数不会选择购买易初莲花自有品牌商品的，可能因为易初莲花自有品牌商品的特点是价格比较便宜，对于收入较高的消费者来说，他们更多注重品牌。

表 6-8　性别与购买频率交叉分析

购买频率 / 性别	经常购买	偶尔购买	合　计
男	10	34	44
女	20	37	57
合计	30	71	101

表 6-9　年龄与购买频率交叉分析

购买频率 / 年龄	经常购买	偶尔购买	合　计
25 岁以下	10	21	31
25～35 岁	8	17	25
35～45 岁	5	15	20
45～55 岁	2	13	15
55 岁以上	5	5	10
合计	30	71	101

表 6-10　文凭与购买频率交叉分析

购买频率 / 文凭	经常购买	偶尔购买	合　计
大专以下	5	13	18
大专	12	28	40
本科	9	23	33
研究生及以上	4	6	10
合计	30	71	101

表 6-11　家庭收入与购买频率分析

购买频率 / 家庭收入	经常购买	偶尔购买	合　计
2000 元以下	6	10	16
2000～4000 元	13	30	43
4000～6000 元	8	12	20
6000～8000 元	2	14	16
8000 元以上	1	5	6
合计	30	71	101

5. 购买自有品牌的原因分析

图 6-5 的数据说明，消费者购买自有品牌商品的主要原因是价格便宜，占到 54%，其次是质量好，占到 23%，再次是促销宣传，占到 13%，最后是品牌形象佳的原因，占到 8%。这说明消费者看中自有品牌的主要原因还是价格因素，同时质量还必须好，如果有宣传促销和品牌形象好的因素，消费者也会动心。

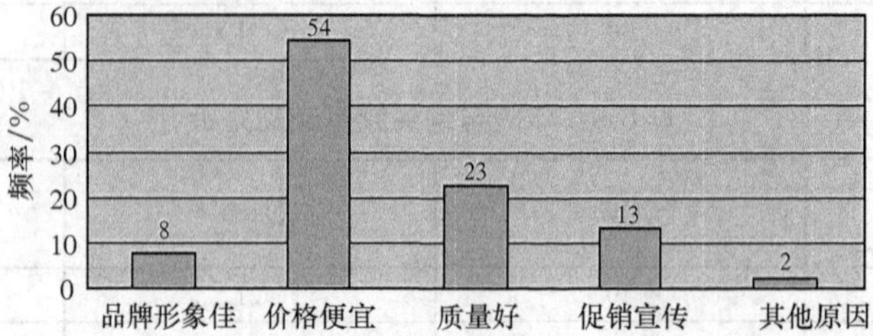

图 6-5　购买自有品牌的主要原因

6. 对自有品牌商品的印象分析

总体来讲，消费者对易初莲花自有品牌的总体印象中等偏上，采访调查中没有一个消费者表示印象不好和很不好。图 6-6 的数据说明，消费者对自有品牌商品的留下的印象一般，占到 56%，留下好的印象，占到 36%，留下很好的印象的，占到 8%。应该说评价还可以，没有不好的甚至很不好的印象，但是易初莲花超市还应该采取更好的措施，给消费者留下更好的印象，才能得到满意和忠诚的顾客。

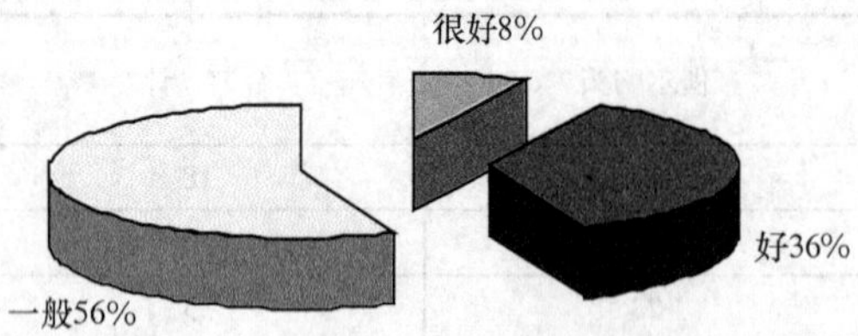

图 6-6　对自有品牌商品的印象

三、易初莲花自有品牌满意度分析

1. 易初莲花自有品牌的满意度

顾客在超市购买商品时，可以选择自有品牌商品，也可以选择其他品牌，因此会在选购商品时进行比较。在选择过程中，一般会对性价比、质量、包装、摆放位置、宣传促销和服务六个方面进行比较。为了了解顾客对自有品牌商品满意度的情况，本次调查对性价比、质量、包装、摆放位置、宣传促销和服务进行了综合评价。图 6-7 的数据说明，消费者对易初莲花自有品牌的满意度评价中等偏上，表示很不满意和不满意的比例很低，消费者对自有品牌商品性价比、质量、包装、摆放位置、广告宣传和服务评价为满意及以上的分别占到 61%、49%、35%、41%、30%和 50%。应该说，对性价比最满意，其次是服务和质量，评价最低的是宣传促销。说明易初莲花超市还应该针对满意度的评价采取相应的措施，尤其在改善包装、摆放位置和广告宣传上多改进，提升顾客的满意度。

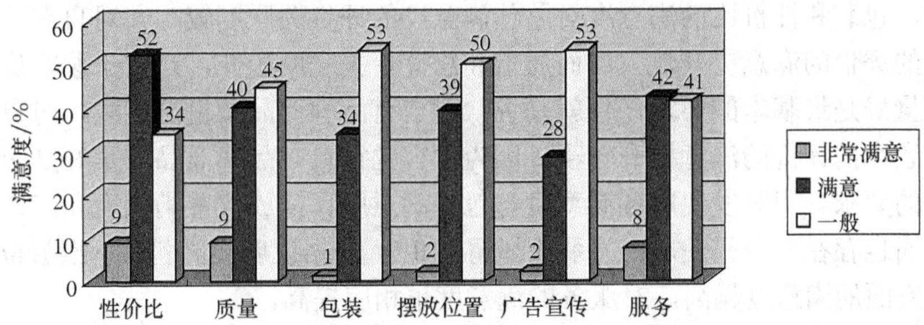

图 6-7　对自有品牌的满意度

2. 易初莲花自有品牌的满意度评分

根据数据分析，顾客对易初莲花超市自有品牌的评价总体上评价为基本满意，总平均分为 3.46 分。在性价比、质量、包装、摆放位置、宣传促销和服务这 7 个评价项目中，对性价比满意度最高，得分为 3.66 分；质量和服务满意度较高，得分分别为 3.58 和 3.55 分；包装和摆放位置满意度较低，得分为 3.34 分和 3.36 分；对宣传促销满意度最低，得分为 3.27 分。具体数据见表 6-12。

表 6-12　满意度评分

项　目	性价比	质　量	包　装	摆放位置	宣传促销	服　务	总 评 价
平均分	3.66	3.58	3.34	3.36	3.27	3.55	3.46
中位数	4	3	3	3	3	4	3.5
众数	4	3	3	3	3	3	3.5
标准差	0.7	0.68	0.54	0.66	0.61	0.7	0.41

续表

项　目	性价比	质　量	包　装	摆放位置	宣传促销	服　务	总 评 价
峰值	1.34	−0.43	−0.23	1.07	0.34	1	1.54
偏度	−0.41	0.56	0.47	−0.29	0.35	−0.09	0.27
置信度 95%	0.14	0.14	0.11	0.14	0.13	0.15	0.09

3. *顾客满意度相关分析*

为了了解总体满意度和性价比、质量、包装、摆放位置、宣传促销和服务六个方面的相关关系，特对调查数据进行了相关分析，发现对服务的满意度、宣传促销的满意度和总体满意度的相关性最大，相关系数分别为 0.7821 和 1.7622；摆放位置、包装和性价比的满意度对总体满意度的评价关联度较高，相关系数分别为 0.6847、0.6182 和 0.6089；而质量的满意度对总体满意度的评价关联度最小，相关系数为 0.4335。而且当取置信度为 95%时，统计量均大于临界值 1.66（以上数据见表 6-13），因此表明样本相关系数在统计上是显著的。数据表明，服务、宣传和总体满意度关联度最高，说明对自有品牌商品在服务、宣传促销方面的满意，对自有品牌商品总体满意度的评价的满意提升很大；摆放位置、包装和性价比的满意度对总体满意度的评价关联度较高，对自有品牌商品总体满意度的评价的满意提升较大；而质量和总评价关联度稍低，是由于顾客认为自有品牌商品质量好是最基本的要求，也就是说，对自有品牌商品质量的满意，对自有品牌商品总体满意度的评价的满意提升较小，因为顾客觉得自有品牌商品质量好是应该的，也是最起码的要求。同时发现服务满意度与包装满意度、摆放位置满意度和广告宣传满意度三个方面也存在显著相关，相关系数都超过 0.5，数据说明提高包装、摆放位置、宣传促销 3 个方面的满意度越高，对服务的满意度也相应提高。

表 6-13　相关系数表

项　目	性 价 比	质　量	包　装	摆放位置	广告宣传	服　务
性价比	1					
质量	0.0748	1				
包装	0.2871	0.0569	1			
摆放位置	0.2314	0.1362	0.3029	1		
广告宣传	0.3179	0.3131	0.3642	0.4516	1	
服务	0.3907	0.0564	0.5054	0.5429	0.5476	1
总评价	0.6089	0.4335	0.6182	0.6847	0.7622	0.7821
T 统计量	7.6377	4.7867	7.8248	9.3481	11.7157	12.488

四、易初莲花自有品牌忠诚度分析

1. *重购原因分析*

通过调查，45%的消费者表示以后会继续购买易初莲花自有品牌商品，54%的人表示可能会继续购买，引起继续购买的原因选择价格便宜的消费者大约占到62%，选择质量好的消费者大约占到29%；而引起不愿继续购买的原因选择，选择质量问题的消费者大约占到50%，选择质量问题、价格问题、包装、服务问题和其他问题的消费者分别占到 24%、24%、19%、19%和 20%。这一方面说明自有品牌商品一旦出现了质量问题，便是自有品牌的致命伤；另一方面也说明，无论出现什么问题，都是重要的，都会影响消费者的忠诚问题。具体数据见图 6-8 和图 6-9。

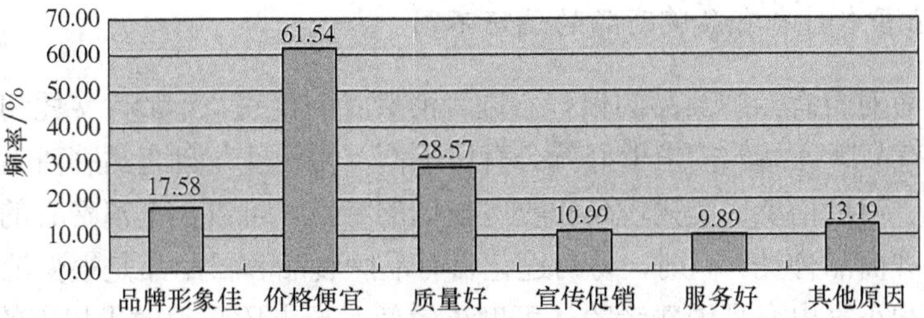

图 6-8　愿意继续购买的原因

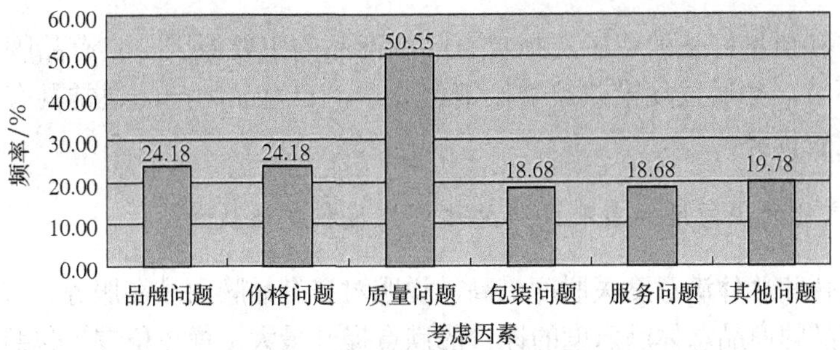

图 6-9　不愿意继续购买的原因

2. *是否愿意推荐给朋友*

通过调查，44%的消费者表示如果用的好以后会给朋友易初莲花自有品牌商品，50%的人表示可能会推荐，仅有 6%的消费者表示不会推荐。说明绝大多数顾客如果对自有品牌商品满意的话，一般会成为超市自有品牌的忠诚顾客。具体数据见图 6-10。

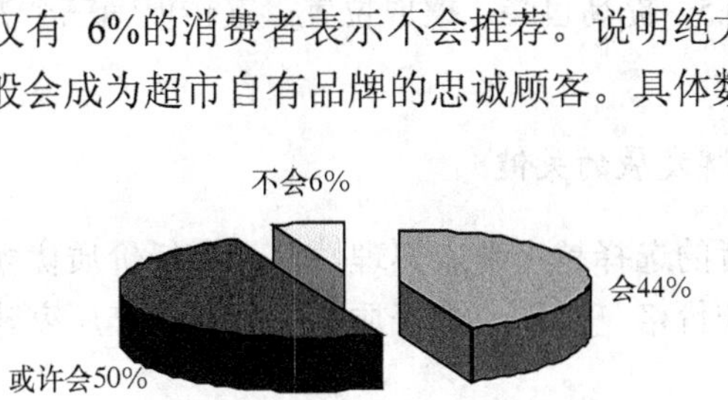

图 6-10　是否愿意给朋友推荐自有品牌商品

第五部分　结论和建议

一、结论

1. 不同消费者对自有品牌商品的偏好不同

不同消费者对自有品牌商品的偏好不同。消费者的性别、年龄、文凭和家庭收入的不同，对超市自有品牌商品的需求偏好就会有所不同。易初莲花自有品牌商品的主要消费者具有女性较多、年龄稍小、文凭较高和收入较低的特点，可以根据消费者的特点，设计开发相关自有品牌商品种类。同时，易初莲花自有品牌食品和日用品是很受消费者欢迎的和认可，而服装和小家电商品消费者的认可度还较低，超市还必须做出相应的对策来应对。

2. 自有品牌的优势是质优价廉

价格便宜和质量好是消费者选择自有品牌商品的主要原因。自有品牌商品由于省去了许多中间环节，并通过规模效益降低销售成本，自有品牌产品通常具有明显的低价格和高品质的竞争优势。

3. 服务宣传的满意度和自有品牌总体满意度相关性最大

服务、宣传和总体满意度关联度最高，说明对自有品牌商品在服务、宣传促销方面的满意，对自有品牌商品总体满意度的评价的满意提升最大；摆放位置、包装和性价比的满意度对总体满意度的评价关联度较高，对自有品牌商品总体满意度的评价的满意提升较大。

4. 服务和包装、宣传和促销显著相关

服务满意度与包装满意度、摆放位置满意度和广告宣传满意度三个方面存在显著相关，相关系数都超过 0.5，提高包装、摆放位置、宣传促销三个方面的满意度，服务的满意度相应提高。

5. 质量是自有品牌发展的关键

实践证明，消费者的选择越来越成熟理性，只有低价质优才能是真正的优势，竞争重点最终还是质量而非价格。因此，把好质量关，与生产厂家建立良好的合作关系，是竞争的又一关键。

6. 包装、摆放位置、宣传促销是自有品牌发展的重要因素

消费者购买自有品牌商品不仅要质优价廉，包装是否有吸引力，摆放位置是否方便消费者购买，是否在搞宣传促销活动，都会影响消费者购买行为。

7. 顾客任何不满都会影响顾客忠诚度

顾客的满意度和忠诚度关联度很高。自有品牌商品无论出现什么问题，都会引起顾客的不满，都会影响消费者的忠诚度。

二、相关建议

1. 针对超市顾客特点，精选自有品牌商品

徐州易初莲花自有品牌商品的主要消费者具有女性较多、年龄稍小、文凭较高和收入较低的特点，超市可以根据消费者的特点，精心挑选相关自有品牌商品种类。这些消费者一般消费倾向具有以下特点：第一，从消费商品类别上讲，这类消费者主要倾向消费食品诸如饼干、饮料等一般食品和日用品诸如洗衣粉、卷纸类等商品，因为这类商品技术比较简单，消费者容易辨别商品质量好坏；第二，从价格来讲，他们更倾向于价格便宜的商品，比较在意价格；第三，从宣传促销来讲，通过宣传促销，他们更容易被引导，而且他们也喜欢享受折扣、优惠或小礼品的赠送；第四，从包装陈列上讲，他们更喜欢包装比较精致、奇特、时尚、有花样、有创意，而不是简单粗糙的包装。超市可以针对消费者的消费特点，同时对自有品牌商品进行销售分析，另外可以定期邀请部分顾客进行座谈，进行顾客需求分析，分析出超市自有品牌消费者的最真实的消费需求，精心挑选自有品牌商品。

2. 严格控制质量，保证高质量

实践证明，消费者的选择越来越成熟越来越理性，只有低价质优才能是真正的优势，竞争重点最终还是质量而非价格。因此，把好质量关，选好合作生产企业，同时与生产厂家建立良好的合作关系，是竞争的又一关键。因为零售商自身的信誉是自有品牌生命力的基础，如果一味压低成本，就很难保证自有品牌商品的质量，最后砸的是企业自己的牌子。其实，易初莲花一直倾向于选择那些大型知名企业作为供应商来确保产品的质量，选择的几乎都是大名鼎鼎的厂商：易初莲花雪饼由“旺旺”制造，易初莲花果汁饮料是通过“统一公司”生产，易初莲花牛奶则选择的是“三元全佳”。这是严格控制质量非常好的办法，以后还必须继续保持，打好质量战，易初莲花自有品牌才能走得更远。

3. 进一步做好宣传促销，改善商品包装、陈列工作

要进一步做好宣传促销，改善商品包装、陈列服务工作，提高顾客满意度，主要有四个方面的建议。

（1）建议进行全方位宣传

自有品牌仅在零售商自家店内销售，其广告宣传主要是借助零售商的商誉，在商店内采用广告单、POP、闭路电视、广播等方式进行。只要走进易初莲花超市，随处可见“易初莲花自有品牌”的字样，在醒目位置更是将自有品牌作为宣传主打，在入口处及各区域的主要位置开辟了一个又一个自有品牌专区，并配以大大的“省”字来吸引消费者。

应该说宣传工作做得比较好。但是，还需要进一步加强宣传，进行全方位宣传，也就是除了通过广告单、广播、闭路电视、宣传牌进行宣传外，还应该对营业人员进行相关培训，让营业人员进行适当的宣传，会起到更好的作用。

（2）定期对商品进行促销

对于自有品牌商品顾客希望得到更多的实惠，否则可能会选择其他促销品牌，因此应该定期对自有品牌进行促销，或采用低价促销、或采用赠送礼品、或采用公关促销等形式，让顾客真正享受物美价廉的超市自有品牌。

（3）改善包装

商品包装是吸引顾客眼球的一个最重要的因素。简单、粗糙、劣质的包装会影响顾客的购买欲望，也会降低商品的品质，因此不能一味为了降低成本，而不注重商品的包装，要对包装进行改善，使包装比较精致、奇特、时尚、有花样、有创意，提高顾客的满意度。

（4）恰当的陈列

恰当的陈列，可以有效地鼓励消费者对自有品牌的试用，因而也是自有品牌营销的重要因素。自有品牌商品的陈列是有讲究的，需要注意以下几个细节：一是摆放要邻近同类领导品牌，借用领导品牌的高购买率，加深顾客对自有品牌的印象和关注度，并凭借价格优势吸引顾客的购买，提升自有品牌的销售量和认知度。二是摆放在货架最佳视觉区，一般是在人的脖子到头部这个高度为最佳区域。三是除货架陈列外，在通道区、收银区、促销区多点陈列。顾客在卖场是流动的，而且很多时候是无意识的关注和购买。

4. 重视顾客满意度调查，提升顾客满意度

超市要想在自有品牌战略中获胜，就必须重视自有品牌满意度调查。超市自有品牌满意度调查是通过调查研究获取顾客对本企业产品或服务的有关评价信息，在此基础上，对顾客的满意度进行综合性评定，分析认知度、满意度、忠诚度或重购率水平的高低，剖析顾客缺憾，揭示提升顾客满意度的关键因素，为企业制定提高顾客满意度的策略，减少顾客抱怨和顾客流失，维持顾客忠诚度，创造良好的口碑，提升企业形象，确保稳定、持续的利润增长提供信息支持。因此，顾客满意度调查必须定期进行的，一般每个半年就要进行一次。

第六部分　附　件

附件 1：问卷

易初莲花自有品牌满意度调查问卷

尊敬的顾客朋友：

您好！易初莲花自有品牌从粮食、食油和禽类、肉类、蛋类等生鲜食品入手，扩展到食品、饮料，再发展到日用品乃至小家电，除了“易初莲花”为主外还有“泉信”“好

脉”等自有品牌。为了更好地满足顾客的需求，特开展本次调查，以便了解消费者对易初莲花自有品牌商品的认知度，满意度、忠诚度，以及对易初莲花超市自有品牌商品经营的期望和意见，以便于公司不断改进工作，提高服务水平。望您在百忙之中如实填写此表，提出宝贵意见。非常感谢你的合作！

1．您的性别：

A．男　　B．女

2．您的年龄：

A．25 岁以下　　B．25～35 岁　　C．35～45 岁

D．45～55 岁　　E．55 岁以上

3．您的职业：

A．学生　　B．企事业职员　　C．公务员　　D．个体经营者

E．家庭主妇　　F．离退休人员　　G．其他

4．您的文化程度：

A．大专及以下　　B．大专　　C．本科　　D．研究生及以上

5．您家庭平均月收入：

A．2000 元以下　　B．2000～4000 元

C．4000～6000 元　　D．6000～8000 元

E．8000 元以上

6．您对易初莲花自有品牌熟悉吗？

A．熟悉　　B．知道一点　　C．不知道

7．请问您通过何种途径知道易初莲花自有品牌的？

A．广告宣传　　B．熟人介绍　　C．其他

8．您知道易初莲花自有品牌商品有哪些？（多选）

A．粮食　　B．食油　　C．生鲜类　　D．一般食品

E．日用品　　F．服装　　G．小家电　　H．办公用品

9．您对易初莲花自有品牌的印象如何？

A．很好　　B．好　　C．一般

D．不好　　E．很不好

10．您购买过易初莲花自有品牌商品吗？

A．买过　　B．没买过

11．您经常购买易初莲花自有品牌商品吗？

A．是　　B．否

12．如果买过，请问引起您购买的最主要原因是什么？

A．品牌形象佳　　B．价格便宜　　C．质量好　　D．其他

13．您购买过哪类易初莲花自有品牌商品？（可多选）

A．粮食　　B．食油　　C．生鲜类　　D．一般食品

E．日用品　　F．服装　　G．小家电　　H．办公用品

14．您对购买的易初莲花自有品牌商品满意吗？

（1）性价比　A．非常满意　B．满意　C．一般　D．不满意　E．非常不满意

（2）质量　A．非常满意　B．满意　C．一般　D．不满意　E．非常不满意

（3）包装　A．非常满意　B．满意　C．一般　D．不满意　E．非常不满意

（4）摆放位置　A．非常满意　B．满意　C．一般　D．不满意　E．非常不满意

（5）广告宣传　A．非常满意　B．满意　C．一般　D．不满意　E．非常不满意

（6）服务　A．非常满意　B．满意　C．一般　D．不满意　E．非常不满意

15．您还会继续购买易初莲花自有品牌商品吗？

A．会　B．或许会　C．不会

16．如果会继续买，请问吸引您继续买的原因是什么？（最多选两项）

A．品牌形象佳　B．价格便宜　C．质量好

D．宣传促销　E．服务好　F．其他

17．如果不会继续买，请问引起您不买的原因是什么？（可以多选）

A．品牌问题　B．价格问题　C．质量问题

D．包装问题　E．服务问题　F．其他

18．您会给朋友推荐易初莲花自有品牌商品吗？

A．会　B．或许会　C．不会

19．请写出您对易初莲花自有品牌的意见和建议？

20．请写出您对易初莲花超市的意见和建议？

附件 2：各种图表

略

附件 3：参考文献

略

实施要求

各项目小组参照范例指导，撰写所调研项目报告。

任务评价

自我测试

1. 理论知识测试

1）市场调查报告的结构是什么？
2）撰写市场调查报告的注意事项有哪些？

2. 实践技能测试

1）你在完成撰写市场调查报告过程中有哪些深刻的体验？
2）你是否能够圆满完成撰写市场调查报告？

评价方法

1. 评价标准

1）任务是否及时完成。
2）完成质量。
3）团队表现。

2. 评价表

评价表如表 6-14 和表 6-15 所示。

表 6-14　项目小组评价表

分数 / 组别	是否及时完成	质　　量	团队表现
第一组			
第二组			
第三组			
⋮			

表 6-15　个人任务评价表

分数 / 评分依据	个人具体分工		个人表现		
	承担任务的质量	个人记录	教师评分	组长评分	组员互评
成员一					
成员二					
⋮					

模块七

综合实训

MOKUAIQI

实训目标

1. 掌握消费者行为调查的基本知识和技能；
2. 掌握满意度调查的基本知识和技能；
3. 掌握品牌形象调查的基本知识和技能；
4. 掌握创业市场调查的知识技能。

实训要求

培养学生对消费者行为调查、满意度调查、品牌形象以及创业市场调查等各类调查的综合能力。

实训项目

实训一：消费者行为调查；
实训二：满意度调查；
实训三：品牌形象调查；
实训四：创业市场调查。

市场调查的应用很广泛，可以帮助企业解决很多实际的营销问题。通过这个模块的综合实训，同学们会体验实践需求调查、消费者行为调查、满意度调查以及品牌形象多种调查项目，丰富和强化各种市场调查知识和技能，最终成为一名合格的市场调查人员。为了共同的目标，大家一起努力吧！

1 实训一 消费者行为调查

实训目标

通过该项目的实训，学生应该对消费者行为调查理论有一定的理解和认识，了解消费者行为调查包括的主要内容、消费者调查的流程，掌握消费者调查的问卷设计以及调查方法选取的技能和方法，并且能够熟练进行消费者行为调查方案和问卷的设计，以及实施调查的能力。

实训要求

本项目既可以作为学生课外项目实训的具体指导学习手册，也可以作为消费者行为调查单项技能的强化实训。如果是作为课外项目指导手册，要求调研小组学生完成一整份调查报告；如果是单项技能强化实训，要求调研小组能根据具体项目设计方案和问卷。

实训指南

一、消费者行为调查的目标

消费者行为的研究是指研究个人，集团和组织究竟怎样选择、购买、使用和处置商品、服务、创意或经验以满足他们的需要和愿望。消费者行为研究就是要研究不同消费者的各种消费心理和消费行为，以及分析影响消费心理和消费行为的各种因素，揭示消费行为的变化规律。

通过消费者行为调查，可以帮助企业管理者了解影响消费者的各种因素、消费者购买模式、消费者购买决策等相关信息，以便采取相应的措施，实现企业的营销目标。

二、消费者行为调查的研究内容和研究技术

1. 调查消费者基本特征

可以从年龄、性别、职业、民族、文化程度、收入等标志研究不同消费群体的特点

和消费差异。

这部分内容要结合项目特点，选择合适的具体项目，属于调查问卷设计的被调查者的基本情况。通过和问卷其他相关数据（如购买动机、购买习惯等）进行交叉分析，可以分析出不同消费群体的特点和消费差异。

2. 调查消费能力和水平

主要调查消费者的人均收入、人均生活支出、购买力水平、消费结构、购买商品的数量及其要求等。

这部分主要通过文案调查（搜集当地国民经济和社会发展统计公告）了解当地消费者的人均收入、人均生活支出以及购买力水平。

3. 消费者购买动机

这部分主要研究消费者的消费目的与用途，购买习惯、消费倾向、消费嗜好以及消费预期等。

这部分内容主要通过焦点访谈获取数据，也可以通过问卷访谈搜集数据。可以从不同角度了解消费者的动机。主要问为什么要购买，可以从产品功能的角度、产品用途的角度和产品特征的角度提问。

（1）从消费者购买的心理角度

例 1. 请问您为什么购买这种颜色的唇膏？

A. 美容　B. 体现身份　C. 使自己心情愉快

D. 改变一下形象　E. 个人偏好　F. 其他

（2）从产品功能的角度

例 2. 请问您为什么购买咖啡？

A. 解渴　B. 营养　C. 提神

D. 消磨时间　E. 其他

（3）从产品用途的角度

例 3. 请问您为什么购买这个品牌的茶叶？

A. 饮用　B. 当做礼品　C. 药用

D. 灌枕头　E. 去异味　F. 烹饪

G. 其他

（4）从产品特征的角度

例 4. 请逐一比较下列洗衣粉的特性，选择您认为每一组中更重要的特性。（在后面打✓）

① 去污性好□ 不伤衣物□　② 去污性好□ 使用量少□

③ 去污性好□ 环保性好□　④ 不伤衣物□ 使用量少□

⑤ 不伤衣物□ 环保性好□　⑥ 环保性好□ 使用量少□

4. 消费者购买行为

这部分主要研究消费者的消费决策、购买什么、购买多少、何时购买、何处购买、由谁购买以及如何购买等。这部分内容主要通过问卷访谈获取数据。

（1）关于购买什么的问题

可以从品牌、功能、规格、服务角度来提问。

例 5. 如果您打算购买洗发水，您会考虑购买哪些品牌的洗发水？

A. 海飞丝　B. 潘婷　C. 飘柔　D. 沙宣　E. 力士
F. 舒蕾　G. 清扬　H. 霸王　I. 拉芳　J. 欧莱雅
K. 多芬　L. 夏士莲　M. 伊卡璐　N. 其他

例 6. 您认为空调哪些功能是必需的？

A. 制冷　B. 制热　C. 定时　D. 净化空气功能
E. 液晶显示　F. 睡眠功能　G. 除湿　H. 遥控
I. 低电压启动　J. 其他

例 7. 请问您愿意为了以下哪几项服务而购买价格相对贵一些的商品？

A. 上门安装　B. 保修三年
C. 送货上门　D. 免费电话技术支持
E. 24 小时电话服务　F. 其他

（2）关于购买者的问题

可以从决定者、参与者、使用者、影响者的角度来提问。

例 8. 下列哪些商品是由您个人可以决定购买的？

A. 服装　B. 食品　C. 日用品　D. 小家电
E. 大家电　F. 家具　G. 其他

例 9. 当您决定购买一辆汽车时，您会受到哪些人的影响，您将怎么做？

A. 家人　B. 亲朋好友　C. 销售人员　D. 同事　E. 其他人

例 10. 如果您的孩子想玩具，您将怎么做？

A. 家人　B. 亲朋好友　C. 销售人员　D. 同事　E. 其他人

（3）关于购买时间的问题

可以从购买时间偏好、购买频率提问。

例 11. 您多长时间喝一次啤酒？

A. 天天喝　B. 一星期一次　C. 半个月一次
D. 一个月一次　E. 一年几次

例 12. 您通常会在什么日子里逛街？

A. 节假日　B. 非节假日
C. 不固定，需要时就去买　D. 其他

（4）关于购买地点的问题

可以从购买场所类型、购买地点偏好提问。

例 13. 您曾在哪些网站购买过商品？

A. 淘宝网　B. 当当网　C. 拍拍网　D. 京东商城
E. 乐购网　F. 阿里巴巴　G. 其他

例 14. 请问您更喜欢以下哪种购物方式？

A. 去商店购买　B. 邮购　C. 电视购物　D. 网上购物
E. 其他

（5）关于购买数量的问题

可以从购买量、购买规格的角度提问。

例 15. 一般每次去超市会购买多少牛奶？

A. 一盒　B. 几盒　C. 一箱　D. 几箱
E. 其他

例 16. 请问您最喜欢多大规格的牛奶包装？

A. 50mL　B. 150mL　C. 250mL　D. 500mL
E. 750mL　F. 其他

（6）关于如何购买的问题

可以从购买爱好和考虑因素的角度提问。

例 17. 您网上购物时会讨价还价吗？

A. 会　B. 不会　C. 有时会

例 18. 您网购选择商品时考虑的主要因素有哪些？

A. 质量　B. 价格　C. 商家信誉　D. 他人评价
E. 支付安全　F. 朋友推荐　G. 品牌　H. 送货速度
I. 促销活动　J. 其他

5. 消费者满意度研究

这部分内容主要通过问卷访谈获取数据，主要研究消费者对产品、服务和广告的认知程度；研究消费者对产品的质量、功能、性能、外观包装、价格和售后服务等要素的满意度等。

（1）从产品的使用情况提问

使用情况调查内容包括：使用什么产品、使用时间、使用地点频率、使用的功能、使用中出现的问题。

例 19. 关于使用香皂洗澡，请问您同意以下哪一项？

A. 我从来不用香皂洗澡
B. 我一直使用香皂洗澡
C. 我以前使用香皂洗澡，但现在已经不用香皂洗澡了
D. 我以前不用香皂洗澡，但现在使用香皂洗澡
E. 我洗澡时，有时候使用香皂，有时候使用其他用品洗澡

例 20. 一天中，您习惯在什么时候喝牛奶？

A. 清晨起床之后　B. 早餐之后　C. 午餐之后
D. 午睡之前　E. 午睡之后
F. 晚餐之后　G. 晚上睡觉之前　H. 其他

例 21. 请问您一般在哪里使用随身听听音乐？
A. 家里　B. 单位/学校里　C. 骑自行车时
D. 公交车上　E. 其他

例 22. 请问您平均一天喝几杯奶？
A. 一杯以下　B. 两杯　C. 三杯以上

例 23. 请问您最近一次使用看电影是在什么时候？
A. 一周以前　B. 一个月以前　C. 三个月以前
D. 半年以前　E. 一年以前　F. 两年以前

例 24. 请问您使用了这台电话机的哪几项功能？
A. 重拨功能　B. 免提功能　C. 瞬间切断功能
D. 号码存储功能　E. 查号功能　F. 查时功能
G. 音量调节功能　H. 来电显示功能

例 25. 请问您使用这台电视机过程中遇到了什么烦恼？
A. 图像不清晰　B. 屏幕闪烁　C. 声音不好
D. 遥控器效果不佳　E. 色彩失真　F. 其他（注明：____）

（2）从对产品、品牌的认知度提问

可以从知不知道、知晓的途径以及对产品以及品牌的印象来提问

例 26. 您听说过徐州老字号品牌吗？
A. 听说过　B. 没听说过

例 27. 请问您是通过何种途径知道宾果 KTV 的？
A. 宣传单　B. 广告　C. 熟人介绍
D. 店面 logo　E. 美团网、窝窝团网　F. 其他

例 28. 您对宾果 KTV 的印象如何？
A. 非常好　B. 好　C. 一般
D. 不好　E. 非常不好

例 29. 您对网购是否信任？
A. 不信任　B. 一般　C. 信任

（3）从对产品、品牌的满意度提问

可以从对产品（价格、品牌、名称、品质、包装、性能、包装、形状、性能以及使用效果等）的满意度、对服务的满意不满意等。

例 30. 请您对完达山老酸奶进行综合评价：
1）营养价值　A. 很不满意　B. 不满意　C. 一般　D. 满意　E. 很满意
2）奶品安全　A. 很不满意　B. 不满意　C. 一般　D. 满意　E. 很满意
3）奶品口味　A. 很不满意　B. 不满意　C. 一般　D. 满意　E. 很满意

4）奶品价格　A. 很不满意　B. 不满意　C. 一般　D. 满意　E. 很满意
5）促销活动　A. 很不满意　B. 不满意　C. 一般　D. 满意　E. 很满意
6）服务态度　A. 很不满意　B. 不满意　C. 一般　D. 满意　E. 很满意
7）奶品包装　A. 很不满意　B. 不满意　C. 一般　D. 满意　E. 很满意
8）奶品规格　A. 很不满意　B. 不满意　C. 一般　D. 满意　E. 很满意

报告示例

徐州大学生天翼手机消费行为调查报告

一、调查背景

徐州地区各大学的天翼手机的使用相当普遍，各大学生至少有一部手机。最近随着时代的发展，手机的使用越发普及。顾客的消费行为为手机生产厂商调整生产销售提供了方向，并且可以为获取更大的利益提供可靠的依据。顾客满意度是顾客对需求或期望满足情况的反馈，它是对产品或者服务性能，及产品或者服务本身的评价。手机顾客满意度直接影响顾客忠诚度的建立，关系到天翼手机市场开发的兴衰成败。因此对天翼手机的顾客的消费行为以及天翼手机的普及情况进行一定的调查时非常重要的，不仅可以对手机的销售情况进行一定的分析，而且可以对手机优势的改进和提升提供依据。

为了更好地满足顾客的需求，特开展本次调查活动，以便了解广大消费者对天翼手机的认知度、满意度、忠诚度，以及对天翼手机的期望和意见，以便天翼手机公司不断进行改进工作，提高服务水平。

二、调查方案

1. 调查目的

通过调查我们想知道电信（天翼）手机的使用现状，和在大学生中对天翼手机的使用评价，通过调查我们还想了解什么原因是大学生选择使用天翼手机、使用的具体情况怎么样？还有通过调查找出电信（天翼）手机的不足与改进方面，给电信公司提出建议，也让消费者看到自己消费的商品的使用情况。给予消费者一个选择手机的参考。

2. 调查对象

调查对象是如今徐州各大高校的在校大学生。从大学生的调查中找到天翼手机今后在各大高校的营销策略。这样可以更好地为今后的发展奠定基础，从而不至于被其他同行挤出市场。同时，大学生的范围虽然不是很广，但是他们代表了当今社会的需求，希望从他们的调查中可以找到一些可利用的信息。

3. 调查项目和调查问卷

此次调查的项目是徐州市各大高校在校大学生对天翼手机的满意度调查。调查项目有年级、性别、消费观、手机消费程度、对天翼手机的看法、要求、评价等。客观地调查大学生对天翼手机的看法。

4. 调查时间和调查期限

调查时间定在了每天下午学生下课几率较高的时间段，这样更容易和有充足的时间让同学们接受调查。我们将不定期地出现在各大高校。

5. 调查的组织方式

此次调查方式是小组成员两两结合，一起到一所高校去调查。在校园学生密集出进行调查，这样更容易接触不同需求的学生，调查的真实性、准确性会更高些。

三、调查数据分析

1. 样本基本特征

为确保样本的代表性，本次调查特选择调查时间为人流量大的上课或下课时间，并在连续两周，利用抽样调查的方法选择几所代表性的大学进行调查。本次调查共向在校大学生发放了问卷200份，收回有效问卷196份。从性别来看，男性占36.87%，女性占63.13%；从年级分布来看，大一占64.65%，大二占25.25%，大三占7.58%，大四占2.53%；从手机使用情况来看，移动占56.57%，联通占8.59%，电信占32.32%，铁通占2.53%；从手机价位来看，500元以下的占7.07%，500～1000元的占46.97%，1000～2000元的占38.38%，2000元以上的占7.58%；从手机月平均消费金额来看，30元以下的占7.58%，30～50元的占52.02%，50～100元的占30.30%，100元以上的占10.10%。

2. 电信（天翼）手机使用现状

（1）对天翼网络评价的分析

根据数据分析，大学生对天翼网络的评价总体上评价为中等偏上，如图7-1所示。调查显示大学生对天翼网络评价为很差的占到17%，评价为一般的占到62%，评价为很好的占到21%。总体来讲，评价还可以，评价为很差的比例很少，但是天翼营业厅还应该采取更好的措施，才能得到大学生的满意，增加自身的利益。

（2）大学生对天翼手机了解度的分析

根据数据分析，大学生对天翼手机的了解总体上一般，如图 7-2 所示。调查显示出大学生对天翼手机非常了解的占到 9%，了解的占到 43%，不了解的占到 48%，可以看出有接近一半的人不了解天翼手机，所以天翼营业厅应该大力宣传天翼手机，增加天翼手机的知名度，让更多大学生了解到天翼手机。

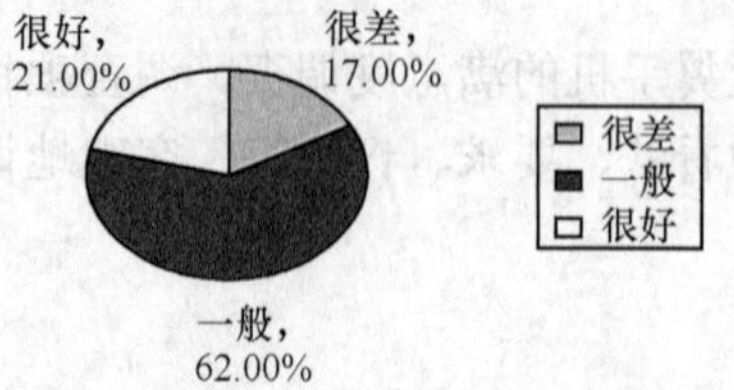

图 7-1　对天翼网络评价的分布图

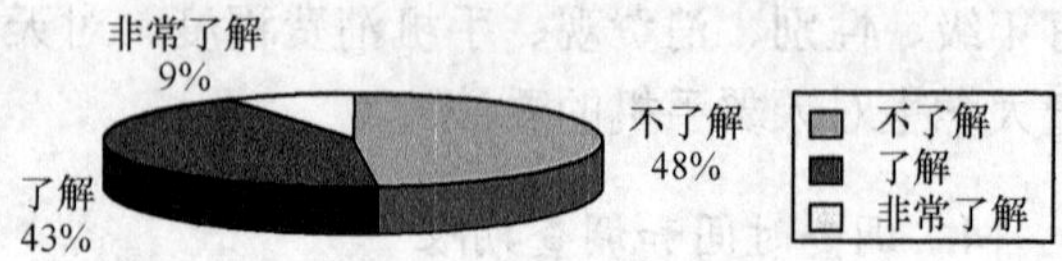

图 7-2　对天翼手机了解度的分布

（3）对了解天翼手机途径分布的分析

如图 7-3 数据表明，绝大多数人是通过广告宣传了解天翼手机的。具体来讲，有43.50%的人通过广告宣传，17.00%的人通过他人推荐，27.00%的人通过营业厅，还有12.50%的人通过其他途径。这说明天翼手机对广告宣传促销活动比较重视，效果也比较好，同时也说明营业厅的宣传作用有待加强。

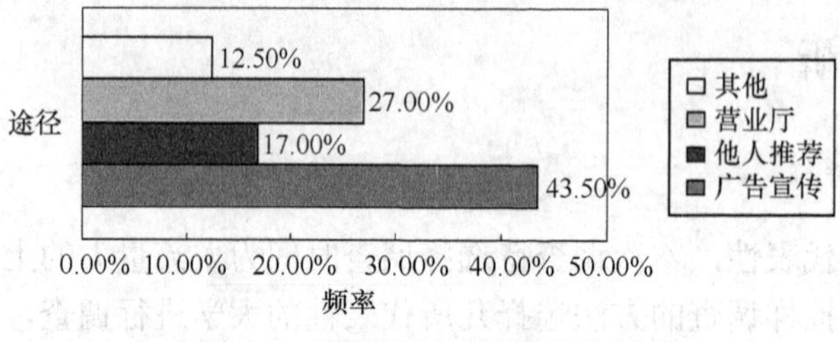

图 7-3　了解手机途径的分布图

（4）对使用天翼手机的原因的分析

如图 7-4 数据表明，消费者使用天翼手机的主要原因是价格低廉，占到 34.07%，其次是功能多，占到 32.97%，再次是从众心理，占到 26.37%，最后是外形漂亮时尚，占到 6.59%。这说明消费者使用天翼手机的主要原因还是价格因素，同时功能还要多，如果外形漂亮时尚消费者也会心动。

（5）对消费者希望天翼手机开展的促销活动的分析

图 7-5 数据表明，近一半的消费者希望天翼手机开展充值送话费的活动，占到 48.91%，其次是充值送手机，占到 28.26%，再次是充值送礼品，占到 18.48%，还有一些其他活动，占到 4.35%。这说明充值送话费活动得到多数消费者的认可，充值送手机也是一个不错的促销活动，可以让更多的消费者心动。

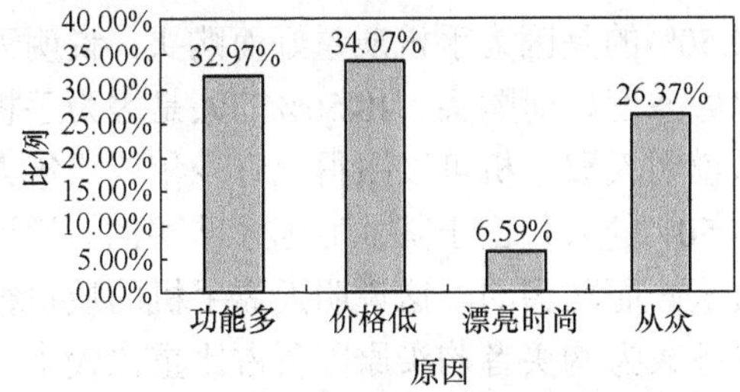

图 7-4 使用天翼手机的主要原因

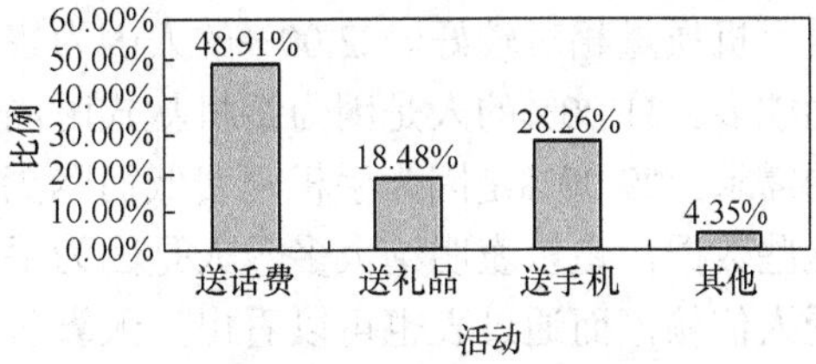

图 7-5 希望的促销活动

3. 电信（天翼）手机消费行为分析

（1）天翼手机改进方面调查分析

如图 7-6 数据表明，有 35.48%的人希望天翼手机从外观上改进，有 36.56%的人希望希望天翼手机从手机质量上改进，有 17.20%的人希望天翼手机从网络信号上改进，有 6.45%的人希望天翼手机从价格方面改进，有 3.23%的人希望天翼手机从其他方面改进。

（2）天翼手机购买意愿调查分析

图 7-7 数据表明，有 16.50%的人想买天翼手机，有 39.00%的人不想买天翼手机，有 44.50%的还不确定买不买天翼手机。

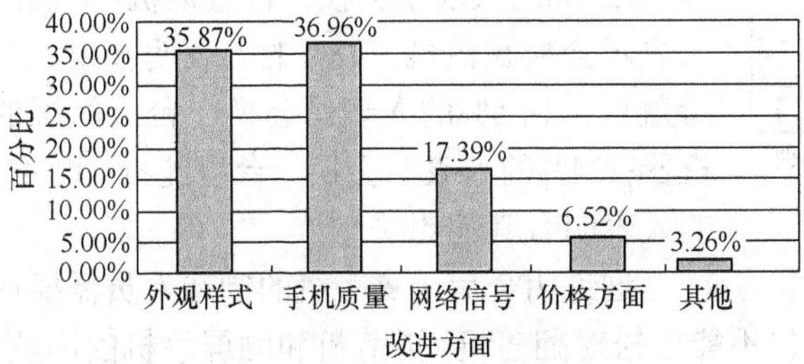

图 7-6 天翼手机需要改进的方面

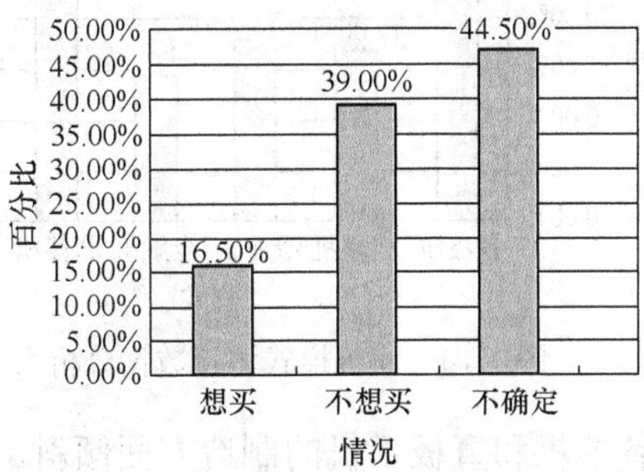

图 7-7 购买意愿的分析图

（3）换机情况的调查分析

如图 7-8 数据表明，有 8.5%表示如果天翼手机出新牌手机，他们会购买；31%的人表示不会换新机；50.5%的人表示看情况而定；还有 10%的人表明从来没有想过这一问题。这说明天翼手机在未来的销量不容乐观，必须推出受大众欢迎的新机，才会有很好的销路。

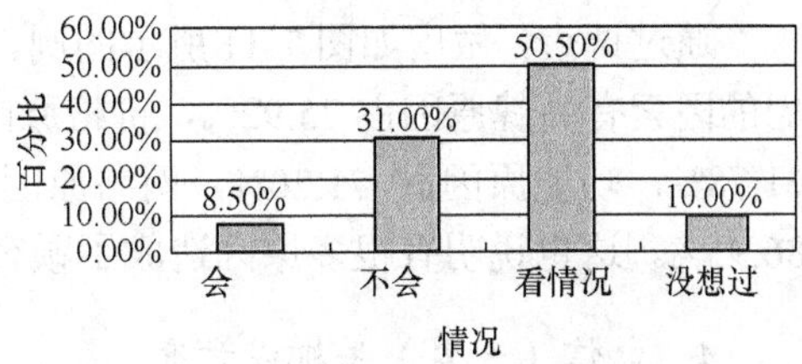

图 7-8 换机情况调查数据分析表

（4）购买天翼手机原因的调查分析

图 7-9 数据表明，购买天翼手机的原因有很多。具体来说，有 27.50%的人是因为品牌形象好而购买的这说明天翼手机的品牌较受欢迎。41.00%是因为价格低廉而购买的，

这说明天翼手机的价格还是可以让人接受。50.50%的是因为手机质量好而购买，说明天翼手机质量相对较好。22.00%的人因为售后服务态度好而购买。40.50%的人是因为手机功能多。31.00%的人是因为手机款式时尚足以说明天翼手机可以跟得上青少年或成年人的需求。29.00%是因为手机消费低而购买。14.50%的人是由于其他原因才购买的。通过这些数据，足以表明绝大多数人是因为手机质量好而购买的，这说明天翼手机的质量很受人信赖，而通过表也可以看出，天翼售后服务成为购买者购买原因所占比重比较小，应该做出相应的对策。所以由图表可以看出，更多大学生注重的是手机质量。

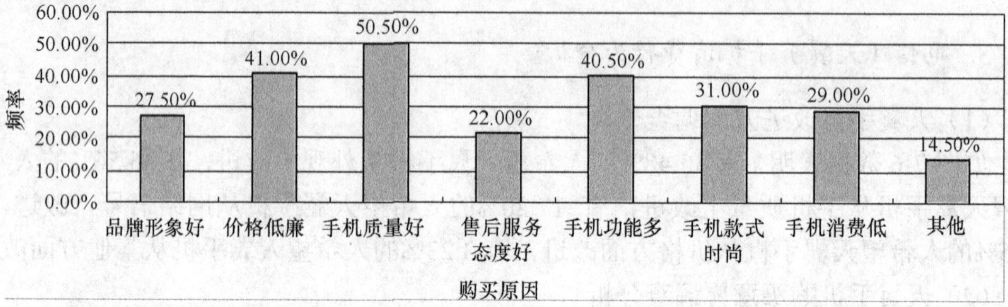

图 7-9　购买原因分布图

（5）换机样式的调查分析

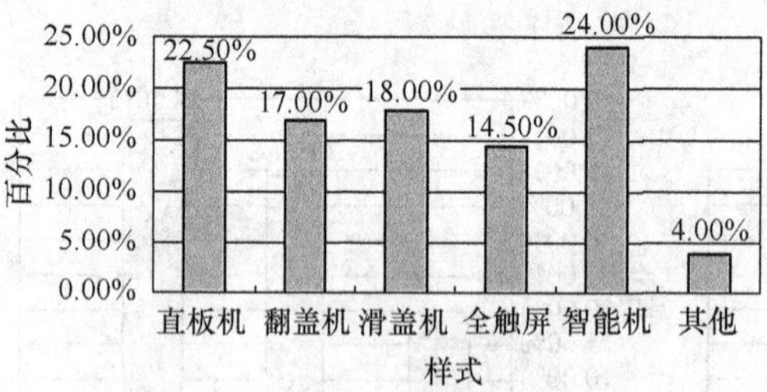

图 7-10　换机样式调查数据分析表

图 7-10 中数据表明，当选择换新手机时，22.5%的人表示会换一台直板机；17%的人表示会换翻盖机；18%的人表明会换一台滑盖机；14.5%的人表示会换一台全触屏的机器；24%的人表明会换一台智能机；而 4%的人表明有其他想法。

这说明今后天翼手机的制造人员需要往智能机和直板手机的制造方面倾斜，但也不能放松对翻盖机，滑盖机和触屏手机的制造，要均衡发展，每一款样式都要设计的美观大方实用。

（6）不想继续购买手机原因的分析

通过调查，做出如图 7-11 所示图例。通过图例可以看出人们不想再继续购买手机考虑的因素有品牌原因占 75.92%，价格原因占 61.78%，质量原因占 56.02%，服务原因占 61.78%，功能原因占 71.20%，网络原因占 63.87%，收费原因占 56.54%，其他原因占 86.91%。这也说明有很多原因造成了顾客对手机的购买。

4. 电信（天翼）手机满意度

图 7-12 表示，天翼手机用户中，有 27%的拥护对天翼手机的性价比满意度表示一般，22%的用户表示对此表示非常满意，仅有 3%的用户表示非常不满意！无论用户满意度如何，电信公司应该正视，尽全力改善、创新。让更多的用户感到满意。

图 7-13 表示天翼手机用户对手机质量的评价。其中 33.33%的用户对手机质量表示

非常满意，23%的用户表示一般态度，仅有2%的用户表示非常不满意。对手机质量的评价用户给了很高的评价，相信在以后的生产中，企业会更加注重手机质量，在保证质量的基础上，更加创新，至善至美。

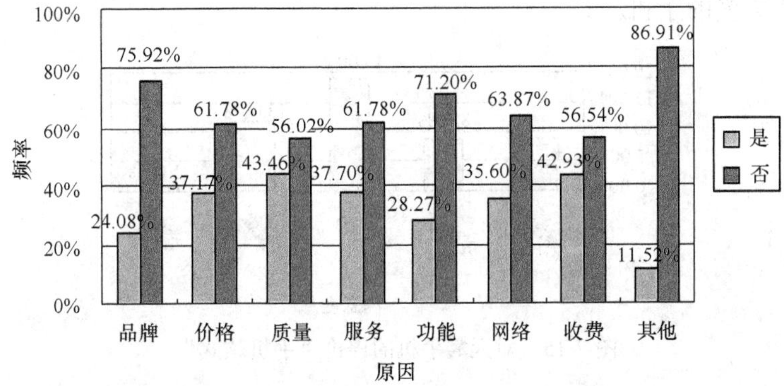

图 7-11　不想再购买手机原因的频率分布图

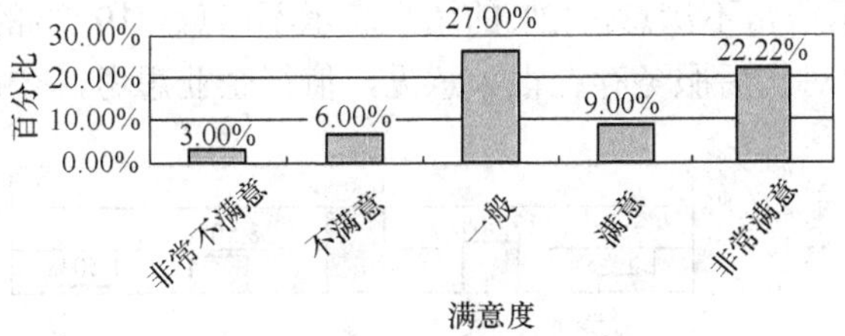

图 7-12　对天翼手机的评价“性价比”

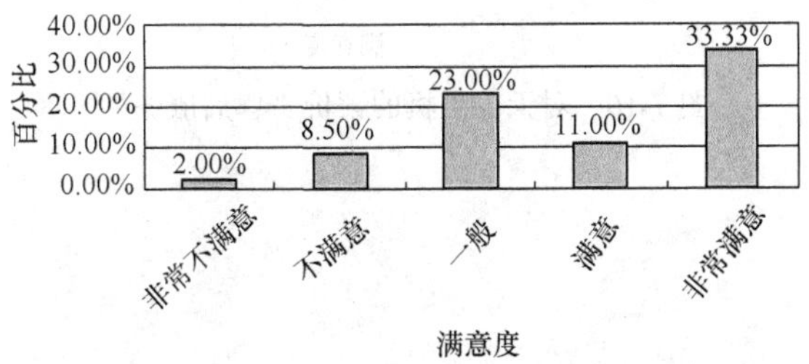

图 7-13　对天翼手机的评价“手机质量”

图 7-14 表示天翼手机用户对手机功能的评价，仅有 2.5%的用户表示非常满意，这点作为企业经营者会更加注意，在手机功能上花更多的时间来完善。同时有 22.5%的用户表示一般态度。12%的用户表示满意，而表示非常不满意的占到了 3.5%。

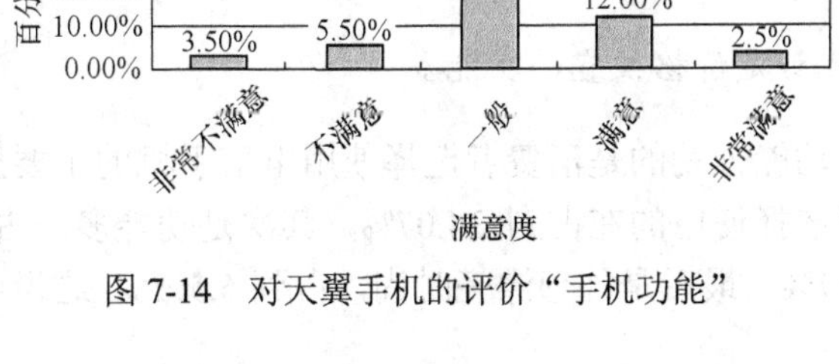

图 7-14　对天翼手机的评价“手机功能”

图 7-15 表示的是天翼手机用户对手机款式的评价！从仅有 1%的用户表示非常满意就能看出，用户对款式非常在意。另外表示一般的用户占 19%，表示满意的占 13%，而表示非常不满意的用户多大 4.5%！如今许多手机用户都是青年人，对此，电信公司要注重符合年轻人喜爱的手机款式。

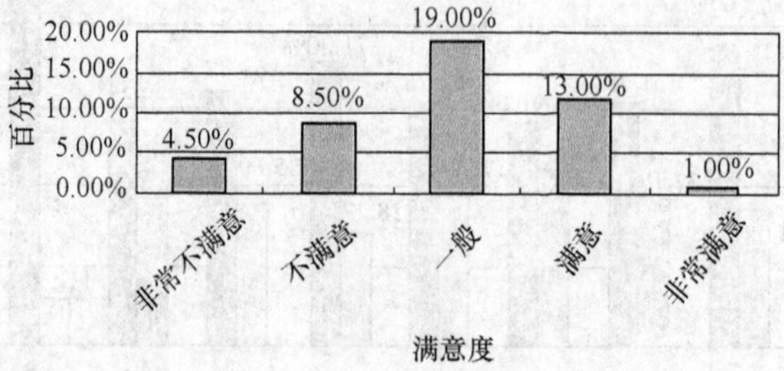

图 7-15　对天翼手机的评价"手机款式"

图 7-16 表示的是天翼手机用户对售后服务的评价，仅有 1.5%的用户表示非常满意，且有 4.5%的用户表示非常不满意，12%的用户表示不满意，19.5%的用户表示一般态度。由此可见，许多用户对售后服务存在很大意见，值得企业思考，今后该如何改善。

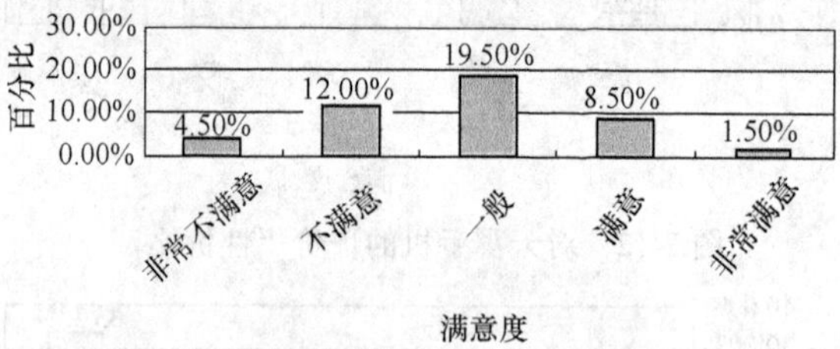

图 7-16　对天翼手机的评价"售后服务"

四、结论和建议

（一）结论

1. 不同的消费者对手机使用的偏好不同

不同的消费者对手机的使用的偏好不同。消费者的性别、年级、消费水平的不同对手机的选择和使用有不同的要求，大学生中女生选择天翼手机的占 63.13%，男生占 36.87%，选择天翼手机的大一占 64. 65%，大二占 25. 25%，大三占 7.58%，大四占 2. 53%。商家要根据不同人群，不同的消费水平来调整对手机的使用需求。

2. 天翼手机的优势是价格便宜、功能多

手机价格低廉。功能强劲的是消费者选择使用电信手机的主要原因。在所调查的数据中手机价格低廉而选择使用的在占到 34.07%，其次是功能多，占到 32.97%，再次是从众心理，占到 26.37%，最后是外形漂亮时尚，占到 6.59%。这说明消费者使用天翼手

机的主要原因还是价格因素，同时功能还要多。

3. 手机的质量和服务质量对电信手机的使用的相关性很大

根据调查表明，有 35.48%的人希望天翼手机从外观上改进，有 36.56%的人希望希望天翼手机从手机质量上改进，有 17.20%的人希望天翼手机从网络信号上改进，有 6.45%的人希望天翼手机从价格方面改进，有 3.23%的人希望天翼手机从其他方面改进。天翼手机用户对售后服务的评价，仅有 1.5%的用户表示非常满意，且有 4.5%的用户表示非常不满意，12%的用户表示不满意，19.5%的用户表示一般态度。由此可见，许多用户对售后服务存在很大意见。

4. 不断开拓创新对未来发展有深远影响

有 8.5%表示如果天翼手机出新牌手机，他们会购买；31%的人表示不会换新机；50.5%的人表示看情况而定；还有 10%的人表明从来没有想过这一问题。这说明天翼手机在未来的销量不容乐观，必须推出受大众欢迎的新机，才会有很好的销路！当选择换新手机时，22.5%的人表示会换一台直板机；17%的人表示会换翻盖机；18%的人表明会换一台滑盖机；14.5%的人表示会换一台全触屏的机器；24%的人表明会换一台智能机；而 4%的人表明有其他想法。

5. 加强宣传对手机使用有推进作用

绝大多数人是通过广告宣传了解天翼手机的，具体来讲，有 43.50%的人通过广告宣传，17.00%的人通过他人推荐，27.00%的人通过营业厅，还有 12.50%的人通过其他途径。这说明天翼手机对广告宣传促销活动比较重视，效果也比较好，同时也说明营业厅的宣传作用有待加强。

（二）相关建议

1）要加强拓展大三、大四的市场份额。

2）加强宣传力度增加天翼手机的知名度和认可度。

3）要扩展市场，就要多生产 500~2000 元的手机。

4）开展充值送话费活动，充值送手机等促销活动，可以让更多的消费者心动。

5）尽力改善手机质量、服务质量。

6）提高手机售后服务质量。

7）改善手机性能。

8）降低手机的价格，提高市场占有率。

9）改善手机外观和舒适度。

10）创新出手机的多款机型。

附件：

徐州大学生对天翼手机的消费行为调查问卷

敬爱的同学：

你好！为了了解我们大学生对天翼手机的需求情况，我们特做此调查问卷。希望你如实填写，填写问卷时您只需要在所选择的项目的前面的选项字母上打"✓"即可，答案无所谓对与错，而且我们绝对不会泄露您的信息，对此绝对保密，请你放心。您同时对耽误你的宝贵时间深表歉意，谢谢你的配合！

1. 你的性别：

A. 男　　B. 女

2. 你所在的年级：

A. 大一　　B. 大二　　C. 大三　　D. 大四

3. 你现在所使用的手机是：

A. 移动　　B. 联通　　C. 电信　　D. 铁通

4. 你购买的手机价位是：

A. 500元以下　　B. 500～1000元

C. 1000～2000元　　D. 2000元以上

5. 你使用的手机月平均消费金额是：

A. 30元以下　　B. 30～50元　　C. 50～100元　　D. 100元以上

6. 你现在的手机网络信号如何：

A. 很差　　B. 一般　　C. 很好

7. 你了解天翼手机吗？

A. 不了解　　B. 了解　　C. 非常了解

8. 你是通过什么途径了解天翼手机的？

A. 天翼的广告宣传　　B. 其他人的推荐

C. 手机营业厅　　D. 其他

如果你使用的是电信的手机，调查继续8～18题，不是，调查13～18题。

9. 你使用天翼手机的主要原因？

A. 手机功能多　　B. 手机价格低廉

C. 手机外形漂亮时尚　　D. 很多人用我也用

10. 你希望天翼手机有什么样的促销活动？

A. 充值送话费　　B. 充值送礼品　　C. 充值送手机　　D. 其他

11. 你对天翼手机的评价？

（1）性价比：A. 非常不满意　B. 不满意　C. 一般　D. 满意　E. 非常满意

（2）手机质量：A. 非常不满意　B. 不满意　C. 一般　D. 满意　E. 非常满意

（3）手机功能：A. 非常不满意　B. 不满意　C. 一般　D. 满意　E. 非常满意

（4）手机款式：A. 非常不满意　B. 不满意　C. 一般　D. 满意　E. 非常满意

（5）售后服务：A. 非常不满意 B. 不满意 C. 一般 D. 满意 E. 非常满意

12. 你认为天翼手机哪些方面需要改进？

A. 外观款式 B. 手机质量 C. 网络信号 D. 价格方面
E. 其他

13. 如果你没有天翼手机，你打算选购一部吗？

A. 想买 B. 不想买 C. 还不确定

14. 如果天翼手机又出新牌手机，你是否打算换机？

A. 会 B. 不会 C. 看情况 D. 根本就没想过

15. 如果想买，那么你购买的原因是？（可多选）

A. 品牌形象好 B. 价格低廉 C. 手机质量好 D. 售后服务态度好
E. 手机功能多 F. 手机款式时尚 G. 手机消费低 H. 其他

16. 如果想买，你打算买什么样的机型？

A. 直板机 B. 翻盖机 C. 滑盖机 D. 全触屏
E. 智能机 F. 其他

17. 如果不想买，什么原因使你不想购买？（可多选）

A. 品牌问题 B. 价格太不合理
C. 手机质量不好 D. 服务质量不好
E. 手机功能问题 F. 手机网络问题
G. 手机收费项目太多 H. 其他

18. 请你对天翼手机提一些其他意见和建议？

再次感谢您的支持与参与！祝您幸福快乐！

思考训练

1. 这份调查报告哪些方面做得比较好？
2. 这份调查报告存在什么问题？怎么修改？
3. 完成一份消费者行为调查问卷。

实训二 满意度调查

实训目标

通过本实训项目，学生应该对满意度调查理论有一定的理解和认识，知道满意度调查包括的主要内容、满意度调查的流程，掌握满意度调查的问卷设计以及调查方法选取的技能和方法，并且能够熟练进行满意度调查方案和问卷的设计，以及实施调查的能力。

实训要求

本实训项目既可以作为学生课外实训项目的具体指导学习手册，也可以作为满意度调查单项技能的强化实训。如果是作为课外项目指导手册，要求调研小组学生完成一整份调查报告；如果是单项技能强化实训，要求调研小组能根据具体项目设计方案和问卷。

实训指南

一、满意度调查的目标

顾客满意度调查的含义：顾客满意度调查是用来测量一家企业或一个行业在满足或超过顾客购买产品的期望方面所达到的程度。测量顾客满意度的过程就是顾客满意度调查。它可以找出那些与顾客满意或不满意直接有关的关键因素（用统计指标来反映，有时称之为绩效指标），根据顾客对这些因素的看法而测量出统计数据，进而得到综合的顾客满意度指标。它也是近年来市场营销调研行业中发展最快、应用最广泛的调查技术。

顾客满意度调查的作用：

1）顾客满意度调查能具体体现“以顾客为中心”这个理念。

2）通过顾客满意度调查，确定企业顾客满意策略。

3）节约企业成本，提高经济效益。

二、满意度调查的内容和技术

（一）设立投诉与建议系统

以顾客为中心的企业应当能方便顾客传递他们的建议和投诉，设立投诉与建议系统可以收集到顾客的意见和建议。例如，很多餐厅和旅馆都为客人提供表格以反映他们的意见。医院可以在走道上设置建议箱，为住院病人提供意见卡，以及聘请一位病人专门搜集病人的意见。一些以顾客为中心的企业，像宝洁企业、松下企业、夏普企业等都建立了一种称为“顾客热线”的免费电话，从而最大限度地方便顾客咨询、建议或者投诉。

（二）神秘顾客

雇用一些人员装作潜在购买者，以报告他们在购买企业和竞争者产品的过程中所发现的优点和缺陷。这些佯装购物者甚至可以故意找些麻烦以考察企业的销售人员能否将事情处理好

（三）失去顾客分析

企业应当同停止购买或转向其他供应商的顾客进行接触，了解为什么会发生这种情况。

（四）顾客满意度量表调查

作为一个企业，不要以为建立了投诉与建议系统，就能全面了解顾客的满意和不满意。企业不能用投诉程度来衡量顾客满意程度，应该通过开展周期性的调查，获得有关顾客满意的直接衡量指标。企业可以通过电话或者邮件等方式向购买者询问他们的满意度是多少，也可以通过问卷访谈调查。满意度量表可以产品、品牌、服务、环境、包装、促销、广告等各方面进行评价。

例 1. 请您对宾果 KTV 的外部环境进行评价：

（1）停车场地　A. 很不满意　B. 不满意　C. 一般　D. 满意　E. 很满意

（2）地理位置　A. 很不满意　B. 不满意　C. 一般　D. 满意　E. 很满意

（3）店面 LOGO　A. 很不满意　B. 不满意　C. 一般　D. 满意　E. 很满意

例 2. 请您对宾果 KTV 的内部环境进行评价：

（1）大厅环境　A. 很不满意　B. 不满意　C. 一般　D. 满意　E. 很满意

（2）包间面积　A. 很不满意　B. 不满意　C. 一般　D. 满意　E. 很满意

（3）包间风格　A. 很不满意　B. 不满意　C. 一般　D. 满意　E. 很满意

（4）隔音效果　A. 很不满意　B. 不满意　C. 一般　D. 满意　E. 很满意

（5）音响效果　A. 很不满意　B. 不满意　C. 一般　D. 满意　E. 很满意

（6）话筒质量 A. 很不满意 B. 不满意 C. 一般 D. 满意 E. 很满意
（7）显示屏 A. 很不满意 B. 不满意 C. 一般 D. 满意 E. 很满意
（8）音带品质 A. 很不满意 B. 不满意 C. 一般 D. 满意 E. 很满意
（9）歌曲数量 A. 很不满意 B. 不满意 C. 一般 D. 满意 E. 很满意
（10）操作便捷 A. 很不满意 B. 不满意 C. 一般 D. 满意 E. 很满意
（11）洗手间 A. 很不满意 B. 不满意 C. 一般 D. 满意 E. 很满意
（12）安全设施 A. 很不满意 B. 不满意 C. 一般 D. 满意 E. 很满意

例 3. 请您对宾果 KTV 的营销策略进行评价：

（1）定价 A. 很不满意 B. 不满意 C. 一般 D. 满意 E. 很满意
（2）促销活动 A. 很不满意 B. 不满意 C. 一般 D. 满意 E. 很满意
（3）服务态度 A. 很不满意 B. 不满意 C. 一般 D. 满意 E. 很满意
（4）餐饮服务 A. 很不满意 B. 不满意 C. 一般 D. 满意 E. 很满意
（5）超市服务 A. 很不满意 B. 不满意 C. 一般 D. 满意 E. 很满意

报告示例

徐州流行美发饰顾客满意度调查报告

一、调查背景

流行美发饰是一家以盘发带动饰品销售的专业公司的旗下品牌，从 1998 年到 2008 年，流行美凭借其特殊的营销模式、不断进取的信心与决心等发展成为发饰行业具有广泛知名度的品牌，形成了集发饰品、化妆品、售后服务为一体的规模化连锁产业，目前来说在全国已经数千家分店。

流行美发饰围绕品牌核心资产进行延伸，拓展并丰满产品线。在新的品牌规划指导下，对现有产品线进行了梳理和规划。品牌延伸的管理，以品牌核心价值为统领，紧密围绕“时尚生活密友”的品牌定位进行有向性产品线延伸。产品的概念和风格定位，都在新的品牌纲领指引下进行。通过对企业的品牌核心资产进行梳理和盘点，流行美的业务范围从“免费发型设计＋发饰”，上升至以整体形象塑造为着眼点，以头部形象塑造为主的“顶端时尚”概念进行业务规划，服务和产品的组合包含了发型设计、发饰品、化妆品等领域，并为今后的产品延展留下了空间。

顾客满意度是对一个产品可感知的效果与期望值相比较后，顾客形成的愉悦或失望的感觉状态。它是对产品或者服务性能，以及产品或者服务本身的评价。流行美发饰顾客满意度直接影响着顾客忠诚度的建立，关系到流行美发饰的产业拓展。因此，研究流行美发饰顾客满意度非常有必要，不仅可以对流行美发饰顾客满意度的影响因素及水平进行分析，还可以为流行美发饰市场竞争优势的改进和提升提供科学的依据。

二、调查方案

1. 调查目的

了解消费者对“流行美”发饰的认知度、满意度、重购率以及对“流行美”发饰的期望和意见，以便“流行美”发饰不断改进工作，提高服务水平，为“流行美”发饰提供科学的决策，提高顾客的忠诚度。

2. 调查对象

调查对象为在“流行美”发饰消费的顾客。

3. 调查项目

1）被调查者的基本情况，包括年龄、职业、家庭平均月收入等。

2）对“流行美”品牌的认知度，包括知晓的渠道、对其品牌的印象、影响购买的因素等。

3）对“流行美”品牌的满意度，包括质量、价格、服务、设计的发型等的满意情况。

4）对“流行美”品牌的重购率，是否继续购买以及原因，是否会给别人推荐，对流行美品牌的意见和建议等。

4. 调查时间和调查期限

2012年4月7～15日连续两个周。

5. 调查地点

1）徐州淮海西路华盛华润苏果一楼。

2）金地家乐福负一楼电梯旁。

3）中心时尚大道A区22号。

6. 调查方法

（1）文案调查法

本方法主要了解企业的基本概况，关于流行美服务及产品的介绍，企业积累的其他资料。

（2）访问法

1）访谈经理。主要了解流行美的经营状况；流行美饰品的销售情况；流行美的产品状况；在徐州地区流行美同类产品的竞争情况；关于流行美饰品的促销活动。

2）访谈消费者。主要了解对流行美饰品的认识（价格、款式、质量、服务、其他）；对其服务态度的评价；流行美饰品与同类饰品的比较；对流行美饰品的意见和建议。

（3）观察法

1）观察消费者。主要观察流行美饰品的种类，款式，价格，摆放位置，相关促销活动；观察流行美店员的服务态度；观察消费者的行为。如图 7-17 所示。

消费者观察记录表

时间	消费者			饰品		购买行为		发型设计		是否消费
	性别	年龄	穿着	种类	价格	挑选时间	比较方式	是	否	

图 7-17　观察消费者用表

2）观察客流量。在饰品店进出口处，由项目调查小组成员互相配合进行记录，如图 7-18 所示。调查观察进入饰品店的顾客并进行记录。

顾客流量调查卡

观察时间　　　　　　年　　月　　日　　时至　　时

观察地点　　　　　　观察员

	入向	出向
人数		

图 7-18　观察顾客流量用表

三、调查结果分析

1. 样本基本特征

为确保样本的代表性，本次调查特选择调查时间为人流量最大的周末（星期六，星期日），并在连续三个周末，利用任意抽样方法调查了该店的几个顾客，本次调查共向流行美顾客发放了问卷 100 份，收回有效问卷 82 份。从年龄分布来看，光顾流行美发饰店 15 岁以下的顾客占 9.76%，15～25 岁的顾客占到 48.78%，25～40 岁的顾客占 24.39%，40 岁以上的顾客占 17.07%。从职业分布来看，自由企业者占到 28.05%，企事业职员占 21.95%，公务员占 7.32%，个体经营者占 12.2%，家庭主妇占 9.76%，其他占 20.73%。从家庭平均收入来看，月收入 4000 以下的占 39.02%，月收入 4000～6000 元的占 37.08%，月收入 6000～8000 元的占 14.63%，月收入 8000～10000 元的占 3.66%，月收入 10000 元以上的占 4.88%。

2. 流行美品牌认知度分析

（1）对购买考虑因素的分析

由图 7-19 调查数据可知，光顾流行美的顾客，购买发饰首先考虑的因素中，价格占

12.2%，质量占 26.83%，美观度占51.22%，服务占9.76%。由此数据可知，人们更喜欢购买美观的东西，反倒价格和质量不是购买东西的重首考虑点，质量是购买发饰考虑的次要因素，人们更喜欢经久耐用的东西，再次才是价格因素。可见人们的消费观念已经产生了一定的变化。

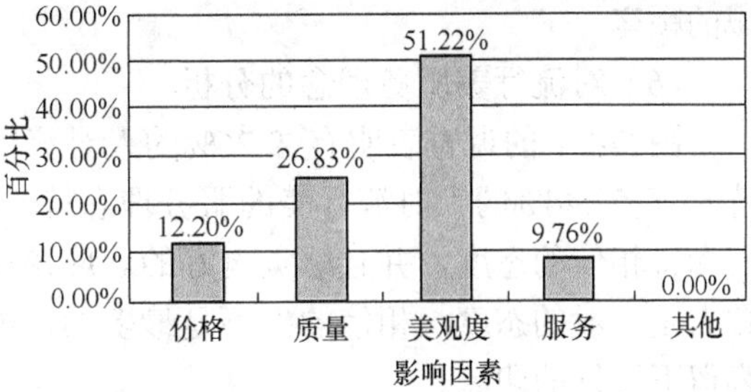

图 7-19 购买时首先考虑因素的分布图

（2）对顾客喜爱的发型风格的分析

由图 7-20 调查数据表明，有 39.02%的人喜欢端庄稳重的发型，有 43.90%喜欢时尚新潮的发型，有 14.63%的人喜欢可爱的发型，有 2.44%的人喜欢其他的发型。不管顾客喜欢什么样的发型，说明都与个人爱好和年龄有关，流行美的工作人员会继续努力研发更多的发型来满足顾客需要。

（3）对流行美品牌熟悉度分析

图 7-21 的调查数据表明，有 32%的人熟悉流行美发饰，有 36%的人知道一点。这说明流行美发饰的知名度还是挺高的，但还需要进一步宣传，加深顾客的熟悉度。

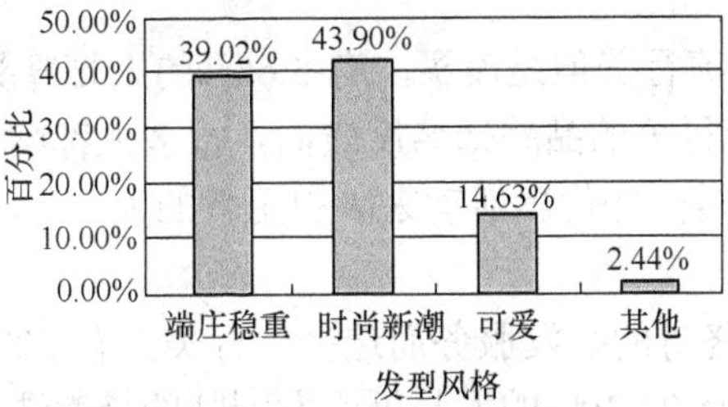

图 7-20 喜爱的发型风格的分布图

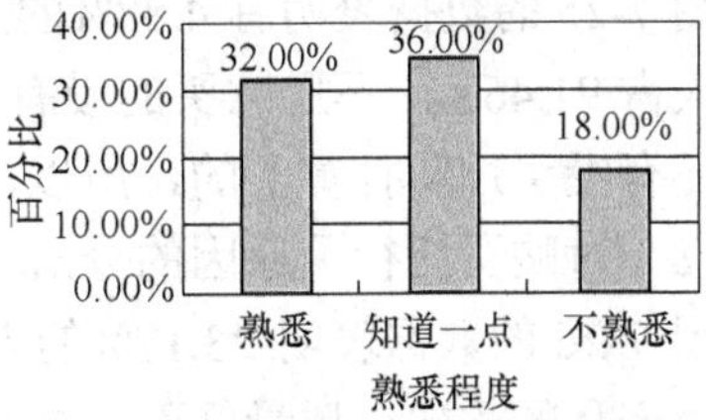

图 7-21 熟悉度的分布图

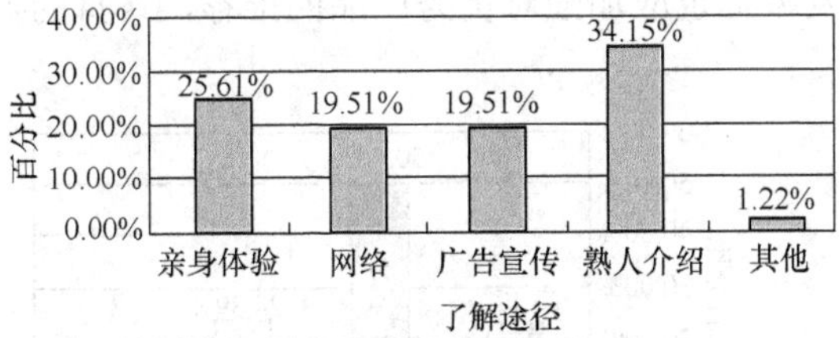

图 7-22 了解途径的分布图

（4）对流行美发饰了解途径的分析

图 7-22 的调查数据表明，有 25.61%的人是亲身体验的，有 19.51%的人是通过网络和广告宣传，有 34.15%的人是通过熟人介绍的，有 1.22%的人通过其他作用。这说明熟人介绍非常重要，是个好的宣传途径，这就要我们的店员强化服务提高质量来吸引顾客，来赢得口碑，让更多的人熟悉流行美发饰，扩大人流量，让行美发饰有一个美好的前景。

（5）对流行美品牌印象的分析

图 7-23 的调查数据表明，有 14.63%的印象非常好，有 36.59 的人印象好，有 45.12%的人印象一般，只有 3.66%的人印象不好。整体表明流行美发饰给人的印象还是挺好的，但是流行美的相关人员还应该提供更好的服务，给顾客更好的印象，才能得到满意和忠

诚的顾客。

（6）对流行美服务理念的分析

图 7-24 的调查表明有 9.76%的人对流行美的服务理念持怀疑态度甚至不相信能坚持，有 52.44%的人对流行美的服务理念持一般的态度，有 37.80%的人对流行美的服务理念持相信的态度，并且感觉挺好的。应该说评价还可以，怀疑态度的人不多，但大多数人是一般的态度，相信的人不是最多的，流行美应该采取更好的服务理念措施，给顾客留下更好的印象。

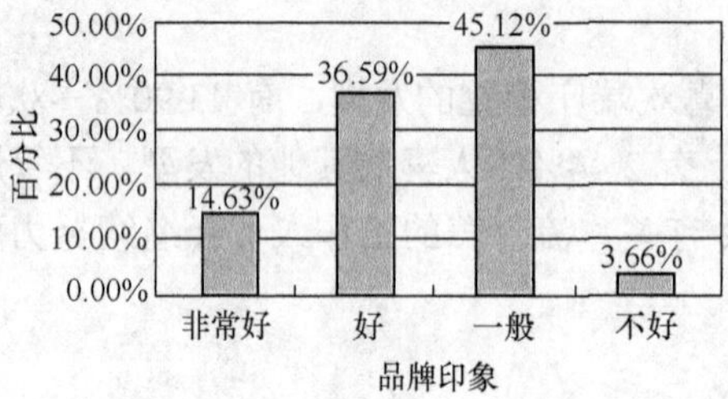

图 7-23　品牌印象的分布图

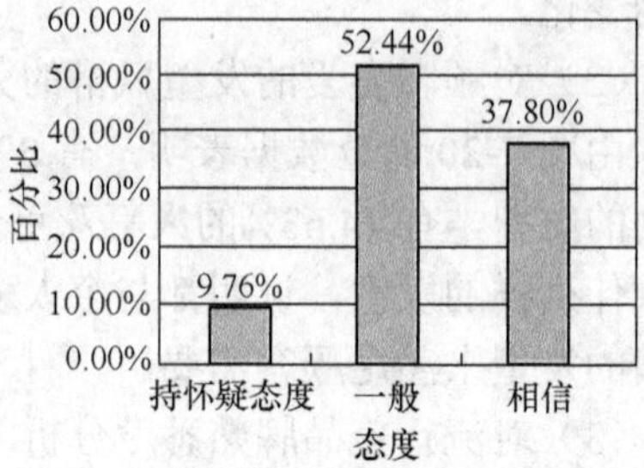

图 7-24　态度分析的分布图

（7）对是否购买过流行美的分析

图 7-25 的数据表明有 4.88%的人体验过流行美但是没买，有 3.66%的人打算买，买过的人占 91.46%，不愿意买的没有。说明流行美的品牌知名度较高，很多人都购买过，但也还有没买过和打算买的，所以，还需要多一些优惠活动来吸引更多的人。

（8）对购买流行美原因的分析

图 7-26 的数据表明 23.17%的人是因为终身的盘发服务而选择流行美，有 50%的人是因为产品的款式，质量好而选择流行美，有 24.39%的人是因为发型师的推荐选择的，还有 2.44%的人因为其他原因选择了流行美。这说明了选择的主要原因是产品的质量好，应将这一优势继续保持，同时，流行美的发型师也应加强对优秀产品的推荐，终身的盘发服务也应该更加完善。

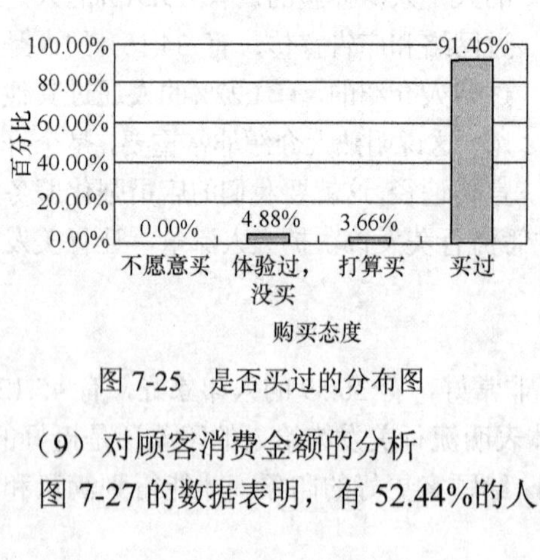

图 7-25　是否买过的分布图

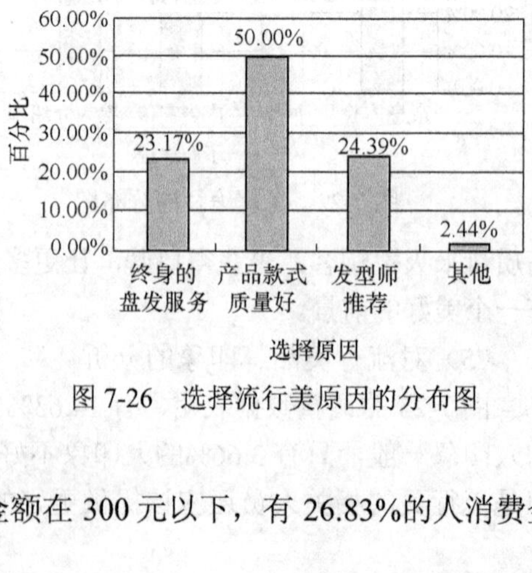

图 7-26　选择流行美原因的分布图

（9）对顾客消费金额的分析

图 7-27 的数据表明，有 52.44%的人消费金额在 300 元以下，有 26.83%的人消费金

额在300～500之间，有20.73%的人消费金额在500元以上，消费金额在300元以下的最多，500元以上的最少，流行美发饰应该注重一些优惠活动的举行，吸引消费者，同时也应该加强服务理念，让自身更加完美。

（10）对顾客是否经常光顾流行美的分析

图7-28调查数据表明，消费者在购买流行美发式后，有31.71%的人表明会经常享受其提供的盘发服务，有59.76%的人表明偶尔会享受其盘发服务，而8.54%的人则表明，因不愿意而没有享受其服务。由此，我们可以看出，流行美发饰的售后服务形式已经被广大消费者所熟知，若想更好地经营，流行美发饰还需进一步拓展其服务层面，改进其服务方式，争取得到更多人的肯定。

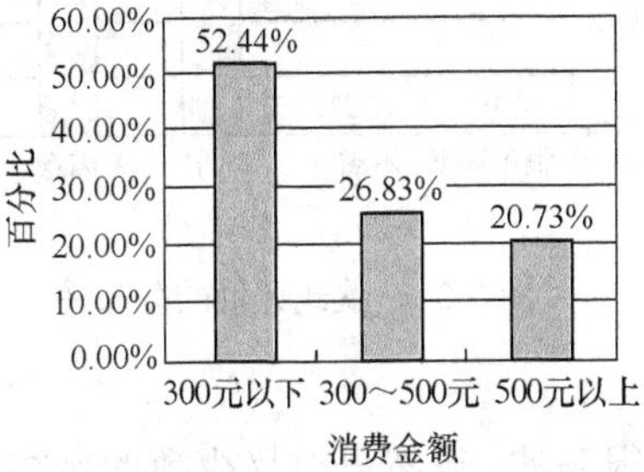

图7-27 消费金额的分布图

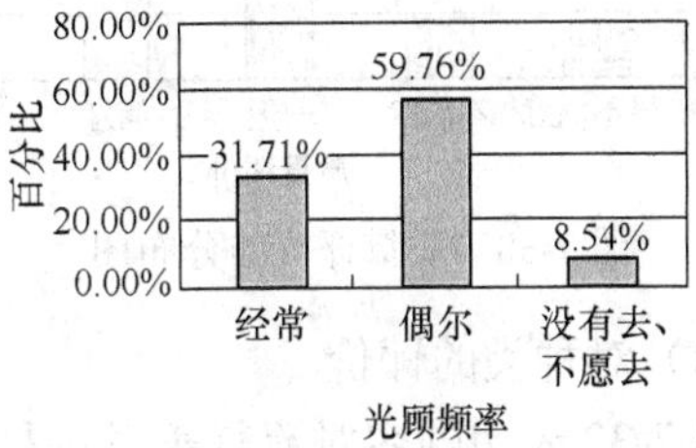

图7-28 是否经常光顾流行美的分布图

（11）对顾客不享受终身服务的分析

图7-29调查数据表明，对于购买流行美发饰后而不享受其盘发服务，有9.76%的人表明，是因为对于发型设计的不满意，有 45.12%的人表明，是因为距离远不方便，而34.15%的人则表明，是因发型师不断推荐新产品，除此之外，尚有10.98%的人表明，是因为一些其他的因素。从中，我们可以得到这样的结论，流行美的发型师已经得到了广大消费者的认同，流行美的发型师对于新产品的推荐也是被消费者所赞同。但如想更好地发展，流行美创业人员，应充分考虑店面的选址，选择交通发达，市场繁荣的地方；除此之外，还应考虑时间、服务质量等其他因素。

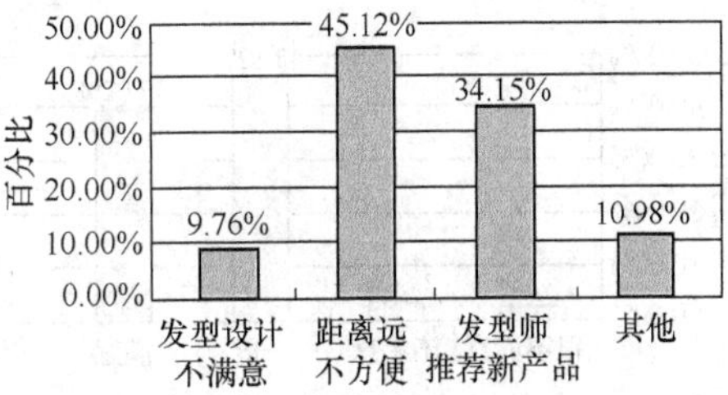

图7-29 不享受服务原因的分布图

3. 流行美品牌满意度分析

顾客在光顾流行美时，可以选择购买发饰，也可以选择享受终身的盘发服务，因此会在选择时进行比较。在选择过程中，一般会对质量、款式、种类、价格、发型设计、服务态度、售后服务等方面进行比较。为了了解顾客对流行美的满意度情况，本次调查对质量，款式，种类，价格，品牌口碑，发型设计，服务态度，售后服务等方面进行了综合评价。

（1）对于质量评价的分析

从图7-30所示分布图看出，顾客对流行美发饰质量整体上是满意的，其中对产品质量评价一般和满意的分别占 40.24%。37.80%，很满意的占了 9.76%，但也存在很不满意和不满意的。说明，流行美发饰的质量还有待提高，因此，流行美发饰的工作人员应该努力改善发饰的质量来满足消费者的需求。

（2）对于款式评价的分析

从图 7-31 中可看出，顾客对流行美发饰的款式是挺满意的，不满意的仅仅占了 3.66%，这就充分说明了流行美发饰还是受广大顾客的欢迎的，因此工作人员应该再接再厉进一步满足顾客的需求。

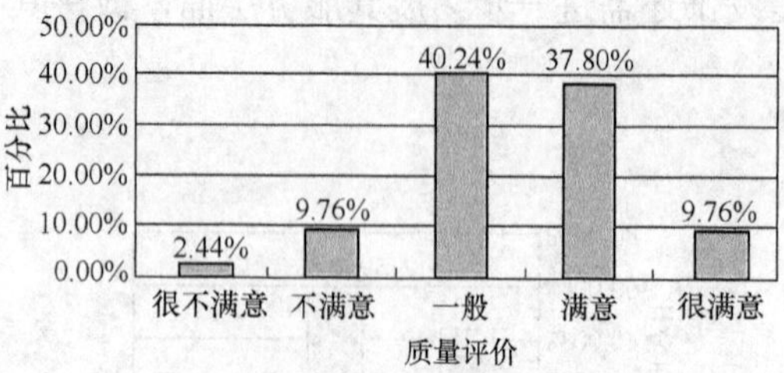

图 7-30　质量评价的分布图

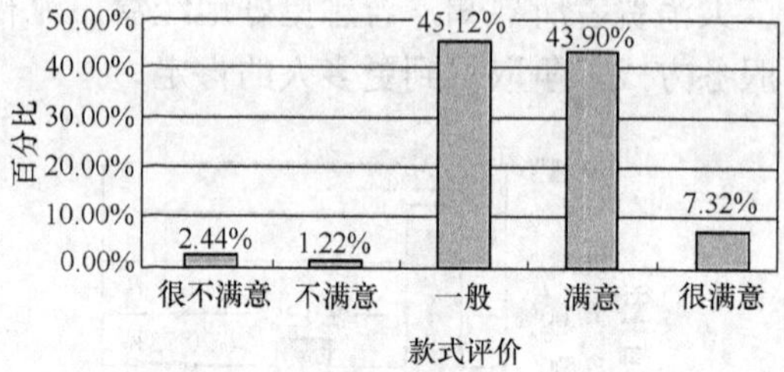

图 7-31　款式评价的分布图

（3）对种类的评价

图 7-32 表明顾客对流行美发饰种类评价还是很高的，虽然只有极少数的顾客对发饰种类不是很满意，但流行美工作人员还应该加强这方面的工作，以此来迎合更多的顾客，让流行美发饰得到更多顾客的认可。

（4）对于价格评价的分析

从图 7-33 中看出，顾客对价格是相当重视的，这其中有很多的因素，不满意的占了 12.20%，因此，工作人员应该进一步加强这方面的工作，让顾客得到更大的满足。

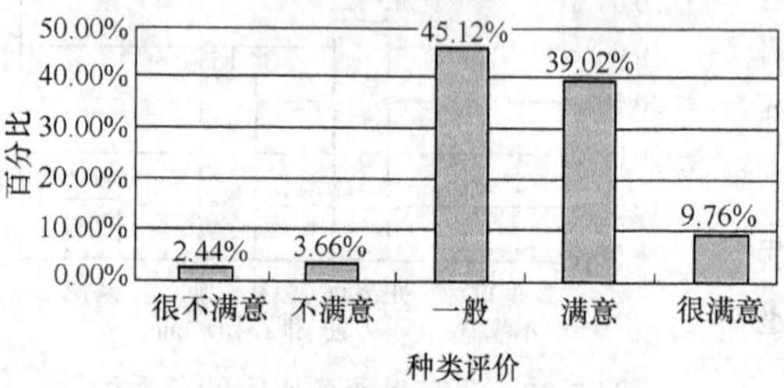

图 7-32　种类评价的分布图

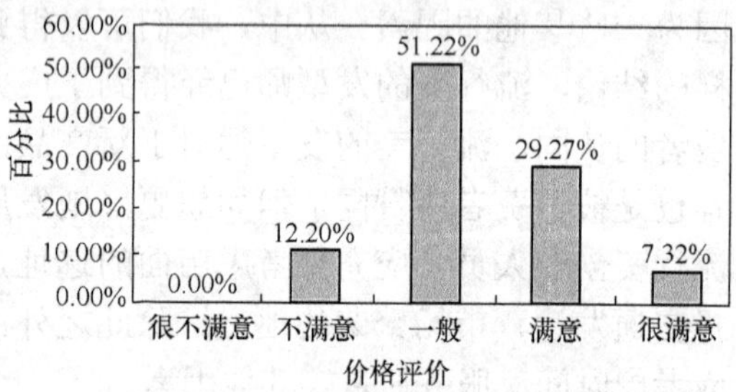

图 7-33　价格评价的分布图

（5）对于品牌口碑评价的分析

从图 7-34 中看出，流行美品牌口碑还是很好的，说明了流行美得到了大众的认可，但也存在不满意的，工作人员还应继续努力来提高流行美的形象。

（6）对于发型设计评价的分析

从图 7-35 可看出，只有 6.10%的顾客对发型设计不满意，这个比重还是相当可观的，但也说明存在问题，发型设计师应该进一步提高自己的能力，来迎合大众的需求，让流行美得到更多人的认可。

（7）对于服务态度评价的分析

从图 7-36 中可看出，流行美的服务态度还是相当不错的，仅仅存在 3.66%的人对此不满意，因此，服务态度也存在问题，工作人员应该进一步的加强这方面的工作。

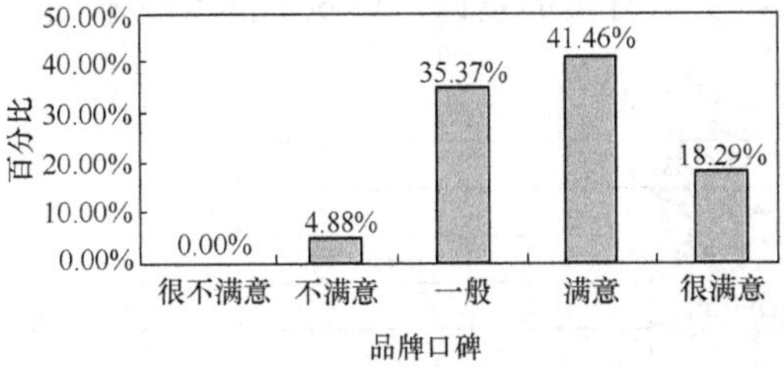

图 7-34 品牌口碑评价的分布图

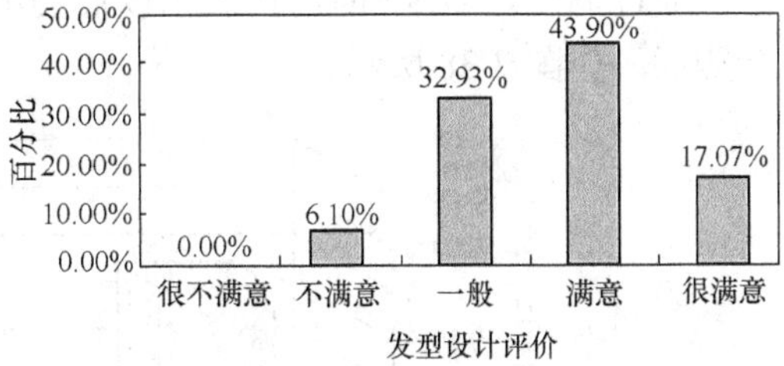

图 7-35 发型设计评价的分布图

（8）对于售后服务评价的分析

从图 7-37 中可看出，顾客对售后服务的评价是很高的，这点值得欣慰，但也存在不足，工作人员还应该提高这方面的工作，让顾客有更多的回头率，来提高流行美的形象。

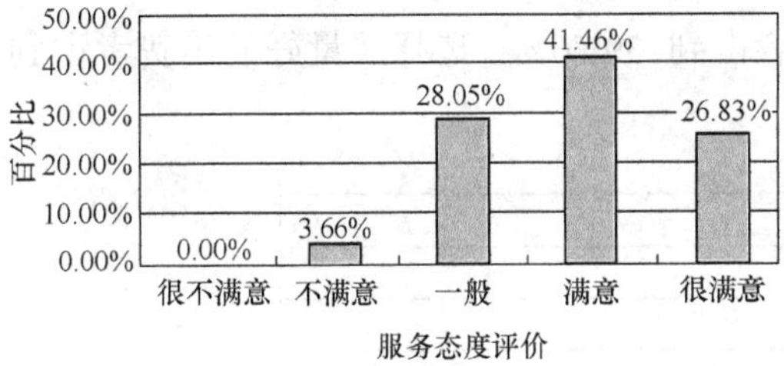

图 7-36 服务态度评价的分布图

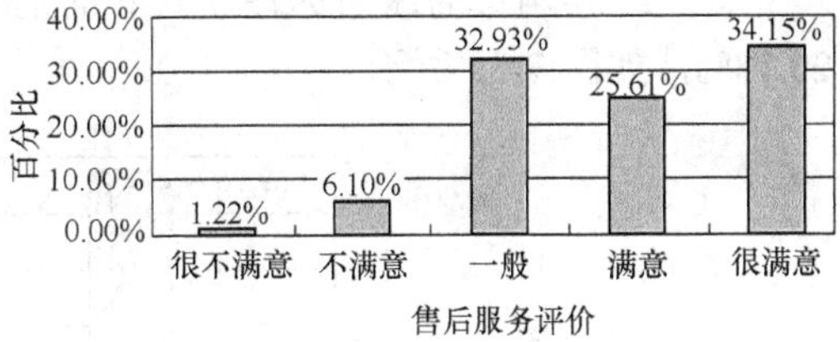

图 7-37 售后服务评价的分布图

4. 流行美品牌满意度评分

根据数据分析，顾客对流行美发饰总体上评价为满意，在质量，款式，种类，价格，品牌口碑，发型设计，服务态度，售后服务这 8 个评价项目中，对服务态度满意度最高，得分 3.91 分；售后服务和品牌口碑满意度较高，得分分别为 3.85 和 3.75 分；质量和种类满意度较低，得分分别为 3.43 和 3.50 分；价格的满意度最低，得分为 3.32 分。具体如表 7-1 所示。

表 7-1 流行美品牌满意度表评分

项 目	平均数	中位数	众数	标准差	峰度	偏度	置信度
质量评价	3.427	3	3	0.889	0.201	−0.313	0.195
款式评价	3.524	4	3	0.757	1.725	−0.521	0.166
种类评价	3.5	3	3	0.820	0.942	−0.344	0.180
价格评价	3.317	3	3	0.784	−0.159	0.317	0.172
品牌口碑评价	3.753	4	4	0.799	−0.667	0.026	0.177
发型设计评价	3.720	4	4	0.821	−0.511	−0.121	0.180
服务态度评价	3.915	4	4	0.834	−0.730	−0.229	0.183
售后服务评价	3.854	4	5	1.008	−0.689	−0.367	0.221

5. 流行美自有品牌忠诚度分析

（1）重购原因分析

通过调查，37.8%的消费表示以后会继续购买流行美的发饰，53.66%的人表示或许会购买。如图 7-38 所示。

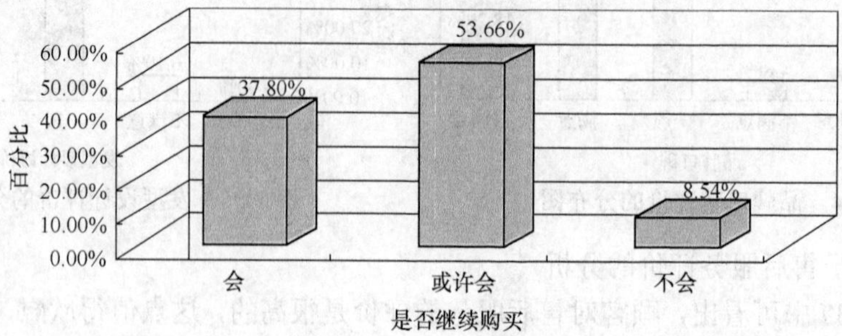

图 7-38　是否会继续购买的分布图

引起继续购买的原因选择款式好的消费者占到 59.76%，选择质量好的消费者占到 20.73%，如图 7-39 所示。

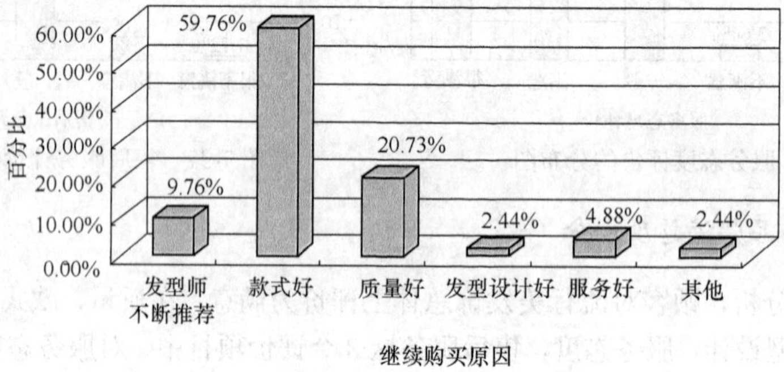

图 7-39　继续购买原因分布图

而引起不愿意购买的原因选择，选择价格问题的消费者大约占到了 28.05%，选择品牌问题、质量问题、服务问题和其他问题的消费者分别占到 4.88%、10.98%、7.32%和 3.66%，如图 7-40 所示。这一方面说明流行美发饰价格方面不能被大众所能接受，应该适时的调整；另一方面也说明，无论出现什么问题，都是重要的，都会影响消费者的忠诚问题。

（2）是否愿意推荐给朋友

通过调查，90.24%的消费者表示用得好以后会给朋友推荐，9.76%的人不会推荐。如图 7-41 所示。说明绝大多数的顾客对流行美发饰满意的话，一般会成为流行美的忠诚顾客。

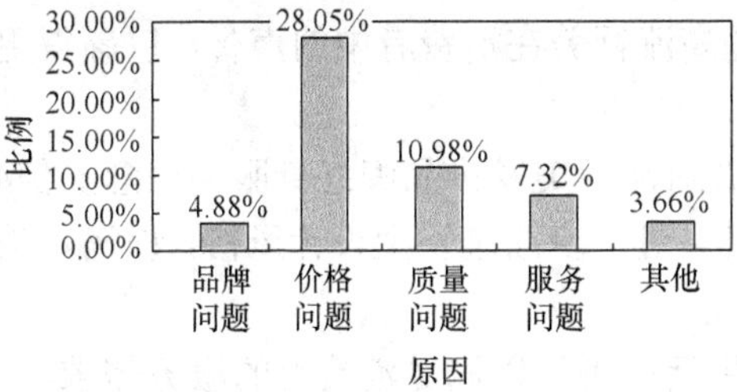

图 7-40 不继续购买的原因

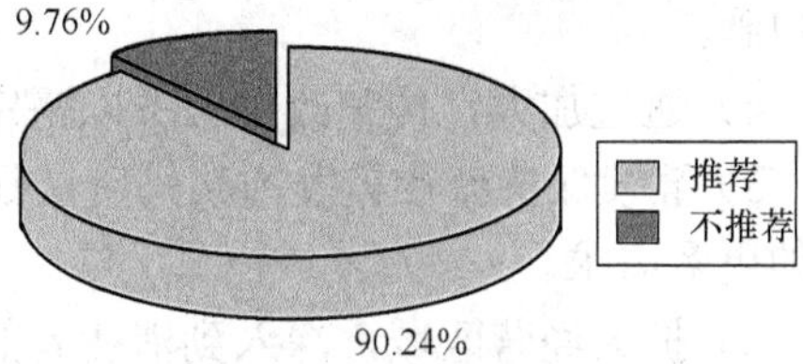

图 7-41 是否向朋友推荐

四、结论与建议

1. 结论

（1）不同消费者对流行美发饰的偏好不同

不同消费者对流行美发饰的偏好不同。消费者的年龄、职业和家庭收入的不同，对流行的需求偏好就会不同。流行美的主要消费者具有年龄不大、家庭收入不高等特点，可以根据消费者的特点，设计相关商品种类。

（2）流行美发饰的最大优势是产品款式新颖、质量好

款式、质量的总体满意度较高，说明对流行美发饰款式和质量的满意，对流行美的款式评价提升较大，产品的款式、质量、服务的态度的满意度对总体满意度影响较大，对流行美的总体满意度的评价的提升较大。

（3）服务态度满意度和流行美发饰相关性最大

服务态度和总体满意度关联度最高，说明对流行美发饰在服务态度方面的满意，对流行美总体满意度提升最大；口碑关联度较高，对流行美总体满意度提升较大。

（4）口碑是流行美发展的重要因素

通过调查表明，流行美发饰的口碑在流行美发展中占了很大的比重，口碑的好坏直接决定了流行美的发展前景。因此，口碑是竞争的关键。

（5）发型的设计和服务的态度是流行美品牌发展的关键

调查分析表明，消费者的选择越来越趋于理性，只有不断地满足消费者的发型设计风格的需求，秉承“消费者就是上帝”的服务理念，才能赢得消费的喜爱。另外，随着潮流的发展，流行美需要设计一些符合潮流，贴近生活的发型款式，最终赢得消费者的高回头率。

（6）顾客的任何不满都会影响顾客的忠诚度

顾客的满意度和忠诚度关联度很高。流行美发饰无论在哪些方面出现问题，都会引起消费者的不满，都会影响消费者的忠诚度。

2. 建议

1）选择更加美观的发饰和发型设计，以满足消费者追求美的心理。

2）通过多种渠道做好宣传工作，树立良好的企业品牌形象，让人们对流行美更加熟悉。

3）强化服务，提高质量，吸引消费者，提高流行美在消费者中的声誉，以赢得更好的口碑。

4）通过加大宣传和改进服务以坚定消费者对流行美发饰品牌终身服务理念的信心。

5）继续保持流行美发饰款式质量好的优势，进一步改进发型设计风格，以满足消费者的更多需求。

6）扩大经营区域，深入到消费者的日常生活范围，以满足消费者的服务需求。

7）增加发饰的款式和种类，以迎合更多消费者，让流行美发饰得到更多消费者的认可。

8）开展更多的促销优惠活动，更多让利消费者。

9）进一步做好流行美发饰的售后服务工作，提高顾客的回头率。

10）重视顾客的满意度调查，进行定期的调查和访问，以提升顾客的满意度。

附件：

流行美发饰顾客满意度调查问卷

尊敬的顾客朋友：

您好！流行美发饰是一家以盘发带动饰品消费的企业，经过多年的发展，流行美的店铺已经遍布全国主要大中城市。流行美为诸多女士设计出自己心仪的发型，赢得消费者不错的口碑，为了更好地满足顾客的需求，特开展本次调查，以便了解您对流行美发饰的满意度、忠诚度以及对流行美发饰的期望和建议，以便公司不断改进工作，提高服务水平，希望您能在百忙中如实填写此表，提出您宝贵的意见。非常感谢您的合作！

1. 您的年龄：

   A. 15岁以下　B. 15～25岁　C. 25～40岁　D. 40岁以上

2. 您的职业：

   A. 自由职业者　B. 企事业职员　C. 公务员　D. 个体经营

   E. 家庭主妇　F其他

3. 您的家庭平均月收入：

   A. 4000元以下　B. 4000～6000元　C. 6000～8000元

   D. 8000～10 000元　E. 10 000元以上

4. 您在购买发饰时首先会考虑什么？

   A. 价格　B. 质量　C. 美观度　D. 服务

   E. 其他_____

5. 您喜欢什么样的发型风格？

   A. 端庄稳重　B. 时尚新潮　C. 可爱　D. 其他_____

6. 您对流行美发饰熟悉吗？

   A. 熟悉　B. 知道一点　C. 不熟悉

7. 请问您通过何种途径了解流行美发饰？

A. 亲身体验 B. 网络 C. 广告宣传 D. 熟人介绍

E. 其他______

8. 您对流行美发饰品牌印象如何？

A. 非常好 B. 好 C. 一般 D. 不好

E. 非常不好

9. 您对流行美发饰品牌终身服务理念的态度是？

A. 持怀疑态度，不相信能坚持

B. 一般

C. 相信，感觉挺好

10. 您购买过流行美发饰吗？

A. 不愿意买 B. 体验过，没买 C. 打算购买 D. 买过

11. 您为什么会选择流行美发饰？

A. 终身的盘发服务 B. 产品款式质量好

C. 发型师推荐 D. 其他______

12. 请问您已经在流行美发饰的消费的总金额为多少？

A. 300元以下 B. 300～500元 C. 500元以上

13. 请问您买后是否经常光顾流行美发饰店面，享受盘发服务？

A. 经常 B. 偶尔 C. 没有去，不愿去

14. 如果不经常去，请问您为什么买后不享受终身服务？

A. 发型设计不满意 B. 距离远不方便

C. 发型师总是推荐新品 D. 其他______

15. 请您对流行美发饰的以下各个方面进行评价：

(1) 质量 A. 很不满意 B. 不满意 C. 一般 D. 满意 E. 很满意

(2) 款式 A. 很不满意 B. 不满意 C. 一般 D. 满意 E. 很满意

(3) 种类 A. 很不满意 B. 不满意 C. 一般 D. 满意 E. 很满意

(4) 价格 A. 很不满意 B. 不满意 C. 一般 D. 满意 E. 很满意

(5) 品牌口碑 A. 很不满意 B. 不满意 C. 一般 D. 满意 E. 很满意

(6) 发型设计 A. 很不满意 B. 不满意 C. 一般 D. 满意 E. 很满意

(7) 服务态度 A. 很不满意 B. 不满意 C. 一般 D. 满意 E. 很满意

(8) 售后服务 A. 很不满意 B. 不满意 C. 一般 D. 满意 E. 很满意

16. 您还会继续购买新款流行美发饰吗？

A. 会 B. 或许会 C. 不会

17. 如果继续购买，请问吸引您消费的原因是什么？（最多选两项）

A. 发型师不断推荐 B. 款式好

C. 质量好 D. 发型设计好

E. 服务好 F. 其他______

18. 如果不继续购买，请问导致您不消费的原因是什么？

A. 品牌问题　B. 价格问题　C. 质量问题　D. 服务问题

E. 其他_____

19. 您会向朋友推荐该品牌吗？

A. 会　B. 不会

20. 请问您对流行美发饰还有何意见及建议？

思考训练

1．这份调查报告哪些方面做得比较好？
2．这份调查报告存在什么问题？怎么修改？
3．完成一份满意度调查问卷。

3 实训三 品牌形象调查

实训目标

通过本实训项目的学习，学生应该对品牌形象调查理论有一定的理解和认识，知道品牌形象调查包括的主要内容，知道品牌形象调查的流程，掌握品牌形象调查的问卷设计以及调查方法选取的技能和方法，并且能够熟练进行品牌形象调查方案和问卷的设计，以及实施调查的能力。

实训要求

本实训项目既可以作为学生课外项目实训的具体指导学习手册，也可以作为品牌形象调查单项技能的强化实训。如果是作为课外项目指导手册，要求调研小组学生完成一整份调查报告；如果是单项技能强化实训，要求调研小组能根据具体项目设计方案和问卷。

实训指南

一、品牌形象调查的目标

品牌形象是指企业或其某个品牌在市场上、在社会公众心中所表现出的个性特征，它体现公众特别是消费者对品牌的评价与认知。品牌形象与品牌不可分割，形象是品牌表现出来的特征，反映了品牌的实力与本质。品牌形象包括品名、包装、图案广告设计等。形象是品牌的根基所以企业必须十分重视塑造品牌形象。通过品牌形象调查，可以了解品牌在消费者心目中的认知度、知名度、声望度、美丽度、满意度、忠诚度以及追随度等信息，为企业实施品牌战略提供科学的依据。

二、品牌形象调查的内容和技术

品牌形象可以用量化的方法来考察。常用以度量品牌形象力的指标有两项：一是品牌知名度；二是品牌美誉度。品牌形象还包括品牌反映度、品牌注意度、品牌认知度、品牌美誉度、品牌传播度、品牌忠诚度及品牌追随度。品牌形象的评判可以采用问卷访谈的方法实现，在实际工作中不可能面面俱到，应选择几个以上的指标进行综合评价。

1. 品牌知名度

品牌知名度是指品牌被公众知晓的程度，是评价品牌形象的量化指标。考察知名度可以从三个不同角度进行，即公众知名度、行业知名度、目标受众知名度。

例 1. 请问您知道相宜本草品牌吗？

A. 很熟悉　　B. 了解一点

C. 经过提示，能想起来　　D. 不知道

例 2. 您觉得相宜本草品牌在化妆品行业的知名度高吗？

A. 较高　　B. 高　　C. 一般　　D. 不高

2. 品牌美誉度

品牌美誉度是指品牌获得公众信任、支持和赞许的程度。品牌美誉度反映出品牌对社会影响的好坏。对美誉度的考察也可从公众美誉度、行业美誉度、目标受众美誉度三个方面研究。

例 3. 你对相宜本草品牌质量的印象怎么样？

A. 很好　　B. 好　　C. 一般　　D. 不好　　E. 很不好

例 4. 你认为相宜本草品牌是一个值得信赖的品牌？

A. 很好　　B. 好　　C. 一般　　D. 不好　　E. 很不好

3. 品牌反映度

品牌反映度指品牌引起公众感知的反映程度。可以从人们对一品牌的瞬间反映的角度来提问。

例 5. 提到相宜本草品牌你首先会想到它的哪些系列产品？（多选）

A. 四倍蚕丝凝白系列　　B. 红景天幼白系列
C. 芯净自然净肤系列　　D. 控油消痘系列
E. 控油消痘系列　　F. 美白祛斑系列认知度

4. 品牌注意度

品牌注意度指品牌引起公众注意的能力。可以从品牌在与公众接触时的引人注目程度来提问。

例 6. 请问您注意到相宜本草品牌参与的公益活动吗？

A. 清楚　　B. 知道一点　C. 不知道

例 7. 您经常关注相宜本草品牌的广告宣传活动吗？

A. 很关注　　B. 关注　　C. 无所谓　　D. 不关注

5. 品牌认知度

品牌认知度指品牌被公众认识、再现的程度，可以从品牌特征，功能等被消费者了解的程度来提问。

例 8. 您认为相宜本草品牌属于什么档次？

A. 高档　　B. 中档　　C. 低档

6. 品牌美丽度

品牌美丽度指品牌从视觉的心理上对人的冲击能否给人以美的享受。可以从产品包装设计、广告设计等是否给人以美感来提问。

例 9. 相宜本草品牌的广告设计给您的感觉是：

A. 很美　　B. 美丽　　C. 一般　　D. 不美

例 10. 相宜本草品牌的包装设计给您的感觉是：

A. 很美　　B. 美丽　　C. 一般　　D. 不美

7. 品牌传播度

品牌传播是指品牌传播的穿透力，主要讨论品牌的传播影响。可以从品牌选择传播的广告、营业推广、人员推销和公共关系四种方式提问。

例 11. 下列哪些项目您认为和相宜本草品牌命名的内涵相匹配？

A. 国际化　　B. 本土化　　C. 抽象化　　D. 具体化
E. 仁和化　　F. 时尚化

8. 品牌忠诚度

品牌忠诚度主要指公众对品牌产品使用的选择程度。可以从自己是否继续购买该品牌、是否愿意向亲朋好友推荐该品牌来提问。

例 12. 您以后会继续购买这个品牌吗?

A. 会　　B. 或许会　　C. 不会

例 13. 您会向您的亲朋好友推荐这个品牌吗?

A. 会　　B. 或许会　　C. 不会

9. 品牌追随度

品牌追随度主要指品牌使用者能否随品牌变迁而追随品牌，是比品牌忠诚度更进一步的要求。可以从是否买该品牌新出的产品角度提问。

例 14. 如果相宜本草品牌推出新产品，你会继续购买吗?

A. 会的　　B. 或许会　　C. 不会

除了调查品牌形象的九个度，还可以从品牌形象的有形要素来研究。品牌形象的有形要素包括产品及其包装、生产经营环境、生产经营业绩、社会贡献、员工形象等。其中产品形象是品牌形象的代表，是品牌形象的物质基础，是品牌最主要的有形形象。品牌形象主要是通过产品形象表现出来的。可以通过问卷调查产品质量、性能、造型、价格、品种、规格、款式、花色、档次、包装设计以及服务水平、产品创新能力等产品形象。

例 15. 请您对相宜本草品牌的以下各个方面进行评价:

(1) 产品包装　A. 很不满意　B. 不满意　C. 一般　D. 满意　E. 很满意
(2) 功能效果　A. 很不满意　B. 不满意　C. 一般　D. 满意　E. 很满意
(3) 产品种类　A. 很不满意　B. 不满意　C. 一般　D. 满意　E. 很满意
(4) 产品价格　A. 很不满意　B. 不满意　C. 一般　D. 满意　E. 很满意
(5) 品牌信誉　A. 很不满意　B. 不满意　C. 一般　D. 满意　E. 很满意
(6) 促销活动　A. 很不满意　B. 不满意　C. 一般　D. 满意　E. 很满意
(7) 服务态度　A. 很不满意　B. 不满意　C. 一般　D. 满意　E. 很满意
(8) 广告宣传　A. 很不满意　B. 不满意　C. 一般　D. 满意　E. 很满意

报告示例

徐州大学生洗发水品牌形象调查报告

一、调查背景

目前中国日化洗发护发市场正由成长期日益走向成熟期，品牌集中度已经比较高。

全国有 300 多个品牌，其中有 20 多个占据市场的主导地位，合资企业市场份额达到 80% 左右。洗发护发市场的竞争已经从产品层面上升为品牌、渠道等各个层面，但是中国洗发护发企业在市场、品牌及管理上存在一定的问题和不足，如品牌核心价值严重缺失、品牌塑造手段高度雷同、品牌创意方法的极度贫乏等问题，这些问题和缺陷值得引起洗护企业的重视、改善和解决。

大学生的洗发水消费作为社会消费中的一个特殊部分，尽管对当前社会总体的洗发水消费水平不会有太大影响，但鉴于大学生的消费对今后社会的消费有很大的导向作用，我们的调查分析更多关注的是大学生群体的消费差异和趋势。

本报告通过对徐州市大学生洗发水品牌形象进行调查研究，对各品牌洗发水反映度、满意度、美丽度、忠诚度等的分析，并且对其提出了相关建议和对策。

二、调查方案

（一）调查目的

通过对徐州市大学生使用洗发露品牌的调查，分析大学生对洗发水的品牌知名度、美誉度、反映度、注意度、认知度、美誉度等情况，为研究各洗发品牌形象提供客观、可靠的依据。

（二）调查步骤及方法

1. 调查对象

徐州市大学生。

2. 样本抽取方法

随机抽样（简单随机抽样）。

3. 组织实施步骤

（1）时间

周末 9:00～11:00，14:00～17:00。

（2）地点

各大高校门口，超市门口。

（3）样本配额

江苏建院 60 份；矿大 30 份；师大 30 份；化工学院 30 份；工程学院 30 份。

4. 调查员培训

1）面带微笑，为人礼貌；

2）衣着简单大方，佩带学生证，手持文件夹；

3）统一自我介绍：我是江苏建院的学生，正在完成一项关于“徐州大学生洗发水品牌形象调查”的作业，打扰您几分钟，希望您能配合；

4）表示感谢。

三、调查结果分析

（一）样本基本特征

为了确保样本的代表性，本次调查特选择调查时间为人流量最大的周末（星期六、星期日）。利用任意抽样调查调查了100位徐州大学生。本次调查共向徐州大学生发放问卷100份，收回有效问卷91份。其中，从性别来看，男生占53.33%，女生占46.67%；从专业来看，理工科占46.67%，经管类占到28.89%，文史类和艺术类11.11%。

（二）洗发水品牌形象分析

1. 使用的品牌数据分析

图7-42调查数据表明，有84.44%人曾经购买过海飞丝，只有15.56%没有购买过海飞丝；有71.11%购买过潘婷，只有百分之28.89%没有购买潘婷；有66.67%购买飘柔，但是也有33.33%没有用过飘柔；只有26.67%使用过沙宣，有73.33%没有使用过沙宣；46.67%使用过清扬，也有53.33%没有用过清扬；有17.78%使用过霸王，但是82.22%没有使用过；有31.11%使用过拉芳，但是有68.89%没用过；有25.56%使用过伊卡璐；但是有74.44%没用使用过；仅有2.22%用过其他品牌。无论被调查的人使用的那种品牌，我们可以知道，徐州大学生使用海飞丝潘婷飘柔的较多，沙宣清扬拉芳伊卡璐霸王都有一定消费者，但是可能由于价格功效等原因，所以使用的人相对较少。

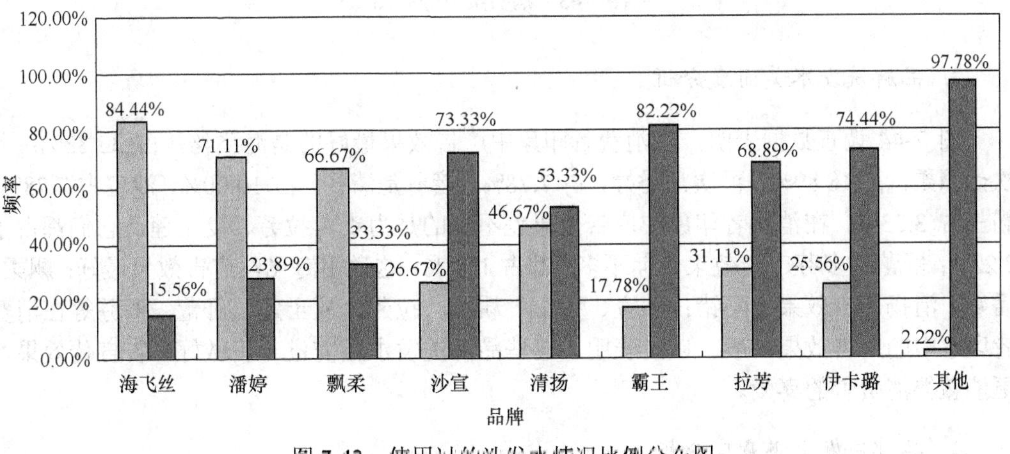

图7-42　使用过的洗发水情况比例分布图

购买洗发水时，我们会考虑各种因素。大学生人群中，在品牌功效价格包装宣传促销等因素中，考虑的因素不同。男生注重功效品牌以及价格，女生则注重各种因素的人都有。但是她们注重功效品牌价格的较多数。大学生人群里，不同性别由于需求不同，注重的功效差异也很大。男生人群中，更注重去屑止痒控油清爽的功效，只有个别人要求护理效果的功效。但是女生就不同了，对于洗发水，她们各有各的需求，所以去屑控油护理等的功效洗发水人数相差不大。

2. 购买洗发水的渠道分析

图 7-43 调查数据表明，有 54.44%的人的购买渠道是在大超市，有 1.11%的人的购买渠道是在网上，有 31.11%的人的购买渠道是在学校的超市，有 11.11%的人的购买渠道是在附近洗发水专卖店，有 2.22%的人的购买渠道是通过其他方式，以上的数据说明，通过大超市购买的频率比较多，学生更注重购买环境和价格，大超市的价格会比较便宜，其次是学校内部超市或是附近洗发水专卖店的渠道，有很多学生喜欢就近买东升西，所以学校内部超市和附近专卖店的频率有可能提高。

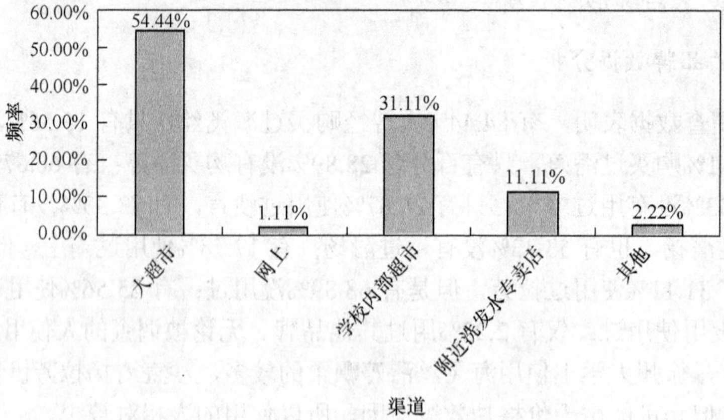

图 7-43　购买渠道分布图

3. 品牌洗发水美丽度分析

图 7-44 调查数据表明，在消费者印象中广告效果最好的是海飞丝，占 33.33%；其次是飘柔，占 18.89%；再次是潘婷，占 7.78%；接着是清扬，占 10.00%。沙宣占 7.78%，霸王占 3.33%。在消费者印象中广告效果差不多的是力士、拉芳、夏士莲，它们都占了 2.22%；舒蕾和多芬广告效果也差不多，都占 1.11%。这说明海飞丝广告效果最好；飘柔、潘婷、清扬广告效果也不错；沙宣、力士、霸王、拉芳、夏士莲、舒蕾、多芬等在消费者印象中的广告效果一般。以上表明，这些品牌洗发水还需进一步做好广告宣传效果，更能赢得消费者的喜爱。

4. 品牌洗发水满意度分析

图 7-45 调查数据表明，徐州大学生最满意的洗发水品牌以海飞丝为主，占到 58.89%，其次是飘柔和清扬，分别占到 37.78%和 35.56%，另外两种品牌：拉芳和多芬所占满意

度较小，分别为 5.56%和 3.33%；而最不满意的洗发水品牌以拉芳和多芬为主，分别占到 94.44%和 96.67%，另外三种品牌：海飞丝、飘柔、清扬所占的比例相差不大，分别是 41.11%、37.78%和 35.56%。从上述数据可知，在徐州市大学生洗发水消费市场上，海飞丝占领主导地位，飘柔、清扬尾随之。所以，生产家可以此作为一定依据，抓住大众所青睐的品牌，促进洗发水市场的蓬勃发展。

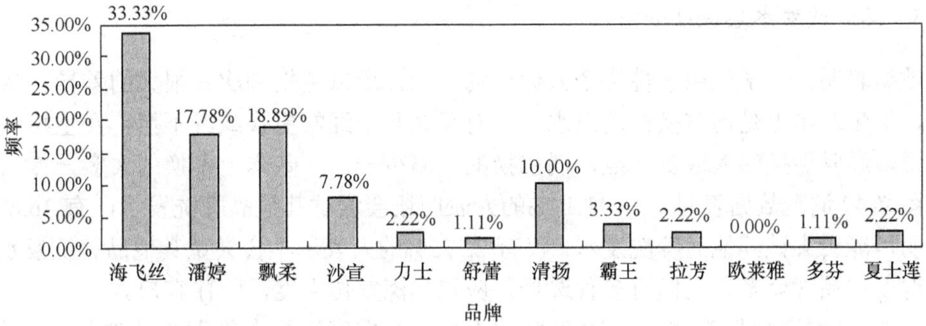

图 7-44　广告效果分布图

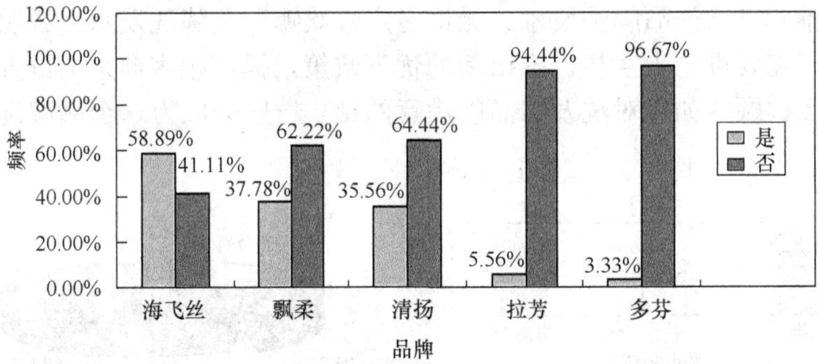

图 7-45　满意品牌分布图

图 7-46 调查数据表明，有 30%的人认为海飞丝的性价比最高，有 23.33%的人认为潘婷的性价比最高，有 24.44%的人认为飘柔的性价比最高，有 5.56%的人认为海飞丝的性价比最高，有 3.33%的人认为沙宣的性价比最高，有 2.22%的人认为力士的性价比最高，有 3.33%的人认为舒蕾的性价比最高，有 1.11%的人认为霸王的性价比最高，有 1.11%

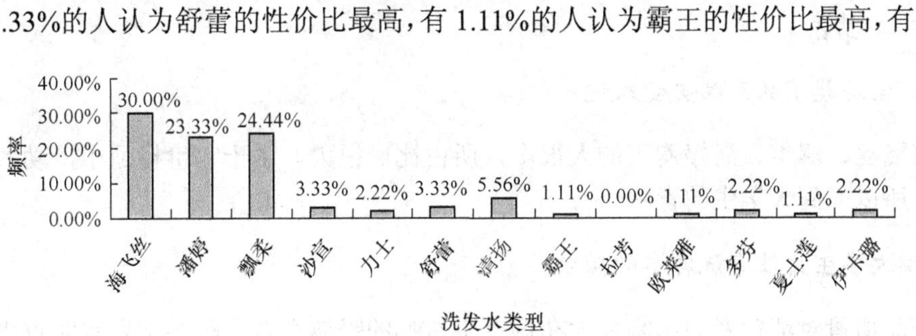

图 7-46　最好性价比分布图

的人认为欧莱雅的性价比最高，有2.22%的人认为多芬的性价比最高，有1.1%的人认为夏士莲的性价比最高，有 2.22%的人认为伊卡璐的性价比最高。从以上数据可以看出，海飞丝的性价比的满意率最高，也是最深得人心的，其次是飘柔和潘婷，这两个品牌的性价比也比较好，而对于其他品牌，则应该深入研究洗发水的功效，提高性价比，这样才能得到消费者的欢迎和认可。

5. 品牌洗发水忠诚度分析

数据表明，大学生由于性格个人偏好的不同，所以更换频次有很大的差异。从总体上说，男生基本上是偶尔换换洗发水，只有那么几个经常更换或者不换。女生相对于男生来说，经常更换的人数多一点，偶尔换的人略少一点，基本上不换的人多一点。

图7-47调查数据表明，有41.11%的人表明还会尝试其他品牌洗发水，有36.67%的人表明可能会尝试其他品牌洗发水，仅有22.22%的人表示不会尝试其他品牌洗发水。这说明洗发水品牌众多，人们有多种选择，应该加深宣传力度，留住客户。

图7-48调查数据表明，有58.89%的人表示会向亲朋好友推荐喜欢的品牌洗发水，有 17.78%的人表示可能会向亲朋好友推荐喜欢的品牌洗发水，有 23.33%的人表示会向亲朋好友推荐喜欢的品牌洗发水。无论客户喜欢哪种品牌洗发水，说明推荐率还是很高的，但还需要进一步宣传，推出新的优惠政策，提高顾客向亲朋好友推荐率。这也表明大多数顾客如果对洗发水品牌满意的话，一般会成为这个品牌洗发水的忠实顾客。

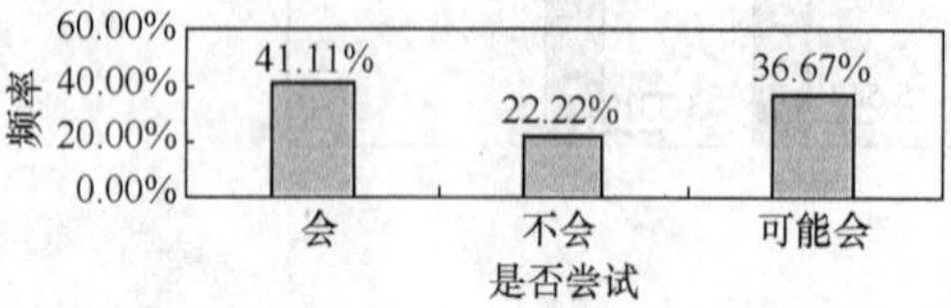

图7-47　是否会尝试其他品牌洗发水分布图

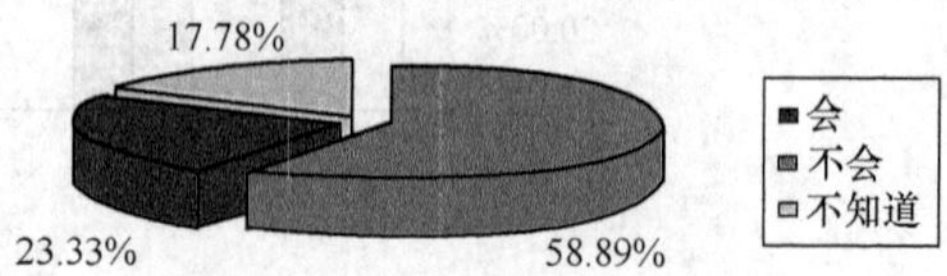

图7-48　向他人推荐

四、结论和建议

（一）结论

1. 宝洁旗下的产品更受欢迎

海飞丝、飘柔、潘婷购买的人很多，所占比例很大。由于它价格适中，功效具有针对性，所以受到大学生的青睐。

2. 大学生更注重洗发水的功效

产品质量对消费者的影响最大在调查中60%的受调查者在购买洗发水时首先考虑的是洗发水的功效，其次是洗发水的品牌，所以一个洗发水品牌要想有更好的销量，必须在产品质量上下功夫，质量有保证才能赢得消费者的青睐。

3. 广告宣传对产品销售影响很大

在关于消费者对洗发水广告的印象中，海飞丝的广告印象最深，而海飞丝也是使用者最多的一个品牌，其他品牌的广告映像度和市场占有率也成正比，所以商家应提高自己的广告宣传力度，这样才能赢得更多的消费者。

4. 消费者对品牌的忠诚度一般

据调查不到50%的消费者偶尔会换自己常用的洗发水，说明消费者对品牌的忠诚度还是一般的，这更要求生产商必须保证产品质量，满足消费者的需求。

（二）建议

1. 洗发水价格适中

大学生本身生活费不高，用于日常用品的消费就更少了。同时，我们还发现，大多数同学都将自己的洗发水定位在15～25元。所以，企业应根据大多数同学的实际情况来制定自己的生产策略。改善生产方法，提高生产效率，降低生产成本，进而降低出厂价格来提高自己的销量。

2. 广告宣传加大力度，广告新颖有创意

对产品进行宣传对企业来说也是很重要的，一种新产品的出世必须要经过多方的宣传，才能被消费者所认识和了解。在我们的调查中发现大家了解洗发水多是从电视广告中，而且大学生大多追求品牌，也可以把它做成一种品牌，这样会赢来更多的消费者。

3. 加强质量功效的关注

企业应加大研究生产具有止屑去痒、柔顺头发、营养滋润功效的洗发水。质量是企业生存的根本，尤其在大学生这个特殊的市场里，大学生的可塑心理很强，一旦他买到假冒伪劣产品，他以后再买这个品牌的可能性会很小。

4. 超市针对学生特点，进货时注重价格和功效

学校超市应该针对大学生实际需求，合理进货。多进海飞丝、飘柔、力士等品牌，且具有去屑、顺发、修复等功能的洗发水。

总之，厂商、经销商都应该考虑到大学生的需要，针对大学生开发出合适他们的洗发水，使大学生能够买到自己满意的产品，这样企业才能够在竞争中获胜。

附件：

徐州大学生洗发水品牌形象调查问卷

亲爱的同学们：

为了了解徐州大学生对洗发水品牌形象的认识，以便分析洗发水品牌知名度、满意度、美丽度、忠诚度等的情况，我们特展开此次调查，希望您能从百忙中抽出一点点时间。根据您对洗发水品牌的认识如实填写问卷，我们承诺：您的个人资料进行保密管理，谢谢您的参与！

1. 您的性别：

   A. 男　B. 女

2. 您的专业：

   A. 理工类　B. 文史类　C. 艺术类　D. 经管类　E. 其他

3. 请问您使用过哪些品牌的洗发水？（多选）

   A. 海飞丝　B. 潘婷　C. 飘柔　D. 沙宣　E. 力士
   F. 舒蕾　G. 清扬　H. 霸王　I. 拉芳　J. 欧莱雅
   K. 多芬　L. 夏士莲　M. 伊卡璐　N. 其他

4. 购买洗发水时，您会首先考虑什么？

   A. 品牌　B. 功效　C. 价格　D. 包装
   E. 宣传促销　F. 其他

5. 请问通常您购买洗发水的渠道是：

   A. 大超市　B. 网上　C. 学校内部超市
   D. 附近洗发水专卖店　E. 其他

6. 请问您非常注重洗发水的哪些功效？

   A. 去屑止痒　B. 控油清爽　C. 一般护理　D. 烫染护理　E. 其他

7. 请问您较满意的洗发水品牌是：（多选）

   A. 海飞丝　B. 潘婷　C. 飘柔　D. 沙宣　E. 力士
   F. 舒蕾　G. 清扬　H. 霸王　I. 拉芳　J. 欧莱雅
   K. 多芬　L. 夏士莲　M. 伊卡璐　N. 其他

8. 请问您印象中什么品牌洗发水的广告效果最好？

   A. 海飞丝　B. 潘婷　C. 飘柔　D. 沙宣　E. 力士
   F. 舒蕾　G. 清扬　H. 霸王　I. 拉芳　J. 欧莱雅
   K. 多芬　L. 夏士莲　M. 伊卡璐　N. 其他

9. 请问您觉得哪个品牌洗发水的性价比最好？

   A. 海飞丝　B. 潘婷　C. 飘柔　D. 沙宣　E. 力士
   F. 舒蕾　G. 清扬　H. 霸王　I. 拉芳　J. 欧莱雅
   K. 多芬　L. 夏士莲　M. 伊卡璐　N. 其他

10. 请您对常用的几个品牌进行评价:

(1) 海飞丝 A. 很不满意 B. 不满意 C. 一般 D. 满意 E. 很满意

(2) 飘柔 A. 很不满意 B. 不满意 C. 一般 D. 满意 E. 很满意

(3) 潘婷 A. 很不满意 B. 不满意 C. 一般 D. 满意 E. 很满意

(4) 清扬 A. 很不满意 B. 不满意 C. 一般 D. 满意 E. 很满意

(5) 力士 A. 很不满意 B. 不满意 C. 一般 D. 满意 E. 很满意

(6) 夏士莲 A. 很不满意 B. 不满意 C. 一般 D. 满意 E. 很满意

(7) 舒蕾 A. 很不满意 B. 不满意 C. 一般 D. 满意 E. 很满意

(8) 拉芳 A. 很不满意 B. 不满意 C. 一般 D. 满意 E. 很满意

11. 请问您是否经常更换洗发水品牌?

A. 经常 B. 偶尔 C. 基本上不换

12. 如果您对其一洗发水品牌效果还算满意，还会尝试其他品牌的洗发水吗?

A. 会 B. 不会 C. 可能会

13. 您喜欢的洗发水品牌是否会向亲朋好友推荐?

A. 会 B. 不会 C. 不知道

14. 请写出您对当前洗发水品牌的相关看法和意见

思考训练

1. 这份调查报告哪些方面做得比较好？
2. 这份调查报告存在什么问题？怎么修改？
3. 完成一份品牌形象调查问卷。

4 实训四 创业市场调查

实训目标

通过本实训项目，学生应该对创业市场调查理论有一定的理解和认识，知道创业市场调查包括的主要内容，通过创业市场调查项目实训掌握新产品测试、价格测试、广告研究、市场需求研究的内容，掌握创业市场调查的问卷设计以及调查方法选取的技能和方法，并且能够熟练进行创业市场调查、产品测试、价格测试、广告调查等项目的方案和问卷的设计，以及实施调查的能力。

实训要求

本实训项目既可以作为学生课外创业市场调查、新产品测试、价格测试、广告研究、市场需求调查等项目实训的具体指导学习手册，也可以作为创业市场调查、新产品测试、价格测试、广告研究、市场需求调查的单项技能的强化实训。如果是作为课外项目指导手册，要求调研小组学生完成一整份调查报告；如果是单项技能强化实训，要求调研小组能根据具体项目设计方案和问卷。

实训指南

一、创业市场调查的目标

创业市场调查是指在创建企业时，收集、整理和分析营销环境、市场需求、营销要素等方面方面的信息，以确定是否创业和怎么创业为创业者研究创建企业的可行性、制定决策提供科学依据的工作过程。

在创业之初，企业与外部环境处于互动之中，很多问题都不够明确，常常需要进行市场调查进行确认，因此创业市场调研是企业研究创建企业可行性以及开展企业营销活动的前提。

二、创业市场调查的内容和技术

（一）营销环境调查

营销环境是指企业生产经营活动发生影响的外部因素的总和，包括政治、法律、经济、文化、教育、民族、科技等方面。市场营销环境调查研究的内容主要有3个层次。

1. 总体环境

总体环境是指所有企业和个人共同面临的社会经济与自然环境，又称大环境。总体环境调查的主要内容包括：政治环境、法律环境、人口环境、经济环境、社会文化环境、科学技术环境、自然环境等方面。这部分内容主要通过文案调查，搜集大量的二手资料来分析。

2. 产业环境

产业环境是指企业所处的行业的生产经营景气状况。企业进行产业环境调查，应重点考察所处行业或想进入的行业的生产经营规模、产业状况、竞争状况、生产状况、产业政策、行业壁垒和进入障碍以及行业发展前景。这部分内容主要通过文案调查，搜集大量的二手资料来分析。

3. 竞争对手

竞争环境是指在特定的区域市场和特定的产品范围内所面临的同行动向。主要观察各家同行与特定企业的竞争状况，或者观察同行在原材料取得、产品市场占有与其他企业竞争的情况。这部分内容主要通过观察法以及神秘顾客搜集竞争对手的资料来分析。

（二）市场需求分析

市场需求是指一定时期的一定市场范围内有货币支付能力的购买商品（或服务）的总量，又称市场潜力。市场需求调查研究的内容包括市场需求量、需求结构、消费购买行为：第一，市场需求量。市场需求量一般就某类商品或某种商品的市场需求量需要考虑人口数量（或用户数量）、人均（户均）购买量和其他需求量三个要素。可以利用历史数据或抽样调查资料进行性测定。第二，需求结构。是指消费者将其可支配收入用于不同商品（服务）支出的比重，它决定着消费者的需求投向或消费投向。可以利用文案调查和问卷访谈相结合测定。第三，消费者行为调查，主要了解消费者购买动机和消费者购买行为。（参照实训项目一内容）

（三）选址调查

店铺选址前首要的准备工作就是对店铺地址进行周密的调查，列出一份详尽的选址调查报告，从而逐一分析店铺的选址的利与弊，最后确定该地址是否适合店铺的运营。

1. 了解该地段家庭人口及收入水平

家庭状况是影响消费需求的基本因素。家庭特点包括：人口、家庭成员年龄、收入状况等。如每户家庭的平均收入和家庭收入的分配，会明显地影响未来商店的销售。如所在地区家庭平均收入的提高，则会增加家庭对选购商品数量、质量和档次的要求。家庭的大小也会对未来的商店销售产生较大影响。

2. 客流量的统计

一般在评估地理条件时，应认真测定经过该地点行人的流量，这也就是未来商店的客流量。这部分内容主要通过观察流量获取数据。

人流量的大小同该地上下车人数有较大关系。上下车客人数的调查重点为：

1）各站上下车乘客人数历年来的变化。

2）上下车乘客人数愈多的地方愈有利。

3）上下车乘客人数若减少，又无新的交通工具替代的情况下，商圈人口也会减少。

一般而言，调查人口集聚区域是企业选择立地的重点。如：居住人口集聚区。如新建小区、居民居住集中区等；日常上班的场所、学校、医院等，乃白天人口集结之场所，也就是人口聚集地；火车站、汽车站、地铁站等是人们利用交通工具的集结点，也是人口聚集之处；体育场、旅游观光地及沿途路线也是人们集聚活动的场所。

（四）目标顾客调查

目标客户，即企业或商家提供产品、服务的对象。目标客户是市场营销工作的前端，只有确立了消费群体中的某类目标客户，才能展开有效具有针对性的营销事务。主要通过调查了解企业的目标顾客是谁。

该项调查可以通过文案调查结合问卷访谈来分析。问卷访谈通过消费者基本特征（性别、年龄、职业、收入等特征和产品（服务）需求做交叉分析，来判断企业的目标客户。

（五）产品测试

一种新产品的研制一般经过六个步骤：产品构想、产品概念的形成和确定、产品的商业性分析、产品试制、产品试销以及产品投放市场。

产品测试包括产品概念和产品本体测试、品牌测试、包装测试等方面。

1. 产品概念测试

产品概念测试一般采用焦点座谈会、定点访问、入户访问等方法，一般不可采用偶遇访问，这是因为在产品概念测试时需要展示产品概念的文字说明或图片说明，需要给予被访者一定思考时间。

产品概念测试的内容：对产品概念的理解程度；对产品概念的记忆程度；消费者对概念表述的产品的需求满足程度；概念表述的产品比现有产品的优越程度；消费者对概念表述的产品比现有产品的更加喜爱；消费者对概念表述的产品表现的购买倾向；对概念表述的产品的改进意见。

这一内容的目的是进一步获取消费者需求以改进产品特性或添加产品特性。

2. 品牌测试

企业为在市场经济的大海中搏击风浪以求生存和发展，“品牌”已经成为一种参与市场竞争的锐利武器。品牌测试的一种最基本的方法是直接询问某种产品采用某种品牌是否合适。

例 1. 下面是为专用于儿童洗发水的一种新产品准备的一组品牌，您觉得哪一个名字最合适？（单选）

A. 萌贝　　B. 萌娃　　C. 酷娃　　D. 吉娃

例 2. 您觉得安妮娜儿作为宠物食品的品牌是否合适？

A. 很合适　　B. 合适　　C. 一般　　D. 不合适　　E. 很不合适

3. 包装测试

包装测试一般有两种方法，一种是直接询问被访者对一种包装的各种特性及其总体的评价；另一种是对两个以上产品包装的各种特性及其总体的比较评价。

例 3. 请问您对这种包装的材料喜爱程度如何？

A. 很喜欢　　B. 比较喜欢　　C. 一般　　D. 不喜欢　　E. 很不喜欢

例 4. 请问您对这种包装的造型喜爱程度如何？

A. 很喜欢　　B. 比较喜欢　　C. 一般　　D. 不喜欢　　E. 很不喜欢

例 5. 请问您对这种包装的色彩喜爱程度如何？

A. 很喜欢　　B. 比较喜欢　　C. 一般　　D. 不喜欢　　E. 很不喜欢

例 6. 请问您对这种包装的图案喜爱程度如何？

A. 很喜欢　　B. 比较喜欢　　C. 一般　　D. 不喜欢　　E. 很不喜欢

例 7. 请问您对这种包装的规格喜爱程度如何？

A. 很喜欢　　B. 比较喜欢　　C. 一般　　D. 不喜欢　　E. 很不喜欢

例 8. 请问您对这种产品包装的总体评价如何？

A. 很喜欢　　B. 比较喜欢　　C. 一般　　D. 不喜欢　　E. 很不喜欢

（六）价格测试

产品价格的确定是企业市场营销组合中最难驾驭的一环。这种困难不仅因为价格的确定必须直接服从于企业的营销总目标，受企业经营和市场竞争等诸多方面的影响，而且还在于判定定价是否合理，归根到底并不取决于生产企业或经销商，而是取决于最终消费者，取决于消费者对产品价值的心理感受及理解程度，取决于消费者的价格心理、价格意识及承受能力。价格测试成为产品实体测试的一个重要组成部分。

例 9. 你一般会买多少价的包？

A. 100 元以下　　B. 100～200 元　　C. 200～400 元

D. 400～600 元　　E. 600 元以上

例 10. 假如这款包的价格是 150 元人民币，您购买它的兴趣如何？

A. 一定会买　　B. 可能会买　　C. 说不定

D. 可能不会买　　E. 一定不会买

（七）广告调查

广告调查是指企业组织为有效地开展广告活动，利用科学的调查研究方法，对与广告活动有关的资料进行收集、整理、分析和解释。广告调查的目的是为成功地开展广告活动提供准确的有效的信息，它是广告运动的基础。

1. 广告媒体调查

广告媒体是指传递广告信息的物体，凡是在广告主与广告对象之间起媒介作用的物质，都可以称为媒体。传统的四大媒体为报纸、杂志、电台、电视，现代媒体还包括店铺媒体、户外广告媒体、交通广告媒体、邮寄信函广告媒体、网络媒体等。

例 11. 请问您最相信哪一种媒体上的宣传报道？

A. 电视　B. 广播　C. 报纸　D. 期刊

E. 网络　F. 其他

例 12. 请问您喜欢电视节目中哪种节目类型？

A. 新闻　B. 社会服务及教育　C. 连续剧　D. 综艺节目

E. 卡通片　F. 体育节目　G. 其他

例 13. 请问您对电视广告的注意程度如何？

A. 从不注意　B. 偶尔注意　C. 很少注意　D. 很注意

2. 广告活动效果

通过广告活动效果调查，企业可以知道投放的广告是否达到预设的目标。同时，广告活动效果调查也是企业或广告公司评价一则广告是否成功的客观尺度，是企业选择广告代理公司的一个标准。一般可以从广告传播效果的 4 个阶段：知名、理解、确信、行动来提问。

例 14. 请问您是否看到过××品牌的电视广告？

A. 是　B. 否

例 15. 请问您认为这则广告讲了些什么？请问您认为这则广告中产品的用途是什么？

例 16. 请问您在看完××品牌广告之后，下次购买唇膏时：

A. 肯定会购买牌　B. 可能会购买××牌

C. 不能肯定是否购买××牌　D. 可能不会购买××牌

E. 肯定不会购买××牌的唇膏

例 17. 请问您是否看到过××品牌的电视广告？

A. 是　B. 否

例 18. 请问您因为看了这则广告而采取了哪些行动？

A. 立刻就去商店购买　B. 按广告上刊登的电话打电话去咨询

C. 到商场去看了看广告商品，但还没有决定购买

D. 没有任何行动　E. 其他

报告示例

“有间花店”创业调查

一、调查背景

随着人们的生活水平不断地进步，生活质量不断地提高、和对生活的追求，鲜花已经是人们生活中不可缺少的点缀。花卉消费近些年来呈现出越来越旺的趋势，除了花卉本身所具有的俏丽姿容，让人们赏心悦目，美化居住环境等功效外，它还可以开发人们的想象力，使人们在相互交流时更含蓄、更有品位。

我们想要创办的“有间花店”以徐州市广阔的消费市场为依托，兼顾大学生对花卉的个性追求，开展个性化品位花店创业。

二、调查方案

（一）调查目的

随着人们生活水平的提高，人们对物质的需求已经不是那么的高了。现在大多数的人开始追求精神上的升华。通过对徐州部分居民的了解，就鲜花的需求等各方面的实地调查。分析鲜花市场需求及潜力，为花店的前景提供有力的依据。

（二）调查项目

1）被调查者的基本情况。
2）被调查者对鲜花种类的需求。
3）被调查者买花的用途。
4）被调查者对鲜花的要求。
5）被调查者对花店装饰的意见。
6）被调查者对鲜花价格的课接受范围。

（三）调查对象

调查对象以大学生、上班族、部分老年人以及正值恋爱年龄阶段的男女为主。

1. 大学生

这部分人群，他们大多喜欢小清新，喜欢新鲜感。比如说高中时太忙没时间养花，大学期间课余时间充裕，可以照顾鲜花。

2. 上班族

忙碌的生活状态，面临家庭和工作的双重压力。得到心灵的慰藉、找回自己的节奏往往是很多都市人的心声。鲜花正好是这群忙碌的人的最佳选择。鲜花可以让他们缓解疲劳、心情舒畅。

3. 部分老年人

在这个年龄阶段的年长者，大多儿女都不在身边，生活比较寂寞。养花可以缓解寂寞。因为花生长得比较慢。

（四）调查时间与地点

1. 调查时间

连续两周每天下午。

2. 调查地点

江苏建筑职业技术学院；文沃市场。

（五）调查步骤及组织方式

1. 方案设计

按照身份的不同将调查人群分为学生、青年人、中老年人。印制100份调查问卷，相对应的调查份数分别为30、30、40。调查人员两人一组，分别对三种人群进行调查。

2. 调查方案

调查方案采取分层随机抽样、分类与重点调查方案相结合。

三、调查结果分析

（一）样本基本特征

为确保样本的代表性，本次调查选择调查时间为并为连续的两个两周每天下午，利用任意抽样方法调查了 100 人。本次调查共向群众发放了 100 份问卷，收回有效问卷100份，无效问卷有三份。从性别分布来看，女性占到39%，男性占到58%；从职业分布来看，学生占到55%，企事业人员占到14%；公务员占到17%，其他占到11%；从年龄分布来看，20岁以下占到33%，20～30岁占到39%，30～40岁占到13%，40岁以上占到12%。

（二）花店市场现状分析

通过对数据的整理和分析，可以得出花店的行业信誉、竞争品牌、鲜花价格费用、花店服务水平和花店分布地区等数据，作图 7-49～图 7-53。

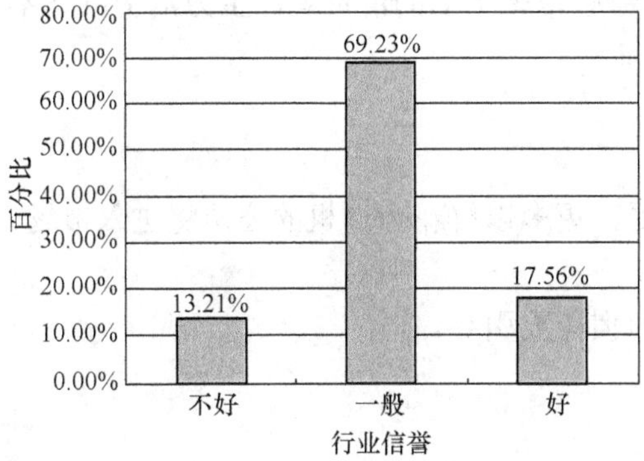

图 7-49　行业信誉分布图

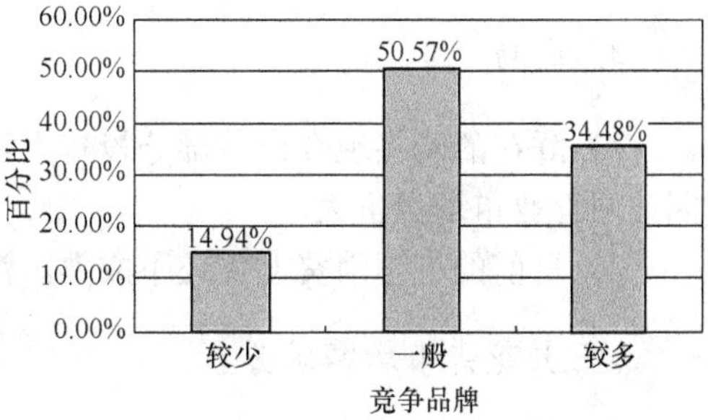

图 7-50　竞争品牌分布图

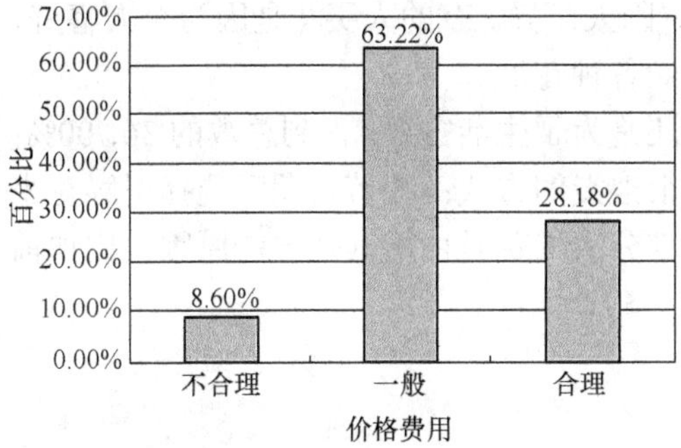

图 7-51　价格费用分布图

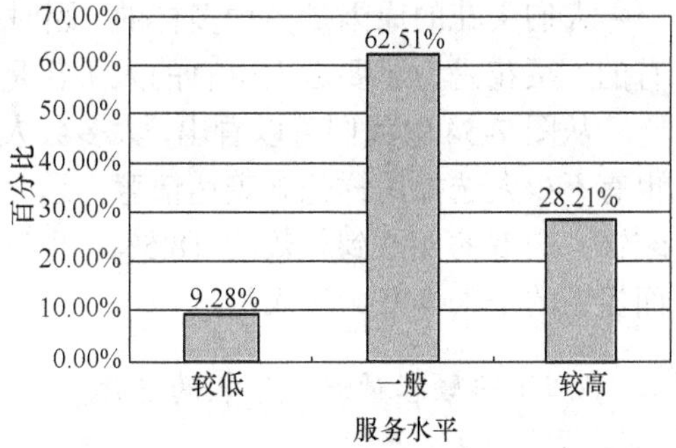

图 7-52　服务水平分布图

通过以上的数据我们可以看出，花店作为一个第三产业，认知度还较好，逐渐得到大众的认可和满意。

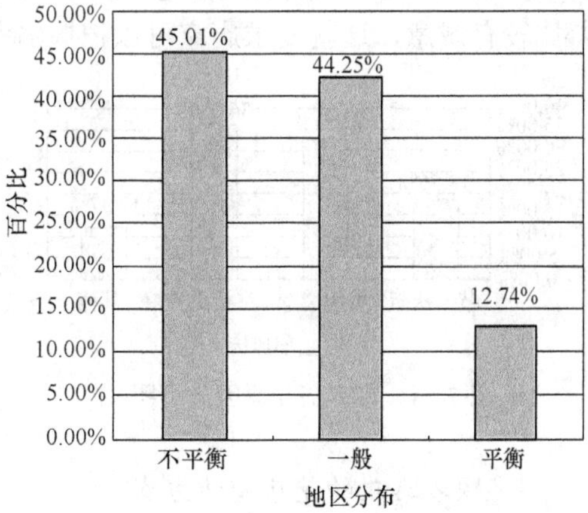

图 7-53　地区分布分布图

1. 优势

当今社会送花已成为很普遍的事情，有很大一部分的人喜欢与花为伍，鲜花为人们也带来了美丽。将赠送鲜花作为一堂浪漫的心灵交流课程。

2. 劣势

1）花店是一个大众型的产业，但由于其运作方式简单，也容易被复制，所以我们会不断开展业务范畴。

2）店经营成本较高，利润率低。

3）与快递业务竞争激烈，市场占有率较低。

3. 机会

随着时代的进步，人们的观念日益改变，势必带来更多的消费者，主力消费群体不再集中于年轻人。

4. 威胁

1）鲜花的购买现今已被部分投资人群接受，更多以鲜花为商机的公司将进入市场，因此同行业市场竞争大。

2）目前的目标消费群体还不成熟，消费习惯需要引导。

（三）花卉市场需求分析

1. 顾客购买花的原因分析

人们买花的原因是多种多样的，因时而异、因人而异。有的人买花是因为个人喜好，有的人买花是为了要送人也有的人买花是为了做各种花展。

从图 7-54 中我们可以看出，大多数人买花还是为了生活需要，占到总数的 36. 00%；也有不少人选择用鲜花来表达情意，这是一种很浪漫的方式；在节日期间选择用鲜花来装饰、庆贺的人占到总数的 18.5%；也有一少部分人买花是由于其他一些原因，比如前面提到的个人喜好、送人等。

2. 了解顾客对鲜花包装的选择

图 7-55 调查结果表明，有 54.64%的人购买鲜花送人时喜欢精装的包装风格，有 19.59%喜欢简装，而持无所谓态度的占到了 25.77%，该数据表明大部分人喜欢精装，显得比较有诚意，这就要求店家可以把握消费者的心理，想他们之所想，做他们之所需。

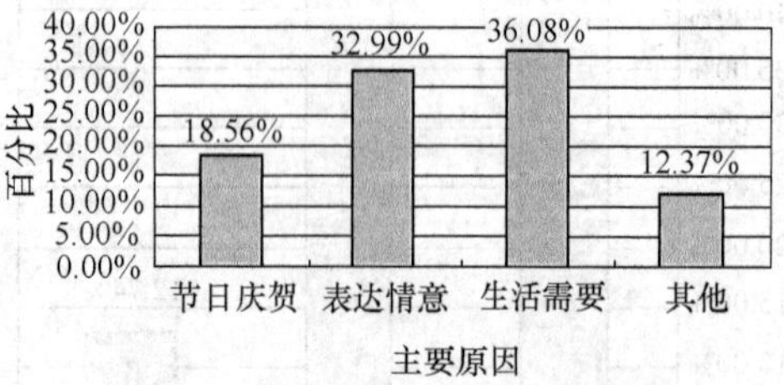

图 7-54 顾客买花原因分析图

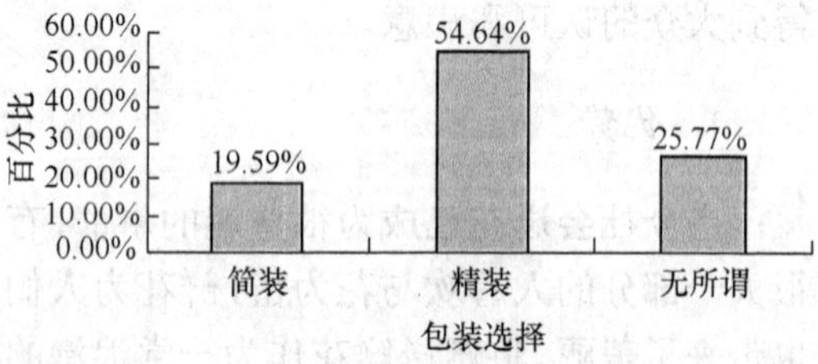

图 7-55 顾客对包装选择的分析图

3. 顾客喜欢的花店宣传方式

由图 7-56 可知，当花店开张时，店面广告的宣传方式最受顾客欢迎，喜欢率达到 100%，其次是张贴海报和自行宣传，分别为 41.24%和 36.08%。顾客不太喜欢广播和其他的宣传方式，不喜欢的人都达到87.63%。不同的顾客喜欢不同的类型，张贴海报，自作传单，媒体广告，广播，横幅及其他的宣传方式不喜欢的人多于喜欢的人。

4. 是否进行消费的分析

通过对表7-2～表7-4可以知道，花店的主要消费者具有男性较多、年轻化的特点。具体表现，通过性别与购买鲜花频率的交叉表可以知道，选择买花的女性占到了24%，男性占到38%。这是因为大多数男性倾向于购买鲜花送人，喜欢制造惊喜与传递温暖。所以说，传递浪漫与温暖的花朵更受男性的青睐。通过职业与购买鲜花频率的交叉表可以知道，学生选择购买花朵的比例占到了28.8%，企事业职员占13.4%，公务员占15.4，花朵的购买群众主要是学生群体和年轻的上班族。这是因为这个年龄段的群体更喜欢

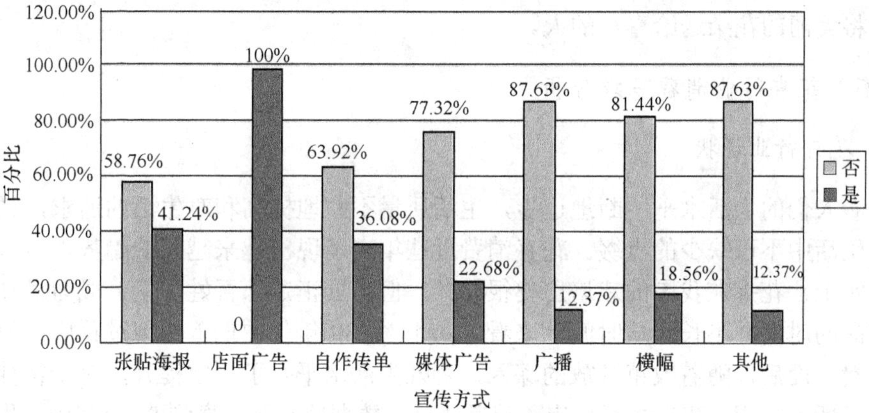

图7-56　顾客喜欢哪种类型的花店宣传方式

表7-2　性别与购买频率交叉分析表

购买频率 / 性别	从不	偶尔	经常	总计
男	19	25	14	58
女	14	19	6	39
总计	33	44	20	97

表7-3　年龄与购买频率交叉分析表

购买频率 / 年龄	从不	偶尔	经常	总计
20岁以下	14	2	3	33
20～30岁	16	16	7	39
30～40岁	1	8	4	13
40岁以上	2	4	6	12
总计	33	44	10	97

表 7-4　职业与购买频率交叉分析表

职业＼购买频率	从不	偶尔	经常	总计
学生	27	24	4	55
公务员	2	5	10	17
企业人员	1	10	3	14
其他	3	5	3	11
总计	33	44	20	97

制造浪漫与惊喜，并且情感处在兴奋时期，尝鲜心理（好奇心）强。通过年龄与买鲜花的频率的交叉表可以知道，20 岁以下购买鲜花频率人占到了 5.2%，20～30 岁选择购买鲜花的频率占到了 23.7%。年龄的消费群体呈现年轻化，这部分群体是具有购买欲人群，更愿意将美丽的花朵送给喜欢的人。

（四）花卉行业消费需求分析

1．花卉行业现状

随着人们的生活水平不断地进步，生活质量不断地提高和对生活的追求，鲜花已经是人们生活中不可缺少的点缀。花卉消费近些年来呈现出越来越旺的趋势。

事实上，花卉在我国的栽培历史很悠久，但是真正走入百姓生活，成为最具活力的新兴产品的时间并不长。从时间上来看，20 世纪 80 年代中期曾出现过花店，但是属于上层消费。而后，随着改革开放的深入，百姓生活水平有了一定提升，对于精神世界的追求有了新的认识，花卉才逐步走入日常生活。数据曾显示，直到 90 年代中，我国年产鲜切花量才首次达到 15 亿枝以上，而像上海、广州、北京等一线核心城市的年消费鲜切花才刚刚超过亿枝。

2．影响花店发展的因素

鲜花店在经营范围上，花店可定位在以鲜花、盆花、干花、工艺绢花、花器、婚庆服务为主，根据当地情况可适当兼营其他配套商品和服务，以增高花店的综合经济效益。如果经济实力有限，可采取资本运营的形式与花店业务相联系的单位或个人合伙经营。

花店经营时间灵活可满足客户不同时间上的需要；花店装修考察能为消费者提供良好的购物环境，使消费者心情更加愉快；花店服务社区，可使消费者享受更快捷的服务。

经营花店时，品种一定要齐全。消费者的需要得到满足并感觉到方便后，他下次就会再来。作为经营者要不断地增高花艺程度，来适应日益增高鉴赏程度的消费者。花店留意学习积累知识和技能，和同行交流，据自身经济情况，有选择性地参加各种短期培训的学习，以吸取他人之长。要不断创新，主要体现在花艺设计中这也是花店创立服务品牌，创花店特色之源。

花店的服务贯穿在经营进程的终究，它直接关系到有无“回头客”，关系到市场占有率，我们的消费者大多数在消费鲜花时不明白花语。因此花店要引导消费，另外为适应

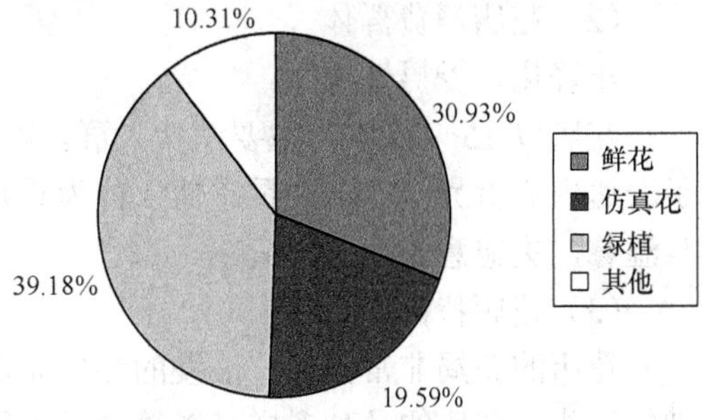

图 7-57 顾客对产品种类的选择

少数消费个性化的需要，上门为其布置厅堂，进行花艺设计。售后服务主要体现在教会消费者养护、保鲜知识，经常性地访问客户，控制其消费新要求、新动向，向有租摆业务的客户及时更换新鲜花等。

如图 7-57 调查数据表明，有 30.93%的人表明会去鲜花店去购买鲜花，有 19.59%的人表明会去花店购买仿真花，有 39.18%的人表明会去花店购买绿植，仅有 10.31%的人表示会去花店买其他的种类。这说明大多数的人还是比较喜欢绿植，鲜花紧跟其后。表示愿意去花店购买仿真花的人也不少。由此可见，仿真花也是花店必不可少的“花”。

3. 花店额外消费需求分析

图 7-58 的调查数据表明，有 52.58%的人希望在订购鲜花的时候也能订购一些其他的礼品，比如巧克力、玩具、工艺品等，占了很大的比例，不希望订购的只占到了 14.43%，持无所谓态度的占了 32.99%，这说明了消费者对其他礼品的需求还是挺大的，应提高其他礼品的质量，拓宽种类，提供更好的服务。

图 7-59 的调查数据表明，有 21.65%的人不愿意尝试自己 DIY 为亲人朋友包装鲜花或插花，认为太麻烦，有 62.89%的人还是比较愿意尝试的．认为这样的方式比较有意义，更能表达自己的心意，很少的一部分人没想过这样的方式，只占到了 15.46%，这说明了 DIY 的发展前景还是很大的，店家可以扩大 DIY 的消费需求，从而拓宽市场。

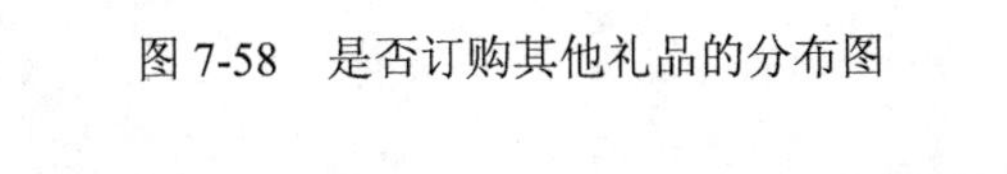

图 7-58 是否订购其他礼品的分布图

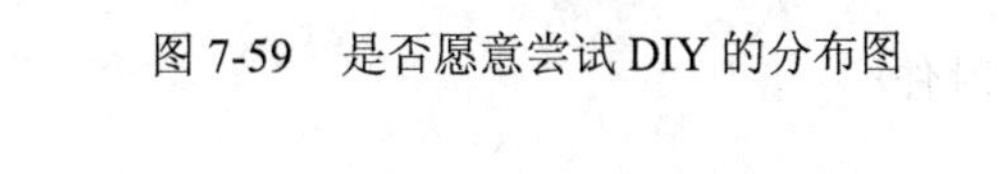

图 7-59 是否愿意尝试 DIY 的分布图

四、结论和建议

1. 结论

（1）人们对鲜花有着较强的需求和消费欲望

消费人群特征：①喜欢制造浪漫；②情感处在兴奋时期；③尝鲜心理（好奇心）强。

（2）花店消费群体

年轻化，受男性青睐。

花店以 15～35 岁为主要消费人群。以大学生、初入职场者、白领、情侣、父母等善于表达内心世界及非常注重感情人群为重点目标对象。且男性本性热情，喜欢制造浪漫与温馨，更愿意表达内心情感。

（3）花店特征

花店的布局非常独特，浪漫的环境充满了高雅的气息，带给顾客一种美的享受和精神的洗礼。花店的品种多样，能够满足不同顾客的消费需求。凡是到花店消费的顾客，在节假期极重要的日子都会受到本店赠送的小礼品并给予祝福。

（4）花店在徐州有很大的发展潜力，发展前景较好

随着人们生活水平的不断提高，对物质的需求不断上升到精神层面，更加注重对环境的改造。鲜花不仅能够充分表达人们的情感，丰富人们的生活，而且营造一种美得氛围，使人心情愉悦，提高生活和工作的积极性。

2. 建议

（1）加大花店在徐州地区的宣传力度，提高知名度

可以利用张贴海报、店面广告，自做宣传等各种媒介进行相应的宣传，也可以在做一期关于花店的活动，推广花店在徐州的发展。

（2）针对群众消费特点，对花的需求进行准确定位，推出满足消费人群的花种

花店的主要消费群体是年轻人，而年轻人有喜欢有创意新意的东西。所以在经营花店的同时，应推出适合年轻一族的活动，满足她们消费欲望。

（3）不断推出花店活动，提高服务质量

花店是浪漫型服务业，其经营模式较简单，容易被模仿和复制，所以花店经营必须推陈出新，吸引更多的消费顾客，不断提高服务质量，满足顾客消费需求，从而扩大自己的消费市场。

（4）扩大消费群体

可以形成长期客户群。

附件：

花儿都去哪儿了

——关于“有间花店”的创业调查

________您好：

亲，我们是江苏建筑职业技术学院的学生，我们打算毕业后开一家花店，为了了解花店在人们生活中的需要，因此我们做了此次问卷调查，希望得到您的支持，请认真填写。真心感谢您的配合。

1. 您的性别：A. 男　　B. 女

2. 您的年龄：(　　)

　A. 20岁以下　　B. 20～30岁　　C. 30～40岁　　D. 40岁以上

3. 您的职业是(　　)

　A. 学生　　B. 公务员　　C. 企业人员　　D. 其他

4. 您经常买花吗？(　　)

　A. 从不　　B. 偶尔　　C. 经常

5. 您更愿意去花店购买以下何种产品？(　　)

　A. 鲜花　　B. 仿真花　　C. 绿植　　D. 其他(请注明)

6. 您购买花的原因是什么？(　　)

　A. 节日庆贺　　B. 表达情意　　C. 生活需要　　D. 其他

7. 如果是购买鲜花送人，您更喜欢什么样的包装？(　　)

　A. 精装　　B. 简装　　C. 无所谓

8. 您是否希望在订购鲜花送人的时候，也能订购一些其他的礼品？(如巧克力、玩具或工艺品等)

　A. 希望　　B. 不希望　　C. 无所谓

9. 如果本花店能够提供让您自己DIY为您的亲人朋友包装鲜花或插花，是否愿意尝试？(　　)

　A. 愿意，更能表达自己的心意　　B. 不愿意，太麻烦

　C. 没想过

10. 您最能接受的鲜花产品的价格范围是多少？(　　)

　A. 100元以内　　B. 100～200元　　C. 200～300元　　D. 300元以上

11. 对于新开张的花店，它的哪种宣传方式能够吸引您的注意？(可多选)(　　)

　A. 海报张贴　　B. 店面广告　　C. 自作传单　　D. 媒体广告

　E. 广播　　F. 横幅　　G. 其他

12. 您希望花店是什么装饰风格？(可随意回答)

13. 您希望花店有哪些特别服务(比如纪念日提醒、生日提醒)或对我们的创业有什么建议？

思考训练

1. 这份调查报告哪些方面做得比较好？
2. 这份调查报告存在什么问题？怎么修改？
3. 完成一份消费者行为调查问卷。

参 考 文 献

柴庆春. 2006. 市场调查与预测. 北京：中国人民大学出版社.

陈友玲. 2009. 市场调查. 预测与决策. 北京：机械工业出版社.

龚署明. 2005. 市场调查与预测. 北京：清华大学出版社.

卡尔·迈克丹尼尔. 2005. 当代市场调研. 范秀成等译. 北京：机械工业出版社.

李国柱. 2004. 统计学. 北京：科学出版社.

刘勤侠. 2009. 超市自有品牌满意度实证研究. 经济论坛，9.

刘勤侠. 2009. 超市自有品牌认知度实证研究. 江苏商论，10.

刘勤侠. 2009. 对市场信息采集与分析技术项目教学法的探讨. 职教论坛，3.

刘玉玲. 2004. 市场调查与预测. 北京：科学出版社.

沈渊，董永茂. 2007. 市场调研与分析. 杭州：浙江人民出版社.

王若军. 2006. 市场调查与预测. 北京：清华大学出版社.

杨风荣. 2008. 市场调研实务操作. 北京：清华大学出版社.

姚建平. 2008. 市场信息学. 北京：机械工业出版社.

赵伯庄. 2004. 市场调研. 北京：人民邮电出版社.

赵喜仓，马志强. 2007. 市场调查与分析. 南京：江苏大学出版社.

赵轶. 2008. 市场调查与分析. 北京：北京交通大学出版社.

赵轶，韩建东. 2007. 市场调查与预测. 北京：清华大学出版社.

附录　工作任务单

工作任务单 1

项　目	具 体 内 容
模块名称	模块一　如何确定市场调查的问题
任务名称	任务一　了解营销决策问题
具体任务	分析企业或行业相关市场信息，调查了解企业营销决策问题
时间要求	本周内
工作步骤	根据企业要求，结合同学兴趣，组建项目小组或者创业项目小组，并且确定小组组长，小组组长负责成员分工，小组组长有权利对本组成员完成任务的表现进行评价。 各项目小组根据所选定的企业，确定应该了解的相关市场信息，主要解决两个问题：（1）采集企业或行业哪些相关市场信息；（2）调查了解企业面临的营销决策问题。要求小组成员讨论、分工合作，采集企业相关信息，最后填写会议记录表和阶段成果表。 个人对该任务的学习进行总结，并且填写阶段性评价表。
实施指南	参照该任务范例指导完成本次任务
工作场景	教室、机房、企业现场
工作成果	1. 小组会议记录表 2. 小组阶段性成果表 3. 个人阶段性成果表
评价标准	任务是否及时完成、团队表现、完成质量

工作任务单 2

项　目	具 体 内 容
模块名称	模块一　如何确定市场调查的问题
任务名称	任务二　明确市场调查的问题
具体任务	掌握相关知识和技能，根据企业存在的营销问题，确定调查的问题。
时间要求	本周内
工作步骤	各项目小组根据企业存在的营销问题，确定调查的问题。也就是确定调研方向，主要解决两个问题：（1）确定企业存在的问题或所需解决的问题；（2）明确项目小组调研方向。 要求小组成员讨论、分工合作，进一步熟悉该调研方向的特点、方法和内容，最后填写过程、计划、和阶段成果表。 个人对该任务的学习进行总结，并且填写阶段性评价表。
实施指南	参照该任务范例指导完成本次任务
工作场景	教室、机房、企业现场
工作成果	1. 小组会议记录表 2. 小组阶段性成果表 3. 个人阶段性成果表
评价标准	任务是否及时完成、团队表现、完成质量

工作任务单 3

项　目	具 体 内 容
模块名称	模块二　如何进行市场信息采集设计
任务名称	任务一　设计市场信息采集方案
具体任务	掌握相关知识和技能，根据调研项目，设计调查方案
时间要求	本周内
工作步骤	各项目小组根据项目调研方向及相关市场信息，设计调查方案。工作步骤：（1）确定调查目的；（2）确定调查对象；（3）确定调查项目；（4）确定调查时间；（5）确定调查方式，要求小组成员讨论、分工合作，设计调查方案，最后填写过程、计划、和阶段成果表。 个人对该任务的学习进行总结，并且填写阶段性评价表。
实施指南	参照教材该任务范例指导完成本次任务
工作场景	教室、机房、企业现场
工作成果	1．小组会议记录表 2．小组阶段性成果表 3．个人阶段性成果表
评价标准	任务是否及时完成、团队表现、完成质量

工作任务单 4

项　目	具 体 内 容
模块名称	模块二　如何进行市场信息采集设计
任务名称	任务二　设计市场信息采集问卷
具体任务	掌握相关知识和技能，根据调研项目，设计调查问卷
时间要求	本周内
工作步骤	各项目小组根据设计的项目调查方案，设计问卷。工作步骤：（1）确定标题；（2）确定说明信；（3）确定调查对象的基本情况；（4）确定主体内容（问题、答案）；（5）确定问题、答案编码，要求小组成员分工合作，设计调查方案，最后填写过程、计划、和阶段成果表。 个人对该任务的学习进行总结，并且填写阶段性评价表。
实施指南	参照教材该任务范例指导完成本次任务
工作场景	教室、机房、企业现场
工作成果	1．小组会议记录表 2．小组阶段性成果表 3．个人阶段性成果表
评价标准	任务是否及时完成、团队表现、完成质量

工作任务单 5

项　目	具 体 内 容
模块名称	模块三　如何采集市场信息数据
任务名称	任务一　用抽样调查法采集数据
具体任务	项目小组针对调研项目利用抽样调查方法采集数据
时间要求	一周内确定抽样调查方法,三周内完成采集数据任务
工作步骤	各项目小组根据小组调查方案和问卷,选择合适的抽样调查方法，并选择合适的调查时间和调查方式，工作步骤：（1）确定调查总体；（2）建立抽样框；（3）选择样本；（4）选择抽样方法；（5）实施调查，要求小组成员分工合作，选择合适的抽样调查方法，最后填写过程、计划、和阶段成果表。 注意：本次任务主要完成抽样调查方法的选择确定，具体采集数据的任务实施（也就是发放问卷的时间和形式）可以和实地调查或网络调查相结合，时间可以相对延长。个人对该任务的学习进行总结，并且填写阶段性评价表。
实施指南	参照教材该任务范例指导完成本次任务
工作场景	教室、机房、企业现场
工作成果	1．小组会议记录表 2．小组阶段性成果表 3．个人阶段性成果表
评价标准	任务是否及时完成、团队表现、完成质量

工作任务单 6

项　目	具 体 内 容
模块名称	模块三　如何采集市场信息数据
任务名称	任务二　用文案调查法采集数据
具体任务	项目小组针对调研项目利用文案调查方法采集数据
时间要求	一周内确定文案调查方法,两周内完成采集数据任务
工作步骤	各项目小组根据调查方案和问卷，利用文案调查法采集相关数据。主要工作步骤：(1) 确定调查主要内容；(2) 拟订调查计划；(3) 搜集资料；(4) 过滤资料；(5) 资料整理，要求小组成员分工合作，完成文案调查任务，最后填写过程、计划、和阶段成果表。 个人对该任务的学习进行总结，并且填写阶段性评价表。
实施指南	参照教材该任务范例指导完成本次任务
工作场景	教室、机房、企业现场
工作成果	1．小组会议记录表 2．小组阶段性成果表 3．个人阶段性成果表
评价标准	任务是否及时完成、团队表现、完成质量

工作任务单 7

项　目	具 体 内 容
模块名称	模块三　如何采集市场信息数据
任务名称	任务三　用实地调查法采集数据
具体任务	项目小组针对调研项目利用实地调查方法采集数据
时间要求	一周内确定调查方法，三周内完成采集数据任务
工作步骤	各项目小组根据调查方案和问卷，选择实地调查法（主要是访问法和观察法）采集相关数据。主要工作步骤：（1）确定访问或观察的内容；（2）确定访问或观察的对象；（3）拟订访问或观察的计划；（4）实施调查；（5）整理资料。要求小组成员分工合作，完成实地调查任务，最后填写过程、计划、和阶段成果表。个人对该任务的学习进行总结，并且填写阶段性评价表。 注意：实地调查可以和抽样调查相结合，访问直接可以用问卷，也可以访问问卷不能深入而调查目的又必须了解的问题，用不同的方法采集不同的数据。
实施指南	参照教材该任务范例指导完成本次任务
工作场景	教室、机房、企业现场
工作成果	1．小组会议记录表 2．小组阶段性成果表 3．个人阶段性成果表
评价标准	任务是否及时完成、团队表现、完成质量

工作任务单 8

项　目	具 体 内 容
模块名称	模块三　如何采集市场信息数据
任务名称	任务四　用网络调查法采集数据
具体任务	各小组针对调研项目可以选择利用网络调查采集数据
时间要求	一周内完成采集数据任务
工作步骤	各项目小组根据设计的项目调查方案和问卷，考虑是否选择网络调查法，如果不选择，要求掌握在专业调查网站设计发布问卷但不需发送。如果选择，主要工作步骤：（1）选择专业调查网站；（2）设计发布问卷；（3）发送问卷（利用 QQ、E-mail 等），要求小组成员分工合作，完成任务，最后填写过程、计划、和阶段成果表。 注意：项目小组可以根据实际情况确定是否选择网络调查，如果选择可以和抽样调查相结合，就不用发放纸质问卷，而是利用网络调查问卷形式采集数据。
实施指南	参照教材该任务范例指导完成本次任务
工作场景	教室、机房、企业现场
工作成果	1．小组会议记录表 2．小组阶段性成果表 3．个人阶段性成果表
评价标准	任务是否及时完成、团队表现、完成质量

工作任务单 9

项　目	具 体 内 容
模块名称	模块四　如何整理市场信息数据
任务名称	任务一　预处理数据
具体任务	掌握相关知识和技能，对项目小组市场信息数据审核、编码和录入。
时间要求	本周内
工作步骤	当采集数据的任务完成后，各小组本次任务就是对采集回来的数据进行预处理。工作步骤（1）审核问卷；（2）对问卷进行编码；（3）录入数据。要求小组成员分工合作，预处理数据，最后填写过程、计划、和阶段成果表。 注意：利用网络调查采集数据的项目小组，不需要审核，只需要编码，同时录入相关评价数据。 个人对该任务的学习进行总结，并且填写阶段性评价表。
实施指南	参照教材该任务范例指导完成本次任务
工作场景	教室、机房、企业现场
工作成果	1．小组会议记录表 2．小组阶段性成果表 3．个人阶段性成果表
评价标准	任务是否及时完成、团队表现、完成质量

工作任务单 10

项　目	具 体 内 容
模块名称	模块四　如何整理市场信息数据
任务名称	任务二　整理市场信息数据
具体任务	掌握相关知识和技能，对项目小组数据进行整理、汇总
时间要求	两周内
工作步骤	各项目小组完成数据预处理后，就可以对数据进行整理。工作步骤进行：（1）确定问卷数据类型，选择用哪种方法汇总数据、用哪种图形显示数据，同时确定哪些数据可以做交叉分析表；（2）小组成员分工，编制调查数据的交叉分析表、绘制统计图；（3）小组检查讨论成果，并且进行修改完善；（4）提交小组阶段成果。 个人对该任务的学习进行总结，并且填写阶段性评价表。
实施指南	参照教材该任务范例指导完成本次任务
工作场景	教室、机房、企业现场
工作成果	1．小组会议记录表 2．小组阶段性成果表 3．个人阶段性成果表
评价标准	任务是否及时完成、团队表现、完成质量

工作任务单 11

项　目	具 体 内 容
模块名称	模块五　如何分析市场信息数据
任务名称	任务一　静态分析
具体任务	掌握相关知识和技能，用静态分析法分析市场信息数据
时间要求	本周内
工作步骤	各项目小组选择问卷中相关数据进行静态分析，对分类型数据主要计算总量指标、相对指标，对数值型数据或顺序型数据主要计算平均指标和标志变异指标。工作步骤：（1）明确总量指标、相对指标；（2）利用计算机计算平均数、中位数、众数、标准差等指标；（3）对数据进行分析，要求小组成员分工合作完成任务，最后填写过程、计划、阶段成果表。 个人对该任务的学习进行总结，并且填写阶段性评价表。
实施指南	参照教材该任务范例指导完成本次任务
工作场景	教室、机房、企业现场
工作成果	1. 小组会议记录表 2. 小组阶段性成果表 3. 个人阶段性成果表
评价标准	任务是否及时完成、团队表现、完成质量

工作任务单 12

项　目	具 体 内 容
模块名称	模块五　如何分析市场信息数据
任务名称	任务二　动态分析
具体任务	掌握相关知识和技能，用动态分析法分析相关市场信息数据
时间要求	本周内
工作步骤	各项目小组对文案调查获得的相关数值型数据进行动态分析，主要计算发展速度、增长速度等动态指标，进行长期趋势或季节变动分析。工作步骤：（1）利用计算机计算动态分析指标；（2）利用计算机对数据进行长期趋势或季节变动分析，要求小组成员分工合作完成任务，最后填写过程、计划、阶段成果表。 个人对该任务的学习进行总结，并且填写阶段性评价表。
实施指南	参照该任务范例指导完成本次任务
工作场景	教室、机房、企业现场
工作成果	1. 小组会议记录表 2. 小组阶段性成果表 3. 个人阶段性成果表
评价标准	任务是否及时完成、团队表现、完成质量

工作任务单 13

项　目	具 体 内 容
模块名称	模块五　如何分析市场信息数据
任务名称	任务三　相关回归分析
具体任务	掌握相关知识和技能，用相关回归分析法分析相关市场信息数据
时间要求	本周内
工作步骤	各项目小组选择几组相关的数值型数据或顺序型数据进行相关回归分析。工作步骤：（1）选择相关数据；（2）利用计算机计算相关系数、回归方程；（3）进行相关回归分析，要求小组成员分工合作完成任务，最后填写过程、计划、阶段成果表。 个人对该任务的学习进行总结，并且填写阶段性评价表。
实施指南	参照教材该任务范例指导完成本次任务
工作场景	教室、机房、企业现场
工作成果	1．小组会议记录表 2．小组阶段性成果表 3．个人阶段性成果表
评价标准	任务是否及时完成、团队表现、完成质量

工作任务单 14

项　目	具 体 内 容
模块名称	模块六　如何撰写市场信息采集报告
任务名称	任务一　做好撰写前的准备工作
具体任务	掌握相关知识和技能，做好撰写准备工作
时间要求	本周内
工作步骤	各项目小组为撰写调查报告做好准备。主要检查两个方面的工作：（1）准备好各种图表；（2）准备好各种相关资料，要求小组成员分工合作，做好准备工作，最后填写过程、计划、和阶段成果表。 个人对该任务的学习进行总结，并且填写阶段性评价表。
实施指南	参照教材该任务范例指导完成本次任务
工作场景	教室、机房、企业现场
工作成果	1．小组会议记录表 2．小组阶段性成果表 3．个人阶段性成果表
评价标准	任务是否及时完成、团队表现、完成质量

工作任务单 15

项　目	具 体 内 容
模块名称	模块六　如何撰写市场信息采集报告
任务名称	任务二　撰写市场调查报告
具体任务	掌握相关知识和技能，小组撰写市场调查报告，准备汇报
时间要求	两周内
工作步骤	各项目小组撰写项目调查报告。工作步骤：（1）确定调查报告结构；（2）拟定调查报告提纲；（3）撰写调查报告；（4）修改完善调查报告要求小组成员分工合作完成任务，最后填写过程、计划、和阶段成果表。 个人对该任务的学习进行总结，并且填写阶段性评价表。
实施指南	参照教材该任务范例指导完成本次任务
工作场景	教室、机房、企业现场
工作成果	1．小组会议记录表 2．小组阶段性成果表 3．个人阶段性成果表
评价标准	任务是否及时完成、团队表现、完成质量